广州市部门志、行业志丛书

广州港志

广州市地方志编纂委员会 广州港务局 广州港集团有限公司 编

广州新华出版发行集团
广州出版社

图书在版编目（CIP）数据

广州港志／广州市地方志编纂委员会，广州港务局，广州港集团有限公司编．—广州：广州出版社，2019.12
（广州市部门志、行业志丛书）
ISBN 978－7－5462－2517－3

Ⅰ．①广…　Ⅱ．①广…　②广…　③广…　Ⅲ．①港口—交通运输史—广州　Ⅳ．①F552.9

中国版本图书馆 CIP 数据核字（2017）第 002963 号

书　　名　广州港志
　　　　　Guangzhou Gang Zhi
出版发行　广州出版社
　　　　　（地址：广州市天河区天润路 87 号 9 楼、10 楼
　　　　　邮政编码：510635　　网址：www.gzcbs.com.cn）
责任编辑　陈洁仪
责任校对　黄焕姗
印刷单位　广州市岭美文化科技有限公司
　　　　　（地址：广州市荔湾区花地大道南海南工商贸易区 A 幢
　　　　　邮政编码：510385）
规　　格　787 毫米×1092 毫米　1/16
字　　数　587 千
印　　张　27.5
版　　次　2019 年 12 月第 1 版
印　　次　2019 年 12 月第 1 次
书　　号　ISBN 978－7－5462－2517－3
定　　价　168.00 元

广州市地方志编纂委员会

主　任：温国辉

副主任：罗冀京　潘建国　唐航浩　黎　明　黄炯烈　陈　杰　黄小晶

成　员：（按姓氏笔画为序）

丁志强　王　勇　王宏伟　王桂林　王福军
邓佑满　邓建富　叶志良　冯秋航　毕锐明
刘苑珊　刘保春　刘晨辉　刘瑜梅　江咏川
江智涛　孙　湘　苏　佩　苏小澎　李海洲
杨　柳　杨国权　杨承志　邱亿通　何镜清
余向阳　汪茂铸　张文涛　陆志强　陈　勇
陈加猛　陈洪先　陈祖峰　陈浩钿　陈容秋
陈雄桥　陈德俊　林　平　欧名宇　罗京军
周　军　赵　洪　赵国生　姚建明　袁桂扬
郭志勇　唐小平　陶镇广　黄　彪　龚海杰
彭高峰　董　可　董延军　曾伟玉　曾进泽
赖志鸿　蔡　辉　蔡　澍　蔡　巍　廖荣辉
樊　群　黎子良　潘双明

《广州港志》编纂委员会

名誉主任：陈建华
主　　任：常　敏　陈洪先
副 主 任：蔡锦龙

委　　员：何德思　元桦辉　袁　越　徐红雨　黄　波
李全占　陈斯勇　区裕伟　李益波　刘应海
王　超　石挺丰　苏兴旺　张建华　温东伟
李军武　杨秀微

主　　编：陈洪先　蔡锦龙
副 主 编：袁　越　杨秀微　刘应海

编辑部主任：林伟奇　陈　瑜
编辑部副主任：胡瑞珩　李　品　黄正东
编辑部成员：李鸿斌　牛　书　庞汉昭　关良修　罗伟忠
范　勤　周汉鹏　蒙培奇　杨泰恒　叶立群
张红兵　蔡香珠　唐少雄　汤梦婷　陈　鹏

课题组组长：冷　东　王元林
课题组副组长：雷　威
课题组成员：何咏天　李炎焜　孔智恒　陈宗海　李金操
李丹丹　李　昂　张泽平　谢应祥

广州市人民政府地方志办公室
终审验收小组

组　长：黄小晶

副组长：胡巧利

成　员：曾　新　陈文敏　丘振平　黄敏华　李启伦
刘新峰　李玉平　吴志东　刘德敏

前　言

地方志作为中华民族传统文化的重要组成部分和记载历史的特殊载体，是权威的资料性文献。跨入千禧年以来，广州市各部门、各行业在深化改革、扩大开放、城乡建设、社会治理、民生保障、公共服务、文化建设等领域成绩显著，形成了不少有广州特色的经验。及时将这些领域的决策措施、发展历程及成就经验，以部门志、行业志的形式记载下来，为当前经济社会发展服务，为后人提供历史借鉴，为第三轮修志做好基础工作，具有十分重要的现实意义和历史价值。

党的十八大以来，党和国家对地方志工作提出新任务新要求，强调要高度重视修史修志，把历史智慧告诉人民。为贯彻落实中央精神、及时保存城市历史，广州市委、市政府高度重视部门志、行业志编纂工作，于2015年9月印发《关于进一步加强地方志工作的意见》（穗文〔2015〕12号），要求“大力推动部门志、行业志编纂，广州市‘十三五’规划实施期间，全市重要部门、行业应启动部门志、行业志编纂，为2018年启动第三轮修志试点、2020年启动第三轮修志奠定基础”。2016年5月，经市政府同意，广州市人民政府地方志办公室印发《〈广州市部门志、行业志丛书〉编纂工作方案》，启动全市重点部门和行业的部门志、行业志编纂。这批志书，涵盖了政治、经济、文化、社会、生态等各个领域，记述时限大体为2001年至2018年，反映了广州城市建设及重点行业事业的具体发展历程以及新时代广州的特色和亮点。《广州市部门志、行业志丛书》的编纂出版，具有丰富的地方文献价值，也能更好地为当下政府部门、企事业单位决策发挥新型智库的作用，为广州市建设独具特色、文化鲜明的国际一流城市提供服务。

这套丛书的编纂领导机构是广州市地方志编纂委员会，编纂单位和主编人员来自全市各部门、各行业。广州市人民政府地方志办公室负责组织实施，包括制定编纂工作方案、确定编纂单位、落实编纂任务、制定质量要求、开展业务指导，以及组织志书终审与验收工作。

《广州市部门志、行业志丛书》编纂出版，是一项庞大、复杂、艰巨的文化工程，也是历史赋予我们的重要使命。幸赖各部门志、行业志编纂单位通力合作，终于完成编纂任务，陆续出版。由于资料不全，人力不足，难免存在众多缺憾，恳请社会各界提出宝贵意见。

广州市人民政府地方志办公室

2018 年 11 月

序

广州为我国海上丝绸之路重镇，广州港是海上丝绸之路始发港之一，港城相伴相生。早在东汉初年，广州港的远洋运输已达波斯湾。从唐代市舶使、宋代市舶司，到清代粤海关及“一口通商”；从十三行到广交会；从新石器时代的七星岗古海岸遗址到秦海、唐涂、宋地沧海桑田；从黄埔古港到南沙港……广州港历经2000多年营运长盛不衰，从而成就了闻名于世的东方大港、世界大港！进入20世纪以来，广州港与广州城相融共进、快速发展，已成为华南地区最大的综合性主枢纽港，为广州市乃至泛珠三角地区的经济、社会发展作出了巨大的贡献！

广州港历史悠久、影响深远、中外交往涉及面极广，但是，至今尚没有一部全面反映广州港历史变迁和发展成效的志书。这与广州港在中国乃至世界的地位、广州建设“21世纪海上丝绸之路”和世界历史文化名城的宏伟蓝图不相匹配。于是，编纂《广州港志》提上了工作日程。这是传承广州港厚重历史文化，推动世界历史文化名城建设的一件大事，我们具有义不容辞的使命和责任。为此，广州港务局和广州港集团在广州市人民政府地方志办公室的支持和指导下，组成编纂委员会，同时采取内外结合的方式，邀请由广州大学广州十三行研究中心、暨南大学老师和学者组成的团队参与到编纂工作之中。

自2012年8月《广州港志》编纂工作启动以来，各方共同努力，八易其稿，终于完成了这部《广州港志》——广州建设历史文化名城和“21世纪海上丝绸之路”的一大奠基之作，并在中华人民共和国成立70周年之际呈现给诸君。

《广州港志》是广州参与“一带一路”建设的一张名片，它的意义在于记录了广州港在世界海洋文化和我国与海外交往的辉煌历程，成为广州开放性城市特征基因链中的关键环节，反映了广州作为国家重要中心城市、历史文化名城和千年商都的地位。

岭南文化由中原文化、百越文化和海洋文化融合形成，是粤港澳大湾区开放包容、敢为人先的人文底蕴。广州是岭南文化的中心，广州港蕴含广州丰富的城市人文特征，广州港在海纳百川的过程中，将使岭南文化的优良传统不断强化和弘扬。

希望这部《广州港志》能够把前人和今人在建设和管理方面的经验和教训作为港口历史文化的宝贵精神财富代代相传，激励今人，启示来者，为经济建设服务，为文化传承服务，为粤港澳大湾区建设服务，为实现中华民族伟大复兴的中国梦服务！

是为序。

陈建华

于广州天河华文斋

2018 年 11 月 30 日

凡　例

一、以辩证唯物主义和历史唯物主义为指导，存真求实，全面系统、真实客观地记述广州港发展历程和现状，力求突出时代特色、地方特点、行业特点。

二、记述时间上限为公元前214年，下限断于2015年12月。

三、记述空间范围包括广州港和黄埔港形成和发展的历史地域范围，1949年以后记述按《广州港口章程》（2011）确定的广州港港区地域范围，不包括区县地方港口。

四、述、记、志、传、图、照、表、录等体裁并存。全志采用编章节目体，编以下设章，章以下设节，节以下视内容情况设目。全书共设6编24章。

五、采用规范的语体文、记述体。除引文原文外，均以第三人称记述。文字、标点、数字、计量单位等均按照国家颁布的标准统一规范书写。

六、行文涉及的组织机构、会议、文件、职务、地名等专有名词，按当时规范名称记述；需使用简称的，在第一次出现时使用全称，括注规范简称。各类译名以新华通讯社译名为准。广州市的机构、单位名称按规范简称表述。志中简称的“党”均指中国共产党；简称的省委、市委、县委、区委，均指中国共产党的地方组织；简称的省政府、市政府分别指广东省人民政府、广州市人民政府。

七、历史朝代年号和公元纪年并用，历史朝代年号后括注公元纪年。

八、人物以人物传、人物表形式入志。人物传遵循生不立传原则，入传人物以出生年月为序。

九、入志资料均经各编纂单位考证、核实，并经主编单位审查。除引用重要史料以脚注注明出处外，入志资料（含数字）一般不再注明出处。入志图照引自其他图书的皆注明出处，其余由广州港务局、广州港集团提供，不再单独标注。

十、各项数据采用国家统计部门数据；统计部门数据缺乏的，采用业务主管部门或主办单位正式提供的数据。

■历史剪影

对外贸易繁盛的珠江广州航道（清代前期）

广州港（鸦片战争时期）

五口通商后的广州港

经重建的柯拜船坞［清咸丰十一年（1861）］

始建于清光绪三十二年（1906）的金锁排灯塔

建于民国四年（1915）的舢舨洲灯塔

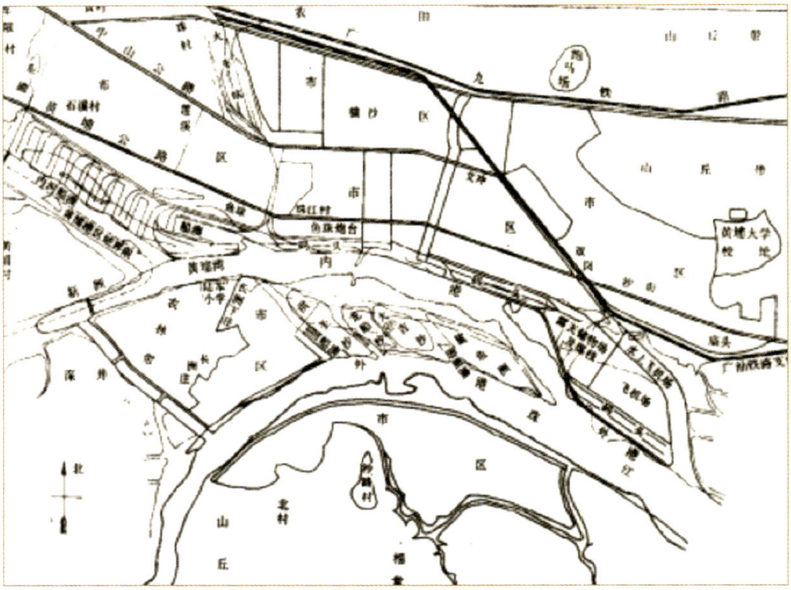

20 世纪 30 年代初黄埔港计划示意图（根据李文邦《黄埔港计划》绘制）

黄埔开埠初期河床钻探（20 世纪 30 年代）

黄埔开埠初期的验潮站［民国二十五年（1936）］

由广州至黄埔港的中山公路（民国时期）

广州沦陷后，广州港一片萧条［民国二十七年（1938）］

黄埔港码头（20世纪40年代）

■港口建设

黄埔老港通自来水开幕剪彩仪式（1958 年）

黄埔港码头（20 世纪 70 年代）

1973 年前，未建设的新港河滩

黄埔新港建港时运沙填土的情形（1974 年）

开山挖土建黄埔新港港口（1974 年）

黄埔新港建设中的围堤工程（1975 年）

黄埔新港建港前疏深珠江航道（1975 年）

黄埔新港简易投产大会（1975 年）

建设黄埔新港的填土工程（1975 年）

黄埔新港码头试投产大会剪彩移交仪式（1975 年）

干部、职工挖土挑沙参加黄埔新港港口建设（1976 年）

铺设黄埔新港公路桥（1976 年）

黄埔新港建设中的职工宿舍（1976 年）

万人参加黄埔新港建港劳动（1976 年）

黄埔新港洪圣沙码头建设施工现场（1984 年）

西基码头建设前风貌（1984 年）

建设中的西基码头（1984 年）

建设中的新沙港（1989 年）

建设中的新沙港（20 世纪 90 年代初）

国家重点建设项目新沙一期 6 ～ 10 号泊位通过验收正式投产（2000 年）

南沙港区一期工程施工现场（2002 年）

黄埔新港集装箱码头航拍（2003 年）

黄埔新港码头全景（2004 年）

南沙港区一期工程投产仪式（2004年）

南沙港区一期工程（2004年）

南沙港区二期工程（2005年）

南沙汽车码头开工建设（2006 年）

小虎石化码头建设场景（2006 年）

小虎石化码头建成投产（2006 年）

南沙港区二期工程6个5万吨级（结构10万吨级）集装箱专用泊位建成投产（2007年）

广州港港口中心办公大楼启用（2008年）

南沙粮食通用码头正在进行吹填工程（2009 年）

南沙粮食通用码头（2011 年）

南沙汽车码头启用（2014 年）

港口运营

黄埔新港接运第一船原油庆祝大会（1975 年）

黄埔新港安装第一台 15 吨门座起重机（1975 年）

庆祝黄埔新港码头出水大会（1975 年）

黄埔新港接卸油罐（1976 年）

黄埔新港投产后首次装卸汽车（1976 年）

黄埔新港油码头首次接卸原油（1978 年）

黄埔新港码头装卸八运会电视转播车（1997 年）

广州地铁首列列车接车仪式在黄埔新港码头举行（1997 年）

广州港务局、广州港集团有限公司授牌揭幕仪式（2004 年）

广州港务局、广州港集团有限公司挂牌揭彩仪式（2004 年）

广州港集团有限公司一届一次职工代表大会和工会第一次代表大会（2004 年）

中国共产党广州港集团有限公司第一次代表大会（2004 年）

中国海运集团与广州港集团举行世界最大的集装箱船“中海亚洲”轮首航仪式（2004年）

新港圆筒仓皮带卸粮过程（2006年）

瑞典仿古帆船“哥德堡号”驶入广州港（2006年）

广州港集装箱吞吐量突破1000万标准箱（2008年）

全球最大集装箱巨轮“MSC Daniela”（地中海·丹妮娜）首靠南沙港区（2009年）

小虎石化码头新貌（2009年）

海峡两岸海上直航班轮广州港开通仪式（2009年）

广州港股份有限公司揭牌仪式（2011 年）

广州港集团 2011 年集装箱吞吐量完成 1000 万标准箱（2011 年）

全球最大集装箱货轮“美迪马士基号”首航停靠南沙港（2014 年）

GOCT
MAERSK
MAERSK
MAERSK
QC-06
ZPMC

建设国际航运中心圆桌会议在广州白云国际会议中心召开(2015年)

■港口风采

码头集装箱拖车（2005 年）

南沙港区办证大厅（2005 年）

小虎石化码头（2005 年）

广州港南沙港区（2005 年）

黄埔新港码头圆筒仓（2006 年）

广州港黄埔西基码头（2007 年）

南沙集装箱码头（2011 年）

滚装船码头上的汽车装卸作业（2011 年）

南沙汽车码头及堆场（2012 年）

广州集装箱码头（2013 年）

“处女星号”邮轮在南沙港试航（2015 年）

目　　录

第二编　组织机构

第三编　港口建设

第五编　港口管理

第六编　人　物

专　记

附　录

概　述

港为城用，城以港兴，广州港与广州城相辅相成。作为中国重要的贸易港口，广州港（黄埔港）兴起于秦汉，发展于唐宋，兴盛于明清，蓬勃于当代，孕育了中国古代海上丝绸之路，延续了广州港2000多年的强盛繁荣。

一、古代广州港

秦汉之际是广州港初步形成时期，东南亚、南亚甚至波斯湾地区的货物在番禺（广州古称）集散，使番禺成为西汉时期最著名的九大都会之一。三国东吴重臣步骘重修番禺城，广州再次成为岭南政治、经济中心，对外贸易愈加繁荣。隋唐时期的广州港不仅是中国第一大港，而且是当时世界上首屈一指的港口，众多蕃商云集，是世界重要的经济文化交流中心。两宋时期的广州港对外贸易规模在唐代的基础上又有所发展，市舶司的建制也愈加完善，为朝廷税赋提供了大力支持。南宋末年至元代末年，以广州为起点的陆上交通线、近海国内交通线和远洋航线仍在进一步扩展，元代从广州港出发的船只可直抵大都（今北京市区）。明代对外贸易政策几经变化，但广州港始终是重要的对外交流窗口。清代鸦片战争之前，广州港更是取得一口通商的地位，是清代官方对外交流的最重要枢纽。

在远洋航行方面，广州港是海上丝绸之路的发祥地，在两汉时期，从广州港出发的船只便可沿海岸线往西南行，抵达印度半岛南端。魏晋至宋元时期，随着造船、航海技术进步，广州港对外航线不断扩展，最远能到达非洲东海岸。明代，西方航海大发现促进国际远洋航运业的发展，广州—日本、广州—南美洲、广州—欧洲的航线也已开辟。清代是西方资本主义上升时期，外舶来华数量、中外贸易额逐年增加，广州—北美洲航线开辟，从广州出发的船只可顺利通航世界各地。

广州城市建设与广州港码头位置演变息息相关。秦汉时期，广州城西的兰湖是一个天然的避风港，有河道南通珠江，兰湖码头是广州城最重要的内港码头。随着珠江北岸逐渐南移，南朝时期的坡山古渡成为最重要的内港码头。唐代，坡山半岛西侧的光塔码头地位逐渐提升。宋代由于城市扩建，光塔码头所在的浮丘湾（因湾内有浮丘石而得名）成为南濠，南濠入珠江处的西澳、清水濠入珠江处的东澳成为最重要的内港码头区。明代城郊南扩后，西澳、东澳均变为城内渠道，广州内港码头西移蚬子埗（或“浦”，即十八甫），并在那里置怀远驿，成为明代重要的内港码头。至清代，广州城郊进一步扩展，内港码头移到了十三行之南。至于外港，最迟至唐代，扶胥港菠萝庙码头便是广州最著名的外港，随着广州外贸规模的扩大，扶胥港的外贸地位不断提升。后来由于河道淤塞，菠萝庙码头迁移至琶洲黄埔村，成为扶胥港之后最重要的外港码头。

二、近代广州港

鸦片战争前，广州即已成为华南物资集散和交通往来的中心以及中国对外贸易的重要商埠，民间木帆船运输业贸易发达，历久不衰，商船往来遍及中国沿海港口及东南亚各国。鸦片战争后，广州港首当其冲地受到西方殖民主义者的劫掠，逐步沦为半封建半殖民地性质的贸易港口。

两次鸦片战争后，西方资本主义国家来华大力投资航运业、造船业及其他工业，广州港进出船只数量、贸易总额均有所提升。伦敦中国航业公司以广州港为起点，开辟了广州—上海、广州—青岛、广州—牛庄、广州—天津 4 条航线，且在广州河南白蚬壳一带建有 11 间仓库。印度中国航业公司以广州港为起点的航线有 3 条，即广州—上海、广州—天津、广州—青岛，且在广州芳村东岸大涌口一带建有 9 座货仓。船舶修造厂有柯拜船坞、于仁船坞公司、福格森船厂等。随着外国资本对广州的输入，特别是投资开办轮船业及船舶修造业，到广州港的外国船只越来越多，最著名的当属省港澳轮船公司。清光绪十六年（1890），进出广州港的本国及外国船只总吨数，比过去十年的任何一年都有增加，仅进港即达 148. 8 万吨。而洋务运动兴起，大力创办近代实业，促进广州港贸易的发展。洋务派在广州地区大力兴办造船业，有广州黄埔船坞、广州机器局等，广州港航运面貌有所改观。轮船招商局以广州港为起点不断开拓新航线，沿海航线主要有 5 条，即广州—牛庄、广州—上海、广州—汕头、广州—香港及广州—澳门，并试图开拓远洋航线。由于洋务运动中广州地区民族资本主义和近代工业的勃兴，以及外国资本输入的影响，19 世纪 60 年代中期以后，广州港海内外贸易一度出现了回升现象。甲午中日战争爆发后，广州港进一步沦为帝国主义列强对华南地区进行经济掠夺的重要据点和转运站。

第一次世界大战期间（1914—1918），帝国主义列强对中国的经济侵略有所放松，广州地区的民族工业，特别是造船业、航运业再度兴起。广南船坞先后制造大小轮船 16 艘；粤海公司经营勒流—西南及广州—三水—清远两航线客、货运输业务。这一时期广州港贸易短暂繁荣，广州港外贸年年出超，其中民国五年（1916）广州港出口货值最高，出超 2913. 5 万海关两①。民国七年（1918），孙中山提出建设“南方大港”计划，至 20 世纪 30 年代中期，在程天固、陈济棠等人的努力下，广州港各项建设及国内外贸易有了崭新的发展。省港大罢工时期（1925—1926），收回粤海关部分自主权，促进黄埔筑港及开埠。民国十七年至二十二年（1928—1933），广州港外贸情况基本稳定，多数年份处于出超地位。民国二十二年（1933）起，陈济棠推

① 海关两，又称“关平两”“关银”“关平银”，是清代中后期海关所使用的一种记账货币单位，属于虚银两。

行“三年计划”，兴筑部分内港码头，疏浚珠江航道，修建海珠、河南堤岸，架设海珠桥，重施黄埔筑港政策等，广州港外贸一直保持在全国第三位至第五位之间。民国二十一年至二十五年（1932—1936），广州港外来商船吨数一直较为稳定，始终保持全国第二位，仅次于上海港。广州港沿海客运航线增至14条，内河客运航线有40余条。民国二十一年11月，以陈济棠为首的广东省政府成立广东全省港务管理局，正式接管原粤海关理船厅工作。这是中国最早由中国人自行设置的港口行政管理体制。

广州沦陷前，港口设施建设取得一定成绩。民国二十七年（1938）建成可靠泊万吨级船舶2艘的400米钢板桩堤岸式深水码头和3座木码头，600吨瓦顶砖墙仓库1座及其他一些简易设施，称为“黄埔新埠”。同时建有海珠堤岸1159米和河南堤岸2226米。同年10月，广州沦陷后，日本侵略者控制着广州港进出口贸易，港区各项基础设施建设基本处于停滞状态。抗日战争胜利后，美国通过不平等条约很快控制和独占广州港，广州港沿海及内河航运更趋萎缩，美货通过广州港充斥于广州市场，广州港贸易额所占比重在全国范围内急剧下降。

三、当代广州港

1949年10月14日广州解放至1977年，是广州港在中华人民共和国成立后的初期建设阶段。军事管制委员会（简称“军管会”）接管了伪航局、广州港务工程局及广州海关海港科，后于1950年9月改组成立广州区港务局。1956年3月组建成立黄埔港务管理局。此后，机构隶属关系多次变动，与广州港务管理局三度分开，三度合并，1961—1968年以及1972年为交通部直属建制企业。广州港在20世纪50年代的归类改造和60年代的改造扩建的基础上，进一步加大码头建设改造力度。尤其是1973年周恩来总理提出三年改变港口面貌以及十一届三中全会后，广州港进入新的发展阶段，生产和服务设施基本趋于配套，通过能力明显增强。1976年，广州港完成货物吞吐量1349万吨，摆脱了长期在1100万吨左右徘徊的水平。

1978—1986年，广州港进入“一城两港”建设时期，黄埔港归口交通部管理，广州港归口广州市管理，发挥了国家和地方双重动力和优势。用于建港的内外资合计3.91亿元。先后新建一批大型的专业码头，并配套了先进的现代装卸设备，装卸效率得到较大提高。建起了当时华南地区规模最大、现代化程度最高的西基煤炭专业码头和黄埔集装箱专业码头，这两个专业码头建成投产后，广州港逐步实现专业化、现代化。货物吞吐量以每年8%的速度递增，1987年达3290万吨。随着改革开放的深入，港口由单一的装卸运输向“一业为主，多种经营”的多功能升级。港务局属下设有港务、集装箱、理货、船务、船舶代理、货运、客运、港湾开发、生活服务等公司，提供引航、通信、船舶和机械维修等业务，为船方、货方、旅客和社会提供各种服务。广州港先后新建了一批大型的集装箱、煤炭、原油、矿石、粮食和汽车等专业码头，并拥有相配套的、先进的现代化装卸设备，装卸效率达到较高的水平。黄埔集装箱码头的建成投产，使黄埔港成为全国三个首批集装箱港之一，吞吐量由1981年

（全港集装箱吞吐量从 1981 年开始纳入统计）的 2.2 万标准集装箱（简称“标准箱”）上升到 1987 年的 10.9 万标准箱。

1987—2003 年，广州港进入“一城一港”建设时期。1987 年全国港口管理体制改革，黄埔港务局下放由广州市管理，黄埔港务局和广州市港务局合并，成立广州港务局，政企合一，开始了广州港“一城一港”建设时期。1992 年，广州港货物吞吐量突破 5000 万吨，1999 年货物吞吐量突破 1 亿吨，成为中国第二个跨入世界亿吨级大港的港口。2001 年，中国开始新一轮港口管理体制改革，国务院办公厅于 11 月转发交通部等部门《关于深化中央直属和双重领导港口管理体制改革的意见》，中央直属和双重领导港口下放到地方。2002 年，广州港全港货物吞吐量累计超过 1.5 亿吨。

2004—2015 年，广州港进入“河海一体国际航运枢纽”建设时期。随着全国港口管理体制改革的进程和港口生产建设发展的需要，2004 年 2 月 26 日，经广州市人民政府批准，广州港进行体制改革，实现政企分开，分别成立广州港务局和广州港集团有限公司（简称“广州港集团”）。新的广州港务局作为行业主管部门，贯彻落实相关法律法规，监管规范港口和航运市场，服务港口和航运企业，维护港口经营人的合法权益，打造服务型机关。广州港集团作为广州港的主体骨干企业，以承接原国有公共装卸码头和港航服务企业为主体，由市财政局代为履行出资人职责、归口市交委管理。

广州港集团于 2010 年 4 月移交市国资委管理，2010 年 12 月完成股份制改造，以广州港集团为主发起人（持股 95%），会同国投交通、广州发展集团成立了广州港股份有限公司；2014 年 4 月，又以增资扩股形式引入中远集团、中海集团作为战略投资者。至 2015 年，广州港集团注册资本为 12.4 亿元，资产总额为 274 亿元。

2004 年，广州港完成货物吞吐量 2.25 亿吨，集装箱吞吐量 330.4 万标准箱，排名居中国沿海港口第三位、世界港口第七位。2006 年广州港港口货物吞吐量突破 3 亿吨，居中国沿海港口第三位、世界港口第五位；集装箱吞吐量达到 666 万标准箱，位居全国第五。2010 年货物吞吐量 4.11 亿吨、集装箱吞吐量 1255 万标准箱。2011 年货物吞吐量达到 4.48 亿吨，集装箱吞吐量超过 1471 万标准箱，两项港口吞吐量均在全国沿海港口排名第四。2014 年货物吞吐量、集装箱吞吐量分别为 5 亿吨和 1662.6 万标准箱，分别位列全国沿海港口第四和第五，世界第五和第八。2015 年广州港累计完成货物吞吐量 5.21 亿吨，居全国沿海港口第四位，世界港口第六位；集装箱吞吐量 1762.49 万标准箱，同比增长 6%，其中南沙作业区完成集装箱吞吐量 1177.4 万标准箱，同比增长 6.3%，在国内沿海集装箱港口中排名上升到第四位，世界港口第七位。

2015 年，在全球航运市场普遍较为低迷的势态下，广州港取得不错的成绩。全港共开通集装箱班轮航线 150 条，外贸航线 67 条，内贸航线 83 条。其中 2015 年广州港净增外贸班轮航线 15 条，全年完成新增班轮航线目标。水路运输全年完成货运量 2.3 亿吨，同比下降 5%；完成货运周转量 7696 亿吨千米，同比增长 1%；市属水路运输企业完成港澳航线旅客运输 61 万人次，珠江游 279.5 万人次，过江轮渡1748万人次。

纵观广州港发展历程，具有非常鲜明的特点。一是内河港口与沿海港口结合，广州港是内河港，距离海岸线仅100多千米，地理位置优越，特别是航道拓宽浚深后，广州港与南沙的发展紧密结合起来，使得内河港口与沿海港口联合起来，河海一体，扩展经济腹地，拓宽国际市场，广州港的国际竞争力进一步提升。二是港口跨越行政区域，广州港具有跨越其他行政区域的特点。广州港港口范围不仅仅是广州市行政区域，而是大广州区域概念。广州港河海一体的航道体系从广州市区一直延续到珠海桂山岛。2005年交通部和广东省政府为划定广州港港界共同出文，将广州港港区大的范围通过坐标点确定下来，涵盖珠海、中山、东莞和广州。三是口岸演变丰富复杂，包括黄埔港在内的广州港具有2000多年的悠久历史，在中外贸易中长期占有关键的地位，1949年后又长期承担广交会的航运工作，存在"一城两港"的发展过程，行政隶属上也长期存在中央与地方共同管理的管理体系。例如：其他港口只有一个海关，而广州港直到现在还有两个海关（黄埔海关、广州海关），反映了广州港特殊的地位和功能。

正因为如此，广州港的定位也经历了一个长期发展过程。在1949年以前，广州港成为中国海上丝绸之路的枢纽港口。1949年以后，广州与香港、深圳共同组成港口群，香港是国际航运中心，深圳是计划单列城市，广州是华南中心城市，这三个城市都有港口。广州是与香港、深圳错位发展的航运中心，以综合大宗货物集散为主，也突出集装箱运输，结合"一带一路"建设中的地位和发展机遇，将逐渐成为21世纪国际航运中心。社会经济飞速发展使广州港发展成为国家综合运输体系的重要枢纽和华南地区对外贸易的重要口岸。2015年4月8日，国务院批准《中国（广东）自由贸易试验区总体方案》，支持广州形成国际航运中心、物流中心、贸易中心和金融服务体系融合发展格局。同年，广州市政府出台《建设广州国际航运中心三年行动计划（2015—2017年）》、启动航运物流集聚区规划建设、建设南沙邮轮母港、建设南沙港铁路、试点"启运港"退税、推进跨境电子商务试点、建设国际大宗商品交易中心、试点汽车平行进口，促进广州港繁荣发展。

大 事 记

秦汉至清代前期

秦代泥城码头位于今东风西路西场广州发电厂至澳口村一带，是广州港现今见诸史书最早的码头。

西汉甘露元年（前53），扶胥地区（今广州黄埔庙头及其以东地区）已经有古斗（古兜）村，长期作为广州船只放洋出海之地。

隋开皇十四年（594），隋文帝下诏在扶胥附近营建南海神庙，反映隋代广州扶胥港对外贸易地位的重要。

唐贞观二年（628），伊斯兰教先知穆罕默德遣使由海路至唐朝，路经广州，伊斯兰教亦传入广州，并向国内传播。

唐开元二年（714），广州设置市舶使一职管理海外贸易，这是中国市舶制度之始。

唐开元七年（719），天竺高僧金刚智、狮子国僧不空从阇婆国（今印度尼西亚爪哇岛或苏门答腊岛，或兼称二岛）泛海至广州，建大曼荼罗灌顶场，宣扬密藏。

唐开元至天宝年间，波斯、大食、天竺、狮子诸国商使频繁至广州，海外贸易空前繁荣。

唐天宝十年（751），唐玄宗册封南海神为“广利王”。

唐德宗在位时便已形成的“广州通海夷道”是当时世界上最长的一条航线，被称为“海上丝绸之路”，连接当时的100多个国家和地区。

北宋开宝四年（971），在广州设置提举市舶司，管理海外贸易。

北宋太平兴国七年（982），始辟广州至菲律宾民都洛岛新航线。

北宋淳化二年（991），宋太宗下令每年立夏向广州的南海神致祭，从此形成定制，一直延续到明清两代。

北宋元丰三年（1080），北宋朝廷修订颁布《广州市舶条》（史称“元丰法”）。

北宋绍圣元年（1094），苏轼被贬惠州途经广州，游览扶胥港，题《浴日亭》诗一首。

12世纪初，从扶胥港出发的广州远洋船舶普遍使用指南针。

宋末元初，泉州港取代广州港成为全国第一大对外贸易港口。

元至元二十七年（1290），元朝政府在广州设立市舶提举司。

元至元三十年（1293），颁《市舶则法》，共22条，此时，元代有市舶提举司7

处，广东市舶提举司为其中一处，成为独立专职机构。

元延祐七年（1320），罢市舶提举司。元至治二年（1322），再设泉州、庆元（今宁波市）、广东3处市舶提举司。元至治三年（1323），允许海商贸易，从此中国商船至海外贸易更为正常。

元致和元年（1328），当时与广州有贸易往来的南海诸国及地区有140余个。

明洪武七年（1374），明朝政府在广州设立市舶提举司，管理海外贸易。

明永乐元年（1403），复置广东市舶提举司，按旧制设提举、副提举，同时又命宦官齐喜提督广东市舶，是为明代由朝廷派宦官督理广东市舶事务之始。

明正德八年（1513）或九年（1514），葡萄牙人首次到达广东珠江口海面。

明正德十二年（1517），葡萄牙殖民者啡瑙·安德拉和皮来资入侵黄埔港水域，盘踞屯门。

明正德十六年（1521），广东海道副使汪鋐奉命使用武力驱逐盘踞屯门的葡萄牙殖民者，保障广州港进出船只的安全。

明嘉靖三十六年（1557），葡萄牙殖民者以强租手段进入中国澳门，并开始利用澳门有利的地理位置走私鸦片入华，对广州港进出口贸易造成一定影响。

明隆庆五年（1571），西班牙占领马尼拉，随即将势力扩展至菲律宾群岛。广东私商主要经过广州、澳门等与西班牙商人贸易，进而拓展至马尼拉，甚至拉丁美洲，最终形成“中国—菲律宾—拉丁美洲”的洲际航线。

明万历二十六年（1598），黄埔琶洲建起海鳌塔，作为进出黄埔的海望标志，黄埔港已是广州外贸的主要贸易港口。同年10月，西班牙人强占黄埔港出海口虎跳门。次年10月才被广东当局驱逐出境。

明万历二十九年（1601），荷兰人率8艘战舰经黄埔港进入广州，终因其不属于中国的“朝贡”国范畴而被迫离去。

明万历四十年（1612），在莲花山顶建莲花塔，起到引航灯塔作用。

明崇祯十年（1637）6月27日，英国兵船第一次入侵广东，一度攻占虎门要塞，进逼黄埔港和广州城下。

清康熙元年（1662），清政府实行海禁，削弱广州港的海外贸易。

清康熙二十三年（1684），清政府废除海禁政策，设立江、浙、闽、粤海关，主管对外贸易事务。

清康熙二十八年（1689），第一艘被清政府认可的合法英国商船到达黄埔港，正式开展中英贸易。

清乾隆六年（1741），英国兵船第二次入侵虎门，威胁广州港安全。

清乾隆二十二年（1757），清政府关闭江、浙、闽海关，实行广州黄埔港一口对西方贸易，希冀以此防止西方的入侵。

清乾隆四十九年（1784）8月24日，美国独立后的第一艘商船“中国皇后号”到达广州黄埔港，正式开展中美贸易。

清乾隆五十年（1785）始，广州黄埔、香山县金星门、澳门成为葡、荷、英、美等西方国家掠贩“苦力”出洋的据点。

清乾隆五十九年（1794），英国东印度公司鸦片船进入黄埔港，开辟鸦片贸易市场。

清嘉庆十年（1805），美国鸦片船进入黄埔，这是美国鸦片船进入广州黄埔港的最早记录。同年12月8日，俄罗斯帝国在中俄无海上贸易协定的情况下，派出2艘商船到广州黄埔港开展贸易。

清代晚期

清道光二十一年（1841）1月7日，英军7艘战舰进攻虎门，虎门海战爆发。2月26日，虎门陷落。次日，英军占领黄埔港乌涌炮台。5月，英军攻入广州城。

清道光二十三年七月初一（1843年7月27日），根据《南京条约》，广州正式开埠通商。

清咸丰九年（1859）10月，充任中国海关总税务司的英国人李泰国抵达广州，废止独立自主的粤海关，组成新的广州海关，攫取粤海关行政权。

清同治四年（1865），英美合资创立省港澳轮船公司。

清同治六年（1867），省港澳轮船公司在广州河南建有专用码头、仓库，并开设固定班期，垄断省港和省澳线的轮运。

清同治十一年（1872），佛山人梁定荣创办广德泰轮船公司，由粤直航天津，开辟广东民营企业第一条海上轮运航线。是年，番禺有24艘船经营番禺—香港的客货运输。是年，广州的天字、五仙门等码头，已有开往香港的固定航线。

清同治十三年（1874），轮船招商局在广州设立轮船招商局广州分局，主要经营沿海及近洋的货物运输等业务。

清光绪八年（1882），轮船招商局开辟广州—海口—北海—越南的航线。

清光绪十二年（1886），上海怡和轮船公司在广州设立怡和轮船公司广州分公司，直接经营轮船业务。在广州、汕头等地建有码头、仓库。

清光绪十五年（1889），两广总督张之洞批准民间用小轮船拖带木驳船经营内河客货运输的要求，但需缴纳“轮拖渡饷”。

清光绪十九年（1893），陈联泰机器厂从制造缫丝机发展为轮船修理制造厂。该厂是广东最早的民营轮船修理制造厂。

清光绪二十二年（1896），广州均和安机器厂从缫丝机制造厂发展为轮船制造厂。该厂是19世纪90年代广东有名的民营造船厂。

清光绪二十四年（1898），清政府颁布《内港行轮章程》，允许外国轮船进入中国内河运输。

清光绪二十五年（1899），广州轮业公司成立。

民国时期

民国元年（1912），国民政府交通司内设航政课，专管全省航政。

民国二年（1913），广州粤航公司成立。该公司有3904载重吨的船舶，为当时珠江流域规模最大的民营轮运企业。

民国三年（1914），国民政府成立广东省航政总局，专管全省航政业务。

同年，香港四邑轮船公司（侨资）以“德利”“顺利”两艘木壳轮船和“安利”铁壳轮船经营香港—江门航线，与英商轮船抗争，在四邑华侨和民众支持下，太古及省港澳轮船公司有4艘轮船因生意凋零而停航。

民国七年（1918），广州粤海航运公司成立。该公司积极发展柴油内燃机轮船，至民国十年（1921）已先后制造轮船20艘，经营广州—江门、广州—三埠、广州—石岐、广州—清远、广州—肇庆、广州—梧州等航线。

民国十五年（1926），广州永成航运公司的大型“西安”花尾渡，在“星南”拖轮拖带下，经营广州—梧州航线。这是广州花尾渡首次经营客货运输。

民国二十一年（1932），国民政府收回粤海关理船厅，并成立广东全省港务管理局负责航政管理。下设潮汕、琼崖分局，将原来各地的航政分局改为佛陈、北江、西江、东江、江门、中山、钦廉7个航务管理所。

民国二十二年（1933），国民政府建设厅在广州河南建立广东航海讲习所。次年，改制为广东航海学校。

民国二十五年（1936），国民政府交通部在广州成立广州航政局，接管广东全省港务管理局的航政管理工作，主管粤、闽两省航政。在江门、汕头、北海、厦门、福州设办事处。

民国二十七年（1938），广州黄埔港建成钢板桩堤岸式码头400米及2座货仓、2座货栈。同时还修筑铁路黄埔支线、公路黄埔大道。同年，国民政府交通部广州航政局迁往广西梧州，局内的机构设置不变，管理广东、广西和福建三省的航政工作。

民国二十八年（1939），日本侵略军占领广州及整个珠江三角洲地区，封锁珠江，禁止各国船舶进出广州，并劫持华商船舶，控制广东水上交通。同年，西江航业战时服务社成立，负责管理从广州及珠江三角洲撤到西江的各类船舶的客货运输。该社总部设在梧州，肇庆设分部。

民国二十九年（1940），日本侵略军在沦陷区设立广州民船总会，由广州维持会控制，管理广州及其附近的民船。

民国三十年（1941），日本侵略军占领香港后，把大批日本机动帆船投入省港线行驶，独占省港和省澳线航运业。同年，汪伪南京政府交通部在广州设立伪广州航政局，在汕头、番禺、中山、南海、新会等市县设分支机构，管理沦陷区内的机动船和木船。

民国三十二年（1943），设在梧州的广州航政局改为珠江区航政局，管理广东、广西两省航政。同年，民生轮船总公司在广州设立办事处，有3艘“门”字号客货轮船航行广州—香港航线。民国三十七年（1948）改为民生轮船公司广州分公司。

民国三十四年（1945）9月，广州国民政府对光复后的广州进行大规模的港口码头调查。同年，轮船招商局广州分局代表国民政府交通部接收日军大小船舶262艘，成为独立经营的航运机构。

民国三十五年（1946），珠江区航政局改为广州区航政局，福建省的航政业务重新纳入该局管理，并设福州、厦门办事处。同年，广东实业公司从韶关迁至广州，获国民政府交通部给予轮船7艘，经营沿海和内河运输等业务。

民国三十七年（1948），轮船招商局广州分局改为轮船招商局轮船股份有限公司广州分公司。同年，黄埔港兴业股份有限公司成立，一度实际掌握广州港管理权。

民国三十八年（1949）1月15日，国民政府广州绥靖公署成立“轮驳调配委员会”，控制民营轮船、驳船，为国民党军队运送物资。

中华人民共和国时期

1949年10月—1999年12月

1949年10月14日，中国人民解放军解放广州，成立广州市军事管制委员会航务处，统一管理广州地区航运、港务工作，广州港从此进入新的时代。

1950年6月，广州市军事管制委员会航务处接管原国民政府的广州航政局、广州港工程局、广州材料储运处，成立中央人民政府交通部直属的广州区航务局。同年9月，广州区航务局改称交通部广州区港务局，设黄埔办事处。

1952年8—11月，交通部广州区港务局先后接管原轮船招商局码头仓库（内四码头）、日清码头仓库（内三码头）、大阪码头仓库。

1953年2月24日，广州市军事管制委员会征收英国在广州市河南的英资太古轮船股份有限公司码头仓库及西堤16号楼房全部财产，从此太古仓收归国有。

1953年6月，交通部广州区港务局改称交通部广州区港务管理局。

1954年4月，广州区港务管理局搬至黄埔，局内科室与黄埔办事处股室合并，撤销黄埔办事处，黄埔和内港装卸区亦改称作业区。

1954年10月，以沿海小港管理处为基础，成立珠江航运管理局广州港务局，接办沿海小港业务，主要负责由广州发出客货运输和调度沿海线船舶工作。

1956年2月，交通部将广州海运局与广州区港务管理局合并为华南区海运管理局，后改称交通部广州区海运管理局。

1956年全行业实行公私合营。5月，珠江、新华、建华（包括联兴公司）合并至广州港务局（人事、业务统由广州港务局接管）。10月，广州港务局接管市码头管理处及其所属搬运站（包括工人5929人，干部171人），成立广州港务局码头管理处。

1956年3月，黄埔港务管理局成立，由广州区海运管理局领导。

1957年8月，珠江航运管理局广州港务局改称广东省航运厅广州港务局。

1957年10月15日，洲头咀军用仓库转为民用。

1958年7月31日，黄埔港务管理局、广州港务局、广州港务监督合并为广州港务局，由广州市人民委员会领导。8月1日，广州港务局正式成立。黄埔港务管理局改称黄埔港务局，归属广州港务局领导。原内港作业区与河南作业区合并称为河南作业区。

1959 年，广州港务局开始对大沙头港区的军月码头、仓库、客运站进行扩建、修葺和改造。

1960 年 2 月，黄埔—新加坡（新马线）航线复航。

1960—1961 年，广州港务局对广州如意坊码头进行修建、改造，陆续对该地进行征地和拆迁。

1961 年 4 月 3 日，黄埔港务局不再归广州港务局管辖，改为交通部直属建制企业，改称黄埔港务管理局，由广州区海运管理局领导。11 月 7 日，广州港务局改称广州港务管理局，由广东省航运厅领导。

1962 年 12 月，如意坊码头修建工程完成验收。

1963 年 4 月，广州港元（员）村港务站成立。

1964 年，广州港开始对日本轮船开放。

1964 年 11 月，危险货物包装标志和运输包装标志规定施行，广州港务管理局加强对危险货物的安全管理。

1965 年，广州港务管理局对港务费管理收入实行统收统支制度规定进一步改进和细化。

1965 年 4 月，广州港长堤作业区迁拆清理工作完成。

1969 年 1 月，广州港、黄埔港两港再度合并组建广州黄埔港务管理局，由华南客运公司管辖，局机关设在黄埔。

1970 年 2 月 28 日，在广州黄埔港务管理局基础上，成立广东省港务管理局，由广东省交通厅革命委员会领导，接管省内各港，广州地区的黄埔、河南、芳村、新风、东风作业区为广东省港务管理局的直属企业。

1971 年 9 月，黄埔作业区改称广东省港务管理局黄埔港务局，隶属关系不变。

1972 年 4 月 11 日，广东省港务管理局对进出广州港、黄埔港两港的部分船舶港务费征收办法进行了细化和规范。

1973 年 1 月 1 日，广东省港务管理局机构被撤销，汕头、海口、八所、三亚港务局的财务核算、基建计划、劳动工资、材料供应等工作划归广东省海运管理局管理。

1973 年，黄埔港务管理局在东江口的墩头基开辟黄埔新港港区。

1973 年 3 月，广州黄埔港务局改称交通部黄埔港务管理局，实行交通部和广东省双重领导，以交通部为主的管理体制。同时，成立广州港务局，直属广东省航运管理局领导。

1974 年 4 月，广州港务局计划对海心沙进行港口开发和建设，计划征用沥滘海心沙浅滩建设码头。

1974 年 11 月 2 日，中国外轮理货公司广州分公司成立。

1975 年 12 月 26 日，黄埔新港简易投产。

1976 年 4 月 27 日，广州黄埔港建港指挥部成立。

1980 年 5 月，“广州港”单位正式改称为“广州港务管理局”。

1980 年 5 月 1 日，黄埔集装箱公司成立。

1982 年 5 月，广州港务局对沥滘海心沙码头计划任务书得到省航运厅批复。

1983 年，广州港新风作业区正式改为对外开放点。

1983 年 4 月 26 日，黄埔集装箱公司新港 7 号泊位正式投产。

1983 年 12 月 27 日，广州港务局船舶代理公司成立。

1984 年 9 月，广州港务局正式下放广州市管理。

1984 年 11 月 20 日，广州港务局机关地址从长堤 185 号楼迁移到河南同福西路 40 号。

1985 年 6 月 17 日，广州港港口工程设计所被批准设立。

1985 年 8 月 23 日，广州港务局交通战备领导小组成立。

1986 年 1 月 25 日，广州港务局工资改革领导小组成立，开始对全单位进行工资改革，执行全计件的工人浮动和岗位津贴规定。

1986 年 3 月 15 日，广州港务管理局军运领导小组成立，负责广州港军事运输工作。

1986 年 10 月 18 日，英国女王伊丽莎白二世访华，在新港黄埔集装箱码头乘坐皇家游艇“不列颠尼亚号”离境。

1987 年全国港口体制改革。1 月，黄埔港务管理局下放广州市管理，改称黄埔港务局。实行交通部、广州市双重领导，以广州市为主。

1987 年 4 月，广州港作业区公安派出所正式组建。

1987 年 12 月，黄埔港与广州港合并，撤销原黄埔港务局、广州港务管理局的建制，新组建成立广州港务局。

1988 年 11 月 14 日，广州港港徽正式公布启用。

1993 年 4 月，沿江客运站开设广州—珠海航线。

1993 年 4 月，广州港航道管理所成立。

1993 年 5 月，广州港务局参加国际港协第 18 届世界港口大会，广州港和悉尼港签订友好港协议书。

1994 年 3 月 8 日，广州黄埔港口物资交易中心成立。

1994 年 8 月 23—25 日，广州市政府办公厅、市委宣传部和广州港务局在珠岛宾馆联合举办“广州港与广州现代化国际大都市建设研讨会”。

1994 年，西基煤码头被交通部评选为“中国改革开放十大水运工程”。

1995 年 10 月 21 日，广州港务局成功入选国有企业 500 强。

1995 年，国务院副总理朱镕基考察西基煤码头以及黄埔集装箱码头，并在西基港务公司会议室召开现场会议，听取汇报、研究黄埔港的发展。

1997 年，广州港务局被列入 512 家全国重点企业。

1998 年 11 月 27 日，广州港务局出海航道工程正式开工，全年完成疏浚量

85.6 万立方米。

1999 年 12 月 29 日，广州港全港吞吐量突破 1 亿吨，是继上海港之后全国第二个跨入吞吐量超亿吨的大港。

2000 年

是年，广州港出海航道由 -9 米浚深至 -11.5 米。

5 月，国家重点建设项目新沙一期工程 6 ~10 号泊位通过国家验收正式投产。

9 月 28 日，广州水产品批发市场在广州港新风码头奠基。

12 月 12 日，广州港与意大利那不勒斯港缔结友好港。

2001 年

2 月 22 日，广州港坭洲头 5 万吨系船浮筒通过竣工验收，过驳能力由 3.5 万吨级提升到 5 万吨级。

2 月 28 日，广州港出海航道工程通过竣工验收。

4 月 9 日，广州港务局船务公司和港澳船务公司进行合并重组，以锚地减载过驳和集装箱支线运输为主要生产业务。

4 月 10 日，广州港务局与新加坡港务集团在广州签署合资经营集装箱码头项目协议书。7 月 1 日，广州集装箱码头有限公司正式开始运作。

9 月 16 日，广州港务局、广州越秀企业（集团）公司、广州洲头咀发展有限公司（香港）在鸣泉居举行合作经营广州市洲头咀房地产开发有限公司合同签字仪式。

10 月 10 日，广州港集装箱综合发展有限公司举行挂牌仪式。

11 月 15 日，广州港淡水河危险品码头工程通过竣工验收。

12 月 25 日，广州港南沙护岸围堰及试挖工程（A、B 区）开工仪式在南沙龙穴岛围垦区举行。

2002 年

1 月 12—13 日，来自海内外及各省市的领导、专家、学者共 180 余人齐聚广州，召开“海上丝绸之路与广州港”学术研讨会。

1 月 29 日，市政府在黄沙水产品交易市场举行广州水产品中心批发市场扩建工程动工仪式。

2 月 7 日，广州港官方网站（www.gzgport.com）通过验收。

3 月 26 日，香港特别行政区政府代表团在广东省常务副省长欧广源等省市领导的陪同下到广州港考察。

6 月 3 日，交通部部长黄镇东到南沙视察。

7 月 16—18 日，交通部和省政府在鸣泉居召开“广州港总体规划审查会”。

9 月 9 日，印发《建港指挥部机构改革实施方案》，建港指挥部不再接受新的业务。成立广州港水运工程监理公司，作为局的直属单位，按正处级单位管理，实行独立核算，自负盈亏。

12 月 12 日，广州集装箱码头有限公司举行突破 100 万标准箱庆典。

12 月 25 日，停泊在新沙港务公司码头的“宏泰”轮（载 3 万吨煤炭）作业完毕，至此，2002 年广州港务局全港货物吞吐量累计达到 1.5 亿吨，本港货物吞吐量突破 1 亿吨，双双迈上新的台阶。

2003 年

2 月 20 日，经市政府批复同意，广州港务局正式成立“广州港能源发展有限公司”，公司注册资本 8000 万元。

3 月 8 日，国务院同意并由国家计委正式下文批准南沙港区一期工程项目立项。标志南沙港区一期工程前期工作取得突破性进展，进入工程建设实施的关键时期。

3 月 13 日，世界十大集装箱班轮公司之一的日邮公司（NYK），首次在广州港开辟广州—日本的全集装箱班轮航线。

4 月 3 日，中共广州市委书记林树森，市委副书记、市长张广宁到南沙一期工程建设现场视察工作。

5 月 4 日，广州港务局团委荣获“全国五四红旗团委标兵”称号，成为广东省第一个获此殊荣的基层团组织。

5 月 16 日，广州港南沙港务有限公司正式挂牌成立，主要负责建设经营南沙一期工程 4 个泊位。

2004 年

2 月 26 日，广州港务局剥离下属企业，与广州市航务管理局合并，成立新的广州港务局。中共广州市委、市政府在港湾影剧院举行新的广州港务局、广州港集团有限公司成立大会。

5 月 19 日，中共广东省委书记张德江到南沙港区视察。

9 月 15 日，黄沙国家级水产市场第一期第一段工程封顶。

9 月 28 日，广州港南沙港区一期工程投产。

11 月 16 日，当时世界最大荷载量 8500 标准箱的“中海亚洲”集装箱轮首航广州港南沙港区。

2005 年

1 月 5 日，举行广州港湾广场一期工程施工合同签字仪式。

1 月 19 日，举行广州港沙仔岛多用途码头工程施工合同签字仪式。

3 月 16 日，广州市政府在市府礼堂召开广州港货物吞吐量超 2 亿吨庆祝大会。

4 月 15 日，广州港集团首次参加中国出口商品交易会。

4 月 16 日，广州港集团与中远集团签署广州港南沙港区二期集装箱码头合作框架协议。

4 月 18 日，广州港集团拖轮分公司举行揭牌仪式。

4 月 21 日，广州港集团、中国海运集团和广州南沙资产经营有限公司签订广州港南沙港区一期码头合资经营意向书。

4月30日，广州港集团总工程师、副总经理吴裕昆在北京人民大会堂被授予全国劳模勋章，成为广州港有史以来第一位全国劳模。

5月22日，中共中央政治局常委、中央纪委书记吴官正视察广州港南沙港区。

6月24日，广州港集团新沙港区出口首批本田汽车（中国）有限公司汽车，成为华南地区第一个汽车出口口岸。

12月1日，广州港南沙港区一期工程通过国家竣工验收。

2006年

1月27日，广东省省长黄华华一行到集团西基煤码头进行春节慰问。

2月7日，国务院副总理曾培炎视察南沙港区。

5月20日，中共中央政治局常委李长春视察南沙港区。

6月5日，广州南沙汽车码头通过交工验收。

6月9日，广州港南沙海港集装箱码头有限公司正式成立。

7月17日，瑞典仿古帆船“哥德堡号”沿“海上丝绸之路”抵达广州港南沙港区，并先后靠泊广州港集团公司新沙码头、黄埔客运码头、河南公司、内四码头、洲头咀码头。

8月17日，广州华南煤炭交易中心有限公司正式注册成立。

8月28日，广州小虎石化码头建成投产。

10月26日，广州港与肇庆港合作，开通广州港集团“穿梭巴士”公共驳船肇庆支线。

11月2日，广东省港口协会六届一次会员大会在广州召开，广州港集团董事长陈洪先当选为协会会长。

11月24日，国务院副总理吴仪视察南沙港区。

12月31日，广州市政府组织召开广州港货物吞吐量超3亿吨、广州港集团货物吞吐量超2亿吨暨广州港引航站、广州华南煤炭交易中心成立庆祝大会。

2007年

1月1日，广州港引航站正式划归广州港务局管理。

1月29日，中国国际海运网与大连海事大学世界经济研究所公布“2006中国港口综合竞争力指数排行榜”，广州港获“最具进取竞争力港口”荣誉、广州港集团董事长陈洪先入选“2006中国港口十大风云人物”。

1月31日，中共广州港务局第一次代表大会召开，大会选举产生了中共广州港务局第一届委员会。

2月24日，全国政协副主席董建华视察南沙港区。

3月26日，全球第二大集装箱航运公司地中海航运公司（MSC）首次进驻南沙港区，挂靠地东航线，至此，全球十大班轮公司已有九家在南沙港区开辟班轮航线。

4 月 7 日，世界航运巨头马士基公司北欧航线 AE1 线在南沙海港集装箱码头成功首航。

4 月 22 日，广州港集团公司被中国交通企业管理协会评为“中国交通行业百强企业”。

6 月 6 日，随着“双宁号”货船离开河南港务分公司内二码头（太古仓），这座延续百年的内港区装卸码头正式开始业态转型，成为广州港第一座改造为观光旅游业的作业码头。

7 月 19 日，广州港与韩国仁川港在广州白天鹅宾馆签署友好港关系备忘录。

8 月 13 日，中远集团旗下最大的集装箱船“中远亚洲”轮挂靠广州港南沙港区，投入中远欧洲线运营，标志广州港已具备接卸世界最大型集装箱轮的能力。

8 月 20 日，广州海关、黄埔海关与广州港集团、广东省机场管理集团分别签署战略合作协议，进一步加强海关与海港、空港的合作，促进外贸进出口货物快速通关，提升广州海港、空港的通关效率。

9 月 29 日，广州港南沙港区二期工程 7 ~ 10 号泊位建成投产。

10 月 9 日，广州港集团物流有限公司揭牌。

11 月 17 日，交通部副部长翁孟勇率规划司、水运司和体改司负责人到广州港南沙港区视察。

12 月 28 日，广州港集团石油化工港务分公司成立。

2008 年

3 月 27 日，广州市召开港口危险货物运输安全工作会议，宣布广州港口行业率先全面退出烟花爆竹运输。

4 月 12 日，中共中央政治局常委、全国政协主席贾庆林视察广州港南沙港区。

4 月 29 日，广州港南沙港区顺利通过了世界卫生组织（WTO）专家组的考核和验收，与张家港港、盐田港一起成为全球首批国际卫生港口，并被推荐为今后创建国际卫生港口的学习典范。

5 月 28 日，海关总署署长盛光祖视察广州港南沙港区。

7 月 30 日，广州港港口中心办公大楼启用，广州港务局、广州港集团举行迁址挂牌仪式。

9 月 5 日，广州最大、最先进的消防船“珠江号”投入使用。

10 月 18 日，广州港南沙保税港区获国务院批准设立。

11 月 3—4 日，《广州港总体规划环境影响报告书》通过环境保护部审查。

11 月 13 日，广州市政府新闻办公室召开新闻发布会，宣布广州港集装箱吞吐量突破 1000 万标准箱。

12 月 31 日，广州港南沙港区二期 6 个深水泊位通过了由交通运输部组织的竣工验收。

2009 年

1 月 9 日，《广州港总体规划环境影响报告》获环境保护部批复同意。

2 月 12 日，华南首条对台直航班轮“东悦”轮从广州港集装箱码头（GCT）启航。

3 月 1 日，世界上最大、可装载 1.4 万个集装箱的超级巨轮“MSC Daniela”靠泊广州港南沙港区，再次刷新南沙港区大型集装箱船靠泊的历史纪录。

3 月 9 日，爱沙尼亚共和国塔林港监事会主席 Neinar Seli 和董事会主席 Ain Kaljurand 等一行 6 人访问广州港。

3 月 23 日，广州市政府印发《关于加快广州港发展的意见》。

3 月 24 日，交通运输部水运司在广州组织有关部门、单位和专家，对广州港出海航道二期工程进行竣工验收。

7 月 9 日，广州南沙保税港区（一期）通过由海关总署、国家发改委等 11 部委组成的联合验收小组的验收，成为全国第五个、广东省首个通过国家联合验收组验收的保税港区。

8 月 3 日，广州港集团公司分别与广州远洋运输公司、中海发展股份有限公司货轮公司签订战略合作协议。

9 月 10 日，广州港务局在广州举行广州港出海航道三期工程合同签字仪式，航道三期开工建设。

10 月 28 日，广州市船舶交易管理所正式开具第一份广州市船舶交易管理所船舶交易服务专用发票，并代征船舶交易印花税 1000 元。

11 月 10 日，广州港集团荣列 2008 中国服务业企业 500 强第 252 名、港口服务业第 6 名。

2010 年

1 月 27 日，第七届中国货运业大奖颁奖典礼在上海举行，广州港引航站首次荣获“全国十佳引航机构”称号。

7 月 15 日，广州港集团荣获“2010 年广东省企业 500 强”和“2010 年广东省服务业百强企业”称号。

7 月 17 日，世界上最大的集装箱船之一，15 万吨级的地中海“依莲莉号”停靠南沙港区。

11 月 8—10 日，被誉为“海事达沃斯”的第七届国际海运（中国）年会在广州举行，这是国际航运界规模最大、层次最高、最受瞩目的年度高峰会之一。共同发布《广州宣言》，倡议大力建设智能港口、绿色港口，发展低碳物流。

12 月 7 日，中共中央政治局委员、广东省委书记汪洋到广州港集团公司参股的潮州亚太码头实地考察调研。

12 月 20 日，广州港货物吞吐量突破 4 亿吨大关。成为中国继上海港、宁波舟山港之后第三个跨入4亿吨行列的国际大港。

12月20日，广州港集团有限公司、国投交通公司、广州发展实业控股集团股份有限公司3家发起人共同签署协议，发起设立广州港股份有限公司。

12月24日，广州港股份有限公司创立大会暨2010年第一次股东大会在港口中心召开。

12月28日，广州港股份有限公司在广州市工商行政管理局注册成立，注册资本为50亿元。

2011年

1月11日，广州港股份有限公司举行成立揭牌仪式。

2月16日，广州港口航运行业协会成立大会在广州大厦隆重举行。广州港口航运行业协会是广州港航业界的第一个行业组织，101家港航企业加入协会。

3月14日，瑞典哥德堡港顾问、哥德堡前副市长芮德凯先生访问广州港。

3月19日，广州市政府与丹麦A. P. 穆勒－马士基集团在花园酒店签订战略合作备忘录，结成战略合作伙伴关系。同时，广州港集团与马士基航运公司签署业务合作协议。中共广东省委常委、常务副省长朱小丹会见由马士基集团全球首席执行官安仕年一行。

3月21日，广州市在北京人民大会堂召开“新广州新商机——北京推介会”，广州港集团与国投交通公司签署战略合作框架协议。

4月8日，广州港船务公司首艘自行建造的多用途船“穗港1801”首航。

4月，广州港南沙港区二期工程获“第十届中国土木工程詹天佑奖”。

7月6日，由广钢集团和广州港集团合作建设的广州南沙钢铁综合物流园在龙穴岛物流园举行奠基仪式。

8月8日，广州海港房地产开发有限公司在港口中心举行挂牌仪式。

8月14日，中国远洋集团的13100标准箱“中远荣耀”轮首次挂靠广州港南沙海港码头，该轮是当时国内最大的集装箱船舶。

9月8日，广州航运交易所挂牌成立。

9月14日，中共中央总书记、国家主席胡锦涛视察广州港。

9月20日，广州港集团与招商局集团、马士基集团在广州举行南沙港区三期集装箱码头合作项目签约仪式，共同投资运营广州港南沙港区三期集装箱码头。

10月26日，缅甸副总统吴丁昂敏乌一行35人到广州港黄埔老港考察。吴丁昂敏乌一行是应邀出席第八届中国—东盟博览会后，前来广州港进行考察的。

10月27日，比利时安特卫普港法兰德斯培训中心在广州举行安特卫普校友联谊会。

11月13日，中共中央政治局常委、中央精神文明建设指导委员会主任李长春视察广州港。

11月23日，广州港集团隆重举行2011年集装箱吞吐量突破1000万标准箱庆典仪式。

11 月 29 日，广东省交通运输厅、广铁集团在广州港口中心组织召开了广东省铁（路）水（路）联运推进会并签订合作协议。

2012 年

2 月 22 日，广州港集团与茂名市政府在茂名签署战略合作框架协议。

2 月 29 日，广州港股份有限公司递交上市辅导备案材料，办理辅导备案登记。

5 月 24 日，广州海关、广东出入境检验检疫局、广东省外经贸厅在广州南沙联合举办关检合作“三个一”（一次申报、一次查验、一次放行）通关模式试点启动仪式。

6 月 20 日，广州港集团和茂名市政府签订《关于茂名市港口开发建设运营合作协议》。

6 月 21 日，广州港股份有限公司拖轮分公司与中交集团签署港珠澳大桥岛隧工程拖带合同，与工程管理公司一起参与该项世界级超大型跨海通道、国家重点工程。

7 月，广州港出海航道三期工程完成交工验收并进入试运行，南沙港区至出海口航道疏浚至底标高 -17 米、有效宽度 243 米。

8 月 8 日，中海散货运输有限公司在广州揭牌成立。

9 月 15 日，南沙粮食通用码头迎来首艘外贸进口粮食船（船名 TAIPRIZE）并安全靠泊粮食专用泊位 5 号泊位，粮食码头公司启动外贸散粮作业。

10 月 19 日，比利时安特卫普港在广州举办“安特卫普港广州港口日”活动。

10 月 25 日，由广州港股份有限公司投资、拖轮公司监造的消拖两用拖轮“穗港消拖 1”投入使用，是当时华南地区最大马力港作拖轮。

10 月 31 日，广州港务局与广州航海高等专科学校举行广州国际航运经济研究中心挂牌仪式。

11 月 5 日，中国第 29 次南极科学考察队暨“雪龙号”科学考察船欢送仪式在广州港南沙汽车码头举行。

11 月 8 日，“广东省新十项重点工程”之一的广州港南沙港区粮食及通用码头工程通过整体交工验收。

12 月 18 日，广州航运交易所在南沙香港中华总商会大厦广场举行“广州航运交易所落户南沙新区庆典暨航运金融项目签约仪式”。

12 月 26 日，“广州号”导弹驱逐舰（弦号 168）在广州港南沙汽车码头停靠并举行为期 3 天的舰艇开放日活动。

2013 年

1 月 12 日，歌诗达“维多利亚号”邮轮首次在广州港南沙港区始发，成为广东有史以来最大的出境邮轮。

3 月 9 日，世界最大集装箱船“艾里·马士基”（ELLY MAERSK）首次靠泊广州港。

4 月 17 日，中共中央政治局委员、广东省委书记胡春华到南沙港区三期工程现场及南沙三期码头现场调研。

4 月 18 日，教育部发文批准在广州航海高等专科学校基础上建立广州航海学院，华南地区正式拥有第一所独立设置的本科航海院校。

5 月，广州港集团团委荣获“全国五四红旗团委”称号。

7 月 17 日，交通运输部函复广州市政府，支持广州航运交易所建设成为对接港澳、联通西江、服务泛珠三角地区的综合航运服务平台。

12 月 20 日，广州港南沙港区集装箱吞吐量突破 1000 万标准箱。

2014 年

3 月 12 日，南沙汽车码头对外开放，顺利通过了广东省验收。

4 月 18 日，新塘海关在新塘东洲湾监管区为装载 70 标准箱的“穗港 903”船办理放行手续，在“一关通”合作框架下推动了“舱单互认”通关模式的发展。

6 月 8 日，广州港海嘉汽车码头有限公司在南沙滚装汽车码头举行揭牌仪式。

6 月 15 日，广州港台风风球升降新规则正式执行。

6 月 17 日，首票跨关区全关通业务模式海运进口货物在南沙海关顺利通关。

6 月 17 日，南沙海港公司码头 5～10 号泊位靠泊 20 万吨级集装箱能力论证通过交通运输部评审。

6 月 19 日，广州港与西班牙塔拉戛纳港签订友好港关系协议。

6 月 26 日，广州港集团在南沙港区举办马士基 3E 级船舶首航仪式，该级船舶是集装箱船，可装载 1.8 万标准箱。

7 月 29 日，广州港公安局举行水上巡逻警察支队（船舶安全保卫支队）挂牌仪式。

8 月 26 日，南沙汽车整车进口口岸通过国家验收并正式运营。

9 月 27 日，作为广州市“三个重大突破”重点项目的广州港南沙港区集装箱三期码头两个深水泊位进入试运营。

10 月 9 日，《质检总局关于规范进境粮食指定口岸措施的公告》公布首批进境粮食指定口岸，南沙粮食通用码头名列其中，顺利获得进境粮食的许可资质。

10 月 10 日，广州港与“海上丝绸之路”沿线国家“港口—经济”合作交流活动举办。

10 月 17 日，广州港出海航道三期工程通过国家竣工验收。

11 月 10—11 日，中共广东省委常委、广州市委书记任学锋到南沙港区调研。

11 月 14 日，新西兰奥克兰市市长莱恩·布朗参观广州港集团太古仓码头。

11 月 17 日，广州—奥克兰—洛杉矶三城港务圆桌会议召开。

11 月 21 日，由广东省交通运输厅、广州港务局主办，广州航运交易所承办的首届广东现代航运服务业发展研讨会召开。

11月27日，中国社会科学院、国务院参事室、中共广州市委、广州市人民政府、中山大学共同主办主题为“建设21世纪海上丝绸之路”的“2014广州论坛”。

12月12日，载箱量1.91万标准箱的“中海环球号”集装箱船首航南沙港区。

12月18日，以广州港南沙港区为中心的“穿梭巴士”公共驳船快线年运输量突破100万标准箱。广州港集团联合20家港航企业发布《深化泛珠港航企业合作宣言》，共同推动枢纽港和支线港以及支线网络之间的互联互通，发展低碳智能物流运输。

2015年

1月9日，中共广东省委常委、广州市委书记任学锋到广州港调研。

1月26日，中共中央政治局委员、广东省委书记胡春华到广州港南沙汽车码头调研。

1月30日，在广州市委十届六次全会报告中，明确提出“广州要加快建设国际航运中心，抓紧制定广州国际航运中心三年行动计划”。

2月2日，广东省副省长许瑞生到广州港南沙港区调研。

2月16日，广东省人大常委会副主任、省总工会主席黄业斌到南沙港区慰问港口生产一线工人。

2月，广州市《政府工作报告》提出要把广州打造为“国际商贸中心、国际航运中心、世界文化名城和华南交通枢纽”。

3月9日，中共广东省委常委、广州市委书记任学锋到南沙新区调研并召开座谈会，要求：要依托南沙港这一核心资源，加快推进集疏运体系等基础设施和大通关体系建设，推进金融创新，推动建设港口城市联盟，加快建设国际航运中心。

3月12日，中共广东省委常委、广州市委书记任学锋考察珠江前航道白鹅潭至广州开发区段的建设管理情况，组织召开“一江两岸三带”建设专题会。

3月23日，广州港集团驻上海办事处成立。

3月26日，广州港集团驻广西钦州办事处挂牌成立。

3月27日，广州港集团驻清远办事处挂牌成立。

4月21日，广州港集团在中国（广东）自由贸易试验区挂牌仪式发布首笔DIT（延迟交付）业务。

5月7日，中共中央政治局委员、广东省委书记胡春华到南沙港区三期现场调研。

5月26日，中共广东省委常委、组织部部长李玉妹到南沙港区三期现场调研。

5月27日，广州港集团驻云浮办事处揭牌成立。

6月1日，中共中央政治局委员、广东省委书记胡春华出席在斐济举行的“广东—斐济经贸合作交流会”，其间慰问广州港集团属下广州水产集团远洋渔业公司“穗远渔29号”渔船船员。

6月5日，广州港南沙汽车码头汽车展贸中心工程在南沙汽车码头举行开工仪式。

6月6日，广州港股份有限公司与大连港股份公司举行广州金港汽车国际贸易有限公司项目签约仪式。

6月9日，国家海洋局局长王宏到南沙港区三期考察。

6月29日，中共广东省委常委、广州市委书记任学锋到南沙港区调研海关查验区及商检查验区相关情况。

7月1日，韶关市代理市长骆蔚峰到访广州港集团。

7月14日，中共佛山市委书记、市人大常委会主任刘悦伦到南沙港区考察交流。

7月19日，斐济共和国总理姆拜尼马拉马一行到南沙港区参观交流。

7月22日，中共福建省委常委、厦门市委书记王蒙徽率厦门市党政代表团到南沙港区考察。

8月11日，广州港集团韶关办事处挂牌成立。

8月20日，中共广东省委副书记、省长、省应急办主任朱小丹到黄埔港务分公司危险品库场进行调研。

8月27日，广州港集团梧州办事处挂牌成立。同日，“穿梭巴士”南沙—梧州支线成功试航。

8月31日，广州市政府印发《建设广州国际航运中心三年行动计划（2015—2017年）》。

9月1日，中共广州市委副书记、市长陈建华到华南国际港航服务中心建设工地调研。

9月5日，中共海南省委书记、省人大常委会主任罗保铭，省委副书记、省长刘赐贵率海南省党政代表团到南沙港区考察。

9月11日，广州港邵阳办事处挂牌成立。

10月9日，广州市副市长蔡朝林到广州港集团调研。

10月18日，广州港港航和口岸单位联合实施海上大救援，把失去动力的马士基10万吨级集装箱轮安全拖靠南沙港区。

10月27日，中共广州市委副书记、市长陈建华到南沙小虎化工区调研LNG（液化天然气）应急调峰气源站项目选址进展情况。

10月30日，广东21世纪海上丝绸之路国际博览会主题论坛——港口城市发展合作高端论坛在广州白云国际会议中心举行。

11月5—6日，2015年国际海运年会在广州举行。

11月6日，位居世界前列的邮轮经营集团——云顶香港有限公司“处女星号”邮轮在南沙港区三期码头试航。

11月9日，广州港集团与韶关市政府签订合作协议。

11月10日，船名为GLOVIS PRESTIGE的滚装船靠泊南沙汽车码头，广州港首条中东外贸进口滚装班轮航线正式开通。

12月8日，广州港集团永州办事处挂牌成立。

12 月 9 日，广州港集团驻美国办事处挂牌成立。

12 月 10 日，广州港与安特卫普港缔结友好港暨广州安特卫普港口培训咨询有限公司合作项目举行签约仪式。

12 月 18 日，广州港集团与肇庆市政府签订合作框架协议并举行肇庆内陆港揭牌仪式。

第一编　港口环境

第一章　位置与港界

广州港是华南地区最大的国际贸易港，又是珠江三角洲水网运输中心和水陆运输枢纽。港区分布在广州、东莞、中山、珠海等城市的珠江沿岸或水域，从珠江口进港，依次为南沙港区、新沙港区、黄埔港区和广州内港港区。

第一节　位　置

远古的广州港港口位于东西走向的溺谷湾湾头区。公元前2世纪秦汉易代之际，南越国建立，定都番禺，南越王赵佗建番禺城，逐渐形成港市。兰湖码头是当时重要的内港码头，位于象岗山下的兰湖东岸。泥城码头是番禺见诸史书最早的码头，位于今东风西路西场。古代西江和北江到番禺的船舶，大都经官窑、石门之南，抵泥城登陆。

魏晋南北朝时期，广州港主要渡口有坡山渡口和西来初地渡口。坡山渡口又称坡山古渡，位于今惠福西路的坡山，因坡山突出江边形成一小岬口而成。西来初地渡口位于今下九路北侧，是古代远洋船舶停泊之地。

唐代广州的外港包括扶胥港和屯门港。扶胥港位于今广州黄埔庙头及其以东地区，其南有黄木湾，可以停泊大型船只。屯门港位于今香港特别行政区新界青山湾，是海舶停泊之所。

宋代广州重要的内港是西澳和东澳。西澳又名南濠，在今南濠街一带，是当时广州最重要的内港码头。东澳又名东濠，在今清水濠街一带，古文溪曾从这里出口，是盐船集中的运盐码头。

在宋代，广州港作为枢纽大港，附近的许多市镇都是其外港，如南海县的大通镇，番禺县的瑞石、平石、猎德、大水、石门、白田、扶胥7镇。其中，大通港与广州隔江相对，是大小船舶从西江和北江航抵广州的必经之地。琶洲码头位于今广州市海珠区琶洲街道琶洲村，是海舶停泊码头。扶胥港仍是重要外港。

元代，西澳码头、扶胥码头是广州港最为重要的内、外港码头。元代中外商船在内港西澳停泊上岸。扶胥镇是重要的外港，商船只有在扶胥镇纳税后才能进入广州贸易。

明代，西澳、东澳均变为城内渠道，广州内港码头西移蚬子埗，并在那里置怀远驿，成为明代重要内港码头。随着珠江岸线不断南移，珠江河道因九连山及残丘冲蚀泥沙，以及东、西、北三江的输沙逐渐淤浅，越来越不适宜日趋大型化的船舶停靠，迫使港口逐步向东外移。曾经是重要内港的西澳已经淤塞。扶胥港也因码头淤浅无法停泊，于清代被黄埔港取代。

清代“一口通商”时期，黄埔港是清政府指定的外船停泊之所，位于今海珠区琶洲街道黄埔村，外国商船多在黄埔港停泊，然后再用小船驳运卸货。清代较为重要的码头有天字码头、老公行码头、河南大涌口码头、芳村码头、黄沙码头等。

清咸丰十年（1860）第二次鸦片战争后，外国船舶可以进入内河航行，沙面被划为租界，很多外国商船便沿着广州的后航道直接到白鹅潭河面锚泊及装卸货物，后来还逐渐向南河道的洲头咀、芳村、大涌口、白鹤洞、白蚬壳等处延伸。清同治年间，许多外国船公司开始在南河道两岸兴建码头、仓库，南河道两岸便逐渐成为广州港的沿海装卸作业区。东河道沙面以东一带（今西堤至长堤），民营航商在此也建了一些码头，成为内河船舶停泊和上落旅客、装卸货物之所。

20世纪初，广州港作为近代港口的大致格局已经形成，外轮和外商码头、仓库多集中在省河西面与珠江后航路交汇处，沿长堤一带为内河船只码头。民国时期，广州市进行内港建设，填筑海珠新堤、河南堤岸，建设海珠铁桥以及疏浚珠江后航道等工程，加强黄埔港区和周边配套陆路交通建设。

中华人民共和国成立后，人民政府接管外资和私人经营的码头、仓库，并着手兴建黄沙码头。第一个五年计划期间（1953—1957），改造长堤一带小码头。20世纪50年代后期开始建设新风、东风装卸作业区和沥滘码头、员村码头；改建、扩建河南、芳村装卸作业区及港澳、沿海客运站。20世纪60年代，重点对各港区进行改造和扩建，先后新建和改建新风、黄埔等港区码头，航道浚深到 -7 米，1万吨级船舶可进入黄埔老港区。20世纪70年代，开始兴建黄埔新港区，扩建芳村港区及客运码头。

改革开放后，规划建设新沙港区、南沙港区。20世纪80年代，开始建设新沙港区，位于东江左侧，隔江为黄埔集装箱码头，距黄埔老港15千米。21世纪初，开始建设南沙港区，位于珠江干流狮子洋至伶仃洋段的西岸。

2015年，广州港位于北纬23°06′，东经113°26′，地处珠江水系的东江、西江、北江三江交汇点珠江入海口和珠江三角洲地区中心地带，是粤港澳大湾区港口群的有机组成部分。通过珠江三角洲密布的水网，广州港与珠三角各大城市以及香港、澳门相通。内河可至珠江水系的东江、西江、北江各港口。由西江水系联系广西壮族自治区各港口。广州港经伶仃洋出海航道可达全国沿海各港口及世界100多个国家（地区）的600多个港口。

第二节　港　界

1951年1月，广州区港务局印发《广州黄埔两港口管理船只暂行章程草案》，明确广州港口界线为南至车尾炮台，西至螺村涌及泮塘铁路桥，东至石涓及川龙涌。河道分段：由洲头咀起至车尾炮台为南段，至螺村涌为西段，至石涌为东段。黄埔港口界限：西至海心岗，东至大濠洲灯桩。这是中华人民共和国成立后，广州区港务局首次以章程草案形式明确广州港港界。

1954年1月，政务院公布《中华人民共和国海港管理暂行条例》，明确海港区域的划定，由各港务局根据具体情况编订港区方案，绘制水陆区域平面图连同说明书，提请当地人民政府召集有关单位商决后，报请交通部审核转呈政务院批准施行。1955年5月1日，经交通部批准，广州区港务管理局公布《广州港港章》，同时废止1951年印发的《广州黄埔两港口管理船只暂行章程草案》。《广州港港章》明确广州港水域自珠江口至广州螺村涌口与泮塘铁桥东端成一直线之处止。广州、黄埔两内港水域界线规定如下：广州内港南界为鸦髻沙西端与大尾沙东端成一直线，东界为二沙岛东端之南北垂直线，西界为螺村涌口与泮塘桥东端成一直线。广州内港分为三段，自河南洲头咀起至南界为南河道，至东界为东河道，至西界为西河道。黄埔内港西自鱼珠圩之东九沙尾岛、肠沙尾岛东南端经长洲洪福市至南岸石头岗止，东至狮子洋南成围边起至南岸四沙塞止。

1987年5月15日，黄埔港务局公布《黄埔港港口管理章程》，明确黄埔港的港区陆域包括国家划定范围及广东省或广州市授权黄埔港务局管辖的陆地范围；港区水域是国家划定的水面范围及广东省或广州市授权管辖的水面范围，以及与上述水面范围相应的水上水下领域；还包括国家、省、市授权黄埔港务局管辖的其他区域。1988年4月25日，两港合并后新成立的广州港务局公布《广州港港口管理章程》，因该章程是在1987年《黄埔港港口管理章程》的基础上修订而成的，涉及广州港港区范围的内容，除将黄埔港改为广州港、将黄埔港务局改为广州港务局外，表述基本一致。

2003年6月28日，《中华人民共和国港口法》表决通过，要求港口规划应包括港口的水域和陆域范围、港区划分。2006年2月9日，《广州港总体规划》经交通部、广东省审核通过后公布，明确广州港港区的水陆域界线，确保广州港水域管理的完整性和统一性。该规划将广州港划分为内港港区、黄埔港区、新沙港区和南沙港区及珠江口水域。同年6月，《广州港口章程》公布，同时废止1988年公布的《广州港港口管理章程》。新出台的港口章程明确广州港分布在珠江口水域及沿岸的广州、东莞等行政区域范围，以及港口水域、港口陆域界线，与《广州港总体规划》一致。《广州港口章程》于2011年修订，港口范围未有变化。

一、港口水域

广州港港区水域由以下水域边界范围内的珠江干流及相关支流形成的水域组成。

（一）海港水域

海港水域由以下水域边界范围内的珠江干流及相关支流形成的水域组成。

东边界 东江口以铁路桥为界，麻涌河口以四航局预制厂码头与新沙驳船码头连线为界，淡水河口以北岸转角与南岸河口水闸连线为界，东莞江口以坭洲头灯桩与华润水泥厂码头连线为界，仙屋涌口以虎门轮渡码头与虎门电厂码头连线为界，川鼻河口以沙角码头内侧至亚娘鞋岛的上围角连线为界。

西边界 黄岐水道以黄岐沙溪涌口与罗冲涌口的连线为界，陈村水道以三山口为界。

北边界 流溪河以白坭河大桥为界，石井河以槎龙排洪站为界，增埗河以狮头围公路桥为界。

南边界 以大坦尾引航锚地为界，包括桂山引航检疫防台锚地、三门岛装卸锚地、大坦尾引航锚地及其附近相关水域。南边界具体控制点坐标为：

S31（22°33′46″N，113°38′02″E）；

S32（22°26′08″N，113°39′33″E）；

S33（22°10′00″N，113°43′18″E）；

S34（21°55′00″N，113°50′00″E）；

S35（21°55′00″N，114°05′00″E）；

S36（22°04′00″N，114°05′00″E）；

S37（22°08′33.1″N，113°53′47.6″E）；

S38（22°11′01.9″N，113°49′56.6″E）；

S39（22°13′01.4″N，113°49′01.6″E）；

S40（22°14′38″N，113°49′38″E）；

S41（22°25′00″N，113°46′55″E）；

S42（22°44′17.7″N，113°44′17.8″E）。

（二）内河港水域

内河港水域是广州市行政区内海港水域范围以外的内河通航水域。

二、港口陆域

（一）海港陆域

广州港港区陆域由内港港区陆域、黄埔港区陆域、新沙港区陆域和南沙港区陆域组成。

内港港区陆域 由位于西河道、南河道、东河道两岸码头陆域组成。

黄埔港区陆域 由位于黄埔鱼珠至东江口沿岸的黄埔老港作业区和黄埔新港作业区组成。

新沙港区陆域 由位于麻涌口至破流水闸沿岸的新沙港作业区组成。

南沙港区陆域 由位于南沙的沙仔岛、小虎岛、龙穴岛沿岸的沙仔岛作业区、小虎作业区、芦湾作业区、南沙作业区组成。

（二）内河港陆域

内河港陆域由广州市行政区内海港范围以外的内河通航水道两岸码头陆域组成。

第二章 自然环境

广州港的自然环境主要包括水文条件、气象条件和地质地貌三大部分，也是广州港得以成为华南枢纽港的得天独厚的因素和优势。

第一节 水文条件

广州港的水文条件包括径流、潮汐、潮流、波浪、含沙量和盐度6个方面。

一、径流

珠江三角洲水网由西江、东江和北江汇流而成，流域雨量充沛，多年平均年径流量为3260亿立方米，由八大口门入海。其中东部四口门流入伶仃洋的水量为1742亿立方米，占八大口门入海总径流量的53.4%。(见表1-2-1)

珠江东部四口门年径流量分配表

表1-2-1

项目	虎门	蕉门	洪奇沥	横门
年径流量/亿立方米	603.0	565.0	209.0	365
占八大口门总量/%	18.5	17.3	6.4	11.2
合计/亿立方米	1742.0			
占八大口门总量/%	53.4			

二、潮汐

外海潮波进入伶仃洋后，受两岸和水下地形的影响发生变形，具有驻波性质。沿程各站的潮汐性质数在0.93～1.34，属于不规则半日混合潮，日潮不等现象显著。(表1-2-2至表1-2-4的潮位、水位均以各站理论最低潮面起算)

潮汐特征值 广州港范围内有广州浮标厂、黄埔（三）、泗盛围、舢舨洲和赤湾等具有代表性的长期验潮站。最高潮位出现在泗盛围验潮站，为4.23米；最低潮位出现在浮标厂验潮站，为-0.45米。

广州港长期验潮站潮汐特征值见表1-2-2。

广州港长期验潮站潮汐特征值统计表

表1-2-2

站名	浮标厂	黄埔（三）	泗盛围	舢舨洲	赤湾
最高潮位/米	3.73	3.76	4.23	4.10	4.14
最低潮位/米	-0.45	-0.37	-0.12	0	-0.22
平均高潮位/米	1.98	2.29	2.65	2.51	2.31
平均低潮位/米	0.60	0.68	1.04	0.93	0.95
平均潮差/米	1.38	1.64	1.61	1.61	1.36
平均潮位/米	1.34	1.55	1.86	1.90	1.67
平均涨潮历时	5时15分	5时29分	5时45分	5时49分	6时25分
平均落潮历时	7时15分	6时58分	6时45分	6时43分	6时13分
理论最低潮面在珠江基面以上/米	103.79	103.44	103.09	103.00	103.09

乘潮水位 广州港出海航道长115千米，其中40千米的伶仃航道需乘潮通过。（乘潮3小时、不同保证的水位见表1-2-3）

广州港出海航乘潮水位表

表1-2-3 单位：米

保证率/%	50	60	70	80	90	95	98
黄埔（三）	2.09	1.97	1.86	1.74	1.61	1.52	1.41
舢舨洲	2.49	2.39	2.26	2.15	2.01	1.91	1.82
内伶仃	2.18	2.09	1.96	1.86	1.72	1.63	1.54

码头工程的设计水位 据已建码头的设计资料，广州港各港区的设计水位最高的是舢舨洲站，其设计高水位3.28米，设计低水位0.54米；最低的是内三码头，其设计高水位2.58米，设计低水位0.24米。（各港区码头工程设计水位见表1-2-4）

广州港各港区码头工程设计水位表

表1-2-4 单位：米

地点	设计高水位	设计低水位	校核高水位	校核低水位
内三码头	2.58	0.24	3.75	-0.51
黄埔老港	2.78	0.30	3.86	-0.63
新沙港区	3.05	0.37	4.06	-0.41
泗盛围站	3.24	0.53	4.32	-0.18

续表

地点	设计高水位	设计低水位	校核高水位	校核低水位
舢舨洲站	3.28	0.54	4.40	-0.04
赤湾站（1965—2000 年）	2.91	0.41	3.98	0.24

风暴潮 珠江口地区经常受风暴潮的侵袭，台风影响本地区时增水值随地形、台风路径和强度的不同而不同，据 1961—1975 年资料统计，平均增水值在横门为 0.43 米，南沙为 0.61 米；最大增水值在赤湾，为 1.5 米，在虎门至泗盛涠河段最大增水值达 2.30～2.43 米。

三、潮流

据 1991 年开展“八五”国家重点科技攻关项目“珠江口伶仃洋航道整治技术的研究”进行的 32 条垂线水文测验结果分析，广州港水域的潮流属于不规则半日潮流，基本上为往复流。

虎门以内 虎门以内河道较窄，涨、落潮流的方向与河道平行，潮流形态为往复流，流向较为集中，水流与航道轴线的夹角一般为 5～15 度。

受径流的影响，本河段枯季的涨潮流速明显大于洪季，洪、枯季的落潮流速相差不大；洪季的落潮流速明显大于涨潮流速，枯季的涨、落潮流速相差不大。（见表 1-2-5）

虎门内各站潮流垂线平均流速表

表 1-2-5　　单位：米/秒

断面	枯季			洪季		
	涨潮	落潮	平均	涨潮	落潮	平均
墩头基	0.44	0.42	0.43	0.24	0.36	0.30
莲花山	0.46	0.41	0.44	0.21	0.39	0.30
梅心沙	0.35	0.43	0.39	0.21	0.40	0.31
坭洲	0.36	0.42	0.39	0.18	0.38	0.28
虎门	0.34	0.39	0.37	0.46	0.53	0.50

伶仃洋水域 在航道三期工程的工程可行性研究阶段，交通部天津水运工程科学研究所于 2007 年 8 月 13—14 日及 16—17 日，在珠江口和伶仃洋海域进行 21 站同步中、大潮水文测验。实测资料的分析结果表明，伶仃洋的潮流属不规则半日潮流。涨落潮流速以东、西槽流速比较，北段东、西槽相接近，南段则以西槽为大。以洪、枯季的流速比较，涨潮流速以枯季为大，落潮流速以洪季为大。最大流速出现在虎门和舢舨洲之间，表层落潮流速达 2 米/秒。

伶仃洋潮流，涨潮时水流向偏于西北，落潮时水流向南先偏东、后偏西。在大濠岛以内基本呈往复流动，涨、落潮水流近似南北向；大濠岛以外海域，水面开阔，涨、落潮水流呈旋转流特征。潮段平均流速，内伶仃岛以北（上段）海域是落潮大于涨潮，内伶仃岛以南（下段）海域基本是涨潮大于落潮。其中上段的平均流速，矾石和伶仃深槽内基本相近，下段以伶仃航道为强，而铜鼓海域为伶仃洋中最低的流速区。（见表1-2-6）

2007年8月13—14日垂线平均最大流速及流向统计表

表1-2-6

测站	项目	13日		14日	
		涨潮	落潮	涨潮	落潮
虎门1站	流速/(米·秒$^{-1}$)	0.62	0.74	1.16	0.93
	流向/度	331	146	336	172
虎门2站	流速/(米·秒$^{-1}$)	0.82	0.85	0.96	1.09
	流向/度	333	139	314	157
虎门3站	流速/(米·秒$^{-1}$)	0.60	0.75	0.74	0.91
	流向/度	337	166	332	161
蕉门1站	流速/(米·秒$^{-1}$)	0.28	0.60	0.63	0.81
	流向/度	282	108	292	107
蕉门2站	流速/(米·秒$^{-1}$)	0.35	0.55	0.69	0.82
	流向/度	287	114	289	111
蕉门3站	流速/(米·秒$^{-1}$)	0.27	0.59	0.74	0.81
	流向/度	285	110	292	113
洪奇沥1站	流速/(米·秒$^{-1}$)	0.44	0.99	0.72	1.41
	流向/度	319	145	331	148
洪奇沥2站	流速/(米·秒$^{-1}$)	0.51	0.64	0.82	0.81
	流向/度	346	164	355	171
横门1站	流速/(米·秒$^{-1}$)	0.31	0.44	0.54	0.59
	流向/度	337	155	337	156
横门2站	流速/(米·秒$^{-1}$)	0.30	0.32	0.55	0.63
	流向/度	341	167	349	171
伶仃1站	流速/(米·秒$^{-1}$)	0.46	0.61	0.47	0.77
	流向/度	334	143	333	175
伶仃2站	流速/(米·秒$^{-1}$)	0.57	0.81	0.70	1.12
	流向/度	22	191	18	188
伶仃3站	流速/(米·秒$^{-1}$)	0.83	0.50	0.97	0.92
	流向/度	343	166	344	158

续表

测站	项目	13 日		14 日	
		涨潮	落潮	涨潮	落潮
大濠岛站	流速/(米·秒$^{-1}$)	0.78	0.39	1.03	0.97
	流向/度	13	193	16	182
矾石站	流速/(米·秒$^{-1}$)	0.59	0.71	0.72	0.99
	流向/度	336	147	334	151
铜鼓航道站	流速/(米·秒$^{-1}$)	0.71	0.66	0.73	1.04
	流向/度	347	185	12	150
西滩站	流速/(米·秒$^{-1}$)	0.60	0.43	0.61	0.99
	流向/度	300	135	290	115
抛泥地站	流速/(米·秒$^{-1}$)	0.60	0.54	0.93	1.38
	流向/度	15	222	5	192
珠海站	流速/(米·秒$^{-1}$)	0.57	0.44	0.75	0.92
	流向/度	350	184	355	174
外海 1 站	流速/(米·秒$^{-1}$)	0.16	0.26	0.32	0.58
	流向/度	322	112	336	119
外海 2 站	流速/(米·秒$^{-1}$)	0.34	0.13	0.27	0.41
	流向/度	271	218	43	199

珠江水利委员会珠江水利科学研究院于 2013 年 9 月在珠江口进行大潮期和中潮期的潮流观测，大潮测验时间：2013 年 9 月 17 日 12：00—9 月 18 日 15：00，中潮测验时间：2013 年 9 月 25 日 11：00—9 月 26 日 14：00。

工程区附近大潮和中潮的潮流变化：四大口门至大濠岛之间，总体上以往复流为主；大濠岛以外海域，水面开阔，在洋流影响下涨、落潮水流呈单侧旋转流特征。

总体上落潮流速大于涨潮流速，而铜鼓航道站、伶仃 3 站、珠海站及外海 1 站出现涨潮大于落潮的潮段。各站大潮的涨潮段平均流速介于 0.17～0.56 米/秒，落潮段平均流速介于 0.35～0.74 米/秒；中潮的涨潮段平均流速介于 0.09～0.37 米/秒，落潮段平均流速介于 0.19～0.44 米/秒。

2007 年夏季大潮和 2013 年夏季大潮的实测数据差别不大，基本可以代表广州港附近的流速流态分布情况。

四、波浪

虎门以内河道水域的掩护条件好、风区短，难以生成较大的波浪，不会对港区形成大的威胁。外海波浪经伶仃洋进入虎门后，波高衰减较大，秒速一般小于 1 米。据已建码头区波浪要素的推算，小虎石化码头 N（北）向 50 年一遇时秒速为 1.6 米，坭洲煤码头 SSW（南西南）向 50 年一遇时秒速为 1.5 米，波周期均小于 4.0 秒。其他码头水域的宽度小于上述码头，生成的波浪更小。

伶仃洋西北部的鸡抱沙、万顷沙一带水域受外海 S（南）向波浪的影响，水深较浅，浅滩宽阔，波浪不大。据鸡抱沙东侧水域的波浪推算结果，50 年一遇 SE（东南）向时秒速为 2.72 米，平均周期为 3.7 秒。

五、含沙量

根据珠江水利科学研究院 2013 年 9 月进行的大潮期和中潮期水文观测资料，通过对该期测验各个测站的潮段及垂线含沙量进行平均，除西滩站外（0.14～0.32 千克/米^3），其余各站平均含沙量介于 0.015～0.12 千克/米^3，总体上河口区含沙量大于外海区，平均含沙量最大值出现在西滩站，大潮平均含沙量大于中潮。

伶仃西航道内的伶仃 1 站～伶仃 3 站 2013 年夏季大、中潮期平均含沙量介于 0.01～0.06 千克/米^3，相比 20 世纪 90 年代 0.06～0.10 千克/米^3 的实测平均含沙量略有减少，总体均属于低含沙量的范畴。伶仃西航道西侧的西滩站是含沙量最大的测站，2013 年夏季大、中潮期平均含沙量介于 0.14～0.32 千克/米^3，与 20 世纪 90 年代的平均含沙量基本相同。大濠岛以外水域水体含沙量较低，2013 年夏季大、中潮期平均含沙量介于 0.02～0.07 千克/米^3，与历史实测数据基本相当。

伶仃洋水域的含沙量呈现略微减少的趋势，对于航槽的水深维护较为有利。

六、盐度

由于水域的潮流界枯季到老鸦岗，洪季到黄埔，各港区水体不同程度地受咸水入侵影响。洪水期虎门—黄埔水体基本被淡化，含盐度均在 1‰以内；枯水期虎门含盐度为 12‰，墩头基含盐度为 3‰。

伶仃洋水域的盐度分布受径流和潮流的影响较大。内伶仃洋主要是受径流的影响，洪季西北部四个口门附近为淡水占据，含盐度小于 1‰，东南部表层含盐度为 16‰到 20‰，枯季东、西槽水域的水体含盐度可达 17‰到 32‰，内伶仃岛以南海区盐度大于 30‰。

第二节　气象条件

广州港地处亚热带，受季风气候影响明显。冬季受北方冷空气影响，盛行偏北风；夏季受副热带高压控制，多东南风，雨量充沛、气候湿润、多雷暴；夏秋季常有台风。由于广州港港区、航道跨越的地域较大，其气象条件分别采用广州市气象台 1951—1977 年的资料、东莞市气象台 1959—1990 年的资料、深圳市气象台 1954—1992 年的资料、东莞气象站 1957—1997 年的统计资料、赤湾站 1967—2001 年的风资料和深圳机场 1992—2001 年的气象资料。

一、气温

广州港所在地区夏季炎热、冬季温和，年平均气温较高，平均温度在20摄氏度以上长达8个月。其中，每年的7月一般是气温最高的时候，月平均气温28.3摄氏度，最高温度曾达到38.7摄氏度；而每年1月则是气温最低的时候，月平均温度为13.4摄氏度，最低曾至零下0.5摄氏度。（见表1-2-7）

各气象站气温特征值表

表1-2-7　　单位：摄氏度

气温	广州	东莞	深圳
平均气温	21.8	22.0	22.4
极端最高温	38.7	38.2	38.7
极端最低温	0	-0.5	0.2

二、降水

广州港所在地区的降水多集中在4—9月，其间的降水量占全年降水总量的82%～84%。（见表1-2-8）。

各站降水值特征表

表1-2-8

降水	广州	东莞	深圳
年平均降水量/毫米	1702.5	1774.1	1882.8
年最多降水量/毫米	2516.7	2394.9	2634.1
年最少降水量/毫米	1158.5	972.2	898.6
最大一日降水量/毫米	284.9	367.8	429.0
年平均日降水量多于25毫米的天数/天	20.2	21	22

三、风况

广州港所在地区受大气环流及季风的影响，秋冬季多偏北风和东北风，春夏季多东南风。夏秋季的平均风速比冬春季的大。由于各站地理位置跨度大，风况差异较大，深圳站测得平均风速4.0米/秒，是东莞站1.9米/秒的2倍多。（见表1-2-9）

各站风要素统计表

表 1-2-9

风要素	广州	东莞	深圳
平均风速/(米·秒$^{-1}$)	2.1	1.9	4.0
常风向	北	东	东
对应频率/%	16	13	23.4
强风向	东北	东、南	东南
最大风速/(米·秒$^{-1}$)	35.4	20.0	30.0
无风频率/%	27	17	3.2
年平均 >6 级风的天数/天	—	18	8

珠江三角洲地区常年受到台风的影响。据统计，在珠江口一带登陆的台风平均每年 1.3 次，影响广州港的台风平均每年 3 次；7—9 月为台风影响最多的月，受台风影响时最大的风速达 35 米/秒，最大瞬时风速在 40 米/秒以上；伴随台风的降水量一般超过 200 毫米，最大达 400 毫米，同时在港口出现不同程度的风暴潮。

四、雾

广州港所在地区的雾多集中在 1—4 月，这 4 个月的雾日占全年雾日的 66% ~ 70%；雾多出现在凌晨以后和早晨，中午即散。(见表 1-2-10)

各站雾日统计表

表 1-2-10　　单位：天

雾日	广州	东莞	深圳
年平均雾日	5.0	5.7	4.1
年最大雾日数	12.0	15.0	12.0

五、雷暴

广州港所在地区雷暴较多，全年各月均有雷暴出现，多集中在 4—9 月。(见表 1-2-11)

各站雷暴日数统计表

表 1-2-11　　单位：天

雷暴	广州	东莞	深圳
年平均雷暴日	75	80	71
年最多雷暴日数	98	113	82
年最少雷暴日数	50	43	56

第三节 地质地貌

广州港地处珠江三角洲冲积平原，河床为第四纪冲积覆盖层，依次为淤泥类土、砂类土、黏土和亚黏土，下伏第三纪砂岩和页岩的风化岩。风化岩、页岩与风化岩薄层互层，在－31米至－11米之间出现。

一、地质

据已建和拟建码头区域的工程地质钻探资料分析，广州港区域内的地层可分为表层、中层、基岩层三层。

表层一般为淤泥，呈灰褐色或灰黑色，饱和，流塑或软塑，富含有机质，分布不连续，厚度变化大，为0.4米至19米，交椅湾一带淤泥厚度较大。西大坦和南沙的局部为淤泥混沙，新沙的局部为淤泥质黏土、亚黏土，平均厚度为3.8米。

中层由杂色黏土、亚黏土及灰白色和灰黄色的中细砂、中粗砂和卵石层构成。南沙和交椅湾一带夹有灰褐色泥质黏土或灰黑色淤泥和细砂，底层标高为－5米到－30米，交椅湾地区在－30米处未穿透。

基岩层多为粉砂岩和泥页岩层，南沙一带为花岗岩，新沙一带为页岩和粉砂岩互层。岩面高度一般在－12米到－26米，新沙港区的岩面最高，为－6米，交椅湾一带岩面较低，在－30米以下。岩层表面风化程度差异较大，强风化层一般厚1米到3米。

根据广州港出海航道工程的地质资料综合分析，由桂山锚地至西基调头区的各段航道－11.5米以上土层分为三类。第一类为松软土层，主要为淤泥和淤泥类土及砂和砂混淤泥，易于开挖，除莲花山东航道外各段均为这类土。第二类为黏土类，有亚黏土、黏土及泥页岩全风化残积土，可塑，坚硬，有弱、中等附着力，其中的5、6级土开挖较困难，主要分布在莲花山东航道。第三类为泥页岩风化层，集中分布于莲花山东航道，部分需进行水下炸礁处理。

港区所在地历史上曾发生过地震5次，其中，东莞发生3级地震3次，莲花山发生4.5级地震1次，番禺市桥发生5级地震1次。据《中国地震烈度区划图（1990）》，本地区地震基本烈度为Ⅶ度。

二、地貌

广州港北起白泥河桥，南至桂山锚地，位于珠江三角洲珠江干流两侧。根据地貌特征、水沙条件和淤积趋势，地貌的基本特征按区域划分为内港区域、虎门—黄埔区域、伶仃洋区域。

内港区域 内港区水道由西航道、东航道和南航道组成，东西走向。河道的北面是广州丘陵，南面是番禺台地，西面是珠江三角洲平原。东、南航道之间是残丘散布的冲积平原，河汊纵横交错，形成河南岛、黄埔岛、柿岗州、长洲、大湾沙、峨眉沙和二沙头等沙洲岛。该河道接纳了流溪河和经佛山涌、大石涌来的西江、北江水。

该河段的年径流量约150亿立方米，输沙量为8万吨，含沙量仅为0.06千克/米^3，多水少沙，径流是泥沙运动的主要动力，泥沙来自径流携带的悬移质泥沙和推移质泥沙。枯季时潮流可达上游的老鸦岗，对该河道的泥沙运移产生作用；洪季时潮流只到达黄埔一带，不影响该河道。

该河道多水少沙、淤积缓慢，但港池、航道的淤积强度明显大于河道的淤积强度。据珠江水利委员会有关部门研究成果，东、南河道多年平均淤积强度为0.01米/年左右；据广州港务局1996—1998年的资料统计，港池年维护挖泥量约25万立方米，淤积强度约为0.91米/年，其中内二码头的淤积强度较大。

虎门—黄埔区域 虎门内水道亦称狮子洋水道，自黄埔至虎门的沙角，长约45千米，呈北西北—南东南走向，上接内港河段，下连伶仃洋。其北部为广州丘陵；东岸大部分为东江三角洲平原，仅南端虎门附近有东莞丘陵的余脉威远岛、川鼻岛等残丘；西岸的北部为番禺台地，中部为西江、北江支流冲积成的珠江三角洲平原，南部小虎、南沙一带为残丘。东江、麻涌河、淡水河、东莞河、太平水道等汇入狮子洋的河流都在东岸，只有沙湾水道在西岸。该河段两头窄，中间宽，水面宽1.2千米至5千米，水道中有洪圣沙、大壕洲、海心沙（江鸥沙）、沙仔洲等沙洲和小虎、大虎等岛屿，其大部分位于深泓的右侧。

狮子洋是古浅海湾被东江、西江和北江下泻的泥沙逐步淤积而成的。20世纪60年代以来，由于围垦、建港及挖泥等人类活动，致使河道逐渐缩窄、河槽容积减小，并使全河段河系大为简化，水流相对集中，滩面淤积，深槽冲刷，川鼻水道最深处已达-34米。狮子洋水道总体稳定，多年来深槽基本维持在现有航道走向，平面变化缓慢。

狮子洋水道是河口段潮汐水道，据1991—1992年的资料，全段洪、枯季平均含沙量为0.1千克/米^3。泥沙随潮涨进落出。其上段黄埔—坭洲有东江、麻涌和淡水河汇入，受潮流和径流共同作用，动力体系比较复杂，在两条水道的汇合处的回流区泥沙大量落淤。

伶仃洋区域 伶仃洋为北—南向的喇叭型河口湾，东岸的东莞、深圳地区为花岗岩山地丘陵，沿岸间有狭长的海积平原；西岸北部的番禺和中山一带为番禺台地和西江、北江支汊冲积的三角洲平原；南部为花岗岩山丘。湾中有龙穴、淇澳、内伶仃和大铲等岛屿；湾顶的南沙岛和川鼻岛为残丘，鸡抱沙和川鼻岛以西的交椅湾沿岸为三角洲平原或冲积海积平原。近百年来，伶仃洋水下地形维持“三滩两槽”的格局，即西滩、中滩（伶仃滩和矾石浅滩）、东滩及西槽（伶仃水道）和东槽（矾石水道）。东、西槽的走向大致为北西北—南东南，两槽在上游合为川鼻水道，在下游分别经香港的暗士敦水道和大壕洲水道通往外海。西槽为广州港的出海航道，水深11.5米；西滩（西槽西侧）为西江、北江冲积成的沙洲浅滩，宽1千米至12千米；东槽未经疏浚，中段为矾石水道浅滩，水深为6米至7米，南段水深超过10米；东滩宽约1

千米。

伶仃洋接纳珠江虎门、蕉门、洪奇沥和横门四个口门的来水来沙，多年平均输沙量为3389万吨，80%在伶仃洋内沉积，20%输到外海。

伶仃洋水域有三种动力体系：西北部是以蕉门、洪奇沥和横门等河流作用为主的淡水径流动力体系，北部和中部是虎门潮汐通道动力体系，南部是受高盐陆架水入侵控制的动力体系。三种动力体系随径流的增减、潮汐的涨落和陆架水的进退而不断变化，从而导致伶仃洋水下地形的变化。伶仃航道（即西槽）中、上段受到三种动力体系的共同影响，动力条件较复杂。据观测资料和卫星照片分析，落潮时段西滩边缘形成一条与－5米等深线的走向基本一致的水动力相对平衡线，阻止伶仃洋西北部各口门的高含沙量浑水向东扩散，并在西滩形成自北向南和向西南的输沙走廊，大大减少了进入伶仃航道的泥沙。多年来，伶仃洋的动力条件未发生明显变化，此线比较稳定，使伶仃航道得以开挖和维护。东滩滩上的涨潮流比深槽提前大约1小时，外海进入伶仃洋的涨潮流沿浅滩向北流动，在交椅湾西部转向西北，有部分涨潮水流汇入深槽的落潮流流向外海，形成了东部半封闭的逆时针方向环流，这决定了东滩交椅湾及浅水潮汐通道的形态，并对交椅湾的水温、水质有重要影响。

珠江携带的泥沙在口门外迅速沉积，伶仃洋位于珠江三角洲向海推进的地带，发展的总趋势是以淤积为主，但水下地形仍然维持“三滩两槽”的平面形态；在不同动力体系的作用下，水下地形发生冲淤演变，主要反映在滩、槽的变化。据中山大学研究，伶仃洋近百年来以淤积为主，平均淤积速度为2.0厘米/年，但淤积并非连续、均匀；浅滩淤积速度以西滩为最大，平均2厘米/年至4厘米/年；矾石浅滩平均为1厘米/年至2厘米/年；东滩最小，平均为0.5厘米/年至1.5厘米/年。伶仃水道（西槽）1883—1964年全段淤积速度为6.2厘米/年。－10米等深线向海退缩25.6千米，航道宽度缩窄、轴线东移，但21世纪以来这种变化明显减缓。矾石水道（东槽）相对稳定，但深槽也有所淤退和东移。

第三章　枢纽大港

先秦时期，广州地区就以犀角、象牙、翡翠、珠玑等进口商品集散地而闻名。古代广州港腹地深广，长期占据岭南海外贸易枢纽地位，是中外沟通的重要桥梁，大量海内外货物云集于此。中华人民共和国成立后，广州港不断加强港区建设，完善港口设施，提升港口管理水平，逐渐从老旧港口成长为东方枢纽大港。广州港至海口、厦门、上海、青岛、大连、天津、秦皇岛等城市港口有定期客货班轮，是中国与东南亚、中东、非洲、大洋洲和欧洲各国运距最近的大型贸易口岸，也是华南地区最大的对外贸易口岸、区域枢纽大港。2015 年，在“一带一路”倡议的引领和推动下，借助自由贸易试验区“扩容”带来的良好契机，广州港正在谋求更大的发展空间，成长为国际性枢纽大港。

第一节　历史沿革

秦统一岭南之前，岭南地区为古越人聚居地，当地人已经掌握一定的造船技术和航海技能。秦统一岭南后，设南海郡、桂林郡、象郡，着手岭南的开发与广州城建设。秦南海郡尉任嚣在广州建“任嚣城”，又名“番禺城”。秦汉更易，南海郡尉赵佗建立南越国，定都番禺，管辖故秦三郡之地。赵佗扩建番禺城后，港口得到进一步发展，促进古代广州港市的形成。中原地区的移民为岭南带来先进的文化和耕作技术，广州港走向繁荣，造船业和航运业日趋发达。此时，北方运往广州港的出口品主要是缯帛，从广州港北运的主要是域外高级饰物、珍禽异兽、名贵木材和异域香料，以及部分作为贡品的岭南水果等特产。

汉武帝平南越后，海外贸易得到进一步发展，中国商人从番禺出发，装载黄金和丝织品远航至斯里兰卡，并在当地设立商栈，与来自埃及的罗马船只交换货物，带回犀、象等动物和珠玑等奇珍异宝。从广州、徐闻、合浦起航至印度的南海航线，是中国重要的“海上丝绸之路”，对于沟通东西方文明起到重大作用。番禺已成为中国南方集散海外货物的港口城市，司马迁《史记》将其称为“都会”。

港口繁荣促进商道的发展，如为方便岭南贡品北上，形成通过番禺北运、逾骑田岭而达湖南郴州的桂阳峤道。东汉桓帝时期（147—167），桂阳太守周昕开凿武水上游的六泷，方便南方的珠贝和象、犀北运，以及北方丝绸等物南输。番禺港在东汉时期仍是繁荣的南方对外贸易大港。

东汉建安二十二年（217），吴国派遣步骘重修南越王城文溪以西的部分，称步骘城。东吴黄武五年（226），孙权分交州合浦以北为广州，步骘城为广州治所所在，之后的广州城一直是岭南重要的政治、经济、文化中心，呈现繁荣景象。当时国际上无论是在造船技术还是在航海技术方面，都有很大的进步。船舶抵御风浪能力大大加强，可以选择较为快捷的线路直航广州，广州港的国际贸易获得很大发展。随着东南沿海的经济开发，广州成为当时重要国际贸易港口城市。虽然西晋灭亡后国家分裂，但长江以南地区相对安定，这使得广州港成为当时全国最大的对外贸易中心。

隋开皇元年（581），隋文帝统一全国，结束分裂割据局面。广州港不仅是进出东南亚各国的大港口，也是航行印度、波斯湾的主要海港，是全国最重要的对外贸易港。隋大业三年（607），屯田主事常骏、虞部主事王君政等应募，出使赤土国（位于马来半岛）。

唐代广州港是全国第一大港，为加强对外贸易管理，唐朝首先在广州设立市舶使，负责市舶的管理和关税征收等工作。宋代，中国与中亚、西亚的陆上交通严重受阻，但中国东南地区相对安定，尤其南宋偏安杭州，更是大力开发南方，积极发展海上交通。广州成为最重要的对外联络交往窗口，宋代曾特别指定阿拉伯使者和商人从广州出入。宋代，广州为中国最大的对外贸易港口。

元世祖晚年至英宗的30年内四度“禁商泛海”贸易。元至治二年（1322）复置泉州、庆元、广东市舶提举司之后，元代就一直开放口岸，鼓励国际贸易。国内外商人纷至沓来，开辟和形成四通八达的对外贸易航线，主要有广州—亚洲航线、广州—欧洲航线、广州—非洲航线。元代广州港虽被泉州港赶超，但仍是中国对外贸易的重要港口，保持着对外贸易的繁荣局面。随着对外贸易的发展，广州也出现了“舶牙”这种专营进出口贸易业务的代理经纪人。

明代，中国东海沿岸的一些著名海外贸易港口日益衰落，作为南海港口的广州在明清两代的外贸政策作用下，获得特殊发展的机会。广州港成为除日本、琉球以外的其他海外国家来华朝贡的专门港口。外国商人与中国商人除直接进行贸易外，有的还在广州设立商行。位于广州外围的澳门，由于葡萄牙人占据，也发展成为一个东方海上贸易中心。明代中后期海上航线得到扩展，特别是通往欧洲、美洲航线得到进一步发展，拓宽了中外商贸交流的范围和地区。明嘉靖三十二年至崇祯十三年（1553—1640），广州是“海上丝绸之路”的主角。

清代，广州港发展对外航线、扩展外贸对象。自乾隆二十二年（1757）清政府改广州一口通商后，广州成为全国唯一合法的通商口岸，在对外贸易中处于垄断地位。乾隆二十四年至道光二十年（1759—1840）是清代广州海外贸易的繁盛时期。据《粤海关志》记载，这一时期船舶进口数呈增长趋势，其中道光十六年（1836）是进口数最多的一年，共199艘。在这华洋贸易的大潮中，本国船舶也竞相经由广州扬帆远航南海，来往穿梭于东南亚各国等地。

鸦片战争后，随着系列不平等条约的签订，西方列强以其先进的船舶闯进南海为所欲为，挤走中国帆船在南海航行、贸易，广州港逐渐成为一个转运港口，广州港外贸的核心地位逐渐被上海港取代。民国时期，随着孙中山提出建设“南方大港”，国民政府加强广州港的建设，新建一批码头、仓库和公路、桥梁等设施，西方列强也凭借不平等条约在广州修建码头、仓库，这一时期的广州港基础建设有所发展，但对外航线基本被西方列强垄断，民营航运业举步维艰。日本侵略军占领广州后，更是造成广州港萧条破败，广州港成为日本侵略者运输战略物资和掠夺中国资源的港口。抗日战争胜利后，国民党政府对广州港进行了一定修复，但港口发展停滞不前。

中华人民共和国成立后，在中央和地方的大力支持下，广州港通过加强港口规划和建设，积极引进和研发先进港口技术，建立现代管理体制，拓展对外贸易，拓宽经济腹地，逐渐从一老旧港口建设成为东方枢纽大港。21 世纪以来，经广州港出海的船舶可达全国沿海各港及世界 100 多个国家（地区）。广州港铁路有京广、广九、广湛线，与全国主干铁路相连，形成铁路运输网；公路与汕头、湛江、深圳等城市均有干线连通，公路网络沟通闽、赣、湘、桂等省。广州港与广州白云国际机场也已实现联通，水陆空全方位运输也已开辟，广州白云国际机场空中网络覆盖全球 200 多个通航点，其中国际地区航点超过 80 个，具通达全球 40 多个国家和地区的客货航空运输的优势。

第二节　交通辐射

一、海外交通

早在先秦时期，广州便是我国与周边国家开展对外贸易的窗口。秦汉以来，开辟了从雷州半岛出发，通往东南亚和印度洋沿岸的航线，这条“南海道”长期被作为域外国家来华“遣使贡献”的贡道。汉朝的使臣和商人一般是从雷州半岛乘船出发，驶入南海，沿海岸航行，经过越南、柬埔寨、泰国，入暹罗湾，到谌离靠岸登陆，步行到卑谬（位于今缅甸）。再坐船沿伊洛瓦底江而下，进入孟加拉湾，往西行至印度南端的黄支，然后转到狮子国（今斯里兰卡）。经过这条南海航线，汉朝与东南亚和南亚国家建立政治和经济联系。中国丝绸等商品通过南海道抵达印度，再经印度至罗马的航线运抵罗马帝国。这一时期，广州、徐闻、合浦等都是这条南海道上重要的港口。

魏晋南北朝时期，海上航线发生变化，出现沿海南岛东部海面，穿过西沙群岛前往东南亚，再经马六甲海峡，驶向印度洋的远洋航线。这条新航线不再经过徐闻、合浦，大大缩短了航行时间，直接导致徐闻、合浦的衰微。广州港因无战乱之扰，贸易环境优越，备受历代统治者重视，经过努力经营，逐渐成为南海沿岸的主要对外贸易港口，从而奠定广州的南海交通枢纽地位。

7 世纪始，出现一条新的南海航线，即唐代贞元宰相贾耽记述的“广州通海夷道”。该航线从广州出发，经林邑可至马六甲海峡、室利佛逝和爪哇，穿过马六甲海峡，可以抵达斯里兰卡和印度等，再从印度出发，穿越印度洋，可以抵达波斯湾沿岸的阿巴丹和奥兰等地，再换乘小舟，溯流可至末罗国（即巴士拉港）。这条航线将东亚、东南亚、南亚、波斯湾、西亚、阿拉伯半岛和东非沿岸的重要海港连接在一起，形成一条亚非洲际海上大动脉。

宋代广州的南海航路基本上沿袭唐代，在原有通往三佛齐国的传统路线上，新出现两条重要支线。一是阇婆国来华航线，从阇婆港口蒲家龙（约今北加浪岸），经十二子石、上竺岛、下竺岛与三佛齐航线汇合。一是从渤泥（今马来西亚婆罗洲）来华航线，从渤泥国到占城国，先向菲律宾方向走一段，然后再斜穿南海至广州。

元代广州港枢纽地位受到泉州港挑战，重要性相对下降，但广州港仍是重要港口，来广州贸易往来的海外国家和地区达 140 个。主要航线有广州—亚洲、广州—欧洲、广州—非洲。广州—亚洲航线是从广州港出发至东南亚和印度洋，是当时广州商船出海贸易活动的地域，包括四条分支航线：从广州到占城、从广州至三佛齐、从广州至莆家龙（今爪哇北岸）、从广州至印度。广州—欧洲航线是从广州出发，经加里曼丹、爪哇、苏门答腊，到斯里兰卡，直向西印度洋和波斯湾的霍尔木兹，最后抵达意大利。广州—非洲航线是沿广州—欧洲航线，横跨印度洋后，抵达非洲东部沿岸各港口，或上岸经陆路或走地中海水路可达非洲北部的摩洛哥。广州港的通商范围东起菲律宾，西至茶弼沙（今西班牙及摩洛哥一带）。

自 15 世纪末 16 世纪初“地理大发现”以来，西方新航路开辟，殖民运动兴起，国际贸易格局发生变化，新开辟广州—欧洲航线、广州—菲律宾—拉丁美洲航线、广州—日本长崎航线。广州—欧洲航线主要是从里斯本、塞维利亚或英国伦敦等港口出航，沿欧洲西海岸南下，绕过非洲的好望角，横渡印度洋，经过苏门答腊西南部海面，再北上通过巽他海峡，然后直航广州，是广州通往欧洲的主要航线。也有绕过马六甲海峡，出新加坡海域，从越南海面来广州。广州—菲律宾—拉丁美洲航线，即从墨西哥西岸出发，南行至北纬 10°至北纬 11°之间的海域，借东风径直西行，经马里亚纳群岛（关岛）续航至菲律宾群岛，再行至广州。离开广州后，经菲律宾，乘西南季风北行，到北纬 38°至北纬 42°之间海域，横渡太平洋，沿北美西海岸南行，至墨西哥的阿卡普尔科港。广州—日本长崎航线，华商从广州出发，经虎门，沿广东、福建沿岸北航，经大鹏、碣石、靖海、南阳、诏安、镇海、金门等岛屿到达日本长崎。也有在澳门等候季风的葡萄牙人在广州采买货物去日本长崎贸易，形成广州—澳门—长崎航线。

18 世纪末 19 世纪初，因清朝一口通商，广州成为西方与中国贸易的唯一口岸，是汇通中西的枢纽大港。此时最重要的是新开辟广州—美国航线。1784 年，美国商船“中国皇后号”由纽约出发，横渡大西洋，经好望角，跨印度洋，经巽他海峡，最终抵达黄埔港，开辟了大西洋航线。1787 年，美国“哥伦比亚号”和“华盛顿女士号”从波士顿起航，到大西洋威德角群岛，向西南绕过合恩角，横跨太平洋，经夏威夷群岛，于 1789 年抵达广州，卖掉毛皮后购买中国货回国，取道印度洋，经好望角，于 1790 年回到波士顿，即“北皮南运”航线。美国至广州一段为太平洋航线。但因太平洋航线补给困难，美国来华的远洋贸易主要以大西洋航线为主。此外，俄罗斯曾于 1803 年派船环球旅行，从喀琅施塔得启航，横跨大西洋，绕过合恩角，入太平洋，抵夏威夷群岛，于 1805 年抵广州贸易。

1840年鸦片战争后，清政府被迫开放广州、厦门、福州、宁波、上海五口通商，广州失去了一口通商的地位，枢纽大港地位也逐渐被上海港取代，成为转运港。随着帝国主义侵略加深，英、美、德等国垄断粤、港、澳航线以及近洋、远洋航线。至同治十二年（1873），广州海上木帆船已基本消失。光绪五年（1879）招商局“美利号”开辟广州—海防航线，光绪十年（1884）因法国侵占越南而中止。清末民初，广东民营轮运业兴起。民国六年（1917）华商陈庆霖以“大司马”轮船开航广州、香港—海防航线，中途挂靠琼州、北海各埠。民国七年（1918）后，英、日、美等国商轮垄断华南港口至南洋的航线。

中华人民共和国成立初期，以美国为首的西方国家对中国沿海实行封锁禁运，中国依靠与东欧国家之间的国际合作和租用港澳华侨航商的船舶来发展远洋运输，先后与波兰、捷克斯洛伐克等国合作，挂外国旗航运，开辟远洋航线通达欧洲、大洋洲、东亚等港口。20世纪60年代始，随着中国国际地位的提升和自行经营的远洋船队的创立发展，挂中国国旗的远洋国轮不断开辟新航线。至1990年，逐步开辟杂货班轮航线和集装箱班轮航线，发展远洋货物运输业务。21世纪以来，广州港远洋运输航线取得飞跃发展，2015年经伶仃洋出海可航达世界100多个国家（地区）。国际航线方面，随着航道浚深和南沙港区的开发建设，中外班轮公司在南沙港区均开辟国际航线或开展国际航运业务，航班可直达美洲、欧洲、大洋洲、非洲和东南亚等的国家和地区。

二、内河与近海交通

先秦时期，横贯于福建、江西、湖南、广东、广西的五岭山脉（越城岭、都庞岭、萌渚岭、骑田岭、大庾岭）是分隔岭南和岭北地区交通的天然屏障，人们借助山隘小路进行经济文化交流。在秦始皇统一岭南前，秦朝就开始修道伐木，开辟岭南交通。秦统一岭南后，开辟若干“新道”，这些“新道”以南海郡治任嚣城为终点，类似交通干线有四条，均是通过西江和北江进入广州：一是由湖南零陵溯湘江而上，经严关（今广西兴安境），从湘桂走廊的灵渠入漓江，沿西江而达任嚣城；二是自湖南道县溯潇水越九疑塞而南达广西贺江，再南通西江，沿西江而下至任嚣城；三是自湘水支流之耒水而达郴州，由此越骑田岭，出阳山关（今广东阳山西北），沿湟水（今广东连江）东南行，经湟溪关（今阳山西北）、涯蒲关（今广东英德西南连江口附近），从北江而南达任嚣城；四是从西江溯赣江支流章江越大庾岭的横浦关（今广东南雄小梅关西）而达浈水入北江，沿北江南下入任嚣城。

唐宋以来，中国经济重心逐步南移，大庾岭道是岭南通往岭北的主要道路。而随着造船技术的提高，珠江干、支流的水上交通日益发挥着重要的作用。经济的高度发展，形成对内比较固定的交通路线，州县或山区各州之间的交通进一步细化和交错，基本上形成后世岭南与内地的交通大势。宋代，已形成以广州为中心的岭南交通网，从广州港出发，可到达岭北、粤东、粤西等地区。

由广州出发沿北江北上，经韶州再沿浈水至南雄，陆运越梅关，沿章江达赣州，又沿赣江，越鄱阳湖而达长江，由此或上溯至川、鄂，或下行至江南之地，再沿运河北上汴梁。或经韶州再沿武水而越骑田岭，北上郴州、桂阳监（今湖南桂阳），再沿耒水、湘江而达长江。此为武水道。支道从英州洸口镇（今广东英德连江口）溯湟水而达连州，由此北上，或达郴州，或西北行达道州（今湖南道县）、永州。北宋前期，由广州达汴京的陆路捷径就是骑田岭驿道。

由广州出发沿西江而上，经端州（今广东肇庆）、康州（今广东德庆）、封开（今广东封开东南）、梧州等，或沿贺江、漓江北上，而达贺州（今广西贺州东南）、昭州（今广西平乐）、桂州（今广西桂林）。而由贺州、桂州北上，皆达永州，或再沿西江及支流，达广南西路各地。

由广州出发沿东江而上，可至惠州、循州（今广东龙川），越丞相岭而进入今韩江流域，经梅州达潮州。或从循州、梅州北上，皆通江南西路虔州、福建路汀州（今福建长汀），此为上路。南自潮阳，历惠之海丰，此为下路。

东行除上、下两路外，还有海道可通，船只从广州港出发，东至福建、两浙路，甚或更北的沿海各路。南宋定都临安（今杭州），一部分从广东出发运抵临安的大宗货物运输（时称纲运），就是走海路。

从广州出发西南下陆行、海运也十分成熟。陆行可达南恩州（今广东阳江）、高州（今广东高州东北）、化州、雷州，越琼州海峡，可达海南岛的琼州（今海南三亚崖城），向西可达廉州（今广西合浦）、钦州。而钦、廉二州，地近安南，交通便利，粤西南恩州、雷州等，也是中外贸易必经之路。广州恰居于这条海道中端，是粤西雷州地区通过闽浙的中枢。

元代，广州至元京城大都的海运路线为：秀山（今广东虎门）、浅湾（今香港荃湾）、梅蔚山（今属香港九龙），到甲子门（今广东陆丰甲子港）、潮州、泉州、福州、温州，抵达长江口，再从上海刘家港附近北抵大都。

明代，随着岭南区域市场形成，以广州港为中心的水运商路有西江航线，东江、韩江航线，北江航线三条航线。西江航线是沟通广东与广西的主要水运路线，自广州出发，经西江沿三水、肇庆、德庆可抵达广西梧州，再通过桂江、郁江、浔江、柳江等几大西江支流可达广西大部分地区。东江、韩江航线是沟通珠江三角洲与惠州、潮州乃至福建西部的主要商道，自广州出发，沿东江至惠州、河源抵达龙川，由陆路越大帽山的蓝关至兴宁，再由水路沿梅溪、韩江经程乡、大埔可达潮州，进而通向福建漳州。北江航线是沟通珠江三角洲与韶关、南雄乃至江南地区的主要商道，自广州出发，沿北江航行至清远，沿着浈水北上，经英德、清溪、韶关抵达南雄，从陆路翻过大庾岭，通往江西。海路方面，出现从广州出发，沿着东海岸航行经南澳岛到闽浙的航线；另一条是从广州出发，沿着西海岸经高州、雷州、廉州等府至广西乃至交趾的航线。

清代，珠江水系、珠江三角洲河网地带的内河运输已很发达，鸦片战争前广州已有至石龙、太平（东莞）、石岐（香山）、佛山、陈村、江门、开平、肇庆、鹤山等地的定点、定期、定时的客货运输。其中部分距离较远的航线，船舶途中靠泊所经市镇渡口承运客货。广州—石岐线船舶，所经佛山、陈村、大良、龙山、九江、容奇、桂州、勒流等地，商客顺搭上落每日达上百人次。较大的木帆船则经营穗港澳间航线，出虎门沿西海岸至香港、澳门，甚者远至汕头、湛江、海口等沿海港口。道光二十八年（1848），英国商人开办穗港澳定期航班运输，此后多家轮船公司在穗港澳航线上经营客货运输业务。光绪二十五年（1899），华商船行公司经营的内河客运业务，主要有广州—佛山、广州—陈村、广州—黄埔、广州—大良、广州—石岐、广州—石龙、广州—太平、广州—江门和广州—开平等航线。

近海交通方面，道光二十二年至宣统三年（1842—1911），外国轮船凭借技术和资本优势，垄断近海航线，主要分为华南航线、南北航线、中越中柬航线。华南航线有广州—香港—汕头—厦门线，咸丰七年（1857）开辟；广州—海口—北海线，光绪五年开辟，光绪十年法国占据越南，该线停航；广州—汕头线，光绪七年（1881）开辟；广州—海口线，光绪三十一年（1905）开辟，不久这条航线延伸到北海；广州—新会—海南嘉积线，宣统二年（1910）开辟；广州—阳江—水东线，宣统年间开辟。由广州至北方港口的南北航线主要有广州—香港—上海线，同治十二年开辟；广州—牛庄（营口）线、广州—天津线，皆开辟于同治十三年（1874）。广州（经海口、北海）至越南海防航线开辟于光绪五年，至光绪十年法国占领越南时，该线停航。光绪三十一年，广州—海口航线重新开辟，不久即从海口延伸至北海和海防。

民国初期，国民政府在广州设立航政管理部门后，船务行、轮船公司经营内河运输班期航线须经批准始得营运。个体木帆船运输户则按客商托运地点航行，没有固定营运航线。至民国二十四年（1935），营运航线有：广州—江门、广州—佛山、广州—都城、广州—石岐、广州—获海、广州—官窑、广州—市桥、广州—清远、广州—西南（三水）、广州—官山、广州—石龙、广州—新塘、广州—太平、广州—陈村、广州—西樵、广州—雅瑶、广州—平洲、广州—盐步、广州—沥滘、广州—白坭、广州—高明、广州—大良、广州—容桂、广州—鹤山、广州—大石、广州—肇庆、广州—东莞、广州—小榄、广州—四会、广州—里水、广州—茶亭、广州—勒流、广州—惠州、广州—老隆、广州—英德、广州—韶关等。至1949年10月，广州内河客货运输班轮航线大体没有变化，主要有：

珠江下游（包括珠江三角洲）航线25条：广州—江门、广州—三埠、广州—石岐、广州—市桥、广州—大岗、广州—沥滘、广州—佛山、广州—大良、广州—陈村、广州—西樵、广州—鹤山、广州—南头、广州—容奇、广州—勒流、广州—新造、广州—民乐、广州—仙村、广州—赤坭、广州—鱼珠、广州—钟村、广州—增埗、广州—新塘、广州—三江、广州—麻奢、广州—石楼。东江航线6条：广州—东莞、广州—太平、广州—石龙、广州—惠州、广州—河源、广州—老隆。西江航线5条：广州—梧州、广州—肇庆、广州—都城、广州—封开、广州—高明。北江航线3条：广州—清远、广州—四会、广州—曲江。

近海交通方面，民国建立后华商航运公司有较大的发展，特别是在第一次世界大战期间，外国轮船大部分退出华南航线，华商轮船纷纷加入华南航线营运，航线也有所增加。民国初年主要航线有：民国二年（1913）开辟的广州—江门—阳江—水东线；民国三年（1914）开辟的广州—基隆线、广州—高雄线；民国五年（1916）开辟的广州—北海线；民国十八年（1929），恢复广州—海口—北海线；民国二十四年开辟广州—汕头线、广州—雷州线。

民国二十七年（1938），日本侵略军占领广州后立即宣布封锁珠江，禁止各国商船进出广州。日本侵略军和航商控制华南航线。民国二十八年（1939），在日本侵略军控制下，有广州—汕头、广州—广州湾、广州—海口等线。抗日战争胜利后，华南航线多恢复航行，主要航线有：广州—台湾、广州—榆林、广州—湛江、广州—厦门、广州—海口、广州—汕头、广州—汕尾、广州—电白、广州—水东、广州—海防等线。民国三十五年（1946）后，南北航线才恢复，主要有广州—汕头—上海、广州—香港—上海、广州—香港—上海—青岛—大连—天津、广州—台湾—上海。

中华人民共和国成立后，逐步恢复了定期、不定期班轮航运业务，形成以广州为中心，通达全省各地的内河航线网。1954 年，恢复了穗港澳不定期货运班轮航线营运。20 世纪 50 年代末，广州—澳门航线定期客运班轮恢复营运。20 世纪 60 年代初期，广州市航运系统对木帆船进行技术改造，逐步推行以小轮拖带的方式航行，部分改变了靠人力和风力航行的传统方式。1964 年，货源扩大，货运地点增加。珠江三角洲、东江、西江、北江直达运输航线增至 170 多条，广州内河货运量有较大增长。从 20 世纪 70 年代末开始，广州内河航运部门的木帆船逐步为钢质船、水泥船所代替，船舶吨位增大，动力也从人力、风力逐步改为以内燃机发力。广州市属内河航运部门由经营短途航线为主，逐步向经营长途航线发展。

近海交通方面，1951 年，广州海运局逐步建立沿海航线。1952 年，广州海运局的业务重心转向沿海运输，有常线 8 条（广州—汕头、广州—汕尾、广州—湛江、广州—海口等），次要航线 14 条（广州—榆林、广州—三亚、广州—闸坡、广州—清澜等）。1955 年，广州港有发往越南的船舶，但因外国封锁，中越航线受到干扰。美国发动越南战争后，航行中越航线的船舶还多次遭美国军机袭击。1964 年，中越航线改由防城港、北海港始发。1968—1979 年，广州海运局和广州远洋运输公司恢复南北海上交通线。

改革开放后，内河客运增开并恢复部分航线。1978 年 12 月，广州—香港客运航线恢复通航，由香港油麻地小轮公司使用气垫船营运。1980 年 1 月，广东省港澳航运公司豪华客轮星湖轮投入穗港线营运。从 1982 年 7 月开始，该公司开办广州—桂林水陆联运线。1983 年 4 月，开办广州—梧州、广州—北海水陆联运线。1984 年 6 月 11 日，广州—南宁水上客运航线正式复航。20 世纪 80 年代中期，随着公路和桥梁建设的发展，一些客运航线逐渐被公路运输取代。1990 年底，广州至内河主要港口航线有 21 条，即广州—梧州、广州—江门、广州—肇庆、广州—桂平、广州—都城、广州—蛇口、广州—井岸、广州—勒流、广州—德庆、广州—贵港、广州—南江、广州—惠州、广州—三埠、广州—平沙、广州—太平（莲花山）、广州—金溪、广州—南宁、广州—新造、广州—柳州、广州—前山、广州—平南。

近海交通方面，1983 年，广州海运局开辟广州—上海客运班线。1985 年，开辟广州—青岛—大连客运班线，开辟广州—厦门、广州—蛇口、广州—白马货运线。1987 年，开辟夏季旅游线广州—下川岛。至 1990 年，广州海运客运航线主要有广州—厦门—上海、广州—青岛—大连、广州—海口、广州—三亚、广州—厦门—温州等，旅游线有广州出发开往上川岛、下川岛、厦门等线，广州港（包括黄埔港）始发的营运航线 38 条。

1991—1995 年，随着公路、铁路、航空客运业的发展，水路客运开始萎缩。1993 年 10 月，广州—青岛—大连客货班轮航线停航。1995 年 4 月，广州—厦门—上海客货班轮航线停航。1995 年末，广州海运最后一条南海客运航线广州—海口线停航。1999 年 10 月，广州港务局客运服务总公司与海南省海口港集团公司合作，用滚装船“椰香公主号”经营广州—海口航线。2000 年 2 月，广州市内河客运定期班轮全部停航，原有的 5 个客运站仅剩下黄埔客运站经营广州—海口滚装航线和不定期、季节性旅游船航线以及节假日临时航线。

2004 年，广州南沙客运港开通至香港客运航线。2008 年，广州港开辟至台湾的海峡两岸直航航线。2010 年，广州南沙客运港开通至澳门客运航线。至 2015 年，广州港有至中国沿海各主要港口的集装箱内支线和内贸集装箱航线，至沿海各主要港口的煤炭运输航线以及广州港至沿海各主要港口的成品油运输、杂货运输航线等。珠江三角洲及内河航线有通往香港、澳门以及广东省内各大小港口，通过珠江水系可到达广西各港口。

第三节　对外贸易

一、出口贸易

早在新石器时代，岭南先民就与外部世界有了最初的外贸往来。据《战国策》《淮南子》等文献记载，战国时代广州的对外贸易已初具规模。秦汉时期的出口商品有丝绸、瓷器、釉陶（包括翠绿釉、栗黄色彩亮釉、茶黄色釉和浅绿色釉）、铁器、金属、器皿、药材、土特产、工艺品、棉布等。其中出口大秦（古罗马帝国）的主要是丝绸和生丝。从魏晋到南北朝，广州出口商品仍然以丝绸、绫绡、丝绵为主。

唐代传统的丝织品种类繁多，有绫、罗、缜、缎、锦、绮、纱、绢、纶、缣、帛等品种，这些商品占据着国际丝织品贸易市场。另外，唐代的制瓷业，在烧造技术、器物造型、釉彩光泽上，都超过了前代。所制的瓷器不但在生活上普遍使用，而且成为工艺美术品。中国瓷器成为国际市场上最受欢迎的商品之一。江西景德镇是唐代制瓷中心，其生产的陶瓷多运至广州出口。其他如唐三彩、邢州（今邢台市）白瓷、越州（今绍兴市）黄褐釉瓷、长沙窑瓷器等也多数从广州通过海路出口到伊拉克萨马腊、伊朗内沙布尔、巴基斯坦卡拉奇、印度尼西亚雅加达、马来西亚砂拉越。

宋代广州出口商品仍以丝绸、陶瓷和漆器为主，丝绸是秦汉以来的千年商品，陶瓷则是新秀。古代罗马人称中国为“赛里斯”，即丝绸之国。中世纪西欧各国则把中国称为“瓷器之国”。陶瓷虽盛产于唐，但发展于宋，可以与丝绸争雄。宋代是广州出口陶瓷的鼎盛时期。广州西村陶瓷窑是北宋年间规模相当大的一个民间窑场，产品以外销东南亚各地为主。从广州出口的日常生活用品如漆器、雨伞、草席、针、帘子、木梳、绢绡、酒、茶等是出口物品中的主要构成部分，铁条、铁块、铁鼎、铁锅、铁碗是重要的出口商品。铁和铁器的出口，对东南亚地区的生产发展起了有益的作用。此外，金银器皿、铜器皿、铜鼎、铜锅以及锡器等也有大量出口。东南亚地区有50余国从中国商船购买金属和金属器皿。

元代的出口商品，大致分为农副产品和手工业品，以手工业品为主要出口货物。农副产品主要有谷类和茶叶，还有酒、盐、糖等副食品。在广州还有加工的荔枝干特产行销南洋群岛等地。元朝政府对谷米的出口严加禁止，但仍有泄漏外销。出口丝织品有锦、缎、绸、绢、帛（当时统称为五色），以及丝和麻；陶瓷主要品种有青白花碗、水坛、大瓮、小罐、盆钵、水埕等；器具有铁条、铁块、铁鼎、铁锅、铁碗、金银器、锡器等；日用品有伞、摩合罗（玩具）、瓷器、家用帘子、篦箕、木梳、针、席等；药材有大黄、干良姜、川芎、白芷、樟脑等；乐器有琴、阮、鼓、钹等；染料有朱砂等。

明代出口商品以丝、瓷为主，丝织品占首位。广州丝绸外销由以往的东南亚地区和印度洋沿岸国家，拓展到经澳门出口到欧洲各国、经菲律宾出口到墨西哥等美洲国家。明代的陶瓷业是第二大手工业。当时流行彩瓷，尤其是青花瓷，瓷胎较前代细腻，属近代瓷胎；釉质较前纯净，色料讲究，如永乐窑的脱胎茶瓷，宝德窑的青花瓷、祭红瓷、霁青釉、甜白瓷。此外，出口商品还有金银、货币、铜钱、银珠、米谷、麝香、檀香、水银、烧珠、樟脑、大黄、胡椒、米豆、土珠、雨伞、草席、橘子等。

清代，出口商品仍以茶、丝为主，土布也渐趋重要。出口商品主要有红茶、绿茶、生丝、土布、绸缎、棉布、土丝、湖丝、广东绸、棉织品、丝织品、陶瓷、漆器、牙雕、刺绣、药材、铜钱、葵扇、草帽、铁锅、缸、瓦、色纸、砂糖、糖果、肉桂、干菜、冰糖、皮靴等。鸦片战争前，广州茶叶的出口在对外贸易中占第一位，其次是丝货及土布等。

鸦片战争后，帝国主义国家控制中国的对外贸易，大量货物转由上海、香港出口，广州出口商品以农副产品为主。出口商品虽仍以丝、茶叶为主，但所占的比重不断下降。1870年茶、丝两项合占88%，1892年便下降到62.5%，茶叶的出口因受到印度茶、锡兰茶和日本茶的竞争而大为减少。另外，蔗糖同样是广州出口的大宗商品，直到大部分蔗糖改在香港直接出口，广州的蔗糖出口才退居次要地位。

民国前期，广州外贸出口商品有生丝（包括白丝、白经丝、白缫丝、黄丝、黄经丝、黄缫丝、蚕茧、乱丝头）、丝织品、爆竹、药材、矿砂、桐油、草席、烟叶、猪鬃、蔬菜、鸡鸭毛、针织品、干鲜果品等。其中仍以生丝、丝织品、茶叶等传统土特产品为大宗。20 世纪 30 年代后，钨矿砂出口大幅增加，成为大宗出口商品。广州出口生丝及丝织品占出口商品货值的首位。据粤海关统计，1912 年丝和丝织品占出口贸易总值的 65%，1919 年占 70%，1929 年占 69.2%。

此外，钨矿砂出口自 20 世纪 30 年代初开始大幅增长，到 1937 年出口总值已超过生丝，跃居第一位。

1937—1945 年，广州出口的商品有生丝、绸缎、丝织品、钨矿砂、桐油、药材、棉货、爆竹、木、竹、藤、牛皮、纸张、蔬菜、水产品、五金、鸡鸭毛、草席、地席、竹器、甘蔗、草绳、干鲜果品、茶叶等。其中仍以生丝、钨矿砂、桐油等土货为大宗。这个时期，广州出口商品贸易的特点是在日本侵略者控制下为其战略服务，因此，战略物资如钨矿砂、五金、药材、棉货等占比最大，其他出口货物亦多是日本国内所缺乏的。

抗日战争胜利后，广州出口的商品有蔬菜、烟叶、鱼类、酒、糖、茶叶、竹、藤、木材、干鲜果品、燃料、矿产品、桐油、猪鬃、油漆、石、杂货等。其中以猪鬃、矿产品、桐油为大宗。这些农副产品和矿产品多出口到香港等地区和英国、美国等国。

中华人民共和国成立初期，出口贸易基本上沿用 1949 年以前私营贸易方式。1957 年，广州市的公私合营基本完成，出口贸易归属国营外贸企业经营。因生产力发展水平较低，广州出口商品仅限于原有的农副产品、传统的手工艺品和传统的轻纺产品。1957—1985 年，广州市有 8 家专业外贸公司成立，经营的出口商品有轻工产品、粮油食品、工艺品、化工、机械、五金、矿产品、农副土特产品、畜产品、医药保健品。其中以轻工产品出口量为最大，品种最多。

改革开放后，广州出口贸易快速发展。到 1990 年，广州市拥有 8 家专业进出口公司，年出口额达 5.31 亿美元，出口商品的品种超过 4 万种，海外市场发展到 130 多个，贸易网点遍布世界各地。1991—2000 年，广州市继续调整、优化出口商品结构，出口商品向深加工、高附加值转变，继续以轻纺等工业制成品为主，出口商品的品种、数量逐渐增加。2000 年全市出口总额 91.76 亿美元，占广东省出口额的 9.98%。全市出口初级产品 3.20 亿美元，占全市出口总值的 3.49%；工业制成品 88.56 亿美元，占全市出口总值的 96.51%。机电产品出口快速增长，出口总值和增长幅度排全市出口品类的第一位，继续成为带动出口的主要品类，出口总值达 41.83 亿美元。2015 年，广州市出口总值 5034.57 亿元，机电产品占出口品类首位，年出口额 2553.93 亿元，占全市出口总值的 50.73%；其次是高新技术产品，年出口额 854.37 亿元，占全市出口总值的 16.97%。

二、进口贸易

秦汉时代，广州的进口商品主要来自大秦，大秦出产有金银、夜光璧、明月珠、骇鸡犀、珊瑚、琥珀、玻璃、青碧以及各种织物和各色香料等。此外，还有宝石，是通过地中海或在沿途购买而运来广州的。玻璃制品如杯、瓶、烧珠和其他容器等，大部分是在当时埃及亚历山大城雕刻制作的。此时通过广州进口的还有各种南海出产的珠宝、香药、珍禽、异兽等，苜蓿、菠菜、莴苣等蔬菜也通过海路引入民间。

公元3世纪，扶南王范旃正式派遣使者携带乐人和方物来访，并进以名贵的玻璃作为礼品赠送吴国孙权，随后孙权派出康泰、朱应进行了回拜。扶南人到广州贸易，主要是利用“扶南大舶”运来扶南以及南海各国的产品，其中有闻名的扶南竹子和甘蔗。三国时期的进口商品主要有“名珠、香药、象牙、犀角、玳瑁、珊瑚、琉璃、鹦鹉、翡翠、孔雀、奇物”（《三国志·吴书》）。

南北朝时期，重点放在发展南海的贸易。林邑、扶南、阇婆、干陀利（今苏门答腊）、狮子（今斯里兰卡）、天竺（今印度）等地，都与中国保持和发展了经济贸易关系。进口货物又增加象牙、犀角、琉璃、吉贝、乳香、没药、郁金香、佛像、婆罗树叶等。乳香有理气、止痛的功效，没药可用于活血、散瘀、消肿和定痛，是中医广泛应用的药物。

唐代进口的大宗商品主要有香药、矿产品、棉布等。唐代从几个主要贸易国和地区进口的物资有：

从拂菻（东罗马帝国）进口的有：玉、水银、金刚石、矾石、玻璃、木香、肉豆蔻、郁金香、迷迭香、兜纳香、蜜香、降真香、薰陆香、阿勃勒、苏合香、芜夷、阿魏、抱香履等。

从大食（今阿拉伯国家）进口的有：玛瑙、琉璃、火油、石榴、鸦片、乳香、骐骈竭、苏合香、无食子、诃黎勒、金颜香、栀子花、蔷薇水、丁香、阿魏、芦荟、押不芦、珊瑚、珍珠、象牙、膃肭脐、龙涎香、大食刀等。

从波斯（今伊朗）进口的有：珊瑚、瑜石、石绿、硫黄、白矾、黄矾、琥珀、胡黄连、缩砂菀、荜拨、蔼酱、破故纸、茉莉、青黛、螺子黛、莳萝、扁桃、阿月浑子、阿勒勃、葡萄、无花果、石蜜、波斯枣、薰陆香、没药、耶悉茗、安息香、芦荟、无石子、阿魏、诃黎勒、婆罗得、乌木、苏合香等。

从印度进口的有：琉璃、消石、胡椒、白豆蔻、蜜草、郁金香、天竺干姜、砂糖、天竺桂、沉香、乳香、干陀木皮、宝石等。

从东南亚国家进口的有：象牙、犀角、龙脑香、紫非、硫黄、珊瑚、郁金香、波棱菜、丁香、肉豆蔻、降真香、苏合香、抱香履、槟榔等。

宋代的进口商品以香药和其他奢侈品为主。北宋时期，通过官方贸易进口的商品有20多种，通过市舶司（务）输入的禁榷商品（仅许通过官方交易的商品）有11种，非禁榷商品有35种，总计有七八十种。到了南宋，输入的商品除上述各项外，又增加了很多，总共有330多种。大概可分为药物、香物、宝物、纺织品、金属制品、杂品等大类，也可分为“粗色”和“细色”两种。粗色指的是一般货物，如胡椒、硫黄、迷香、吉贝布等；细色指的是贵重货物，如金、银、珠、人参、麝香等。在北宋期间，各种进口商品主要从广州港进口。香药及其他货物多数集中于广州，然后再运往北宋首都汴梁（今河南开封）及其他各地，所以当时的广州和汴梁是香药贸易的两大集散地。

元代从亚非各国进口的商品种类繁多。根据元大德《南海志》记载，“广为蕃舶凑集之所，宝货丛聚”。广州进口商品主要可分为宝物、布匹、香货、药物等72种。宝物：象牙、犀角、鹤顶、珍珠、珊瑚、碧甸子、翠毛、龟筒、玳瑁。布匹：白蕃布、花蕃布、草布、剪绒单、剪毛单。香货：沉香、速香、黄熟香、打拍香、暗八香、占城香、粗熟香、乌香、奇楠木、降香、檀香、戎香、蔷薇水、乳香、金颜香。诸木：苏木、射木、乌木、红柴。皮货：鲨鱼皮、皮席、皮枕头、七鳞皮。牛蹄角：白牛蹄、白牛角。杂物：黄蜡、风油子、紫梗、磨末、草珠、花白纸、藤席、藤棒、贝八子、孔雀毛、大青、鹦鹉、螺壳、巴淡子。

明代进口商品有宝石、珍珠、乳香、龙涎香、安息香、没药、血竭、令羽、象牙、犀角、金铂、锡、铜钱、象、狮子、金钱豹、马哈兽、麒麟、花福禄、犀牛、骆驼、牛、马、雉鸡、驼鸡、孔雀、鹿、黄腊、苏合油、木别子、盐、芦荟、折扇、纸、笔、墨，以及各种新奇动物、香药、香料、高级奢侈品、布匹等。

清代进口商品有毛织品、白银、人参、香料、檀香木、龙涎香、羽毛、布匹、燕窝、槟榔、樟脑、沉香、羽沙、金属品、棉花、棉布、棉纱、象牙、乌木、苏木、吉贝（木棉）、金刚铝、锡铝、水银、椰子、胡椒、豆蔻、冰片、糖、暹罗米、海豹皮、海獭皮、灰狐皮、熊皮、鸦片等30多种。

1840年鸦片战争后，广州进口的商品种类与清前期相比有明显差别，主要大宗商品有毛织品、棉花、鸦片、白银。《南京条约》签订后，清政府不能禁止鸦片贸易，致使鸦片大量涌入，加上鸦片走私猖獗，输入数量惊人，给中国人民带来严重祸害。进口纺织品则对珠三角地区手工纺织业带来严重冲击。此时比较重要的进口小商品有：洋药、洋烟、洋酒、洋糖果、洋水果、咖啡、洋毯、洋手巾、洋纽扣、洋针、洋线、洋灯、洋纸、洋钉、洋笔、洋墨水、洋牙刷、洋肥皂、火柴、洋钟表、洋玻璃等。这些小商品未列入进口贸易统计，但也逐年有所增加。

民国时期，广州外贸进口商品主要有粮食（包括大米、小麦、面粉）、棉纺织品、煤油、煤炭、钢铁、机器、水泥、白糖、纸、纸浆、人造靛、人造丝、毛织品、石蜡等，其中以粮食、棉布、矿物油等为大宗。大米主要是从东南亚国家进口，面粉主要来自美国和英国，棉布来自英国和日本，煤油主要来自美国、印度尼西亚。陈济棠主粤期间，由于民族资本工业的发展，进口税率的提高，以及资本主义经济危机导致世界贸易大幅度下降等因素的影响，广州进口洋货有所下降。

抗日战争时期，日本利用其独占广州外贸的地位，使广州进口贸易以日本为主，英、法等国占广州进口贸易的比重日益下降。这个时期，广州进口商品已纳入日本侵华战争的轨道，特别是其中机器、矿物油、化学品的进口，显然是出于日本掠夺华南地区资源的需要。这个时期进口商品主要有：粮食、矿物油、化学品、糖、煤、机器、电器用具、棉织品、毛织品、麻织品、水产品、面粉、纸张、木材、车船、钨矿砂、石蜡、安尼林染料等。其中以粮食、矿物油、化学品、机器、纺织品、车船等为大宗。

抗日战争胜利后，美国取代日本在广州的进出口贸易地位。在广州的进口商品中，美国货从抗战前的第三位跃升至第一位。广州进口的美国商品货值1946年为法币119.2亿元，占进口总货值的25.36%；1947年为法币847.6亿元，占进口总货值的23.39%；1948年为金圆券2080.6万元，占进口总货值的33.85%。英国则居第二位，广州进口英国商品货值1946年为法币29.2亿元，占进口总值的6.22%；1948年为金圆券653.2万元，占进口总货值的10.62%。这一时期进口的主要商品有棉花、矿物油、橡胶、纸张、棉布、毛制品、机器、车辆等。除了上述合法进口的商品和物资外，还有大规模的走私活动。驻华美军、美舰、美轮利用其自由出入中国海港、机场以至内河的特权，勾结官僚资本家和国民党军队大肆走私。1946—1947年走私进口值约占正常贸易总值的20%。走私进口的货物主要有：卷烟、海产品、化妆品、呢绒衣料、人造丝衣料、西药、煤油、食盐、洋纸、卷烟纸及收音机等。

中华人民共和国成立初期，因外汇紧缺，国家为了控制进口商品而实行进口许可证管理制度。这个时期的进口商品仅限于急需的经济建设物资、抗美援朝的战略物资和药品。1956—1979年，对外贸易全部由国家专业进出口公司经营，公司根据国家下达的进口订货通知凭据组织进口，许可证管理失去作用，只在其他部门进口少量急需物资时才使用进口许可证。这段时期广州市专业外贸公司基本上是执行上级公司的进口合同，进口商品仅限于生产出口产品所需的原辅材料、机械设备、生产线及交换物资。

改革开放后，进口品种越来越多，有成套设备、生产线、各种机械、五金矿产、石油化工产品、化工原料、医药保健品、包装材料、轻工业品、纺织品、粮油食品、木材、畜产品等。进口市场主要以香港为主，进口市场由港澳扩展到东南亚和日本、欧美发达国家。进口品种亦越来越多，有成套设备、生产线、各种机械、五金矿产、石油化工产品、化工原料、医药保健品、包装材料、轻工业品、纺织品、粮油食品、木材、畜产品等。进口市场主要以香港为主，占50%以上。从香港进口的商品包括轻工业品、纺织品、机械设备、粮油、土畜、石油化工产品等各种商品。另外，东南亚市场也很大，棕榈油、豆油、菜籽油、人造奶油、钢材、木材、橡胶等多从菲律宾、马来西亚、新加坡、泰国以及日本等地进口；成套设备、生产机械、化工原料多从日本、西欧、美国、加拿大等地进口；菜种由法国进口；西成药从德国、意大利、瑞士、日本进口；奶粉、奶油和绒毛从澳大利亚、新西兰进口；冻鱼、冻肉等从南美洲国家进口；公丁香、可可粉从非洲生产国进口；包装材料、包装机械多从美国、加拿大及西欧进口。

1991—2000年，随着经济建设的发展，广州市进口商品的构成不断发生变化。多数年份工业制成品的进口值占进口总值的90%以上，进口商品来源地也不断增多，由1991年的39个增加到2000年的123个。1991—1995年，进口的主要商品种类有：成套设备、汽车、摩托车及配件、电子仪器、动力设备、起重挖掘机械、压缩机、轻工机械、电信设备、钢材、金属矿砂、石油及产品、天然橡胶、化工原料、尿素、建筑装修材料、纸张、合成纤维、胶合板、棕榈油、黄金、钟表等。2015年，广州进口总值 3271.71 亿元，全市机电产品进口额 1479.98 亿元，占全市进口总值的 45.24%；高新技术产品进口额 942.34 亿元，占全市进口总值的 28.80%。其中，液晶显示板进口额 241.21 亿元，初级形状的塑料进口额 218.73 亿元，汽车零配件进口额 143.93 亿元，飞机进口额 164.75 亿元，集成电路进口额 131.71 亿元，废金属进口额 18.45 亿元，自动数据处理设备及其部件进口额 16.56 亿元。全市进口农产品总值 375.58 亿元，煤及褐煤进口额 39.13 亿元，成品油进口额 15.80 亿元，未锻轧铜及铜材进口额 72.33 亿元，钢材进口额 67.12 亿元。

第四节　经济腹地

广州港经济腹地辽阔，包括广东、广西、湖南、湖北、云南、贵州、四川以及河南、江西、福建的部分地区，以广东省为主。广州港是珠江三角洲以及中南、西南、赣南、闽南等地区物资的主要集散地，便利的海、陆、空交通，使其成为上述地区客、货运输的集散中心，担负着国内和外贸物资的转口任务。

一、腹地范围

明代以前，广州港是珠江流域入海门户，内陆腹地范围主要在今广东、湖北、湖南、江西、福建、云南、贵州、四川等地区，以广东省为主。

明清两代的大多数时期里，广州港在中国对外贸易中处于中心地位，其腹地范围几乎遍及全国。

鸦片战争以后，随着通商口岸的不断增设，加之经济、战争等因素的影响，广州港中心地位被上海港取代，经济腹地范围减少，主要以广东省为主，覆盖今福建、江西、湖南、贵州、云南、广西的部分地区。

中华人民共和国成立后，广州港直接腹地为珠江三角洲的广州、东莞、佛山和中山，间接腹地为广东省其他地区及京广铁路沿线的湖南、江西等省和西江沿线的广西等省区的部分地区。

21 世纪，广州港大力发展“江海联动”战略，即广州港和广州内河港相辅相成、互动发展，从而拓展经济腹地。规划建设五和、新塘、番禺三大相对集中的内河港区。通过珠江黄金水系沟通珠江西岸及西江沿线城市，加大广州与邻近城市的港口物资流动和交通联系，特别是服务广（州）佛（山）肇（庆）城市一体化发展，沟通江门、中山等珠江西岸城市，提升广州中心城市辐射能力，加强与珠江西岸城市的经济、交通联系，促进区域一体化发展。

广州港通过开拓内陆无水港，在内陆地区建立具有报关、报检、签发提单等港口服务功能的物流中心，进一步拓展腹地范围。从 2009 年广州港集团在昆明开辟内陆港、2010 年在内陆设立首个办事处起，至 2015 年 12 月，广州港省内外共设立内陆港或办事处 15 个。通过铁路、公路和航空等运输方式降低内陆客户的物流成本，实现货畅其流，在提升地区经济和社会效益方面发挥重要作用，也为广州港争取了更广阔的经济腹地。

二、腹地物产

作为广州港主要经济腹地的岭南地区，气候温和，土地肥沃，物产丰富。从建港至清代一口通商时期，广州港成为汇通中西的枢纽大港，这一时期岭南地区的物产对广州港发展影响深远，主要有蚕丝（生丝）、茶叶、木材、棉花、稻米、陶瓷、矿产、蔗糖、水果等。

（一）蚕丝（生丝）

珠江三角洲是中国三大蚕丝产地之一。早在东汉末年，广州附近便开始养蚕种桑。北魏郦道元《水经注·垠水篇》记载了珠江三角洲出现的桑园。唐咸通年间，与蚕桑业密切结合的池塘养鱼业在珠江三角洲出现。明代，顺德县桑树种植更成规模。明末清初，南海、顺德等县已从果基鱼塘转变成桑基鱼塘。

清代一口通商后，全国丝绸咸集于广州港出口，以湖丝等江南生丝和广东省所产土丝为主，也有四川等地出产的生丝。为节省成本，洋商就近收购蚕丝，刺激桑蚕业发展，珠江三角洲地区遂成为中国著名蚕丝产地之一。广州、佛山的丝织业也有很大的发展，手工业作坊大量兴起，生产出来的粤缎和广纱畅销海内外。

道光二十六年（1846）之后，江浙一带的丝绸运往上海，不再运往广州，江浙一带不再为广州港独占的经济腹地。同治元年至同治二年（1862—1863），太平天国起义军与清军在长江三角洲进行大规模决战，江浙地区的蚕丝业生产遭到破坏，上海出口遭到重创。此时，外国生丝需求增大，刺激广东蚕丝业发展起来，珠三角地区桑树种植面积增大。

（二）茶叶

早在东汉时期，广东即有种茶的记载，经过南朝、唐代、南宋的发展，明代时广东种茶的地区渐广，茶类品种增加，有端州白云山（今肇庆市鼎湖山）的鼎湖茶、博罗县罗浮山罗浮茶、新安蒙山茶等，后期翁源、高要、四会等地相继产茶。

清代一口通商时期，中国外销茶叶除部分从陆路经西北、恰克图运往俄罗斯外，其余茶叶“全由内河过岭行走”赴粤，否则“一经拿获，将该商人治罪，并将茶叶入官”，守土官员也要被“严参”“惩处不贷”。广州港出口茶叶腹地几乎涵盖全国各大茶叶产区，其出口茶叶主要来源于今福建、安徽、江苏、浙江、江西等地以及广东本省。外省茶叶来粤，均需水陆兼运，长途跋涉才能到达广州。外省的主要茶叶品种有福建武夷茶及安徽、江苏、浙江的绿茶。到鸦片战争前夕，广东产茶县有70个，广州府南海县、肇庆府鹤山县都有大面积茶叶种植。

五口通商后，广州港茶叶出口的中心地位逐渐丧失。虽仍有部分武夷茶、浙西茶、湖南茶南下广州，但出于节约运输成本的考虑，大部分外省茶叶转至上海等口岸出口。为挽救本省茶叶出口衰落的趋势，粤商积极开展自救，不断扩大广东茶叶种植面积。广州港出口茶产地以广东为主。清道光十五年至同治九年（1835—1870），广东茶园面积、茶的产量和出口量，仅次于浙、闽、湘，居全国第四位。广州茶叶加工逐渐繁荣起来。广州河南出现许多制茶工场，这些工场负责挑拣珠兰茶。花熏茶是最主要的外销产品，产于台山及其附近。

（三）木材

广东自古就是中国木材主要产区之一。在远古时代，广东的土地覆盖着热带雨林。木材生产促进广东成为全国主要造船基地。东晋末年，粤北的始兴一带建造战舰，分4层，高12丈。唐岭南节度使杜佑曾在广东督造大量的战船，其中建造的楼舸，有楼三重，高如城堡。此后，历宋元明清各代，依赖丰富的木材资源，广东成为重要的造船基地。

（四）棉花

广东是中国最早引植棉花的地区之一。棉花的原产地是印度，古代由南北两道传入中国。北道由中亚首先传至新疆，然后传布于华北。南道又分两线：一由缅甸传入中国云南，另一由越南传入中国闽、粤等地。广东是古代产棉区之一，在宋元之际，还向岭北传播，先后在江西、浙江、江苏等地种植和织作。北宋时期，广州有纺织棉花的工场。元代，广东是棉花产区之一。广东的纺织业大规模兴起是在明清以后。《南海县志》记载，明嘉靖年间，南海县便能生产斜纹布、棉布、象服布、熏纱花布、雪被等多种棉布。明末清初，广州、佛山、兴宁是岭南棉织业的3个主要基地。因北方草棉种植，岭南树棉花逐渐淘汰，到明清两代，广东产棉很少，作为原料的棉花在长江流域一带。故褚华的《木棉谱》说："闽粤人于二三月载糖霜来卖，秋则不买布而买花衣（棉花）以归，楼船千百皆装布囊果累，盖彼中自能纺织也。"

（五）稻米

广东过去也是全国主要稻米产区之一。宋代，广州是重要的大米产地。明代，水利的兴修和土地的开垦促进粮食生产，广州有余粮运销闽、浙等地。真德秀《真文忠公文集》记载："福、兴、漳、泉四郡全靠广米以给民食。"又说："贼船在海，米船不至，军民便已乏食。"可见广东的粮食出口对福建军民的重要性。元朝，因屯田开发，广东的粮食生产得到进一步发展，粮食成为海上运输的主要商品。明清两代，因经济作物的发展，商品性农业的增加，广东逐渐由余粮省变为缺粮省。

（六）陶瓷

唐代广东开始生产陶瓷。宋代广州西村瓷窑生产的陶瓷远销海外。此外，南海县的镇龙圩、灵洲山的官窑，以及今佛山市的石湾所发掘出来的窑址，均属大型窑址，产量相当可观。据《伊本·白图泰游记》记载，元代广州瓷业甚盛，“其间最大者，莫过于陶器场。由此，商人转运瓷器至中国各省及印度、夜门（也门）”。古代广东陶瓷业主要以今佛山石湾为基地，无论从生产规模、生产技术还是市场等方面来说，都占优势，基本上代表“广窑”，《广东新语》称“石湾之陶遍两广”。石湾的陶瓷是广东主要的出口商品之一。明清时期，石湾陶瓷出口量仅次于江西景德镇，居全国第二位。

（七）矿产

广东产铜、银、铅、铁等矿，多数分布在粤北一带，开采历史悠久。铜陵县（今阳春市北）产铜，南越王赵佗曾在此地炼铜。晋末，卢循起义军还在广州开采过银矿。银矿是南朝时期广东最重要的矿产，梁朝初期全国各地均以铜钱或谷帛为货币进行交易，而岭南一带则以金银为货币，这种情况一直延续到唐、宋以后。唐代，广州采矿业经营的矿产有10种，产地分布于30多个州县。宋代，广东南路有59个县，其中29个县有铜、铁、银、铅等矿场30多个，采矿的种类增至20余种，番禺有银矿和铁矿。

广东在东晋时期便有冶铁业。南汉时，广州已能铸铁塔、铁柱。宋宣和年间，广东冶铁在全国冶铁行业中占有重要地位。明洪武七年（1374），明太祖朱元璋下令在全国设置13个铁冶所，年炼铁805.3万斤（1斤为0.5千克），其中广东阳山铁冶所70万斤/年，占全国8.7%。明代，铁产地州县共323个，其中广东有23个。清代，广东铁矿石开采和铁炉冶铁分布于40个县，共有193处，广东佛山是当时全国冶铁基地之一。《广东新语》称：“佛山之冶遍天下”，“铁莫良于广铁”。

（八）蔗糖

5—6世纪，广东开始生产砂糖。宋代，广东出产的糖曾被列为贡品。明清两代，甘蔗种植遍布广东全省，其中番禺、东莞、增城、阳春的蔗田面积较大。鸦片战争前，蔗糖通过广州港海运远销至苏州、天津等地，还出口英国等国和东南亚各国。鸦片战争后，因广州蔗糖采购成本相对较低，故能在华糖出口整体衰落的形势下，仍保持较好势头。广东省内的番禺县等地是供应广州港出口蔗糖的主要货源地。至清道光二十七年（1847），广州港蔗糖出口处于上升阶段。此后，广州港蔗糖出口量逐渐下降，一方面是由于国际市场上糖税的变更，另一方面是由于香港转口贸易的竞争。香港不但分流了广州的蔗糖出口，甚至运往香港的蔗糖经重新炼制成白糖后，倒输回广州。咸丰八年（1858）后，韩江流域的糖改道汕头出口，汕头迅速成为与广州并存的省内蔗糖出口中心，此后发展成为全国最大的糖业出口基地，光绪十二年（1886）后在廉价洋糖的冲击下走向衰败。

（九）水果

岭南所产的荔枝、龙眼、香蕉、菠萝等水果，全国闻名，行销海外。汉元兴元年（105），岭南荔枝、龙眼等水果被列为贡品。唐玄宗时，荔枝作为贡品，受到皇室喜爱，杜牧有诗："一骑红尘妃子笑，无人知是荔枝来。"宋代，苏轼贬谪岭南时，有咏荔枝诗："日啖荔枝三百颗，不辞长作岭南人。"明清两代，荔枝、龙眼有了更大的发展，今顺德陈村以种植龙眼为主，有数十万株，荔枝、柑、橙诸果，占种植面积的三至四成，并且将荔枝、龙眼制成干货。增城荔枝品种独特，"增城挂绿"尤为珍贵，增城出产的桂味、糯米糍、仙进奉、水晶球都较为出名。广州的基围堤岸都种植荔枝、龙眼，甚至有改粮田为果林。荔枝、龙眼加工制成干果后北运销售过梅岭，或经水路运往西北。当时专门为水果干销售制箱打包的商家，广州就有好几百家。这种干果不但远销省外，而且还是广东的主要出口物资之一，远销至朝鲜、日本，以及东南亚和阿拉伯的国家。

第二编 组织机构

第一章 管理机构

广州港自古贸易繁盛，历代政府均设立机构、事业、企业、社团及其他的单位，对广州港依法进行管理或服务。古代设有市舶使、市舶司、粤海关等机构，民国时期设有港务局。中华人民共和国成立后，设有广州区港务管理局、黄埔港务管理局和前两局合并后成立的广州港务局。

第一节 市舶使、市舶司

一、唐代市舶使

唐代广州的市舶管理由广州地方长官节度使全面负责，但朝廷也按需派遣市舶使来广州负责市舶事宜。有市舶使时两者共同管理，无市舶使时由地方长官节度使单独管理。

唐开元元年（713），因对外贸易规模空前扩大，为加强对外贸易的管理，设立中国最早的市舶管理专官——市舶使。地方长官、市舶使对市舶事务的管理主要包括奏报、款待、“舶脚”、“收市”、进奉、“作法”等，尤以“舶脚”、“收市”、进奉最为重要。市舶使在管理外贸中，还担负监督职责。开元二年（714），右威卫中郎将周庆立被任命为安南市舶使，是史书记载中首次提及的市舶使。当时安南、广州、扬州等海外贸易繁盛的港口临时派出市舶使，协助节度使处理海外贸易事务。开元十年（722）后，市舶使移置于广州，成为相对常驻的官员，并设立专门的机构——市舶使院。市舶使偶由朝官担任，开元十年后多由宦官担任，开成元年（836）后则由派驻广州之监军兼领，其权力亦有所增强。王虔休、吕太一等都担任过市舶使。

二、宋代市舶司

宋代，朝廷开始在沿海港口设置市舶司机构，专门负责管理对外贸易。宋代市舶司设置于广南路广州，福建路泉州，两浙路杭州、明州等处。广州市舶司于宋开宝四年（971）始置，又称广南市舶司、广州市舶司、广南路提举市舶司等，下设场、务。市舶使为市舶司最高官职。北宋前期，广州市舶司由所在地广州的行政长官和负责地方财政的转运使共同领导，朝廷派人管理具体事务。元丰三年（1080），朝廷免除地方行政长官的市舶兼职，而由转运使直接负责市舶司事务。后又专设提举官。南宋时，各处市舶司曾一度并归转运司，或由提点刑狱司、提举茶事司兼管，但为时不长。广南东路的市舶司仍设“提举市舶”一职。

宋代市舶司的职能以管理商船、征收关税、收购进口货物为主，是集海关、外贸、外事三类性质为一体的机构。广州市舶司是沿海港口中设置最早、存在时间最长的市舶司，其制度具有典型性。《广州市舶条》后经推广，成为当时的全国市舶法。具体包括：（1）对出口商船的管理与服务。发放船只出口许可证；检查有无夹带违禁物品；设宴践行；护送商船到珠江口；给中国商船“防船兵仗”。（2）对进口商船的管理与服务。船只到达之前的祈风祭神；船只到岸后的抽解、博买；检查有无夹带违禁物品；办理外贸及管理蕃坊；向汴京运送舶货；出卖舶货；组织出口货源，购买回赐物品；接待外商、贡使，保护其正当利益；向朝廷报告贡船到岸消息。

三、元代广州市舶司

元代，朝廷仍然设立市舶司管理对外贸易，史籍记载为“市舶提举司”“市舶司提举使司”“市舶都转运司”“市舶博易提举司”等。至元二十三年（1286），朝廷在广州设置市舶司，大德七年（1303）罢废，至大元年（1308）恢复，至大四年（1311）罢废，延祐元年（1314）恢复，延祐七年（1320）罢废。至治二年（1322），朝廷再度恢复广州、泉州、庆元三地的市舶司，此三地市舶司直到元朝灭亡为止一直存在。

元代市舶司的名称也经常修改，最后统一称作“市舶提举司”。市舶提举司设置提举二人，从五品；副提举五人，从七品；知事一人，隶属于广州府司。元代中期，市舶事务由各行省直接管理。行省直接管理市舶，是元朝管理对外贸易体制的基本制度。

至元三十年（1293），朝廷参照宋代的市舶法，制定《市舶抽分则例》二十二条，主要内容包括抽分则例、市舶公据制、船舶检查制、定点定时往返制、对外国人下番使臣的管理。延祐元年，朝廷修订颁布新的《市舶抽分则例》二十二条，法则更加明确和具体。

四、明代广州市舶司

明代，围绕“朝贡贸易”而建立市舶管理制度。洪武三年（1370），朝廷在广州、泉州、宁波各设一市舶司，规定“宁波通日本，泉州通琉球，广州通占城、暹罗、西洋诸国”。洪武四年（1371），明太祖严申禁令，“禁滨海民不得私出海”。洪武七年（1374），又罢市舶司。洪武十四年（1381），又重申禁令通番者杀；造船出海往国外贸易，潜通海盗者杀；雇船与人下海或接买藩货者充军。洪武二十三年（1390）、洪武二十七年（1394）、洪武三十年（1397）又三次申令海禁。明成祖即位后，才恢复广东、福建、浙江三处市舶司。

明代市舶司的职责主要分为两大类，一类是掌朝贡事务，另一类是掌“私货”① 的征税和贸易事宜。与元代市舶司相比，明代市舶司的职权范围发生很大变化。在业务范围方面，是以管理朝贡事务为主。在贸易管理方面，出现了依靠牙行的变化。这种牙行是在市舶司直接管理之下，实际上是市舶司对番舶贸易的管理机构。在关税征收方面，出现了从传统的抽分到丈抽制。在管理外国商船上，出现了凭“部票”（入港许可证）入港贸易。明朝政府明确规定，凡外国商船进入广州贸易，必须持有政府发给的“部票”，才能进入澳门和广州贸易。市舶司官员检查其是否持有“部票”，否则不许进入澳门和广州贸易。

明代，市舶司每司置提举一员，从五品；副提举二员，从六品；吏目一员，从九品，隶属于布政司管辖。为适应“朝贡贸易”的需要，市舶司设 6 名吏役、4 名通事、24 名牙行和 6 名看厂（仓库）并解运方物等办事人员。

永乐元年（1403），朝廷恢复市舶司设置后，又建立市舶太监提督市舶司的制度。自设市舶太监后，市舶就直接由宦官管理。永乐三年（1405），朝廷命福建、浙江、广东三处市舶司设立驿馆，以招待海外诸番朝贡之使。在广东设立“怀远驿”，各驿皆设驿臣一人，管理接待工作。

第二节　粤海关、港务局

一、粤海关

清康熙二十三年（1684），清政府开放海禁，设置粤、闽、江、浙四海关，粤海关设立在广州。乾隆二十二年（1757），朝廷关闭其他三个海关，仅留广州一口对外贸易，粤海关遂居重要地位。皇帝派遣“监督”管理粤海关事务，以满族亲贵充任，具有与总督、巡抚平行而班次略后的官阶。鸦片战争前，粤海关并不直接管理来粤贸易的外国商人，而是通过特许商行——十三行进行管理。鸦片战争后，十三行垄断对外贸易的制度被废除，粤海关开始直接插手外贸管理。第二次鸦片战争时，英国攫取了中国海关管理权。海关总税务司英国人李泰国攫夺粤海关行政权，从此粤海关一直被帝国主义所把持，直到广州解放。1949 年 10 月，广州市军事管制委员会接管粤海关，其港务管理职能移交给广州港务部门归口管理。

（一）机构沿革

海关监督署　清康熙二十四年（1685），粤海关设立海关监督署，俗称户关，管理对外贸易和征收关税，署址设在广州城五仙门内盐政院（今广州市海珠广场西北面）。粤海关监督署原属清政府户部，咸丰十年（1860）粤海新关成立后，粤海关监

---

① 所谓“私货”，是指随贡舶而来并非贡物的那部分物品，这些物品按规定是要抽分的。当其入市交易时，亦要接受市舶司的管理监督。

督署为示区别，称粤海常关，专责国内帆船货运征税。咸丰十年（1860）改隶总理各国事务衙门。光绪三十年（1904），清政府撤销粤海关监督，由两广总督接管粤海关。1913 年，北洋政府复设海关监督署（原址位于今广州市沿江中路附近）。1937 年，国民政府财政部裁撤全国各海关监督署，仅留监督一职。1940 年 3 月 14 日，“伪广东省财务委员会筹备处”任命“粤海关监督”设“监督公署”。

粤海关税务司署 清咸丰九年，因第二次鸦片战争造成粤海关关务停顿，走私盛行，两广总督劳崇光和粤海关监督恒祺仿效上海江海关，邀请总税务司李泰国前往广州筹办新关。咸丰十年八月十七（1860 年 10 月 1 日），粤海关税务司署正式成立（俗称洋关、新关），署址位于沙基（今广州市越秀区沿江西路 29 号），专责征收广州口岸的洋船货税和船钞。成立初期受两广总督管辖，具体事宜则由粤海关监督处理。咸丰十一年（1861），名义上在粤海关监督负责下行政，实际上通过粤海关税务司受制于海关总税务司。1938 年 11 月 9 日起，受日本侵略军控制。1945 年 9 月 20 日，国民政府总税务司署派员接收伪粤海关，重新恢复隶属关系。

（二）港务管理职能

粤海关的主要任务是征收关税，而港务管理则是其附属职能，主要包括对广州港货运、货物及相关涉外企业的监管，稽查走私等。

货运及货物监管。清代，客轮、货轮、穗港澳定期班轮和小型船舶成为穗港澳江海联运的主要工具，也是海关货运监管的重点。货运监管也伴随粤海关的存续，初以省城大关为主，后于道光二十二年（1842）改由行商代为监管并于次年兼办邮政。粤海关规定，凡国内商船经营对外贸易，须先向地方官府和海关监督申请登记，发给船照，方许进出口。1931 年，常关裁撤后民船监管业务纳入粤海新关管理。1938 年，珠江被日本侵略军控制，海关监管制度形同虚设。1945 年抗战胜利后，粤海关恢复战前运输工具监管制度。

企业管理。康熙二十五年（1686），广东地方官公议成立洋货行，除为广州外商采办土货和承购其洋货外，并代向粤海关办理一切报关纳税手续。这是行商制度垄断代理报关的开始。道光二十二年，《南京条约》允许英国人在广州自由居住和经商，外商可自行向粤海关报关纳税，直接和海关联系。咸丰八年（1858），引入西方的代理报关制度，开始出现外商代理报关。

进入 20 世纪，中国商人已逐渐谙熟外贸章程，并建立报关行。粤海关对代理报关行业的管理，最初仅命令其向海关具结保证纳税。1933 年 2 月 1 日，粤海关执行财政部关务署制定的《管理报关行暂行章程》中，明确报关行须按新规定重新向海关登记，申领营业执照。1946 年 11 月，粤海关执行总税务司署制定《管理报关行规则》，次年经财政部修正后，粤海关对报关行的审批逐步放宽。

二、港务局

清道光二十年（1840）以后，广州港的管理机构变动频繁，职权也纷繁复杂，继粤海关后，还出现过广州航政分局、广东全省港务管理局、广州航政局等机构。

广州航政分局 民国元年（1912）4月北洋政府交通部成立后，广东省交通司设立船政课管理广东全省的航政事宜。民国二年（1913），广东省交通司改称广东全省地方交通管理处，制定《广东航政章程》。民国三年（1914），取消全省各地航政分局，广州地区航政改由广东省财政厅下设的航政管理总局直接管理。民国五年（1916）8月，复设广州航政分局，隶属广东省航政局，民国十八年（1929）撤销。广州航政管理机构名义上负责船舶检验、丈量、载线标识、登记发牌，以及船员和引航员考察监督、造船监督、船舶出入量验、航道疏浚、航标监督等，实际上仅管理内河部分船舶。广州港航政管理主要职权仍由粤海关掌握。

广东全省港务管理局 民国十四年（1925），广东省设立了航政管理部门，但只限于向在珠江航行的中国籍船舶征税发牌，其他港航主要事权仍由粤海关掌管。民国十六年（1927）后，国民政府逐步收回粤海关控制的部分航政权。民国十八年12月，撤销广东航政局及其下属分局，广东省建设厅第五课接管其事权。民国二十一年（1932），广东省建设厅成立广东全省港务管理局，由胡继雄任局长。接管粤海关税务司，收回粤海关部分管理权限，但对航道管理和船舶指泊等代表国家主权的港航行政管理职权仍由粤海关掌握。广东全省港务管理局下设管理、总务两课，管理课职掌港湾、避风塘、码头、疏浚、测量、指泊、水上标志、考核、取缔检验丈量给发牌照、考验及裁判奖励等。管理范围除广州地区珠江水域外，还设立潮汕、琼崖两港务分局，管理潮汕及海南岛地区。这是广州地区港口最早由中国人自行设置的港口行政管理机构。广州内河、黄埔港、潮汕及海南岛等水域由其直接管辖。粤海关原执掌的船舶检验、港行监督权被收回，但仍保留引航权、港口指泊权等。

广州航政局 民国二十五年（1936），国民政府设立广州航政局，接管广东全省港务管理局。广州航政局管辖广东、广西、福建省范围，包括东江、西江、北江的整个珠江水域的航政，并直接负责广州地区的行政管理工作。管理《中华民国海商法》规定的船舶，其余船舶由广东省建设厅下属各地的船务局（所）管理。广州航政局在广州地区设办事处办理广州地区航务。民国二十七年（1938），日本侵略军入侵广州，广州航政局撤往广西梧州，后改称珠江区航政局。民国三十四年（1945）9月，珠江区航政局迁回广州后，复称广州航政局，办事地点在靖海路1号，局本部50人，设一科、二科两管理科室，下设3省9个办事处。广州办事处有工作人员9人。同时，国民政府还设立了由国家经营港口的管理机构。民国三十四年，国民政府军队接管黄埔港区码头，将其作为军事物资的运输基地。民国三十五年（1946）4月，黄埔港区移交交通部珠江水利局管理，成立了珠江水利工程局黄埔工程处，负责黄埔港区码头修筑工作。民国三十六年（1947），交通部广州港工程局成立后，撤销黄埔工程处，黄埔建港工程交由广州港工程局管理。民国三十七年（1948）4月，交通部设立广州材料储运处，专营黄埔港口的装卸起重业务；8月，黄埔港兴业股份有限公司成立，经营黄埔港口码头仓库、储运业务。此为广州地区最早由国家经营港口的专门机构。

附：广州民船总会与广州航政局（汪伪南京政府） 民国二十九年（1940），日本侵略军也在沦陷区设立航政管理机构——“广州民船总会”，由日本侵略军的广东“治安维持会”控制，管理广州及其附近民船。民国三十年（1941），汪伪南京政府交通部在广州设立“广州航政局”，在汕头、番禺、中山、南海、新会等市县设立分支机构，管理沦陷区的机动船和木帆船，抗战胜利后该局解散。

第三节　广州区港务管理局

一、广州区港务管理局

1949年10月，中国人民解放军广州市军事管制委员会交通接管委员会成立，下设广州市军事管制委员会航务处，统一管理广州地区航运、港务工作。1950年6月，航务处接管原国民政府的广州航政局、广州港工程局、广州材料储运处，成立交通部直属的广州区航务局。同年9月，广州区航务局改称中央人民政府交通部广州区港务局，设黄埔办事处。在此基础上，1953年6月广州区港务局改称交通部广州区港务管理局。

二、广东省航运厅广州港务局（珠江航运管理局广州港务局、珠江航运管理局广州港务管理局、珠江航运管理局广州港港务局）

1954年10月8日，珠江航运管理局成立广州港港务局。1955年4月，广州港港务局定名为珠江航运管理局广州港务局。1956年9月，珠江航运管理局同意将广州港务局确定为港口管理机构，改称珠江航运管理局广州港务管理局。1957年6月，珠江航运管理局撤销，成立广东省航运厅，广州港务管理局改称为广东省航运厅广州港务局。

三、广州港务局

1958年8月1日，根据中央职权下放精神，广州港务局、黄埔港务管理局和广州港务监督由广州市人民委员会领导，统一改组成广州港务局。局行政领导人由港长改称局长。

四、广州港务管理局

1961年4月，黄埔港务局从广州港务局划出，改由广州区海运管理局领导，广州港务局在1961年8月改由广东省航运厅领导。同年11月7日，改称广州港务管理局。1969 年 1 月，广州港务管理局和黄埔港务管理局合并组成广州黄埔港务管理局。

1955—1969 年广东省航运厅广州港务局港长、副港长，广州港务局、广州港务管理局局长、副局长名单见表 2-1-1。

1955—1969 年广东省航运厅广州港务局港长、副港长，广州港务局、广州港务管理局局长、副局长名表

表 2-1-1

机构名称	职务	姓名	任职时间
广东省航运厅广州港务局（珠江航运管理局广州港务局、珠江航运管理局广州港务管理局、珠江航运管理局广州港务局）（1955 年 5 月—1958 年 7 月）	港长	刘忠华	1955 年 5 月—1958 年 8 月
	第一副港长	崔宪武	1955 年 5 月—1958 年 8 月
	副港长	李家富	1954 年 10 月—1961 年 9 月
		郑伯根	1954 年 10 月—1957 年 9 月
		张　洁	1954 年 10 月—1956 年 5 月
		李新德	1955 年 1 月—1961 年 4 月
		赵庆华	1956 年 11 月—1958 年 8 月
		李　经	1956 年 11 月—1958 年 9 月
广州港务局（1958 年 8 月—1961 年 11 月）	局长	陈新丰	1958 年 10 月—1960 年 5 月
		崔宪武	1960 年 5 月—1961 年 11 月
	副局长	崔宪武	1958 年 8 月—1960 年 5 月
		赵庆华	1958 年 8 月—1961 年 11 月
		李　经	1958 年 9 月—1961 年 11 月
		周寰轩	1958 年 9 月—1961 年 11 月
		刘荣光	1960 年 1 月—1961 年 11 月
广州港务管理局（1961 年 11 月—1969 年 1 月）	局长	崔宪武	1961 年 11 月—1969 年 1 月
	副局长	赵庆华	1961 年 11 月—1969 年 1 月
		周寰轩	1961 年 11 月—1969 年 1 月
		刘荣光	1961 年 11 月—1969 年 1 月
		李　经	1961 年 11 月—1969 年 1 月

第四节　黄埔港务管理局

黄埔港务管理局成立于 1956 年 3 月，由广州区海运管理局领导。1958 年 8 月 1 日，黄埔港务管理局、广州港务局、广州港务监督合并为广州港务局，由广州市人民委员会领导。黄埔港务管理局改为黄埔港务局，归属广州港务局领导。1961 年 4 月，黄埔港务局从广州港务局管辖内划出，改为交通部直属建制企业，改称黄埔港务管理

局，由广州区海运管理局领导。

1969 年 1 月，广州港务管理局与黄埔港务管理局合并组建成广州黄埔港务管理局，由华南客运公司管辖，广州黄埔港务管理局机关设在黄埔。1973 年 1 月，广州黄埔港务管理局交由交通部直接管理。同年 3 月，改称交通部黄埔港务管理局，实行交通部和广东省双重领导，以交通部为主的管理体制。1978 年 4 月，黄埔港老区和新港区分别成立第一、第二装卸作业区。

1987 年 1 月 1 日，国家下文将黄埔港、广州港两个港务管理局改革，都交由广州市管理。12 月，合并成新广州港务局。

1956—1987 年黄埔港务管理局领导情况见表 2-1-2。

1956—1987 年黄埔港务管理局局长、副局长，黄埔港港长、副港长名表

表 2-1-2

机构	职务	姓名	任职时间
黄埔港务管理局（1956 年 3 月—1958 年 7 月）	局长	陈新丰	1956 年 10 月—1958 年 7 月
	副局长	周省民	1956 年 1 月—1958 年 7 月
		吴昌如	1955 年 12 月—1957 年 2 月
		周寰轩	1957 年 1 月—1958 年 7 月
黄埔港（1958 年 8 月—1961 年 4 月）	港长	周省民	1958 年 8 月—1961 年 4 月
	副港长	曲绵进	1958 年 8 月—1961 年 4 月
		顾成庚	1959 年 7 月—1961 年 4 月
黄埔港务管理局（1961 年 4 月—1966 年 5 月）	局长	陈新丰	1961 年 4 月—1962 年 11 月
	第一副局长、代理局长	吴昌如	1963 年 6 月—1966 年 5 月
	副局长	周省民	1961 年 4 月—1966 年 5 月
		吴昌如	1962 年 6 月—1963 年 5 月
		曲绵进	1961 年 4 月—1961 年 12 月
		顾成庚	1961 年 4 月—1962 年 11 月
		蔡烈云	1965 年 4 月—1966 年 5 月
		崔秀荣	1964 年 9 月—1966 年 5 月
	代副局长	沈　许	1966 年 4 月—1966 年 5 月
交通部黄埔港务管理局（1979 年 3 月—1983 年 6 月）	局长	王锡民	1979 年 6 月—1983 年 6 月
	副局长	梁　平	1979 年 6 月—1982 年 10 月
		沈　许	1979 年 6 月—1983 年 6 月
		梁定雄	1979 年 6 月—1983 年 6 月
		陈尚竞	1979 年 6 月—1983 年 6 月
		胡　光	1979 年 6 月—1981 年 12 月

续表

机构	职务	姓名	任职时间
交通部黄埔港务管理局（1979年3月—1983年6月）	局长	曾　生	1979年6月—1983年6月
	副局长	曲绵进	1979年6月—1983年6月
		崔学文	1978年10月—1983年6月
		赖　通	1979年6月—1983年6月
交通部黄埔港务局（1983年6月—1987年1月）	局长	陈志强	1983年6月—1987年1月
	副局长	陈景华	1984年11月—1987年1月
		刘柏林	1983年6月—1987年1月
		庞柏林	1983年6月—1984年11月
		吴少东	1984年11月—1987年1月
		何沛楷	1984年11月—1987年1月

第五节　广州港务局

1970年2月28日，广东省革命委员会决定在广州黄埔港务管理局的基础上成立广东省港务管理局。1972年12月11日，广东省革命委员会生产组决定撤销广东省港务管理局，成立广州港务局。1980年10月29日，广州港务局改称广州港务管理局。

1987年1月1日，原由交通部领导的黄埔港务局管理下放广州市，与原属广州市管的广州港务管理局合并组成新的广州港务局，实行以交通部和广州市双重领导，以广州市为主的管理体制。新的广州港务局是市政府的直属机构，行使市政府港口管理当局的职责，领导港口的生产建设。

2004年2月26日，原广州港务局政企分开，其中原广州港务局行政管理职能与原广州市航务管理局合并，成立新的广州港务局，保留正厅级级别。广州港务局受市政府确定行使对港政、水路运输行业和广州港航道的管理职责，内设办公室、政策法规处、规划建设处、科技信息处、港务监督处、航务监督处、航道管理处、计划财务处、安全保卫处、政治处、老干处11个处室，下设海港、黄埔、内港、番禺、新塘、五和6个分局和广州港引航站、广州港通讯调度指挥中心、广州港建设工程质量监督站、广州航运交易所、广州港航发展研究中心5家机构。

1987—2015年广州港务局领导名单见表2-1-3。

1987—2015 年广州港务局领导名表

表 2-1-3

职务	姓名	任职时间	备注
局长	乔仕德	1987 年 10 月—1991 年 8 月	
	吕同埙	1991 年 8 月—1994 年 6 月	
	黄国胜	1994 年 6 月—2006 年 5 月	
	常　敏	2006 年 5 月—2017 年 9 月	
党委书记	陈尚竞	1987 年 9 月—1992 年 4 月	
	庞柏林	1992 年 4 月—2000 年 2 月	
	黄国胜	2000 年 2 月—2006 年 5 月	
	常　敏	2006 年 5 月—2013 年 10 月； 2015 年 8 月—2017 年 9 月	
	张伟成	2013 年 10 月—2015 年 1 月	
党委副书记	张学政	1987 年 9 月—1990 年 9 月	
	伍星河	1990 年 9 月—1993 年 3 月	
	刘灿康	1993 年 8 月—2003 年 7 月	
	吴仲志	2004 年 2 月—2012 年 8 月	2012—2013 年任巡视员
	何德思	2013 年 7 月—	
纪委书记	张学政	1987 年 9 月—1990 年 9 月	
	伍星河	1990 年 9 月—1997 年 3 月	
	刘灿康	1993 年 8 月—2002 年 2 月	
	吴仲志	2002 年 2 月—2012 年 8 月	2012—2013 年任巡视员
	何德思	2013 年 7 月—	
副局长	陈景华	1987 年 10 月—2003 年 7 月	
	吕同埙	1987 年 10 月—1991 年 8 月	
	庞柏林	1987 年 10 月—1992 年 5 月	
	刘柏林	1987 年 10 月—1993 年 2 月	
	吴少东	1989 年 7 月—2000 年 6 月	
	陈志民	1991 年 12 月—2004 年 2 月	2001 年兼任南沙开发区建设指挥部副总指挥
	洪　涛	1993 年 2 月—2004 年 2 月	
	陈洪先	2000 年 6 月—2004 年 2 月	
	陈耀雄	2004 年 2 月—2008 年 6 月	
	区裕伟	2002 年 2 月—2013 年 11 月	2013 年 10 月—2014 年 5 月任巡视员

续表

职务	姓名	任职时间	备注
副局长	杨练军	2004 年 2 月—2013 年 4 月	
	丁志明	2004 年 2 月—2013 年 4 月	
	周小溪	2004 年 2 月—2006 年 7 月	
	何德思	2006 年 11 月—2013 年 8 月	
	元桦辉	2008 年 8 月—	
	袁　越	2014 年 4 月—	
	徐红雨	2013 年 8 月—	
	黄　波	2015 年 9 月—	
局长助理、助理巡视员（局长助理，2003 年后改称助理巡视员）	洪　涛	1988 年 5 月—1993 年 2 月	
	陈志民	1990 年 9 月—1991 年 12 月	
	王文华	1993 年 3 月—2004 年 2 月	
	欧阳锦天	1994 年 3 月—1997 年 1 月	
	杨英杰	2004 年 2 月—2006 年 10 月	
	陈辉雄	2007 年 4 月—2016 年 9 月	
副巡视员	李全占	2010 年 6 月—	
	陈斯勇	2015 年 3 月—	
总工程师	林耀辉	1987 年 10 月—1997 年 1 月	
	吴裕昆	1997 年 1 月—2004 年 2 月	
总指挥（建港指挥部）	陈志强	1987 年 9 月—1989 年 6 月	
	庞柏林	1989 年 6 月—1993 年 3 月	
	陈志民	1993 年 3 月—2002 年 9 月	
副总指挥（建港指挥部）	吴少东	1987 年 9 月—1989 年 6 月	
工会主席	刘灿康	1992 年 8 月—2002 年 1 月	
	江常开	2002 年 1 月—2004 年 2 月	
	徐红雨	2005 年 12 月—2012 年 1 月	
	陈斯勇	2012 年 1 月—2015 年 7 月	
	张赛林	2015 年 7 月—	
局机关党委书记	吴仲志	2004 年 2 月—2013 年 9 月	
	何德思	2013 年 9 月—	

注：2002 年 9 月建港指挥部撤销。

专题　黄埔港筑港机构

（一）中华各界开辟黄埔商埠促进会

1925年11月9日，筹设中华各界开辟黄埔商埠促进会召开，决议共同组织“中华各界开辟黄埔商埠促进会”，并一致推选省港罢工委员会领导人苏兆征、广东省建设厅厅长孙科为促进会负责人。“中华各界开辟黄埔商埠促进会”是一群众性组织，主要任务是为建筑“南方大港”做宣传鼓励和募集资金。

（二）黄埔开港计划委员会

1926年2月1日，广东革命政府指派建设、财政、农工、实业和广州市政五厅厅长组成“黄埔开港计划委员会”作为官方建港机构，与“中华各界开辟黄埔商埠促进会”协调配合，负责港口设计和筹建的具体事宜。该会由孙科任主席，伍朝枢、陈公博、宋子文、李禄超任委员。

（三）黄埔商埠股份有限公司执行委员会

1926年6月8日，“中华各界开辟黄埔商埠促进会”和“黄埔开港计划委员会”联合组织“黄埔商埠股份有限公司执行委员会”，这是广东革命政府与群众团体的联合组织。宗旨是意欲求公开港政，使人民群众有机会参与港口建设，享受商埠一切权益。公司执行委员会由13人组成，共产党人苏兆征以黄埔商埠促进会代表的资格参加执行委员会，国民党人参加执行委员会的有孙科、宋子文、李禄超等。该公司执行委员会，下设总务、工程、募股、经济4个组，负责日常具体工作。还创办《黄埔商埠月刊》等刊物，印发给国内外各有关机关团体和社会人士，扩大影响。

（四）广州港工程局

1947年8月，国民政府交通部决定设置广州港工程局，并拟定港区范围：以黄埔港为外港，以广州沙面附近后航道白鹅潭以南迄大尾围附近止。南北两岸各宽400米地区为内港，统一由广州港工程局管理。1947年11月1日，广州港工程局成立，负责统一办理黄埔、广州两地港筑基航标管理等工作。广州港工程局主要对黄埔港开展修复工作（详见第三编港口建设）。1948年6月，黄埔港修复工作虽基本完成，但因缺少仓库和设备，无法展开营业工作。1949年6月15日，广州港工程局已经无法继续维持下去，国民政府交通部电令广州港工程局结束使命，遣散职工，另外成立18人的保管处，负责保管广州港工程局的财产。

（五）广州市黄埔建港指挥部

为响应周恩来总理“三年改变港口面貌”的号召，广州市黄埔建港指挥部于

1973 年 5 月组建成立，隶属于广州市人民政府。1973 年 12 月 22 日，中共广州市委组织部批准成立广州市黄埔建港指挥部临时委员会，梁湘任第一任书记。1977 年 3 月，黄埔新港一期建设完成。同时，根据上级指示，建港指挥部下放给交通部黄埔港务管理局管理。1987 年 12 月，为适应体制改革需要，黄埔港务局和广州港务局合并，建港指挥部保留“广州市黄埔建港指挥部”名称不变，隶属新成立的广州港务局。

广州市黄埔建港指挥部代表广州市人民政府和港口当局实施港口规划建设工作。下放到港口当局后，负责全局大、中型基本建设，技术改造项目以及配套设施工程从初步设计开始至工程竣工验收交付使用前的管理和实施工作。

2004 年广州港集团有限公司成立后，由于机构改革和南沙建港需要，广州市黄埔建港指挥部一分为二，成立广州港南沙工程建设办公室和广州港水运工程监理公司。广州港南沙工程建设办公室继续履行广州港集团港口建设职责，广州港水运工程监理公司则作为第三方工程监督管理机构面向市场，同时为集团提供工程监理服务。2010 年 9 月 30 日，广州港水运工程监理公司改制，成立广州港工程管理有限公司，2013 年吸并广州港航道工程有限公司。

第二章　党团工会

中华人民共和国成立后，广州港建立中国共产党、共青团、工会组织，为单位员工争取合法权益，同时也起到了联系工作、加强单位内部团结的纽带作用。

第一节　党组织

一、组织沿革

广州港务管理局党的领导机构产生于1954年10月，隶属珠江航运管理局党总支，名为“中国共产党华南直属机关委员会第七分党委珠江局总支第六支部委员会”。从1954年10月广州港务局党组织成立到1966年，随着党的事业的发展，党组织的领导机构、工作机构和下级党组织逐步建立和健全起来。建港后的头三年，在大规模的社会主义改造过程中，港务局的业务也不断扩大。党组织的领导机构从党支部、党总支迅速扩建为党委。1956年5月，广州港务局建立党总支。同年9月12日，由于广州港务局职工不断增加，业务不断扩大，党员越来越多，为了加强政治工作，加强党组织领导作用，经广州市委同意，广州港务局成立党委。1957年6月10日，经市委交通建设部同意，中共港务管理局委员会改称为“中共广州港务局委员会”。

1958年8月1日，广东省人民委员会决定，广州港务局、黄埔港务管理局和广州港务监督三个单位合并组成广州港务局，经市委交通建设部同意，重新组建中共广州港务局委员会。

“文化大革命”初期，广州港务管理局仍旧正常行使领导职能。1966年底，各级党组织和领导干部遭受批判斗争，党的领导机构逐渐瘫痪。1969年1月，广州港务管理局和黄埔港务管理局合并组成广州黄埔港务管理局，同时设立局党委，开展整党建党，恢复各级党组织和党员生活。1970年2月28日，广东省革命委员会决定在广州黄埔港务管理局的基础上成立广东省港务管理局。1972年12月11日，广东省革命委员会生产组决定撤销广东省港务管理局，成立广州港务局。

1979年8月，局党委主要领导人实行党政分工，不兼行政领导职务，把工作重点转移到党的建设方面来。1983年12月，中共广州港务局委员会改称中共广州港务管理局委员会。1987年9月，中共广州市委批准广州港务局成立临时党委，行使正式党委职权。1990年1月，中共广州市委同意广州港务局召开第一次党员代表大会，选举产生中共广州港务局第一届委员会。

此外，广州港务管理局在1980年初开始筹备成立党的纪律检查委员会，设立办公机构，由局党委书记兼管筹备工作，实行边筹备边开展工作的办法。1983 年 5 月，经广州市委组织部同意，设置专职党的纪律检查委员会书记。1984 年 6 月 15 日，广州港务管理局第五次党员代表大会选举产生了中共广州港务管理局纪律检查委员会。1987 年 12 月 18 日，广州和黄埔两港合并后，经广州市委同意，成立新的局纪委。1990 年 1 月，局第一次党员代表大会选举并经广州市委批准，产生了新的中共广州港务局纪律检查委员会。

2004 年 2 月 26 日，根据《印发广州港务管理局组建方案和广州港集团有限公司组建方案的通知》《关于广州港集团有限公司国有资产无偿划拨问题的批复》，原广州港务局实行政企分开，组建广州港集团有限公司。国有独资的广州港集团有限公司，依法从事港口生产经营，不再承担港政管理职能，并且成立新的广州港集团有限公司和新的广州港务局党委和纪委。2004 年 11 月 4—5 日，中国共产党广州港集团有限公司第一次代表大会在黄埔分公司召开，出席大会的正式代表有 202 人，大会经过投票选举，产生集团公司第一届党委会和纪委会。

二、工作机构

广州港务管理局成立初期，党支部没有设立工作机构，只设一名政工干事，在 1956 年 5 月成立党总支后，正式设立政治处，下设组织科和宣传科。

1957 年 5 月 26 日，局党委据中央撤销交通系统中各级政治机关的决定，撤销政治处，设立党委办公室、组织部和宣传部等工作机构。1964 年 10 月 23 日，市委工交政治部同意广州港务局成立“中共广州港务局政治部”。部内设组织干部科、宣传科、保卫科、武装部和办公室，撤销原来的组织部、宣传部和党委办公室。

“文化大革命”初期，局党委工作机构设有政治部、监察委员会和局机关党总支。政治部下设有组织干部科、宣传科、保卫科、武装部和办公室。在局党委领导下，各工作机构仍正常工作。1967 年 1 月后，局党委领导机构和工作机构都陷入瘫痪。

1975 年 1 月，广州港务局党组织改为广州市委统一管理。7 月，市编制领导小组同意广州港务局设置政治部。1976 年 3 月，局党委正式成立政治部，下设组织干部科、宣传科和保卫科。1979 年 2 月，广州港务局将职工文化技术培训教育纳入政治部宣传科工作范围，宣传科因而改称为宣传教育科。8 月，局取消革委会名称，不再设置政治部，局党委工作机构设组织干部科、宣传教育科、局机关党总支、武装部。保卫科改由行政领导。1983 年 12 月，局将宣传教育科分设为宣传科和教育科。宣传科是局党委工作机构。1987 年 12 月，广州和黄埔两港合并后，重新组建党委工作机构。1988 年 1 月，经两港合并工作领导小组研究决定，局党委工作机构设置为：办公室、组织部、宣传部。

2004 年 2 月 26 日，根据国务院关于深化港口管理体制改革的重要决策和部署，广州港下放广州市管理，实行“政企分开”“一港一政”，将原港务局剥离其不属于港政职能的企业，与原市航务局合并，组建新的广州港务局，为正厅级事业单位，是广州市政府指定行使港口、水路运输行业和航道管理职能的主管部门。原广州港务局企业部分成立国有独资有限责任公司——广州港集团有限公司（广州港集团），总资产54.8亿元，是广州港最大的港口企业。依法从事港口生产经营，不再承担港政管理职能。新组建的广州港务局和广州港集团有限公司各自成立了新的党委领导机构。广州港务局党委领导机构设有办公室、武装部、政治处（与纪委办公室、监察室、机关党委办公室合署办公）；广州港集团有限公司党委领导机构设有办公室、人力资源部（挂组织部牌子）、监察审计部（挂纪委办牌子）、党委工作部（挂团委、武装部牌子）。

1956—2015年广州港务局领导情况见表2-2-1。

1956—2015年广州港务局党组织书记、副书记名表

表2-2-1

机构	职务	姓名	任职时间
广州港务局党总支（1956年5月—1956年9月）	第一书记	刘忠华	1956年5月—1956年9月
	第二书记	李新德	1956年5月—1956年9月
	副书记	孙明义	1956年5月—1956年9月
广州港务局党委（1956年9月—1958年8月）	书记	刘忠华	1956年9月—1957年10月
		张贯一	1957年10月—1958年2月
	第一副书记	李新德	1958年2月—1958年8月
	副书记	孙明义	1956年9月—1957年10月
		崔宪武	1956年9月—1957年10月
		廖元禄	1957年1月—1958年8月
广州港务局党委（1958年9月—1961年4月）	书记	陈新丰	1958年10月—1961年4月
	副书记	吴昌如	1958年9月—1961年4月
		李新德	1958年9月—1961年4月
		廖元禄	1958年9月—1961年4月
广州港务局第一届党委（1959年3月—1961年4月）	书记	陈新丰	1959年3月—1960年8月
		綦　君	1960年8月—1960年9月任代书记
		贾泽民	1960年9月—1961年4月
	副书记	吴昌如	1959年3月—1960年11月
		李新德	1959年3月—1961年4月
		廖元禄	1959年3月—1960年8月 （1960年2月—1960年5月代正职工作）
		崔宪武	1960年8月—1961年4月
		徐　群	1960年8月—1960年9月任代副书记

续表

机构	职务	姓名	任职时间
广州港务局党委（1961 年 4 月—1961 年 11 月）	书记	—	—
	第一副书记	崔宪武	1961 年 4 月—1961 年 11 月
	专职副书记	李新德	1961 年 4 月—1961 年 11 月
广州港务局第二届党委（1961 年 11 月—1962 年 10 月）	书记	—	—
	第一副书记	崔宪武	1961 年 11 月—1962 年 10 月
	专职副书记	李新德	1961 年 11 月—1962 年 10 月
广州港务局第三届党委（1962 年 10 月—?）	书记	崔宪武	1962 年 10 月—?
	专职副书记	李新德	1962 年 10 月—1966 年 10 月
广州黄埔港务管理局党委（1969 年 1 月—1970 年 3 月）	书记	张玉武	1969 年 1 月—1970 年 3 月
	副书记	崔宪武	1969 年 1 月—1970 年 3 月
		吴昌如	1969 年 1 月—1970 年 3 月
广东省港务管理局革委会党的核心小组（1971 年 2 月—1972 年 12 月）	组长	刘　君	1971 年 2 月—1972 年 4 月
	副组长	李　欣	1971 年 2 月—1972 年 11 月
		宋迪民	1972 年 7 月—1972 年 12 月
		崔宪武	1972 年 7 月—1972 年 12 月
广州港务局党的核心小组（1973 年 7 月—1975 年 11 月）	组长	崔宪武	1973 年 7 月—1974 年 3 月
		陈　学	1974 年 3 月—1975 年 11 月
	副组长	王凤书	1973 年 7 月—1974 年 10 月
		乔仕德	1974 年 8 月—1975 年 11 月
广州港务局第四届党委（1975 年 11 月—1984 年 6 月）	书记	陈　学	1975 年 11 月—1983 年 5 月
		李　明	1983 年 5 月—1984 年 6 月
	副书记	乔仕德	1975 年 11 月—1983 年 5 月
		张学政	1983 年 5 月—1984 年 6 月
广州港务局第五届党委（1984 年 6 月—1987 年 1 月）	书记	李　明	1984 年 6 月—1987 年 1 月
	副书记	张学政	1984 年 6 月—1987 年 2 月
广州港务局临时党委（1987 年 9 月—1990 年 1 月）	书记	陈尚竞	1987 年 9 月—1990 年 1 月
	副书记	张学政	1987 年 9 月—1990 年 1 月
广州港务局党委（1990 年 1 月—）	党委书记	陈尚竞	1990 年 1 月—1992 年 4 月
		庞柏林	1992 年 4 月—2000 年 2 月
		黄国胜	2000 年 2 月—2006 年 5 月
		常　敏	2006 年 5 月—2013 年 10 月；2015 年 8 月—
		张伟成	2013 年 10 月—2015 年 1 月

续表

机构	职务	姓名	任职时间
广州港务局党委（1990年1月—）	党委副书记	张学政	1990年1月—1990年9月
		伍星河	1990年9月—1993年3月
		刘灿康	1993年8月—2003年7月
		吴仲志	2004年2月—2012年8月
		何德思	2013年7月—

第二节　团组织

共青团广州港务局委员会成立于1956年7月。团委成立后在党委的领导下开展工作，逐步建立了各项工作制度和管理制度。1958年4月15日，局在精简机构中，把团委缩编为团总支，设一名干事，合并到局党委办公室办公。1958年8月，广州港与黄埔港合并后，于12月25日成立局团委。1959年8月12日，局召开第一次团代会，选举产生第一届团委。1961年10月6日，局召开第二次团代会。1956—1966年，局团委带领团员贯彻落实局党委和上级团委的指示，围绕党的中心工作，配合港口生产，积极履行职能。

“文化大革命”初期，团组织仍正常开展工作，1967年1月后，团组织开始陷入瘫痪，在较长时间里都没有恢复。1968年9月，港务局成立革委会，之后由局革委会政工组主管团的工作。直到1973年8月27日，港务局召开第四次团代会时，才选举产生了局第四届团委会，恢复局团委机构。

1987年4月，广州市人民政府决定成立广州港、黄埔港两港合并工作领导小组。1988年1月，经两港合并工作领导小组研究决定成立共青团广州港务局委员会，隶属局党委领导。1988年6月，共青团广州港务局委员会召开第一次团代会，选举产生共青团广州港务局第一届委员会。1992年6月，广州港务局第二次团代会选举产生了共青团广州港务局第二届委员会。此后团组织正常有序行使职能。

2004年2月26日，成立新的广州港集团有限公司团委。2004年12月22日，共青团广州市委组织部批准成立共青团广州港务局临时委员会。2009年3月，共青团广州港务局第一届委员会成立。

第三节　工会组织

广州港务局工会组织是从1956年7月开始筹备建立的。1957年9月16日，广州港务局召开首届常任制职工代表大会，22日，大会选举产生局第一届工会委员会，称为中国海员工会广州港务局委员会。1963年1月7日，广州港务管理局召开第五次工会代表大会，选举产生了第五届局工会委员会。

“文化大革命”初期，工会仍正常开展工作，在1967年1月后，工会开始陷入瘫痪。1968年9月，局成立革委会，工会改称工代会，没有任命领导人。1969年1月成立广州黄埔港务管理局时，工代会工作机构开始健全。1973年8月，广州港务局召开第七次工会代表大会，选举产生新的工会委员会。

1987年4月，广州市人民政府决定成立广州港、黄埔港两港合并工作领导小组。1988年1月，经两港合并工作领导小组研究决定成立广州港务局工会，隶属局党委领导。1992年7月，广州港务局第一次工会会员代表大会选举产生了广州港务局工会第一届委员会。

2004年2月26日，原广州港务局实行政企分开，组建广州港集团有限公司和广州港务局，成立新的广州港集团有限公司工会。2005年12月，经由广州市直属机关工会批准，广州港务局工会第一次代表大会召开，选举产生了广州港务局第一届工会。2006年2月13日，广州市直属机关工会批准成立了广州港务局妇女工作委员会。2012年1月，经由广州市直属机关工会批准成立了广州港务局第二届工会和第二届女职工委会。

第三章　企事业单位、协会

第一节　晚清民国企业

一、晚清时期创办的企业

晚清时期，广州陆续建立一批轮船公司与船舶修造厂，这些公司和工厂主要由西方资本家、本国洋务派官员、民间商人、爱国华侨等人士创办。外国资本企业出现最早，约在19世纪40年代出现，主要从事船舶修理、航运、银行等事业。民族企业则开始于19世纪70年代。一些商人和华侨在广州及其附近地区先后投资创办一批近代企业，主要经营如缫丝、火柴、造纸、电力、电报、造船、轮船运输等。清同治十一年（1872），南洋华侨陈启沅于南海西樵简村堡创办继昌隆机器缫丝厂，这是广州第一家民族资本企业。同治十三年（1874）后陆续办起40多家机器缫丝厂。光绪二年（1876），广州富商陈康川在广州十八甫创办陈联泰机器厂，从香港购买机器，从事轮船修理。这是广州民营近代造船业的先声。

（一）外国人创办的企业

广州的近代企业最早由外国资本家创办。清道光二十五年（1845），英国苏格兰人约翰·柯拜兴建的“柯拜船坞”是中国最早的近代企业。其后，省港澳轮船公司、印度中国航业公司、长洲船坞公司等外国企业在广州创办。

柯拜船坞　清道光二十五年，英国轮船公司职员约翰·柯拜来华任公司驻黄埔的代表，负责船只监修工作。柯拜在黄埔租泥船坞，雇员从事修船业，很快便由一个监修变成一个工业资本家。为扩大经营，他将船坞扩建为石船坞，后人称之为“柯拜船坞”。这是外国人在中国开设的第一个造船坞，也是中国近代造船工业的开端。第二次鸦片战争时期，柯拜船坞被烧毁，柯拜本人失踪。咸丰十年（1860），柯拜家属以船坞受到损坏为借口，向清政府勒索赔款12万元。咸丰十一年（1861），柯拜的儿子约翰·卡杜·柯拜利用这笔赔款修复和扩建了在黄埔的船坞设备，还成立了柯拜船坞公司，拥有4座船坞，其中1座于同治元年（1862）建成。船坞现位于黄埔造船厂内，东征阵亡将士纪念坊西侧20米处，坞长167.64米，坞口宽24.38米，深5.19米，四周用花岗石砌成，坞的两边叠着一级级石阶梯。坞口向着新洲河道，为正北方向，此坞有两道浮门，分内外两区，可供2艘小中型船只同时入坞，或1艘5000吨的轮船入坞修理。这个船坞在19世纪60年代被称为“中国最大的石船坞”。同治二年（1863），约翰·卡杜·柯拜将船坞公司转卖给怡和洋行等财团，该船坞转属香港黄埔船坞公司，称“黄埔船墺”。同治九年（1870），香港黄埔船坞公司兼并于仁船坞公司，资本增加到100万港元。光绪二年，两广总督刘坤一买下黄埔船墺，在其址开办黄埔船厂。

省港澳轮船公司 同治四年（1865），由英美商人合办，资金共75万美元，创办人为英国德忌利士公司的老板德忌利士·拉普赖克等。总店设在香港，在广州设有支店。这是当时外国人经营香港至广州航线最大的轮船公司，拥有香港籍“泰山号”（3174吨）、“金山号”（2533吨）、“瑞泰号”（1816吨）等轮船，辟有香港—广州、香港—澳门、广州—澳门、广州—梧州4条主要航线。公司在香港设有“永乐码头”和“省港澳码头”，在广州设有“省港澳码头”（今广州港西堤码头一带）。据民国时期广州出版的《全国重要港口》一书记载，设于广州的省港澳码头为洋灰结构，长40.8米，规模虽不算大，但从该公司航行广州的船舶吨位推断，当时广州港可进出三四千吨级的船舶。

印度中国航业公司 印度中国航业公司，又称印度支那轮船公司，于光绪三年（1877）为英商所创办，总公司设在伦敦，在香港、上海均设有分公司，实为怡和洋行之子公司。怡和洋行所经营的印度中国航业公司，为红烟囱轮船。该公司用于航行远洋和沿海的商船，向东印度公司租赁的以“升”字命名，如“富升号”“品升号”“高升号”等；用于自置的以“生”字命名，如“德生号”“泽生号”“永生号”“浩生号”“吉生号”“贵生号”等；用于航行内河的商船则以“和”字命名，如“怡和号”“生和号”“平和号”“同和号”“德和号”等。公司共辟有航线16条，其中以广州港为起讫点的航线有3条：广州—上海、广州—天津、广州—青岛。印度中国航业公司在广州芳村东岸大涌口一带（今广州港芳村作业区）建有9座货仓（以英文字母A、B、C、D、E、F、G、H、I编号），每座仓库贮150吨货物。另在江畔筑有上盖的码头仓库2座。包括办事处及空地在内，共计占地面积8.8公顷，可供二千吨级以下轮船停靠装卸、出仓进仓。

长洲船坞公司 为美国人詹姆斯·诺维所建。诺维曾于清道光二十六年（1846）与柯拜合伙在新洲南端招潮滩租用泥船坞，从事修船业务。道光二十七年（1847），诺维在新洲下游的长洲自行开办长洲船坞公司，船坞容量不详。咸丰二年（1852），长洲船坞公司被美国人汤马斯·肯特收购，归入旗记船厂。

旗记船厂 旗记船厂规模和柯拜的公司相当，创办人为汤马斯·肯特。咸丰二年，肯特收购了长洲船坞公司。旗记船厂共有船坞3座，最大的1座长230英尺（1英尺约合30厘米），宽46英尺，深14.5英尺。最大的船坞使用固定的机器抽水设备。当时，小型船的修理工程，约占修船业务的一半，为了争取这部分业务，旗记船厂给船坞配备了快速抽水的海难泵，使它成为领先于中国沿海所有船坞的小型轮船快速修理船坞。同治五年（1866），旗记船厂为香港黄埔船坞公司所收购。

于仁船坞公司 于仁船坞公司即联合船坞公司，为英国人所建，位于长洲，在今黄埔军校遗址一带，实力相当雄厚。在19世纪50年代，它与柯拜、旗记并称三大船厂，控制黄埔的船舶修造业；19世纪60年代，在设备和技术上，它能与刚刚成立的香港黄埔船坞公司相抗衡，是黄埔两大修造船企业之一。于仁船坞公司在黄埔有船坞4座，其中2座是碎石水泥坞，1座坞长240英尺，另1座坞长185英尺；还有2座碎石石坞，1座坞长163英尺，另1座坞长190英尺。于仁船坞公司的船坞装配有钳机、浮门、蒸汽抽水机等，工厂内配有蒸汽推动的旋床、刨床、螺钻机、剪切机和冲孔机等设备，还有锅炉厂、炼铁厂、造船厂和铁工厂，有修理帆船、轮船和蒸汽船的全套设备。清同治四年，该公司在香港注册时，资本达到50万元。该公司还在九龙等地购得坞址，准备为英国海军部建造一座新船坞，但迟迟未能建成投产。同治九年，于仁船坞公司为香港黄埔船坞公司所兼并。

日清轮船公司　光绪三十三年（1907），由日本在长江的大阪商船公司、日本油船会社，以及大东、湖南两汽船会社联合组成。总公司设在东京，资本810万日元。日本政府年补助金80万日元。1918年增资为1012.5万日元，船位吨数也随着航线扩张，由创立初时的2.7万吨飞跃到4.5万吨。其业务由日本三井物产公司（三井洋行）代理。三井洋行是日本在中国最大的贸易商行，不仅经营中国土产品的对日输出、日本商品的对华输入，亦承办一大部分中国同第三国的贸易。旗下分号以上海为中心，遍布天津、北京、烟台、青岛、济南、汉口、厦门、广州等重要通商港口。日清轮船公司的船只为黑烟囱船，共有包括上海至广州在内的航线8条。该公司在广州港建的码头、仓库（即所谓的“日清仓”），均设在渣甸仓之北，其中仓库共有8间。航运方面，船只数为太古、怡和两公司的70%左右。《中日民四条约》签订后，由于全国抵制日货运动的风起云涌，多数商人都不敢付货给该公司承运，所以其业务进展不大。

大阪商船公司　成立于光绪十年（1884），总公司设在大阪，开始仅经营本国航运业务，光绪二十四年（1898）开辟中国长江航线，翌年扩展至华南沿海。后因受到旗昌、怡和、太古等公司以及中国轮船招商局的抵制，光绪三十三年将其长江即沪苏航运让渡于日清轮船公司，而改营中国沿海运输。它是日本唯一经营华南沿海航线的企业。它的定期航线有基隆—香港、高雄—广东、高雄—上海、基隆—厦门等，其中，高雄—广东航线主要承担高雄与广州的贸易。该公司在广州芳村大冲口一带设有储货仓库——大阪仓（今为广州港芳村作业区管辖）。

美孚火油公司广州分公司　成立于光绪二十六年（1900）。受总公司和香港分公司（属于二级公司）的双重领导和管辖。业务范围非常广，仅广东代理业务的即有大良、陈村、九江、佛山、江门、东莞、石龙、惠州、韶关、梅县等。此外，云南、贵州、江西、湖南等地的油商直接来广州运油。江西的油商来时，捎运瓷器到广州，返回时载油而归。

亚细亚火油公司广州分公司　成立于光绪三十二年（1906）。首任经理是英国人马田，副经理是德国人奥顿堡，买办是梁炽。公司设在广州沙面协力路二号（三级公司），受伦敦总公司和香港分公司（二级公司）的双重领导和管辖。广州分公司业务除本市代理外，还包括珠江三角洲的佛山、陈村、大良，东江的东莞、增城、石龙、惠阳，西江的三水、四会、广利、肇庆等。广州设有花地仓和龙麦仓2座仓库，其中花地仓（位于今广州港芳村作业区附近）有4000吨的火油油池1个，1000吨以下的火油、汽油、油渣油池数个及密盖的货仓数个；龙麦仓（位于今广州白鹤洞附近）仅有密盖仓库1个。

（二）中国人创办的企业

民族企业起步较外商资本企业晚，广州的民族企业开始于19世纪70年代，既有官办，又有民办。与广州港联系较为密切的官办企业以黄埔造船厂、广州机器局、轮船招商局广州分局为主，民办企业则以陈联泰机器厂、均和安机器厂为主。

黄埔造船厂 前身是建于清道光二十五年的柯拜船坞。光绪二年，两广总督刘坤一以8万银元从香港黄埔船坞公司购入船坞及其附属工厂设备。有船坞4座，其中木坞、石坞各1座，泥坞2座。木坞长67.1米，深4.1米；一号泥坞长54.9米，宽14.6米，深4.1米；二号泥坞长45.8米，宽10.7米，深3.1米；石坞长167.8米，宽21.4米，深5.2米。主要修造兵船和制造水雷。光绪十一年（1885），两广总督张之洞在该址设黄埔造船局。据《粤海关十年报告》记载，光绪八年至光绪十七年（1882—1891），该坞共建造和装配7艘炮舰及9艘水雷艇，以协助珠江炮台防务。

广州机器局 同治十二年（1873），由两广总督瑞麟、广东巡抚张兆栋耗银1.5万两兴办，建于广州文明门外聚贤坊。聘温子绍任总办。机器设备购自外国。制造枪炮、火药、子弹。光绪元年（1875），两广总督刘坤一创办军火局于增埗。光绪十二年（1886），两广总督张之洞奏旨将机器局并入军火局。光绪元年至光绪五年（1875—1879），共建造内河轮船16艘。后又陆续建造了“海长青”“执中”“镇东”“缉西”4艘巡缉舰，从而逐步武装了当时张之洞一手组建的广东舰队，使之初具规模。后因张之洞调任湖广总督，该局修造船部分即被裁撤，所有船坞器具等项，就近归并水雷局管理。

轮船招商局广州分局 同治十一年（1872），北洋大臣李鸿章招募朱其昂试办新式航业。同治十二年十一月，在上海成立轮船招商局，随后在广州设立轮船招商局广州分局，管理所属船舶的航行、装卸、安全、维修等各项运输生产业务。轮船招商局成立之初便确定“商为承办，官为维持”的管理方式，“以运漕（粮）为根本，而以揽货为各航运基础”的经营方针。轮船招商局在天津、牛庄、烟台、汉口、福州、广州、香港以及国外的横滨、神户、吕宋、新加坡等处都设有分局。其中，广州分局的办公地点在广州市六二三路186—188号。广州分局在开始时业务一度不太理想，但后来在唐廷枢兄弟的经营之下扭转被动局面，于光绪十六年（1890）在广州置产。后又在广州港添建码头，构筑货仓。

民国二十一年（1932）十月，招商局被国民政府交通部接管改为国营机构后，招商局广州分局也改为国营机构。民国三十四年（1945），招商局广州分局代表国民政府交通部接收日本侵略军的大小船舶262艘，成为独立经营的航运机构。民国三十七年（1948）九月，招商局广州分局改组为招商局轮船股份有限公司广州分公司。

陈联泰机器厂 清道光十九年（1839），南海县樵良登乡人陈澹浦在广州十三行豆栏街开办修理机器什件的小铺陈联泰号，后来自制木质脚踏车床，成为半机械操作的手工业工场。19 世纪五六十年代，省港间外轮往来频繁，轮机时有故障发生，常到陈联泰工场修理，业务不断扩大。光绪二年，陈澹浦之子陈濂川将工场迁至十八甫，又从香港购回机器车床数台。光绪八年（1882）改名为陈联泰机器厂。为掌握蒸汽机制造技术，陈濂川次子陈子卿前往福建船政学堂学习轮机制造，学成后回厂负责技术工作，并开始仿制蒸汽机及小火轮。该厂在南关设有工场（名叫东栈），有工人近百人；在河南尾有泥坞 2 座（称为南栈），有工人数十人。19 世纪 90 年代初，陈联泰机器厂建造的第一艘内河蒸汽机小轮竣工，定名“江波”。其后，陆续建成“江飞”“江电”“江明”“江元”“江苏”“江汉”“江利”“江永”等号轮船，这些轮船快捷省煤。

均和安机器厂　清光绪十二年（1886），广东机器工业元老陈澹浦第六子陈桃川在广州十三行晋源街创办均和安机器厂。后工厂迁至广州洲头咀，有自建厂房、泥坞，设备有车床、刨床、镗床、木模型车间、铸模间等，雇佣工人学徒百余人。光绪十五年至光绪二十六年（1889—1900），均和安机器厂主要业务是承制南海、顺德县缫丝厂的锅炉，定制水龙头。后该厂逐渐减少制造锅炉、水龙头业务，改为主要制造米机、轮船及丝厂使用的发动机。光绪三十四年（1908），均和安机器厂制造出中国第一台内燃机（单缸卧式 8 马力①煤气机）。由于产品性能获得社会好评，均和安机器厂发展成为华南著名的机器制造厂。民国二十七年（1938）日本侵略军占领广州后，均和安机器厂被日本侵略军攫夺。

二、民国时期创办的企业

民国初年，国内和国际形势变化，为广州民营轮运业提供了一个发展良机，广州民营轮运业的发展掀起小高潮。轮船数量大增，吨位较大的轮船越来越多，广州港开辟许多新航线，轮运网络基本形成，民营轮船公司纷纷成立。1921 年，广州已有华商轮船公司数百家，它们大多拥有 2 ~ 3 艘轮船。主要航运公司有：粤航公司、粤海航公司、永成航业公司、广南船坞、黄埔船厂、协同和机器厂、黄埔港兴业股份有限公司。

粤航公司　民国二年（1913），以陈少白为首的广东商人联合华侨和香港华商创办粤航公司，资金 60 万元，公司设在广州。又以 54 万元将“法华省港梧邮船公司”的 3 艘轮船“哈德安”“播宝”“李宝第”全部买下，改挂华旗行驶。“哈德安”“播宝”两轮航行于广州、香港之间，“李宝第”轮改名“梧州号”，定期航行于广（州）梧（州）线上，客货兼载。此举打破英美两国把持广州—梧州航线的局面，标志民国初期民营轮运业取得巨大进步。3 艘轮船合计吨位 3904 吨，粤航公司成为当时珠江流域最大的民营轮运企业。

---

① 马力为计量功率的旧制单位。1 米制马力等于 0.735 千瓦，1 英制马力等于 0.746 千瓦。

粤海航运公司 民国六年（1917），航商梁墨缘与广州协同和机器厂合作创立粤海航运公司，自主研制成功柴油内燃机轮船，客货兼载，公司业务发展较快。民国八年（1919），公司已拥有新式的柴油内燃机轮船10艘，至民国九年（1920），船舶增加到了20艘，成为广东轮运界的一支生力军。

永成航业公司 永成航业公司是最早经营轮拖花尾渡长航定期航班的公司。民国十五年（1926），航商苏耀宸在广州设立永成航业公司，随即以大汽轮“南星号”拖带新购的“西安”花尾渡首航广州—梧州航线，每4天分别从广州、梧州两地开出，沿途停靠陈村、勒流、九江、三水、肇庆、都城、封川各埠。

广南船坞 民国三年（1914），由谭礼庭在广州白鹅潭芳村对面大黄滘创办。建有2座船坞：一座长76.2米，宽18.3米，深4.6米；一座长54.9米，宽12.2米，深4.3米。民国四年（1915），该船坞自装第一艘1000吨级（时速7海里）的“南和号”轮船下水。同年，“北合号”（1800吨级，时速8海里）及“东成号”“西就号”（均为1200吨级，时速7海里）也建成下水，分别往返于广州、天津、青岛、上海、海口及河内、西贡等地。后又陆续建造30～40吨级小轮4艘，50～60吨级的5艘，100～250吨级的3艘，分别航行于小北江、西江、东江、两邑及北海等处。1915—1917年，该坞先后建造大小轮船16艘。民国六年，谭礼庭又增设广兴轮船公司，在广州白蚬壳修筑轮船公司仓库和码头。

黄埔船厂（民国时期） 清光绪二年，两广总督刘坤一为发展中国自己的造船事业，以8万银圆购买了香港黄埔船坞的全部船场和设备，同年秋获清政府批准营业。从此，黄埔船坞成为清政府在华南的重要军事造船工业基地之一。辛亥革命爆发，清政府造船局总办魏瀚逃离广东，船局业务停顿。其后，因军阀割据，社会动乱，黄埔船厂时开时停，既无发展，也无取消，一直作为军事工业留存下来。民国三年，军阀龙济光统治广东时，广东省实业厅在黄埔船局原址设黄埔船厂。民国四年至民国五年（1915—1916），黄埔船厂为粤海军建造“东江”“北江”两艘浅水炮舰。当时，黄埔船厂造船加工机器较全，大小发动机、车床、刨床、蒸汽锤机、起重机、钻孔机500多台，雇佣工人1000余人。民国九年至民国十六年（1920—1927），黄埔造船厂只从事修船业务。抗日战争爆发后为日本侵略军所占领。民国三十四年（1945）日本投降后，国民党部队接管黄埔船厂，因造船设备、技术条件较差，入不敷出，工人日减，之后就没有建造过较大的船只，只是维修军船兼造小型炮艇或运输船只。1949年广州解放时，黄埔造船厂只剩职工100多人。

协同和机器厂 创建于民国元年（1912），前身是清宣统三年（1911年）由陈沛霖、陈拔廷在芳村大涌口开办的协同和碾米厂。1912年与何谓文合股扩大成协同和机器厂，专门生产柴油机。民国四年，该厂成功仿制4缸44.3千瓦两冲程热球式柴油机。民国七年（1918）又生产出117.7千瓦、用压缩空气启动、可逆转的两冲程柴油机，主要安装在航行于珠江的轮船上。民国十九年（1930）在香港开设分厂。民国二十六年（1937），该厂累计生产各种规格的柴油机383台（1.68万千瓦），有设备85台，职工340人，为华南地区最大的机器厂，产品还远销东南亚地区和加拿大等国家。广州沦陷后，厂房设备遭日军攫夺。抗战胜利后，恢复机械维修业务。1956年，有9家小型机器厂并入，成为一家专业生产柴油机的工厂。1966年，改名为广州柴油机厂。

黄埔港兴业股份有限公司　国民党统治后期发展起来的地方官僚资本企业。主要在黄埔港经营仓储运输及其他相关业务。1948年上半年，国民政府无力拨巨款从事黄埔港建设，但运输需求巨大，为疏通广州海上运输，宋子文要求银行和交通有关单位，投资黄埔港仓储建设，合组黄埔港兴业股份有限公司。兴业公司共集资10万金圆券，分10万股，由招商局、中国银行、广东省政府、粤汉铁路局、广州港工程局、交通银行、农民银行、中央信托局、邮政储金汇业局、中央合作金库10个单位分摊。其中以招商局、中国银行和广东省政府所占股份最多，分别为2万股、1.6万股、1.5万股，三者共占整个兴业公司股份的51%。由于出资带有强硬摊派的性质，有的公司并不积极，不愿意交付现款。招商局即以铁驳1艘，小轮船1艘，60马力电机1台，作价抵作股本。广州港工程局无股金，也按照招商局的做法，以5吨起重机1台及125吨木驳船1艘折为合作股本。民国三十七年（1948）8月16日，黄埔港兴业股份有限公司正式成立，与广州港工程局签订了经营黄埔港仓库、运输业务合同。兴业公司与广州港工程局签订合同后，本应遵守港口一切章则，接受广州港工程局的监督，但是由于宋子文对兴业公司的鼎力扶持，兴业公司将港口实权操之于手，广州港工程局沦为该公司的附庸。

第二节　广州港集团

广州港集团有限公司是由原广州港务局改制成立的国有独资企业，以承接原国有公共装卸码头和港航服务企业为主体，是广州港的主体骨干企业。

一、基本情况

广州港集团于2004年2月26日成立，由市财政局代为履行出资人职责、归口市交委管理，2010年4月移交市国资委管理。2011年1月完成股份制改造，以广州港集团为主发起人（持股95%）会同国投交通、广州发展集团成立了广州港股份有限公司；2014年4月又以增资扩股形式引入中远集团、中海码头公司作为战略投资者（广州港集团占86.45%、中远集团占4.5%、中海码头公司占4.5%、国投交通占2.73%、广州发展集团股份公司占1.82%）。2015年，广州港集团注册资本为12.4亿元，资产总额为274亿元。2004年—2015年领导班子名单见表2-3-1。

2004—2015年广州港集团有限公司领导班子名表

表2-3-1

职务	姓名	任职年度
党委书记	陈洪先	2004—2015
党委副书记	莫东成	2004—2011
	杨秀微	2012—2015
纪委书记	莫东成	2004—2011
	杨秀微	2012—2015
工会主席	莫东成	2004—2012
	王　超	2013—2015
董事长	陈洪先	2004—2015
副董事长、总经理	洪　涛	2004—2006
	周小溪	2006—2014
董事、副总经理	陈志明	2004—2013
	江常开	2004—2013
	吴裕昆	2004—2008
	蔡朝林	2004—2005
	蔡锦龙	2006—2015
	陈万雄	2012—2015
董事	李益波	2015—2015
副总经理	黄　勇	2006—2013
	张　华	2008—2015
	李益波	2013—2014
总工程师	吴裕昆	2004—2008
	蔡南树	2013—2015
总经理助理	蔡锦龙	2005—
	黄　勇	2005—
	张　华	2005—2007
	蔡南树	2007—2015
财务总监	周广义	2004—2011
财务总监兼监事会专职监事	周广义	2008—2011
	冯伟祥	2012—2013

续表

职务	姓名	任职年度
独立董事	矢桂龙	2004—2013
	李安定	2004—2013
	王成立	2004—2005
	陈广汉	2014—2015
	孙海法	2014—2015
	刑良文	2014—2015
监事会专职监事	王宝顺	2010—2011
	叶新明	2012—2015
副总经济师、企业法律顾问	邓　永	2004—2008
副总会计师	黄天灿	2004—2010
监事会主席	杨志坚	2012—
	赵汉章	2013—2015
董事会秘书	马楚江	2005—2010
	冯志文	2011—2015

（一）设施设备

广州港集团四个港区均地处中国外向型经济最活跃的珠江三角洲地区中心，可通过密集的珠江水系以及公路、铁路网络与珠三角、广东省乃至华南地区等泛珠三角洲经济腹地相连。广州港集装箱驳船快线“穿梭巴士”，以南沙港区为集散中心，为客户提供定点、定班、定价的驳船运输服务，已覆盖珠三角主要中小码头，并通过珠江水系连接广西、海南、云南、贵州等地，实现珠三角中小码头业务全覆盖。同时，船务公司还提供起重船水转水（减载）业务，提供三门岛、大屿山、沙角和码头外档的减载装卸作业，能够全天候在锚地为各类大型散货船舶提供全方位锚地减载服务。

广州港通过京广、京九、广深、广三和广梅汕等铁路与全国铁路网相连，港口货物集散至全国各地。广州港股份有限公司下属铁路分公司拥有运输、机务、工务、电务等专业化队伍，管辖的铁路线总长 60 千米，直通新港、西基、广州集装箱码头、新沙等码头公司作业岸线，自有车站 3 个，内燃机车 9 台及先进的配套设备，铁路拖运量达 950 万吨/年。2013 年 7 月，广州港股份有限公司铁路分公司新增轨道衡经国家轨道衡计量站检测通过，颁发合格证明后正式投产运营，其产生的数据可用作安全检测监控并纳入国铁相应的管理系统。黄埔港务分公司港区有 5 千米长铁道专用线连接国铁黄埔站，通过广深线与京九线、京广线相连直通全国铁路网。南沙港区疏港铁路已获国家核准批复，在江门鹤山与京珠高速铁路相连，线路总长 85.52 千米，按双线建设，2015 年正式动工。通过 G105、G106、G107 国道，广深高速、广佛高速、广东沿江高速、京珠高速等公路，华南快速干线、南沙港快速路等形成以广州为中心的放射状公路集疏运网络，连接经济活跃的珠三角、广东省以及其他内陆经济腹地。

至2015年12月，广州港集团拥有码头泊位合计178个，总长度24714米，其中生产用泊位150个，包括集装箱、煤炭、矿石、石油化工、粮食、滚装汽车等专业化码头和通用杂货以及客运码头，其中万吨级以上泊位62个；泊位设计年通过（吞吐）能力分别为：货物2.3亿吨、集装箱1067万标准箱、旅客725万人次、汽车41万辆；锚地总计23个，其中生产用锚地21个、万吨级锚地11个，最大锚泊能力30万吨；拥有万吨级以上系泊浮筒16个，最大系泊能力5万吨级。集团拥有生产用仓库堆场总面积合计536.3万平方米，其中：仓库面积48.9万平方米、容积148.3万立方米，堆场面积487.4万平方米、容量1195.8万吨。泊位主要分布在南沙港区、新沙港区、黄埔港区、内港港区，其中：南沙港区是广州港重点发展的核心港区，是珠江西岸唯一的深水码头，自2004年9月后已陆续建成投产一、二、三期工程的12个集装箱深水泊位、6个万吨级通用泊位、一批滚装汽车和石油化工泊位，配备了世界一流的信息系统和机械设备，紧跟世界航运业船舶大型化、超大型化发展的步伐，南沙港区是为数不多能靠泊世界最大集装箱船的码头之一，进一步巩固广州港作为华南集装箱主枢纽港地位，是以集装箱运输为主，兼顾能源、粮食和滚装汽车运输，服务临港工业、现代物流业和港航服务业的现代化大型综合性港区；新沙港区是以煤炭、集装箱、粮食、滚装汽车运输为主，服务临港产业的大型综合性港区；黄埔港区是以沿海、近洋集装箱运输和煤炭、粮食、成品油、件杂货运输为主，服务临港产业及城市生产生活的综合性港区；内港港区服务城市生产生活的集装箱喂给、件杂货运输，结合城市规划逐步推进综合开发。

2015年，广州港集团有各类机械设备总合计1483台，其中生产用装卸机械设备合计1298台（起重机械类190台、输送机械类122台、装卸搬运机械类536台、专用机械类450台），各类非生产用机械设备185台。

（二）集团业务

广州港集团与世界上80多个国家和地区的350多个港口以及国内100多个港口有业务往来。主要从事港口装卸及相关业务，提供船舶拖带、理货、驳运、仓储、船货代理、运输和港口技术培训等港口相关服务。主要装卸货类包括集装箱、石油、煤炭、粮食、化肥、钢材、矿石、汽车等。集团公司经营范围涉及港口多元化业务，按照与港口装卸的相关度分为相关多元化和非相关多元化两大类业务。相关多元化业务为与港口装卸、仓储密切相关的上下游延伸产业，主要包括船代、货代、报关、理货、船务、煤炭交易、物资供应、港口基建等。非相关多元化业务与主业关联度相对较低，主要包括商业物业开发、水产市场、物业管理、珠江游、旅行社、疗养院以及持有的一些非港口业企业的股份等。集团是珠江水系唯一一家有石油化工等散装液体锚地过驳作业资质的港口企业。集团拥有华南地区最大的港口拖轮经营企业，配备大马力拖轮24艘，提供港区及海上拖带、辅助船舶靠离码头、安全监护、抢险救灾等服务。

广州港集团经营业务划分为四大板块：港口装卸、港口物流、港口地产和港口金融。

1. 港口主营业务

港口装卸是集团公司营业收入的主要来源，占营业收入的60%以上，其中煤炭和集装箱业务是装卸收入的主要来源，两项业务收入合计占装卸收入的比重超过70%。随着南沙港区集装箱、滚装汽车和油品等码头的建成投产，码头通过能力不断提高，货物总吞吐量和集装箱、汽车吞吐量保持增长势头。随着能力的不断提高及运营效率的提升，港口规模效应凸显，装卸收入稳步增加。

滚装船业务　广州港是国家指定的全国汽车整车进口口岸之一，集团先后改造了新沙滚装汽车码头并兴建南沙汽车码头，形成了东有新沙、西有南沙，辐射珠江两岸及华南、西南等地区的广阔腹地，是华南地区最大的专业滚装汽车作业枢纽港，两个专业码头均可靠泊国际上最大的滚装汽车船。其中：新沙码头堆存面积为40万平方米，包括两栋多层汽车室内库，堆存能力达2万台；南沙汽车码头拥有3个专业泊位，堆场面积达37万平方米，包括一栋多层汽车室内库，堆存能力达2万台。滚装整车业务自2005年起专业化运作以来，已形成发达的集疏运网络和便捷、高效、和谐的口岸环境，内、外贸班轮航线密集。外贸方面，现已开通欧洲、地中海、东南亚、北美、非洲等出口国际航线及日本、韩国、美国等和欧洲国家国际进出口航线，吸引了保时捷、宝马、奥迪、奔驰、路虎、捷豹、丰田、现代、日产、斯巴鲁、本田、三一重工、中联重工、柳工等国际知名品牌在集团长期开展业务；内贸方面，是国内滚装运输南北航线的南方基本港，是广州丰田、广州本田、东风日产、广汽乘用车、南海一汽大众、上海大众、上海通用、天津丰田、华晨宝马等滚装业务物流中心，现已开通与天津、上海、大连、烟台、海口等港口的固定班轮。作为国际化专业码头，除商品车装卸服务外，还可为客户提供工程车、机械车、MAFI专用平板拖车货物的装卸服务，以及检测、洗车、加油、充电等延伸、增值服务。同时，也可结合客户需求，量身定制装卸、仓储、港口服务方案，竭诚为客户提供专业、优质、高效、便捷的服务。

能源业务　集团下属广州港股份公司从事能源装卸业务的专业码头主要有西基码头、新港码头、新沙码头、石油化工码头、南沙港发油码头和小虎石化码头。

煤炭：广州港是华南地区最大的煤炭接卸港，是中国“北煤南运”大通道的主枢纽港，以及外贸煤炭进口的主要接卸港，广州港担负着华南地区电煤运输以及外贸煤炭进口的主要任务，年接卸煤炭占广东省水路运输煤炭总量的45%。从事煤炭接卸业务的主要有新沙、西基、新港等港务公司。现有煤炭专业泊位4个，煤炭通用泊位10个。经过系统改造，通过能力增加到6000万吨/年；拥有先进的煤炭接卸设备、工艺及配套设施，单机最高接卸能力1280吨/时，最高卸船能力7.3万吨/天；拥有较大的煤炭专用堆场，一次性堆存量为360万吨。作为华南地区最大的煤炭接卸港，2006年集团成立华南煤炭交易中心，从事煤炭交易、物流、融资等中介服务，并可为在港客户提供煤炭供应链金融服务。

油品：广州港是珠三角油品的重要集散地，已初步形成石油产品交易中心。广州港股份有限公司下属有3个主要的接卸油品、化工品的专业码头，分别是石油化工码头、小虎石化码头、港发码头。其中石油化工码头的输油管道直通到广石化厂区和广州白云国际机场航煤库区，码头主要负责广石化成品油和化工品的出口以及机场航煤的接卸工作。小虎石化码头、港发码头分别为广州、东莞地区最大的石化码头，码头设施处于国际一流水平，且码头后方均有相应的库区，库区功能齐全、设备完善，储量达180多万立方米。

散杂货业务 广州港是华南地区散杂货接卸的主枢纽港，散杂货装卸主要货类包括煤炭、矿石、钢铁、矿建、粮食、木材、机械设备等。河南、黄埔、西基、新港、新沙、南沙粮食码头等为主要散杂货作业区。

矿石类货物主要由新沙公司和新港码头作业，现有10万吨级矿石专业泊位1个，5万吨以上矿石通用泊位9个，年通过能力达800万吨。其中新沙2号、3号泊位为10万吨级矿石专业泊位。

钢材类货物主要由黄埔公司、新港公司、龙沙码头、南沙粮食码头作业，新沙码头亦可兼顾。黄埔公司是华南地区钢材接卸基本港，靠泊能力为5万吨级，工艺成熟、效率高、堆场充足，树立了卸万吨钢材不过天、散装货损耗率低等优良传统品牌，开通京唐沿海钢材精品航线，共有3条班轮投入运营。新港公司是老牌钢材作业公司，装卸工艺成熟、机械优良、效率高，靠泊能力为7万吨级。龙沙码头是广州港最具特色的钢材作业码头，是珠三角地区唯一实现跨大船直过驳的码头，作业效率高，操作工艺成熟，港区后方一千米有以广汽为代表的汽车制造区和鞍钢汽车板剪切中心，辐射泛珠西区域。物流公司钢材“水上巴士”全程物流业务，在客户中树立了良好的口碑，货物运输快捷、安全、高效，同时监管天又天仓库兼营汽车运输、代办发货等延伸物流业务，为广大客户提供更加优质的服务。

粮食货类主要由新港公司、新沙公司和南沙粮食码头作业，配有专用的粮食泊位和仓库资源。新港公司1号泊位为散粮专用泊位，拥有16万吨筒仓群和20万吨平仓；新沙公司6号泊位为散粮专用泊位，配备26万吨平仓；南沙粮食码头为2010年新投产的新型专业化粮食码头，5号、6号泊位为散粮专用泊位，可靠泊10万~15万吨级散货船舶，拥有15万吨平仓和华南最大的45万吨筒仓群，并配备了两条2000吨/时的进仓线以及4条1000吨/时的出仓线，公司粮食年中转量已超过1550万吨，其中进口粮食年中转量超过1200万吨。

木浆业务可根据货物流向及船型条件选择黄埔港、新港、新沙港、南沙粮食码头等港口码头，共有近50万吨平仓可用于堆存。同时配备专用的卸船设备，最高卸船效率为12000吨/天，集团正全力推动南沙粮食码头发展成为华南地区最大的木浆中转港。

重大件货物作业是广州港集团的重要服务产品之一，曾为广州地铁、广州石化和广州乙烯等重大工程项目安全、优质、高效地接卸了重大件设备。

集装箱业务 广州港集装箱业务分布在四个港区，四个港区下辖9个集装箱码头，拥有万吨级以上泊位19个，其中10万吨级以上泊位10个。

南沙一期2004年9月28日投产，拥有4个10万吨级泊位，深水岸线长1400米，驳船岸线长770米，是南沙港区第一个港口项目，主要从事南北内贸班轮干线和华南支线。南沙二期于2007年9月29日投产，拥有6个10万吨级泊位，深水岸线长2100米，驳船岸线长880米，主要从事外贸班轮航线，可接卸世界最大集装箱船舶，马士基、地中海、达飞、中远海运等全球前20名班轮公司均已进驻。广州集装箱码头有限公司于1984年投产，是中国最早的专业集装箱码头之一，有3个5万~7万吨级泊位以及1个5000吨级驳船泊位，岸线长645米，驳船岸线长150米，主要从事外贸班轮近洋航线、华东内贸精品班轮航线以及港澳驳船运作。新沙港务有限公司东莞集装箱分公司，有3个7万吨级泊位，岸线长640米，主要运作南北内贸干线以及港澳航线。黄埔港务分公司（黄埔老港），有3个3万吨级集装箱泊位，岸线长530米，主要从事内贸班轮航线和港澳驳船。广浚码头，现有4个5000吨级泊位，码头岸线长362米，主要从事内贸驳船。穗航码头，有3个3000吨级泊位，码头岸线长210米，主要从事港澳驳船。河南港务分公司，有4个3000~5000吨级集装箱泊位，主要从事内贸班轮航线和港澳驳船。

其他业务 包括与装卸业务配套的仓储、拖轮、大宗货物购销、货物代理、外轮理货、港口建设等港口配套综合服务。

2. 港口多元化业务

随着国家宏观政策的调整、产业转型升级以及港口发展重点逐步向南沙港区转移，布局在中心城区的港区面临加快转型的问题。集团公司充分利用内港港区码头地处中心城区的优势，盘活土地资源，积极发展符合码头功能转型和具有港口特色的产业，主要发展港口地产、商业物业开发、商贸、旅游等产业。

港口地产 主要对中心城区转型码头及相关地块进行商业物业开发和公共租赁房的开发，完成港湾广场一期、二期（海港城）和黄沙水产市场、太古仓码头、大阪仓码头的开发，正在推进黄沙水产市场搬迁项目、洲头咀、新黄埔区地标性建筑——华南国际港航服务中心一期、二期等项目的建设。

水产市场 广州黄沙水产交易市场是华南地区乃至国内最大的水产综合市场之一，年交易额超过100亿元，“黄沙水产”已成为广州市著名商标，正在申请成为广东省著名商标。该市场是利用黄沙码头及仓库设施开发的大型海鲜水产品综合市场，在内地及港澳地区乃至东南亚国家均具有较高的知名度。

其他业务 包括珠江游、旅行社、疗养院、物业管理、商贸、客运等。广州鹅潭旅行社成立于1983年，是集团下属独资企业，是一家组织完善、经营多元化、提供多功能服务的旅行社，主要经营国内旅游业务和入境旅游业务，承办会议接待、商务考察、拓展培训，为旅客提供代订住宿、餐饮、宴会、船票（含珠江夜游）、机票、租车等服务。旅行社拥有素质良好和熟练业务技能的计调、营销、导游等专业人员，凭借严谨的品质管理流程，从吃、住、行、游、购、娱等方面入手，全方位为游客提供专业、周到、及时、准确的国内各地观光、休闲旅游、会议旅游、奖励旅游、周末度假等旅游综合服务。2012 年，广州鹅潭旅行社更名为广州鹅潭旅行社有限公司。2013 年 3 月，鹅潭旅行社开办国际旅游业务。

与此同时，集团多元化产业快速发展，黄沙水产交易市场已发展成为全国鲜活水产品交易额最大、交易辐射面最广、最具影响力的鲜活水产品集散枢纽；大沙头珠江游码头已成为广州珠江游“母港”。

二、集团架构

广州港集团成立以来，根据经营发展需要不断对组织机构进行改革和调整。相对于集团公司成立前的架构，集团公司在管理架构中减少了层级，实现了集团公司对下属经营单位的分别掌控，形成了与下属经营单位之间不同紧密关系的管理格局：总部及下属分公司构成核心层；全资子公司、二级投资主体、控股子公司组成紧密层；与集团公司有产权关系的构成半紧密层；与集团公司无产权关系的协作单位构成松散层。管理层次的合理划分对于企业的有序、高效运行发挥了重要作用。为规范集团化经营与股份公司的管理关系、建立良好的运作机制和为股份公司公开上市奠定了基础。与此同时，为推进集团港口规模化、国际化经营，按照精简、高效的原则，集团公司重新对总部组织架构进行了调整。

董事会办公室（法律事务室） 负责集团公司董事会日常事务，筹备董事会会议，为董事会的决策提供依据；规范董事会建设；检查和监督董事会的各项指示、会议决议的落实情况；负责协调与董事会相关的各方面的工作关系；负责集团公司的法律事务和法律顾问的管理，参与经济合同的谈判和负责审核等工作；参与决策、调研，提出防范法律风险的措施和法律意见。

办公室 负责经营管理层的日常事务管理；负责重要文件起草、公文审核及重点工作调研；负责大型会议会务，内外宾接待；负责对外联系、公共关系、对内协调、工作督查、外事管理；负责档案、保密、信访及综合事务管理工作。

财务会计部（金融工作部） 负责集团公司的会计核算，集团公司收入、成本、资金、固定资产管理等；负责税务策划和投融资分析，集团公司金融策划与管理；负责固定资产投资预算、财务预算，经济考核指标的审核、编制和下达；负责委派财务总监日常管理；等等。

投资管理部 负责集团公司固定资产投资项目（含大中型建设及技术改造项目）前期工作的组织实施和管理，包括项目预选、可行性研究至初步设计阶段的各项工作；负责投资计划（预算）管理工作，包括固定资产投资计划、对外合资合作项目投资计划以及集团公司设备、设施维修维护计划的管理；负责对外合资合作项目的可行性研究、项目申报、组织实施、效益评价等管理工作；办理集团公司及下属公司商事登记手续；组织审核集团公司直属各单位申报的对外合资合作项目；负责项目公司的联系沟通、管理和效益评估等；参与对外合资合作项目期满或提前终止的清算注销工作。

研究部 负责对国内外宏观经济与港口业态发展中带有全局性、战略性、方向性的问题进行调查研究；负责政府相关政策研究分析与衔接；负责制订企业战略规划、中长期规划及企业发展计划；负责集团自主创新、科技成果及标准管理；负责集团公司企业发展战略的组织实施、企业组织架构优化管理、全面质量管理、方针目标管理；负责集团公司规章制度管理以及协会管理；负责与科研院校及有关政府部门等建立对口的研究联席沟通机制。

地产物业部 负责集团公司的土地资源利用规划管理；负责土地、房屋证照管理，“三旧”改造项目管理；负责物业经营管理、工程管理。

安全环保部 负责集团公司安全生产监督管理；负责安全生产教育、重大事故调查、处理以及从业人员持证上岗管理；负责劳动防护用品、保健用品质量标准管理；负责安全、环保“三同时”监督管理；负责卫生、防疫、绿化、环保监督管理，计划生育管理；负责港区范围公共场所、食品生产经营单位及生活饮用水供应单位卫生监督管理。

审计部 负责集团公司内部企业财务收支审计、投资项目经济效益审计、财务预算执行情况审计、内控制度审计、工程项目等审计；负责集团公司所属单位主要负责人任期经济责任审计；负责向董事会及其审计委员会沟通和汇报企业内外部审计情况，提出相关工作意见。

托管企业工作办公室 负责托管企业改革与管理；负责托管企业改革方案制定及日常协调管理。

组织人事部 负责集团（股份）公司领导培训管理；负责中层管理人员、中层管理人员助理及后备干部管理；负责人力资源规划，人才引进，干部考核、选拔、聘用，内部流动管理；负责机构设置，定编定员，职称管理及专家库建设；负责工资总额管理、中层管理人员薪酬管理；负责劳动合同管理，社会保险及劳动统计；负责出国（境）政审及管理；负责老干部服务。

党委工作部（武装部、团委） 负责党的路线、方针和政策的贯彻落实；负责集团公司党委总结计划、管理文件和领导讲话、报告等文字材料的拟稿和核稿工作；负责党委会议、中心组学习和重要活动的组织工作；负责党、共青团组织的组织建设、思想建设、作风建设和制度建设，指导、督促基层组织开展工作；负责企业的精神文明建设工作；负责内外宣传舆论引导工作，统筹集团各种传播媒体建设；负责党务信息、企业史志资料编写和报送工作；负责对集团公司及全资子公司武装、交通战备、统战、侨务各项工作进行协调、指导、监督和管理；负责集团党委、共青团组织日常管理工作。

纪检监察部（纪委办公室） 负责检查党的路线、方针、政策和决议以及集团公司相关规章制度执行情况，维护党的章程和其他党内法规；负责协助集团党委加强党风廉政建设和组织协调反腐败等相关工作；负责组织开展反腐倡廉宣传教育和效能监察工作；负责受理信访举报件和查办违纪违法案件。

工会 负责组织集团公司职工参与集团公司民主决策、民主管理和民主监督；负责开展职工教育活动，提高职工思想道德素质和科学文化素质，建设有理想、有道德、有文化、有纪律的职工队伍；负责组织职工开展劳动竞赛、提合理化建议；负责建立平等协商和集体合同制度，协调劳动关系，维护企业职工的合法权益；负责总部工会日常管理，代管退管办相关工作。

三、下属单位

广州港股份有限公司黄埔港务分公司 黄埔港是按孙中山先生生前提议修建的，始建于1936年，次年建400米顺岸码头，1938年被日本侵略军占领，工程中断。1942年续建铁路和仓库，1950年10月复港。交通部广州区港务局1950年10月10日设立黄埔办事处，次年9月，设置黄埔装卸区。1954年4月，撤销黄埔办事处建制，黄埔装卸区改为作业区。1956年3月组建成立黄埔港务管理局。1957年6月为黄埔港务管理局辖下的黄埔作业区。1958年8月为广州港务局辖下的黄埔港务局。1961年4月为交通部直属的黄埔港务管理局。1969年9月为广州黄埔港务局辖下的装卸一营、二营和船舶、工程营（黄埔部分）。1970年3月为广东省港务管理局辖下的黄埔作业区，次年9月改称广东省港务管理局黄埔港务局。1973年3月改称交通部黄埔港务管理局。1978年4月为黄埔港务管理局辖下的第一装卸作业区。1985年1月改称黄埔港务管理局第一港湾公司。1987年12月，原黄埔港务局与广州港务管理局合并，黄埔老港成为广州港务局下属单位。1988年4月30日改称广州港务局黄埔港务公司。2004年2月26日，广州港务局实现政企分开，黄埔老港隶属广州港集团有限公司。2011年4月，广州港集团有限公司实行股份制改革，公司改为广州港股份有限公司黄埔港务分公司。黄埔老港是通用综合性码头，主要业务包括件杂货及集装箱的装卸和储运。2015年黄埔老港货物吞吐量超过3000万吨，集装箱吞吐量超过了83.9万标准箱。

广州港股份有限公司新港港务分公司 1975年12月26日，黄埔港务管理局新港区第一期工程简易投产。1978年4月，改名为黄埔港务管理局第二装卸作业区。1985年1月，第二装卸作业区改名为黄埔港务管理局第二港湾公司。1988年4月30日，第二港湾公司改名为广州港务局新港港务公司。2011年，更名为广州港股份有限公司新港港务分公司。新港港务分公司位于广州经济技术开发区珠江出海口与东江的交汇处，岸线长1343.5米，航道水深－13.5米，港池水深－12.5米，5个泊位（3个5万吨级船舶泊位、2个7万级船舶泊位），另有4个2000吨级驳船泊位，库场总面积51.4万平方米，其中平仓8座，容量12万吨，筒仓58座，容量15万吨。主要业务是钢材、粮食、煤矿等件杂货和散货，2015年货物吞吐量为1633万吨。

广州港股份有限公司西基港务分公司 1982年12月7日，黄埔港务管理局成立黄埔港煤炭装卸公司。1985年1月，煤炭装卸公司改名为黄埔港务管理局第三港湾公司。1987年3月22日，西基煤码头正式投产营运，为华南地区最早的现代化煤炭装卸专业码头。1988年4月30日，第三港湾公司改称广州港务局西基港务公司。之后随着广州港务局和广州港集团的机构改革数次易名，最后确定为西基港务分公司，是广州港股份有限公司下属分公司。码头陆域面积26万平方米，堆场面积13.3万平方米，卸船泊位码头长527米，装船泊位码头长400米，拥有两个7万吨级卸船泊位。从1989年开始，码头实施了多次技术改造和设备扩充。1992年，年接卸能力从原设计的400万吨提高到600万吨。至2007年8月码头设计接卸能力达到1400万吨/年，装船能力达到650万吨/年。

广州港股份有限公司新沙港务公司　成立于1994年11月7日，注册资本为80007.8万元，注册地为东莞市麻涌镇新沙，股权结构为广州港股份有限公司持股100%。主营业务为货物装卸、搬运、疏运、堆存及仓储，散货灌包、货运代理、机电设备维修、水电安装，港口设施设备、场地租赁，机电技术咨询服务。

广州港股份有限公司南沙港务公司　成立于2003年3月17日，注册资本为126000万元，注册地为广州市南沙区龙穴大道中12号自编1栋（仅作办公功能使用），股权结构为广州港股份有限公司持股51%，中海码头发展有限公司持股40%，广州南沙基础设施投资有限公司持股9%。主营业务为机械设备租赁，场地租赁（不含仓储），其他仓储业（不含原油仓储、成品油仓储、燃气仓储、危险品仓储），装卸搬运，港口危险货物作业，船舶补给供应服务，提供港口货物装卸（含过驳）、仓储、港内驳运、集装箱装卸、堆存及装拆箱等简单加工处理服务。

广州南沙海港集装箱码头有限公司　成立于2006年6月9日，由广州港股份有限公司和中远码头（南沙）有限公司共同出资组建而成，码头面积223公顷，拥有6个15万吨级泊位，岸线长2100米，可满足世界上最大的集装箱船停泊作业。南沙海港以桥时效率43英里/时（约6.9万米/时）操作“达飞莫桑比克”、以桥时效率49.2英里/时（约7.9万米/时）操作“达飞卡门”分别荣登2012年第48周、2013年第18周达飞全球港口桥时效率排行榜榜首，2014年度操作马士基航线“在泊效率”达标率为108.1%，在远东13个港口中排名第二。南沙海港是广州港集团旗下第一家通过ISO体系认证、第一家获得安全标准化达标等级一级、第一家获得广州市AAA级和谐劳动关系企业的集装箱码头公司。

广州港股份有限公司南沙集装箱码头分公司　于2014年5月14日注册成立，2014年9月27日投入试运营，是广州港南沙港区三期码头的经营主体，主要为客户提供集装箱船装卸、堆存以及与码头业务相关的物流和集装箱管理等综合服务。南沙三期包含10万吨级集装箱泊位6个，2000吨级集装箱驳船泊位24个，岸线总长4178米，设计通过能力570万标准箱，码头陆域纵深1177米，陆域面积约270万平方米。项目从2012年8月开始建设，2017年5月全面投入生产。2015年完成142万标准箱的吞吐量。

广州港南沙汽车码头有限公司　成立于2005年11月9日，注册资本为2.13亿元，注册地为广州市南沙区黄阁镇沙仔北路6号，主营业务为装卸搬运，其他仓储业（不含原油仓储、成品油仓储、燃气仓储、危险品仓储），提供港口货物装卸（含过驳）、仓储、港内驳运、集装箱装卸、堆存及装拆箱等简单加工处理服务，为船舶提供码头、过驳锚地、浮筒等设施，汽车清洗服务。

广州港股份有限公司南沙粮食通用码头分公司 于2010年1月8日挂牌成立，是广州港股份有限公司下属全资分公司。码头项目于2009年2月25日破土动工，投资规模约30亿元，总占地119万平方米，已建成4个通用泊位和2个粮食专用泊位，设计年通过能力为2330万吨，主体码头岸线长度为1618米，驳船码头岸线长587米，码头纵深650米。南沙粮食通用码头位于广州市东南部、珠江出海口、南沙深水港区，东与东莞隔海相望，西连中山、顺德。处于珠江三角洲的地理和几何中心之上，地处广州市南沙区万顷沙龙穴岛，位于南沙集装箱码头和中船龙穴造船厂之间，是珠江西岸唯一的深水散杂货码头，主要从事粮食、钢材、通用杂货等内外贸货物的港口装卸作业和相关物流业务。

广州港股份有限公司石油化工港务分公司 成立于2011年6月15日，注册地为广州市黄埔区港前路531号大院38号5楼。主营业务以码头管道输送和锚地过驳装卸操作为主，从事石油、化工等散货液体货物装卸，包括内外贸成品油（如汽油、柴油、航空煤油、石脑油等）、内外贸化工品（如二甲苯、浓硫酸、甲醇等）。锚地主要从事原油（如进口原油、海洋原油、重质原油等）、成品油（如内外贸进口燃料油、外贸进口稀释沥青等）和油脂（如外贸进口植物油、食用油、油脂饲料等）过驳业务。码头位于今广州经济技术开发区西基，1977年投产。拥有栈桥式码头长度290米、2个泊位，水深-13.5米，全天可靠泊5万吨级船舶，年设计通过能力350万吨。

广州港股份有限公司铁路分公司 成立于1992年7月1日，成立时名称为广州港务局铁路公司，注册地为广州市黄埔区开发大道491号自编1栋。主营业务为铁路货物运输、铁路沿线维护管理服务、物流代理、铁路运输通信服务、场地租赁、港口及航运设施工程等。2004年改制成立广州港集团有限公司铁路分公司，2011年4月19日改为广州港股份有限公司铁路分公司。

广州港集团商贸发展有限公司 成立于2006年6月27日，是广州港集团有限公司的全资子公司，为独立法人企业。公司主要负责广州港集团有限公司内港区码头的转型改造和开发建设，以及商业物业的投资与经营。业务范围覆盖商业物业投资、物业租赁、展示发布、批发和零售、游艇业务、广告传媒等。

广州港集团客运服务有限公司 广州港集团有限公司的全资子公司，成立于1984年12月，是以经营客运、珠江游、场地出租、码头管理、旅行社为主的独立法人单位，注册资金2532.3万元。公司经营的大沙头游船码头年客运量达到107万人次；旅行社业务年接待量超过1.5万人次；汽车营运中心年安全行车里程达160万千米，年安全运送旅客3.25万人次。

广州海港地产开发有限公司 成立于2011年3月28日，是由广州港集团有限公司设立的全资子公司。公司以广州市“三旧改造”政策为契机，加快推进集团公司地块的“三旧”改造工作，充分盘活集团公司土地房产资源。公司主要负责项目有华南国际港航服务中心、黄沙渔人码头、洲头咀等项目。

广州港船务有限公司 1951年，广州区港务局黄埔办事处成立港运船队。1958年两港合并后成立广州港务局港作船舶总队，统管两港区的港作船舶。1961年4月两港分开，广州港务管理局下设港作船队，黄埔港务管理局下设港运船队。1969 年广州黄埔港务局成立后，广州港务局港作船队和黄埔港务管理局船舶大队合并，称广州黄埔港务管理局船舶营。1973 年 3 月两港分开，又分别改为广州港务管理局港作船队和黄埔港务管理局船舶大队。1983 年，广州港务管理局以港作船队为基础成立广州港船舶运输公司。1988 年 4 月 30 日，黄埔港务管理局水运服务公司和广州港务管理局船舶运输公司合并，成立广州港务局船务有限公司。

广州港集团有限公司新风港务分公司 是广州港集团下属全资国有内港码头，是国家一类开放口岸。1954 年 10 月，珠江航运管理局广州港务局成立后，设有长堤和黄沙装卸站。1958 年 3 月，长堤、黄沙装卸站合并改为广州港务局长堤作业区。1967 年 5 月，长堤作业区改称新风作业区。1969 年 9 月，新风作业区改为广州黄埔港务管理局新风装卸营。1973 年 3 月，新风装卸营改称广州港务管理局新风作业区。1988 年 4 月 30 日，广州港务管理局新风作业区改称广州港务局新风港务公司。码头总面积 12.7 万平方米，泊位总长 780 米，前沿水深 -4 米，可停靠 1000 吨级船舶，最大起重能力 50 吨。主要承办国内外经香港中转世界各地的外贸货物集装箱进出口装卸业务及仓储。

广州集装箱码头公司 是由广州港集团和新加坡国际港务集团（PSA）共同投资经营的专业化国际集装箱码头公司，于 2001 年 7 月 1 日正式成立，其前身为 1983 年成立的黄埔集装箱公司，管理和经营新港港区共 4 个集装箱泊位，注册资本为 6 亿元，注册地为广州经济技术开发区黄埔新港路 1 号。主营业务为交通运输咨询服务；为船舶提供码头、过驳锚地、浮筒等设施；提供港口货物装卸（含过驳）、仓储、港内驳运、集装箱装卸、堆存，以及装拆箱等简单加工处理服务。

广州港仓储运输公司 成立于 2012 年 3 月 12 日，注册资本为 4500 万元，注册地为广州市黄埔区港湾路 26 号，股权结构为广州港股份有限公司持股 100%，主营业务为道路货物运输；货物专用运输（集装箱），装卸搬运，货物运输代理；其他仓储业（不含原油仓储、成品油仓储、燃气仓储、危险品仓储），机械设备租赁，汽车租赁。

广州港股份有限公司河南港务分公司 成立于 2011 年 4 月 22 日，注册地为广州市荔湾区芳村大道东路 110 号自编 4 栋，主营业务为港口危险货物作业，为船舶提供码头、过驳锚地、浮筒等设施；提供港口货物装卸（含过驳）、仓储、港内驳运、集装箱装卸、堆存及装拆箱等简单加工处理服务。一般经营项目：运输设备清洗、消毒服务（汽车清洗除外）；商品批发贸易（许可审批类商品除外）；水上货物运输代理，道路货物运输代理，集装箱租赁服务，联合运输代理服务，信息技术咨询服务，物业管理，房屋租赁。

广州港股份有限公司拖轮分公司 成立于 2005 年 4 月 18 日。2011 年 2 月 24 日因广州港集团有限公司股份制改造，拖轮分公司归入广州港股份有限公司，作为其下属分公司，并于 2011 年 4 月 22 日正式成立广州港股份有限公司拖轮分公司。拖轮分公司是华南地区最大的港口拖轮经营企业，主要从事码头设施经营，港口设施、设备租赁，维修业务经营，港口拖轮经营，船舶港口服务业务经营。公司配备船舶27艘，拥有华南地区最大功率的6900马力全回转拖轮。公司在黄埔老港码头、新港GCT码头、珠电码头、南沙港区码头、桂山码头等设置拖轮停靠点，为广大客户提供方便快捷的服务。

广州港物流有限公司 是广州港股份有限公司下属从事综合物流服务的全资子公司。公司前身是1979年8月11日成立的广州港货物运输营业所。1981年1月27日经广东省航运厅批准，广州港货物运输营业所更名为广州港货运信托公司，其建制与作业区相同。1984年1月11日，经广州港务局批准，广州港货运信托公司更名为广州港货运公司。1992年11月5日，经广州港务局批准，广州港货运公司更名为广州港货运总公司。2004年4月9日，广州港货运总公司更名为广州港集团货运有限公司。2007年9月6日成立广州港集团物流有限公司。2011年2月24日，公司纳入广州港股份有限公司管理。2011年4月26日更名为广州港物流有限公司。

广州港建设工程有限公司 1986年3月12日成立黄埔港修建公司。1988年3月，由广州港务局幼儿园、房屋维修队、修建公司合并成为生活服务总公司，又称广州港务局建设工程公司。1992年9月，因广州港务局机构调整，广州港务局建设工程公司、广州市穗港建设开发公司（原名建港开发公司）与生活服务总公司分开，成为两个公司，两块牌子，一套领导班子。1996年2月，广州港务局建设工程公司与广州市穗港建设开发公司分立，成立了广州港务局建设工程公司、广州港务局基建工程处，一套领导班子，两块牌子。1998年6月8日，广州港务局建设工程公司与局基建工程处分开，成立了广州港建设工程有限公司。2004年政企分家时隶属广州港集团有限公司。2011年4月26日隶属广州港股份有限公司，为广州港股份有限公司全资及控股子公司之一。公司主营业务为土木工程建筑业。

广东港航环保科技有限公司 成立于1998年2月25日，原名广州港珠江防污有限公司，注册资本为1000万元，注册地为广州市黄埔区港前路531号大院38号（仅限办公用途），股权结构为广州港股份有限公司持股100%。主营业务为固体废物治理，矿物油废弃物治理，危险废物治理，收集、贮存、处理（港口、船舶）含油废水，船舶污染物接收、围油栏供应服务，港口设施、设备和港口机械的租赁、维修服务，水污染治理，海上船舶溢油清除服务，环保技术推广服务，环保技术开发服务，环保技术咨询、交流服务，环保设备批发，货物进出口（专营专控商品除外），技术进出口，科技信息咨询服务，环境保护监测，水污染监测，噪声污染监测，空气污染监测，工矿企业气体监测，工程环保设施施工，工程总承包服务，工程造价咨询服务。

广州港工程管理有限公司 广州港工程管理有限公司是广州港股份有限公司下属全资子公司，于2010年9月30日由广州港水运工程监理公司改制而来，2013年吸并广州港航道工程有限公司，公司前身为广州港务局黄埔建港指挥部，于1993年由交通部交函工〔1993〕510号件文批准成立，1994年2月在广州市工商管理局开发区分局取得企业法人营业执照。主营业务为工程技术咨询服务，工程建设项目招标代理服务，工程项目管理服务，工程监理服务，工程造价咨询服务，编制工程概算、预算服务，工程结算服务，港口及航运设施工程建筑，沉船沉物打捞服务，航道服务，灯塔、航标管理服务，基坑监测服务，基坑支护服务，海洋服务，基础地质勘查，地下管线探测，工程水文勘察服务，岩土工程勘察综合评定服务，工程钻探，测绘服务，工程地球物理勘探服务。

广州外轮理货有限公司 成立于1982年3月20日，注册资本为1000万元，注册地为广州市黄埔区港湾路26号，股权结构为广州港股份有限公司持股84%，外轮理货总公司持股16%，主营业务为国际货运代理、物流代理服务、港口理货。

广州港工程设计院有限公司 原名广州港工程设计所。成立于1986年1月15日，是广州港集团有限公司下属的全资子公司。1988年7月18日，原广州港港建开发公司的港口工程设计所和原黄埔建港指挥部设计室从原属单位划出，合并组建广州港工程设计所。于2010年9月19日经广州市工商行政管理局核准改制为有限公司，正式更名为广州港工程设计院有限公司。公司主营业务为水运工程设计服务、房屋建筑工程设计服务、其他工程设计服务、工程技术咨询服务、工程总承包服务、工程项目管理服务。

广州港船舶代理有限公司 成立于1989年2月17日，注册资本为205万元，注册地为广州市黄埔区黄埔港湾路18号，股权结构为广州港股份有限公司持股100%。主营业务为国内水运船舶代理，水上货物运输代理，货物报关代理服务，联合运输代理服务，打包、装卸、运输全套服务代理，物流代理服务。

广州小虎石化码头有限公司 成立于2004年5月25日，注册资本为15750万元，注册地为广州市南沙区小虎南二路38号，股权结构为能源发展公司持股70%，海王星仓储有限公司持股30%，主营业务为液体石油化工品装卸、储存，码头拥有2个5万吨级、1个2万吨级液体化工船舶泊位和9个1000~5000吨级的驳船泊位，年通过能力为1236万吨。

广州华南煤炭交易中心有限公司 成立于2006年12月31日，注册资本为1000万元，注册地为广州萝岗区宝石路1号自编108号，股权结构为广州港股份有限公司持股100%。主营业务为货物进出口（专营专控商品除外）、技术进出口、道路货物运输代理、房屋租赁、国际货运代理、煤炭检测、煤炭及制品批发、水上货物运输代理、联合运输代理服务、国内水运船舶代理、物流代理服务、仓储代理服务、增值电信服务（业务种类以增值电信业务经营许可证载明内容为准）、无船承运。

广州海港拖轮有限公司 成立于2009年2月26日，注册资本为5600万元，注册地为广州市南沙区小虎南二路38号综合办公楼102室，股权结构为广州港股份有限公司持股85%，穗航实业公司持股15%。主营业务为水上运输设备批发，机械配件批发，商品批发贸易（许可审批类商品除外），商品零售贸易（许可审批类商品除外），港口及航运设施工程建筑，企业自有资金投资，工程项目管理服务，机械配件零售，为船舶进出港、靠离码头、移泊提供顶推、拖带等服务。

广东港航投资有限公司 成立于2013年7月22日，注册资本为13000万元，注册地为广州市南沙区龙穴大道12号5楼508房，股权结构为广州港股份有限公司持股 100%。主营业务为以自有资金对外进行项目投资，港口码头开发、建设、管理，投资建设及管理物流园区、工业园区、商业贸易区，自有物业租赁。

广州市穗航实业有限公司 是根据广州市航运企业改革重组方案，由原广州市港澳航运公司和广州市穗航房地产开发公司合并组建而成的市属国有独资企业。2003年1月挂牌成立，同时负责托管和代管13家广州市属国有、集体水路运输企业。公司主要经营穗港澳、珠江三角洲地区的水路货物运输、码头装卸、中转储运、珠江游等业务。拥有运输船舶30艘，总运力3万多吨；拥有年吞吐量150万吨、15万标准箱的东江口码头；参股投资5艘共1000多客位的珠江游业务。2014年1月7日，穗航实业有限公司由广州港集团托管。

广州南沙海港贸易有限公司 成立于2015年1月27日，注册资本为1000万元，注册地为广州市南沙区龙穴大道南9号4楼401室，股权结构为广州港股份有限公司持股100%。

广东中交龙沙物流有限责任公司 成立于2014年3月10日，注册资本为5亿元，注册地为广州市番禺区化龙镇工业路45号之8，股权结构为广州港股份有限公司持股80%，广东南沙港桥股份有限公司持股20%。

广州海港物业管理有限公司 成立于2012年1月。主营业务为物业管理服务［涵盖写字楼、商业区（楼）、工业区（港区）、生活小区、商铺等］及租赁业务、生活垃圾清运等。广州海港物业管理有限公司由广州港集团黄埔穗建物业有限公司更名而来，是广州港集团有限公司的全资子公司。

茂名广港码头有限公司 茂名广港码头有限公司通用码头项目于2012年建立筹建办公室，2013年10月注册成立。主营业务是公共通用码头以及配套设施的开发、建设、管理。公司项目（茂名港博贺新港区通用码头工程）在建，规划建设4个泊位：一个3.5万吨级、一个7万吨级以及两个10万吨级，年通过能力为1010万吨，计划于2019年第一季度建成投产。

广州港股份有限公司信息通信分公司 成立于2011年4月19日，注册地为广州市黄埔区港前路531号大院25号楼，主营业务为计算机软硬件技术开发、技术服务及销售，批发零售贸易（国家专营专控商品除外），通信工程，港口工程施工，商品信息咨询服务，港口技术咨询与技术服务，房屋租赁，物业管理。

广州港股份有限公司物资分公司 成立于2011年6月15日，注册地为广州市黄埔区港湾路26号6楼，主营业务为水上运输业、商品批发贸易（许可审批类商品除外）、船舶补给供应服务等。

广州港技工学校 1975年7月成立，主要业务是中、高级技工学历教育，国家开放大学大专、本科开放学历教育以及职业技能培训。技工学校由原广州港务局技工学校和黄埔港技工学校合并而成。广州港务局技工学校成立于1975年，校址在广州港的新风作业区，1978年起学校搬至洲头咀的职工大院。1986年，原黄埔港务管理局申办黄埔港技工学校并得到批准。1987年学校开始招生，办学地址设在黄埔新港生活区。1988年4月6日，由于广州港务局和黄埔港务局两港合并为广州港务局，原广州港务局技工学校和黄埔港技工学校两校合并，定校名为“广州港技工学校”，由新的广州港务局管理，在黄埔新港生活区校址办学。现技工学校隶属广州港集团。

广州中联理货有限公司 广州中联理货有限公司是广州港股份有限公司和中联理货有限公司共同出资成立的一家从事理货服务的企业，于2005年6月10日在广州注册。主营业务：国际、国内航线船舶货物及集装箱的理货、理箱，集装箱装、拆箱理货业务，货物的计量、丈量，船舶水尺计量，监装、监卸，货损、箱损检验与鉴定，出具理货单证及理货报告，理货信息咨询等相关业务。作业地点主要分布在广州集装箱码头有限公司、广州港新沙港务有限公司东莞集装箱分公司和广州港南沙港务有限公司3个码头。广州中联理货有限公司是根据国务院国发办〔2001〕91号文件的精神，按照交通部港口理货体制改革要求而成立的，所出具的理货单证是海关对进出口货物监管的重要依据，在海运货物索赔、理赔过程中具有重要的作用。

广州水产集团有限公司 成立于2009年10月10日，2010年受广州市国资委委托，托管广州市海洋渔业公司、珠江制药厂等5家企业，是广州市内唯一拥有远洋捕捞船队，以海洋捕捞和水产品养殖、加工、储存、分销配送，进出口贸易及市场平台经营管理为主业的全资国有企业集团。2014年4月28日，广州市国资委委托广州港集团有限公司对广州水产集团有限公司实施管理。

广州港疗养院（广州颐康老年病医院） 成立于1958年，是广州港集团有限公司属下的医疗单位，是一所以治疗收治老年病为特色的综合医院。医院位于越秀区横枝岗路70号，毗邻白云山，背靠麓湖公园风景区，周边环境优美，空气清新。医院设有门诊、内科、康复科等临床科室和放射、检验、心电图、B超（B型超声诊断的简称）等医技科室。该院主要收治的病种以心脑血管疾病、内分泌系统疾病、呼吸系统疾病为主，并开展各种恶性肿瘤病人的晚期姑息治疗和临终关怀，对常见老年病的治疗、康复和护理具有丰富的临床经验。

四、经营情况

广州港集团自2004年成立以来，货物吞吐量、集装箱吞吐量以年均11%和22%的幅度增长，分别从成立时的1.38亿吨、213万标准箱增长到2014年3.69亿吨和1404万标准箱，利润达到11.52亿元，是成立时1.42亿元的8.1倍。企业经济效益和发展质量实现较大幅度的提升。2015年，广州港集团新增港口通过能力1.2亿吨。

2015年，集团完成主营业务收入84.95亿元，实现利润15.49亿元。完成货物吞吐量3.88亿吨；集装箱吞吐量完成1504万标准箱。（见表2-3-2）其中，南沙港区完成货物吞吐量21977.2万吨和集装箱吞吐量1167.6万标准箱。

2004—2015 年广州港集团货物、集装箱吞吐量统计表

表 2-3-2

年份	2004 年	2005 年	2006 年	2007 年	2008 年	2009 年	2010 年	2011 年	2012 年	2013 年	2014 年	2015 年
货物吞吐量/万吨	13873	15949	20082	23039	24057	24994	26962	29700	31580	34123	36949	38812
年增长率/%	16.4	15.0	25.9	14.7	4.4	3.9	7.9	10.2	6.3	8.1	8.3	5.0
集装箱吞吐量/万标准箱	213	315	477	712.6	865	872	985	1154	1221	1301	1404	1504
年增长率/%	18.5	47.9	51.4	49.4	21.4	0.8	13.0	17.2	5.8	6.6	7.9	7.1

2015 年，广州港集团净增外贸航线 15 条，累计共有集装箱班轮航线 105 条，其中外贸航线 67 条（欧洲线 9 条、美洲线 7 条、亚洲线 28 条、非洲线 19 条、中东线 3 条、大洋洲线 1 条），内贸航线 38 条；南沙港区已开辟班轮航线 88 条，其中外贸航线 62 条，内贸航线 26 条。

2015 年，广州港集团新增“穿梭巴士”集装箱驳船支线 5 条（清远、蛇口、乌冲、梧州、窖心），新开辟内陆港（“无水港”）或办事处 10 个。集团共有“无水港”或办事处 15 个，港口服务延伸到云南、湖南、贵州等地。“穿梭巴士”驳船支线 51 条，其中外贸支线 35 条，内贸支线 16 条，实现了对珠三角区域中小码头业务全覆盖。

五、企业文化

自 2004 年成立以来，广州港集团始终把企业文化作为企业核心竞争力的重要组成部分，在传承港口深厚文化底蕴的基础上，系统建设具有时代特征、港口特色、公司特点的企业文化，以企业文化的“正能量”促进生产经营工作和集团的发展。

根据广州港集团发展愿景，提炼和导入“世界大港、服务世界”的企业理念和“实干创新、强港奉献”的企业精神，形成统一的核心价值观；通过广泛征集、内外结合、加大投入的方式导入了集团企业形象视觉识别系统，统一企业形象；结合实际，制定集团公司企业文化建设实施意见和考评细则，深入推进文化管理。

广州港集团
GUANGZHOU PORT GROUP

广州港集团
GUANGZHOU PORT GROUP

图 2-3-1　广州港集团标识

附：《广州港，我们为你歌唱》

广州港，我们为你歌唱

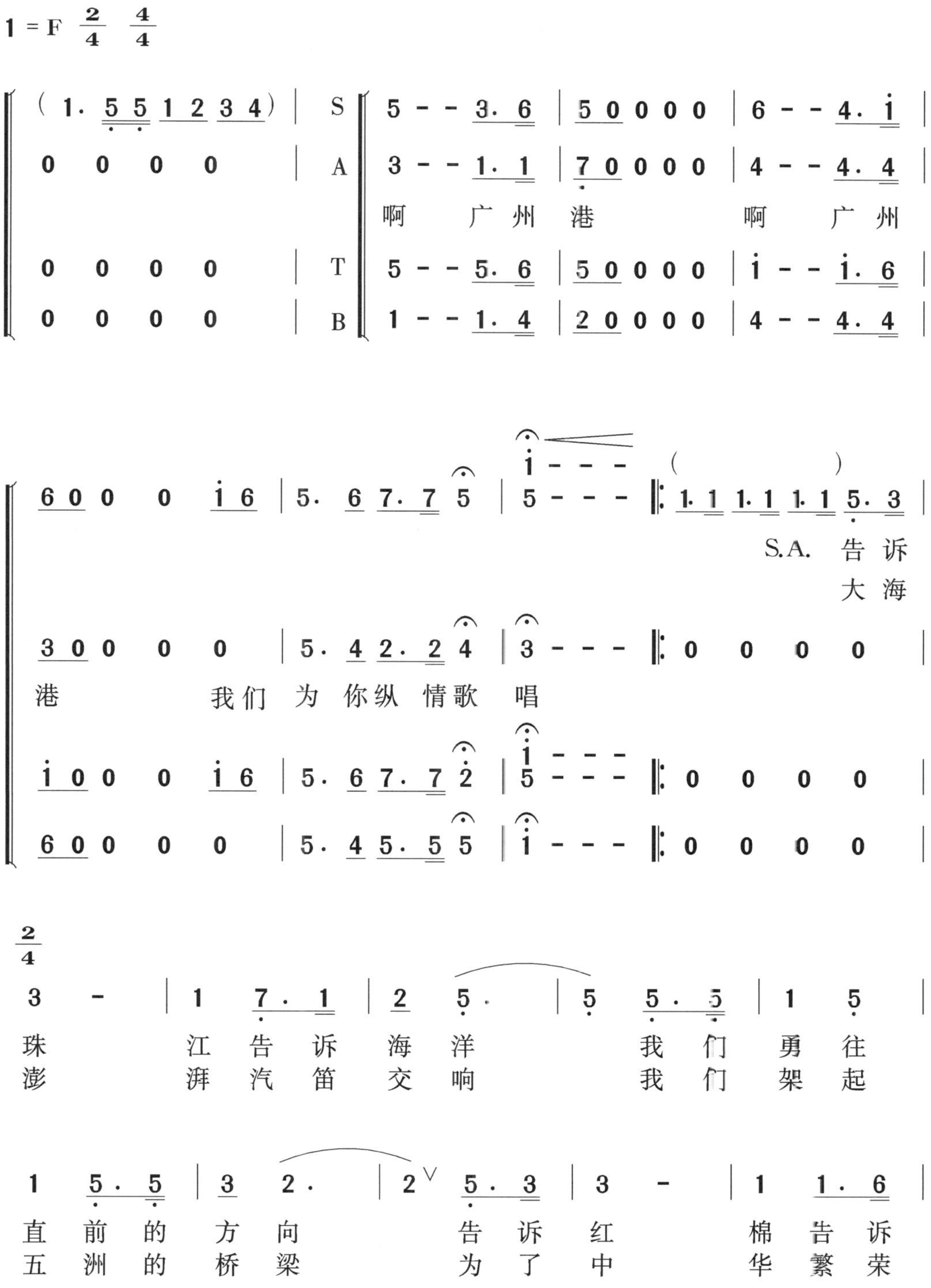

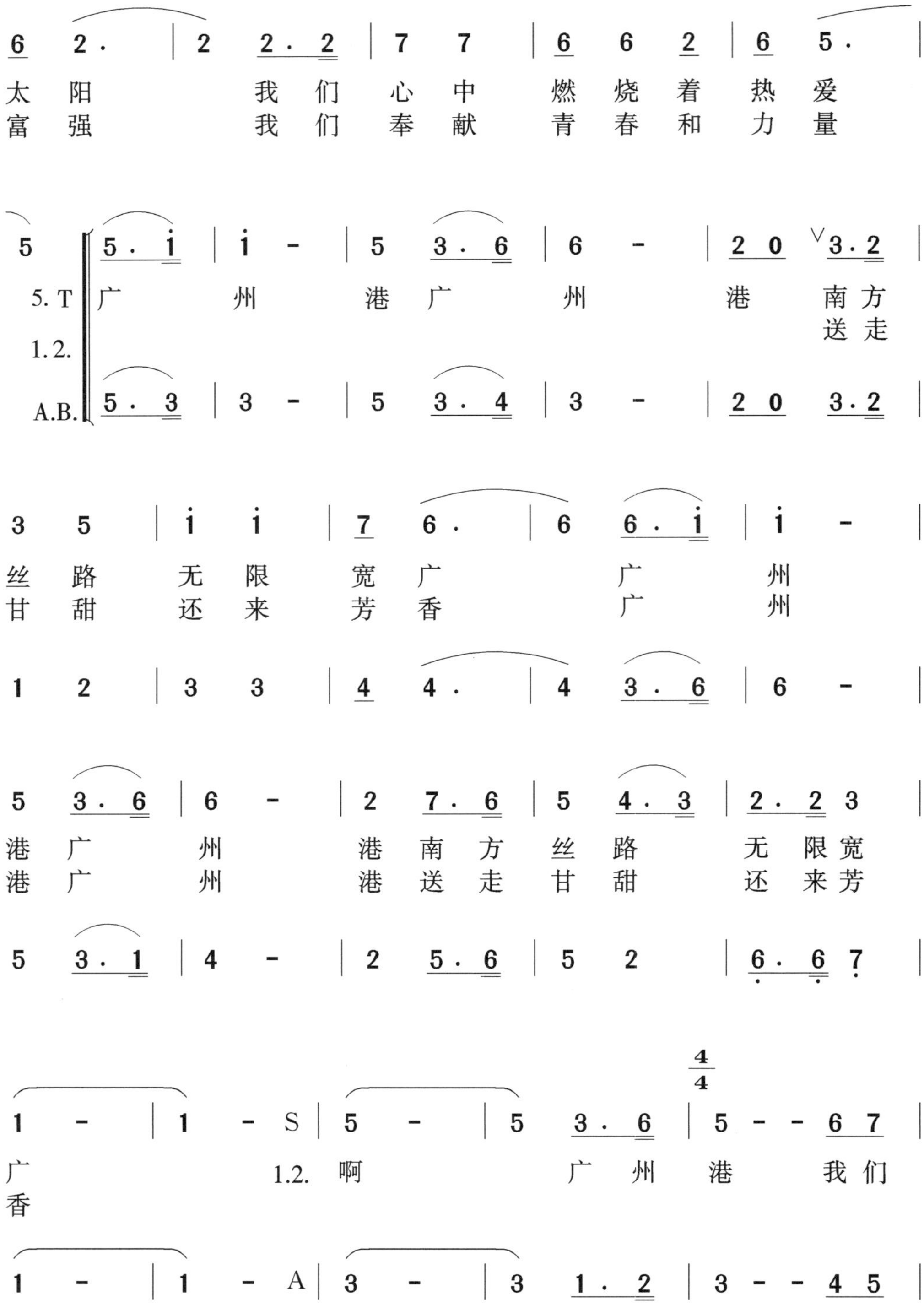
太阳 我们心中燃烧着热爱
富强 我们奉献青春和力量
5. T
1.2.
A.B.
广州港广州港南方
送走
丝路无限宽广 广州
甘甜还来芳香 广州
港广州港南方丝路无限宽
港广州港送走甘甜还来芳
广 1.2. 啊 广州港我们
香
S
A

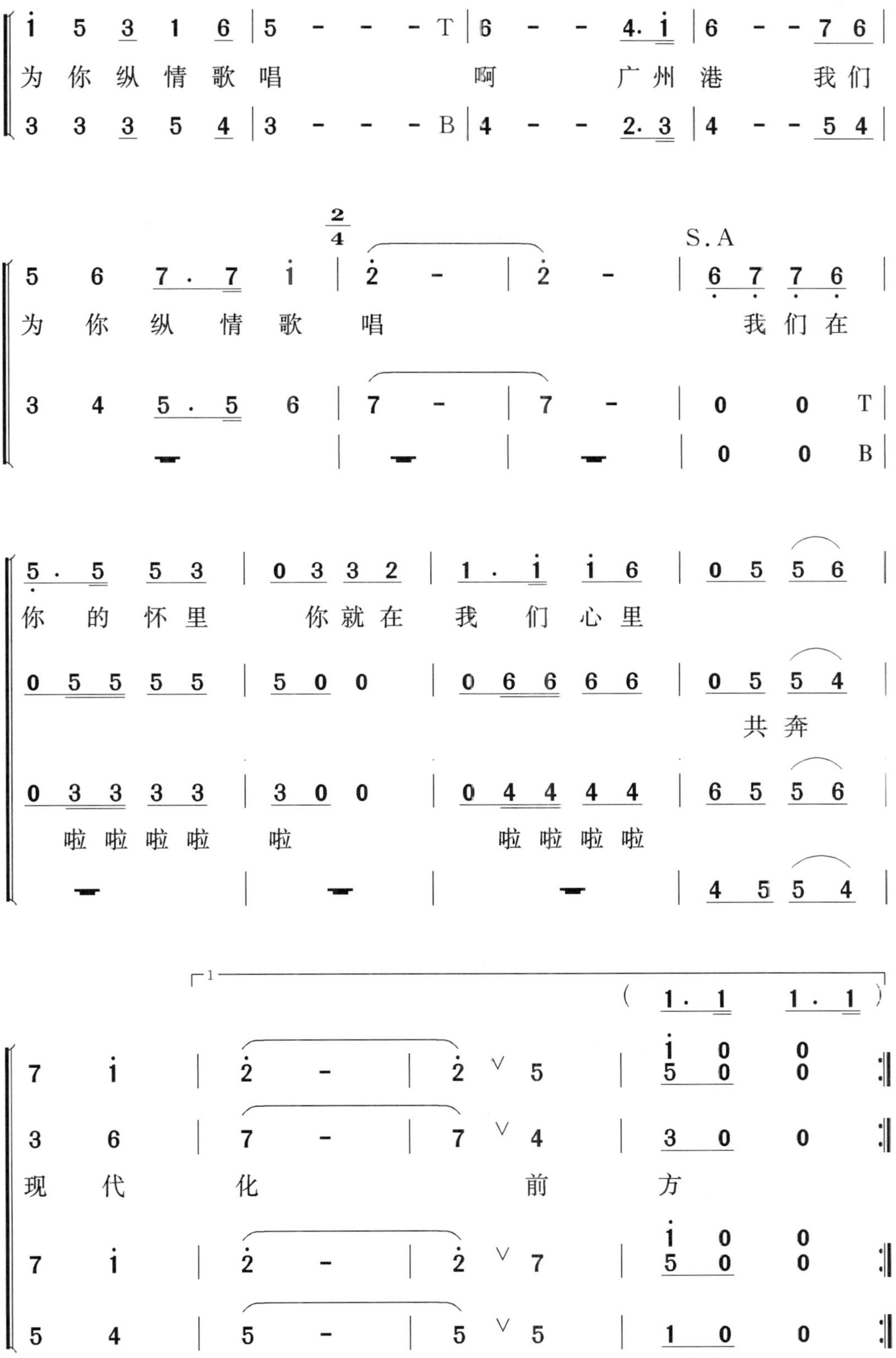
为你纵情歌唱 啊 广州港 我们
T
B
2/4
为你纵情歌唱
S.A
我们在
T
B
你的怀里 你就在我们心里
共奔
啦啦啦啦 啦 啦啦啦啦
1
现代化前方

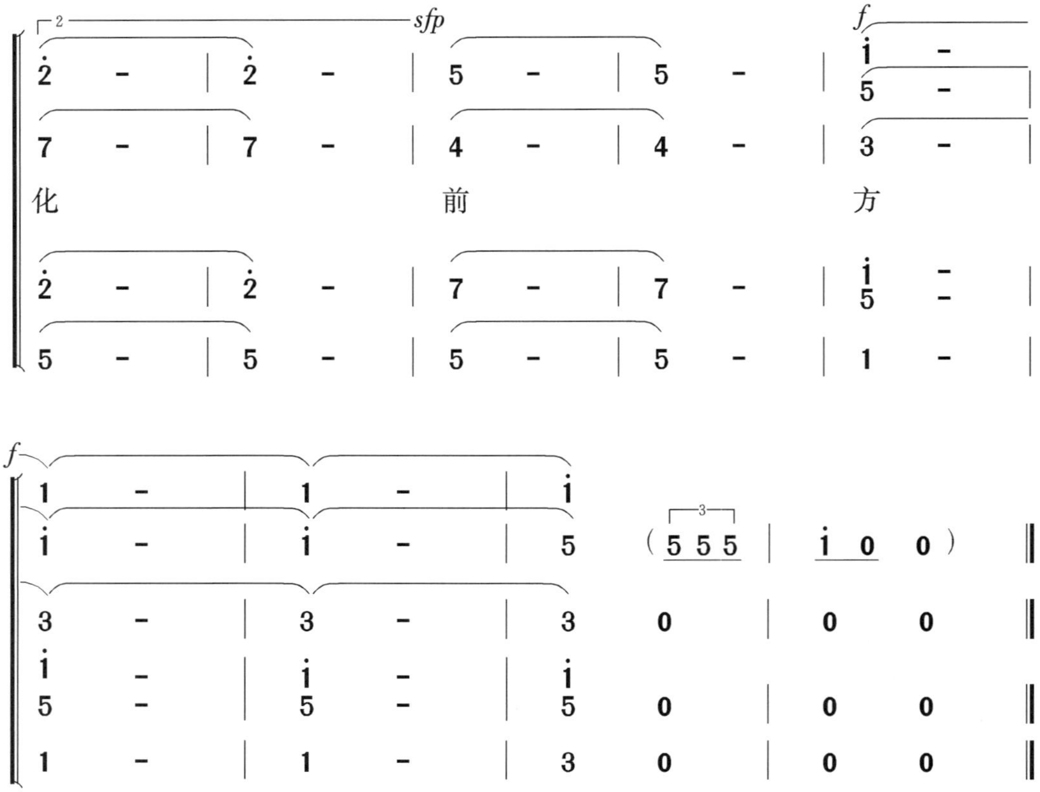
sfp
f
化
前
方
f

1987 年 12 月 18 日，广州港务管理局与黄埔港务局合并成立新的广州港务局。新的港务局成立后启动了新机构运作的一系列工作，包括修订港徽、港旗、港歌等。1990 年，局工会、团委根据党委的工作安排，成立专门的征集组织机构，决定在全局范围内征集广州港港歌。通过半年时间的征集，全局收到 20 余件作品。广州港务局的工会和团委在同年秋季举办“广州港港歌（候选）歌咏比赛”，但其后未能选定港歌。1991 年春，广州港务局团委联系星海音乐学院团委希望协助创作港歌，也请学院组织师生到港口体验生活，帮助创作港歌。与此同时，著名词作家郑南为广州港创作出港歌的歌词，后由星海音乐学院作曲系原主任廖胜京谱曲。此后，该歌成为干部职工传唱展示港口形象风貌的歌曲，在港口的职工代表大会、职工运动会、宣传音像资料上都广为使用。此后，广州港务局和广州港集团皆未明确选定港歌，此歌曲便被称为《广州港之歌》或《广州港集团之歌》。

六、社会公益

广州港集团从 2004 年成立起，积极履行政治和社会责任，热心社会公益事业，彰显国有企业担当。

（一）武装战备和军事运输

广州港集团坚持为国防和军队建设服务，从人力、物力和财力等方面给予有力保障，对国防和军运工作做到“三无”（无条件服从、无条件完成任务、安全方面万无一失），坚持“三优”（军运、特运优先安排、优惠价格和优质服务）。2004—2015 年，共完成国防和军需物资数十万吨装卸任务；完成水上新老兵运输近 4 万人次；先后承担了“雪龙号”“广州”舰（舷号 168）、“海监 303”船靠泊南沙、黄埔码头的靠离支援、警卫、后勤补给等各项保障任务，派出两艘大马力拖轮承担了“辽宁号”航空母舰南海训练的安全护航保障工作。先后接待中国人民解放军总后勤部、海军、广州军区及友邻军区的首长前来检查调研，配合完成多兵种成建制部队联合投送等多项军事行动。承办了“南粤－2007”“粤动－15”等国家、军区、省市国防动员委员会组织举办的大型国防动员、重要经济目标防护演练行动。同时，做好征兵和拥军优属工作，每年均完成征兵工作任务；支持军代处工作，每年“八一”、春节召开军企座谈会，在工作、生活等方面，为军代处全体官兵提供保障，无条件安置军代处军转干部就业，充分营造军民鱼水情。

（二）精准扶贫

广州港集团响应广州市“万千百十”下基层驻农村帮扶工作，投资 55 万元帮扶增城区派谭镇湾吓村、小楼镇约场村建设村集体经济项目，改变村容村貌，加强新农村建设。开展“双到”帮扶和“美丽乡村”建设工作，2009—2013 年结对帮扶梅州大埔三河镇余里村、先觉村及从化鳌头镇横岭村，2013—2016 年结对帮扶湛江吴川顿流村、山秀村和广州市“美丽乡村”增城派谭镇车洞村，2016 年始精准帮扶清远英德大洞镇黄塘村、麻蕉村、大田村。近 10 年，集团公司自筹资金近 1500 万元、引入社会资金和争取财政拨款约 2500 万元先后帮扶上述 8 个贫困村和 1 个“美丽乡村”建设，出色完成了省、市部署下达的第一轮、第二轮“双到”帮扶和市内北部山区扶贫、“美丽乡村”建设工作目标任务，为社会主义新农村建设做出了积极贡献。集团公司扶真贫、真扶贫的务实帮扶做法，得到当地市、县、镇党委、政府和村民的高度赞扬，集团公司于 2013 年被评为广东省扶贫开发“规划到户责任到人”优秀单位。

（三）慈善事业

集团公司一直以来致力于慈善事业，每年均参加广东“630”慈善捐款和广州市慈善项目推介会，并踊跃捐款，彰显国有企业回报社会、造福人民的责任和担当。自成立以来至 2015 年，集团向广东“630”慈善捐款和广州市慈善项目捐款累计超过 1800 万元。在抗击冰灾、汶川大地震和玉树地震、雅安地震等赈灾义捐活动中，集团公司及广大职工共捐款近 500 万元。

七、企业荣誉

广州港集团坚持履行国有企业政治责任和社会责任，积极参与社会各项公益活动，并得到上级部门及社会各界的肯定，企业美誉度和影响力不断提升。广州港集团先后获全国五一劳动奖状、中国国有企业 500 强、全国交通百强企业、中国港口综合竞争力指数排行榜第三位、广东省文明单位、广东省先进集体、广东省优秀企业、广东省企业 100 强、广东省思想政治工作研究先进单位、广东省诚信示范企业、广州市文明单位标兵、“全国五四红旗团委”等荣誉，并涌现了一大批全国、省、市劳动模范和先进个人。

社会科学研究成果获奖作品主要有 3 项：

《广州港史（古代部分）》，邓端本编著，海洋出版社 1986 年出版，获 1984—1985 年度广州地区社会科学优秀研究成果二等奖，被列为 1985 年度全国历史地理研究成果之一。

《广州港史（近代部分）》，程浩编著，海洋出版社 1985 年出版，获 1984—1985 年度广州地区社会科学优秀研究成果二等奖，被列为 1985 年度全国历史地理研究成果之一，获交通部《中国水运史丛书》优秀图书一等奖。

《黄埔港史（古近代部分）》，吴家诗主编，人民交通出版社 1989 年出版，获交通部《中国水运史丛书》优秀图书二等奖。

2004—2014 年，广州港集团及下属单位获得多个奖项。（见表 2-3-3）

2004—2014 年广州港集团荣誉表

表 2-3-3

授荣时间	荣誉名称	授荣单位
2005 年	2004 年度“广东省交通系统创建文明企业先进集体”	广东省交通厅
2005 年 6 月	2005 年度“广东省企业 100 强”	广东省企业联合会、广东省企业家协会
2005 年 6 月	2005 年度“广东省诚信示范企业”	广东省企业联合会、广东省企业家协会
2005 年 8 月	2005 年度“全国交通百强企业”	中国企业联合会、中国企业家协会
2007 年 3 月	2005—2006 年度广州地区交通战备工作标兵单位	广州军区
2007 年 12 月	广东省思想政治工作研究先进单位	中共广东省委宣传部、广东职工思想政治工作研究会
2008 年 4 月	2008 年“全国五一劳动奖状”	中华全国总工会
2008 年 4 月	全国首批“国际卫生港”（授予广州港南沙港区）	世界卫生组织
2008 年 5 月	2007—2008 年度“广东省五四红旗团委”	共青团广东省委
2008 年 6 月	2006—2007 年度“广东省先进基层党组织”	中共广东省委
2008 年 7 月	2008 年“中国服务企业 500 强”	中国企业联合会、中国企业家协会
2008 年 8 月	2006—2007 年度“全国交通行业文明单位”	交通运输部
2008 年 8 月	2006—2007 年度“全国交通建设系统工会工作先进集体”	交通运输部
2008 年 8 月	广州市抗震救灾先进集体	中共广州市委、市政府
2009 年 4 月	2009 年度“广东省诚信示范企业”	广东省企业联合会、广东省企业家协会
2009 年 7 月	2009 年“广东省企业 100 强”	广东省企业联合会、广东省企业家协会
2009 年 7 月	2009 年“广东省服务业 100 强”	广东省企业联合会、广东省企业家协会
2009 年 8 月	广州市先进集体	中共广州市委、市政府
2009 年 10 月	2009 年度“中国服务企业 500 强”	中国企业联合会、中国企业家协会

续表

授荣时间	荣誉名称	授荣单位
2010 年 7 月	2010 年度“广东省企业 500 强”	广东省企业联合会、广东省企业家协会
2010 年 10 月	2010 年度“中国服务企业 500 强”	中国企业联合会、中国企业家协会
2004—2010 年	2004—2010 年度连续荣获“广州市先进团委”称号	共青团广州市委
2011 年 1 月	2010 年市国资委年度效益贡献奖	广州市国资委
2011 年 12 月	2011 年度“广东省文明单位”	中共广东省委
2013 年 1 月	2012 年广东省扶贫开发“双到”工作优秀企业	中共广东省委办公厅、广东省人民政府办公厅
2012 年 4 月	2012 年度广州市先进集体（授予南沙海港公司技术部设备室大机组、新沙公司煤矿作业部卸船机中队）	中共广州市委、市政府
2012 年 7 月	2012 年“广东省服务业百强企业”	广东省企业联合会、广东省企业家协会
2012 年 7 月	2012 年“广东省企业 500 强”	广东省企业联合会、广东省企业家协会
2013 年 1 月	2013 年广东省就业先进企业	广东省政府
2013 年 5 月	全国五四红旗团委	共青团中央
2013 年 8 月	2013 年“中国服务企业 500 强”	中国企业联合会、中国企业家协会

第三节　其他企业

广州港除广州港集团有限公司是承接国有公共码头货物装卸业务和港航服务的主体企业外，还有众多中小码头企业单位提供货物装卸业务和港航服务。这些码头有的是厂矿自有码头，有的是商贸公司附属码头，还有的是经政府有关部门批准建设的地方小型和专业码头。它们是广州港的有机组成部分，既补充主体企业能力和个性化服务的不足，又为社会各界提供差异化的货物装卸和港航服务，共同为广州港的建设、发展和壮大发挥着应有的作用。这些单位主要有广东物资集团广州开发区公司、番禺南沙港客运有限公司等 42 家。（见表 2-3-4）

2015 年广州港其他货物装卸和港航服务企业情况表

表 2-3-4

企业名称	主营业务	成立时间	职工人数/人	岸线长度/米	码头纵深/米	堆场面积/平方米	仓库面积/平方米	主要设备/台（套）	单位地址
广东物资集团广州开发区公司	港口设施、设备租赁	1989 年 4 月	30	200	238	49424	10000	2	广州市经济技术开发区东江大道 136 号
番禺南沙港客运有限公司	南沙至香港水路运输	1992 年 2 月	124	292	100	—	—	—	广州市南沙区商贸大道南二路 2 号
广州西洲码头有限公司	码头装卸、仓储	2009 年 1 月	46	104	—	10000	300	8	广州市增城区新塘西宁西路 2 号
广州市旺隆热电有限公司	电力、热力生产和供应	2005 年	291	252	—	17309	—	2	广州市增城区新塘镇温涌路 3 号
广州中交物流有限公司	码头装卸、仓储	2007 年 12 月	42	159	—	16000	7653	8	广州市黄埔区港前路 8 号
广州九州码头经营有限公司	码头及货物装卸	2009 年 3 月	35	410	45	60000	—	4	广州市白云区石井街鸦岗文楼海边
广州市珠江水泥有限公司	非金属矿物制品	1993 年 4 月	374	1375	50	3600	2000	7	广州市白云区神山镇珠水二路 168 号
广东省土产进出口（集团）公司三元岗仓	仓储	2003 年 8 月	12	46	120	1000	22000	—	广州市白云区江高镇三元南路 37 号

续表

企业名称	主营业务	成立时间	职工人数/人	岸线长度/米	码头纵深/米	堆场面积/平方米	仓库面积/平方米	主要设备/台（套）	单位地址
广州白云龙湖汽车运输车队码头	化肥	1989年	11	100	35	3000	—	—	广州市白云区石井街龙湖村龙湖西街8号
广东中外运东江仓码有限公司	码头和设备经营	2003年1月	259	500	280	55000	400	77	广州市黄埔区东江大道66、68号
广州全通秀丽码头有限公司	装卸搬运和运输代理	1993年12月	80	200	38	49424	6000	12	广州市黄埔区东江大道138号
广东中交龙沙物流有限公司广浚码头	港口装卸、仓储	2014年3月	110	362	290	50000	3500	8	广州市黄埔区东江大道88号
广州经济技术开发区东江口岸发展有限公司	装卸搬运和运输代理	1995年11月	125	320	280	87000	4000	24	广州市黄埔区东江大道122号
广州华润热电有限公司	电力、热力生产和供应	2006年1月	151	230	42.50	7850	—	—	广州市南沙区黄阁镇黄阁东一路1号
广州南沙发展煤炭码头有限公司	货物装卸、仓储	2004年6月	76	310	135	49815	—	3	广州市南沙区南沙街环市大道北19号
广州发展燃料港口有限公司	货物装卸、仓储	1994年12月	125	623	137	12146	—	2	广州市南沙区珠电路165号

续表

企业名称	主营业务	成立时间	职工人数/人	岸线长度/米	码头纵深/米	堆场面积/平方米	仓库面积/平方米	主要设备/台（套）	单位地址
东方电气（广州）重型机器有限公司	码头重型设备装卸	2003年9月	1080	210	400	—	6650	2	广州市南沙区黄阁镇连溪大道313号
广州石井水泥公司	水泥	1996年	260	384	48	—	20000	—	广州市白云区石井广海路180号
广州市自来水公司石门水厂	自来水生产	1980年	140	22	12	—	230	—	广州市白云区石门路自编2号
广州市白云区江高龙盛装卸搬运服务部	化肥	2004年	12	104	70	3000	7700	—	广州市白云区江高镇珠江东贤科技园3号
广州市江高镇永成码头储运公司	化肥	1994年	5	10	32	2000	2000	—	广州市白云区江高镇珠江村新屋队
广州市得农饲料有限公司	饲料生产、销售	1997年10月	145	100	2.85	—	—	2	广州市花都区港口工业开发区
广州市花都巴江货运有限公司	货物装卸、仓储	1996年10月	157	490	110	100000	3000	25	广州市花都区港口工业开发区
广州市花都区富能装卸服务部	货物装卸、仓储	2005年6月	27	120	78	28667	3729	3	广州市花都区炭步镇水边村

续表

企业名称	主营业务	成立时间	职工人数/人	岸线长度/米	码头纵深/米	堆场面积/平方米	仓库面积/平方米	主要设备/台（套）	单位地址
广州市花都区炭步镇步云村民委员会	散沙石装卸	2004 年	6	40	10	400	—	1	广州市花都区炭步镇步云村
广州市花都新裕水泥有限公司	水泥	1998 年 5 月	20	45	50	1600	1000	1	广州市花都区炭步镇平岭头村
广州市越堡水泥有限公司	水泥、原煤装卸	2005 年 1 月	394	253. 60	35	—	—	—	广州市花都区新华镇马溪工业区
广东亨达利企业集团有限公司	建筑材料	1993 年	8	165	50	2000	3000	—	广州市越秀区环市东路 371 ~375 号南塔 1309 号
广州市嘉利仓码有限公司	码头装卸	1998 年 7 月	150	220	150	45000	9407	51	广州市黄埔区黄埔大道东 988 号
增城海辉燃料有限公司	油品装卸	1997 年 9 月	15	67	30	—	5454	5	广州市增城区新塘镇西洲村
增城海滔燃料实业有限公司	油品装卸	2001 年 3 月	15	96	20	—	8500	5	广州市增城区新塘镇西洲村
广州市白云区石井水上运输队	内河普通货船运输	1999 年	11	—	—	—	—	—	广州市白云区石井

续表

企业名称	主营业务	成立时间	职工人数/人	岸线长度/米	码头纵深/米	堆场面积/平方米	仓库面积/平方米	主要设备/台（套）	单位地址
广州穗江船务有限公司	内河普通货船运输	2000 年	91	—	—	—	—	—	广州市白云区江高镇江新路 27 号之一 03 铺
广州市志勇船务有限公司	内河普通货船运输	2004 年	55	—	—	—	—	—	广州市白云区江高镇江城路 7 号 A 铺
广州市浩雄船务有限公司	一般货物运输	2005 年 5 月	29	—	—	—	—	—	广州市花都区赤坭镇沿江路 21 号
广州锦达货运有限公司	内河普通货船运输	2008 年 12 月	12	—	—	—	—	—	广州市花都区新华街九潭村二队盛发巷 6 号
广州市穗赤机运输有限公司	内河普通货船运输	1998 年 6 月	22	—	—	—	—	—	广州市花都区赤坭镇滨江新村 77 号
广州穗都货运有限公司	内河普通货船运输	2014 年 3 月	5	—	—	—	—	—	广州市花都区赤坭镇沿江西路 9 号之一
广州市信行货运有限公司	内河普通货船运输	2015 年 5 月	15	—	—	—	—	—	广州市花都区赤坭镇滨江新村 4 号
广州市穗航船务有限公司	内河普通货船运输	2004 年 2 月	17	—	—	—	—	—	广州市花都区赤坭镇沿江路 15 号之 10

续表

企业名称	主营业务	成立时间	职工人数/人	岸线长度/米	码头纵深/米	堆场面积/平方米	仓库面积/平方米	主要设备/台（套）	单位地址
广州市鑫航船务有限公司	内河普通货船运输	2011 年 3 月	11	—	—	—	—	—	广州市花都区雅瑶镇丽雅路 8 号之 10
广州正至达货运有限公司	内河普通货船运输	2011 年 1 月	59	—	—	—	—	—	广州市花都区新华街马溪村马溪路 65 号

第四节　公共服务机构

广州港的相关公共服务机构，为港口的通讯调度、引航工作、教育培训、航运交易、海事审判、治安管理等提供服务。

一、广州港通讯调度指挥中心

根据广州市机构编制委员会《关于印发〈广州港务局主要职责、内设机构和人员编制方案〉的通知》和交通部、广东省政府关于《广东省双重领导港口下放实施方案》，广州港务局下设广州港通讯调度指挥中心。

2005 年 6 月 23 日，广州市机构编制委员会正式批准成立广州港通讯调度指挥中心。2006 年 5 月，广州港务局成立广州港通讯调度指挥中心筹备组。2007 年 4 月 1 日，广州港通讯调度指挥中心船舶调度业务正式运作，开始对外公布《广州港出海航道总计划》，对进出广州港出海航道水域外国籍船舶和载重 3000 吨以上的国内船舶统一调度安排。广州港通讯调度指挥中心主要职责为：依据《广州港出海航道水域调度管理规则》，按照公开、公平、公正、公道和安全有序的原则，对使用出海航道水域的船舶进出顺序、引航、港区锚地的使用实施统一调度和安排。

2008 年 8 月，广州港通讯调度指挥中心调度、广州港引航站调度、广州港集团调度、广州港集团有限公司拖轮分公司调度在港口中心实行“四调联合办公”，为进出广州港出海航道的船舶提供便捷的调度服务。

2009 年 5 月，广东省交通运输厅牵头成立由广州、深圳、珠海、东莞、中山港口管理部门及企业代表组成的广州港出海航道调度监督委员会，监督《广州港出海航道水域调度管理规则》执行情况。并自 2010 年开始，广州港出海航道调度监督委员会委托第三方机构每年对执行《广州港出海航道水域调度管理规则》的情况进行公平性调查分析，作出权威评估。

2011 年，调度中心完成船舶自动识别系统（AIS）的基站改造，实现了港区船舶监控信号的全覆盖。广州港区船舶监控能力与监控需要之间的矛盾得到了极大的缓解。同年，调度中心通过整合港区视频和锚地视频平台，实现了对船舶进出港计划实施各环节的无缝监控，有效降低了突发恶劣天气下的事故发生率，提高了船舶进出港的跟踪能力，为企业赢得了效益。

2014 年 6 月 25 日，经调度中心计划安排，“美迪马士基”轮平稳靠泊南沙海港集装箱码头（南沙二期），世界最大的集装箱船顺利靠泊广州港，标志着广州港靠泊能力更上一个台阶。

2015 年 12 月起，广州港通讯调度指挥中心启用“船舶统一调度管理平台”项目，为港口管理、航道管理和生产调度管理提供一体化的信息服务。

2008—2015 年 3000 吨级以上船舶到港艘次统计见表 2-3-5。

2008—2015 年 3000 吨级以上船舶到港艘次统计表

表 2-3-5　　单位：艘次

年份	0.3 万～1 万吨级	1.5 万～3 万吨级	3 万～4 万吨级	5 万吨级	7 万吨级	10 万～12 万吨级	15 万吨级	20 万吨级	小计	增长率/%
2008	15634	3024	2542	2610	838	320	32	6	25006	—
2009	24130	3820	3536	3288	1198	480	36	12	36500	46.0
2010	26444	3632	4274	3478	1620	632	114	80	40274	10.3
2011	25278	3820	4198	4374	1970	1194	248	104	41186	2.3
2012	24302	4716	3460	4382	2518	1142	434	48	41002	-0.5
2013	22162	5980	3012	4432	2974	1186	408	34	40188	-2.0
2014	20736	6204	4156	5058	3202	1162	432	48	40998	2.0
2015	20114	6448	3830	5164	3200	960	700	70	40486	-1.3

二、广州港引航站

1950 年 9 月，广州区航务局改称广州区港务局，引航业务由广州区港务局所属的港务监督长领导下的引水科负责。1953 年，成立中华人民共和国广州港务监督（以下简称“广州港务监督”），党、政、人事由广州区港务局管理，业务受交通部领导。从此，引航工作一直由港务监督部门所属的引水机构负责。1956 年，在黄埔成立广州港务监督黄埔监督站（简称“黄埔港务监督站”），由广州港务监督直接领导。广州港口的引航业务归黄埔港务监督站管理，引水员集中在黄埔。1958 年 3 月，因广州、黄埔两港管理机构合并，珠江航道管理局广州港务局港航监督科并入广州港务监督。同年，广州港务监督引水科兼并黄埔港务监督站，主管广州港口引航业务。

1969 年 1 月 6 日，广州和黄埔的港监机构，随着两港港口管理机构合并而合并；1973 年 3 月，又随着港口管理机构的分开而分开。港监机构分开后，黄埔港务监督站保留引水科，广州港务监督则增设外检引水科，分别负责黄埔、广州两港的引水工作。1987 年底，港监机构从港务局分离出去，广州港口的引航业务由 1988 年 1 月广州港务局成立的引航站负责。

2005 年 4 月，拖轮业务从原引航站（广州港务局属）分离出来，组建了拖轮分公司，广州港港口作业拖轮服务主要由拖轮分公司承担。2006 年广州港引航管理体制改革顺利完成，广州港引航站整体移交给广州港务局管理，成为广州港水域为各码头靠泊船舶提供引航服务的机构。

2007 年 2 月，经广州市政府批准，正式成立广州港引航监督委员会，由分管副市长任主任，成员由交通、港务、海事、港口企业、船公司及船舶代理等单位组成，建立定期联席会议、社会举报制度、投诉案件调查制度、引航员服务和奖惩等制度，引航服务的效率和质量不断提高。

按省交通运输厅《关于印发广东省交通厅关于落实〈广州港出海航道调度管理规则〉（试行）相关事宜协调会议纪要的通知》的要求，于 2008 年与东莞港航局共同组建广州港引航东莞分站，派出业务骨干负责分站管理工作，全站统筹引航员资源，确保分站引航业务需求，有效解决东莞虎门港“二次”引航的问题。

三、广州港教育培训机构

（一）黄埔港务管理局教育培训机构

黄埔港务管理局教育管理机构经过数次调整，依次为教育科、教育处、培训中心、培训部、培训处。1975 年 5 月，设立黄埔港务管理局教育科。1980 年 1 月，设立黄埔港务管理局教育处。1983 年 5 月，设黄埔港务管理局培训中心。1985 年 1 月，设黄埔港务管理局教育培训部，内设办公室、教育科、文化技术科，教育科负责管理，文化技术科负责实施。1986 年 9 月，设黄埔港务管理局教育培训处，内设办公室、教育科、文化技术科，其中，文化技术科于 1987 年撤销，成立培训中心与技工学校，实行“一套人马两块牌子”，作为教育培训处下属的科级单位负责技校及职工培训的实施工作，培训中心（技工学校）职工由原文化技术科人员组成。

主要学校有工人大学、电大教学点（工作站）、电视中专分校。1976 年 3 月，黄埔港务管理局“七二一”工人大学成立，后于 1978 年 6 月停办。1979 年 7 月，设立黄埔港务管理局电大教学点，后改为电大工作站一直到两港合并。1980 年 4 月至 1983 年 5 月，设立黄埔港务管理局干部培训学校。1985 年 9 月，设立电视中专分校，其教学及管理由文化技术科负责。

（二）广州港务管理局教育培训机构

1975 年 7 月，设立广州港务局“七二一”工人大学，其间（1975 年 10 月）成立技工学校直至两港合并。1977 年 12 月—1986 年 8 月为广州港务管理局职工大学，1985 年 9 月，设立电视中专分校工作站至两港合并。

1988 年 1 月，设立广州港务局教育培训处及培训中心，教育培训处行使管理职能，培训中心行使实施职能。培训中心内设办公室、职教办、政工办、工会、团委，下属单位有技工学校，职教办负责职工培训及电大、电中的教学和管理。1989 年 12 月，撤销教育培训处及培训中心，成立广州港务局教育培训中心，负责行使职工培训的管理和实施职能，内设办公室、职教办、政工办、工会、团委，下属单位有技工学校、中小学及幼儿园。后来对职教办的职责做了调整，将电大、电中的教学和管理以及对外的特殊工种人员培训划给技工学校，电大及电中均为分校。在 20 世纪 90 年代设立技能鉴定站，站长由中心主任兼任，具体工作由职教办负责，后变为技能鉴定所，2004 年政企分开后，广州港务局教育培训中心更名为广州港集团有限公司教育培训中心。

（三）广州港集团有限公司教育培训中心

广州港教育培训中心建立于 1989 年 12 月 5 日，是广州港务局的教育管理部门及教学实施单位。它的前身是广州港务局培训中心、教育培训处，原黄埔港务管理局教育培训处、教育培训部、培训中心，原黄埔港务局教育科，及原广州港务管理局培训中心（职工大学、电中、技工学校）。广州港教育培训中心是处级单位，成立了临时党委，行使正式党委职权，建立有基层工会、团委。中心机关设办公室、职教办、普教办、总务办、政工办。下有生活区中心本部办学点、黄埔港办学点、洲头咀办学点 3 个办学点。广州港教育培训中心领导和管理港湾中学、港湾小学、新港学校。港湾中学有教职员工 105 人，全校开设初、高中 6 个年级共 25 个班，在校学生 1031 人。港湾小学有教职员工 78 人，学校开设 6 个年级共 31 个班，在校学生 1417 人。新港学校有教职员工 62 人，全校开设初中 3 个年级 5 个班，小学 6 个年级 14 个班，在校学生共 772 人。教育培训中心本部及下属学校，固定资产（包括教学场地设备）共 682. 80 万元。中心本部基地校舍面积 10854 平方米，港湾中学校舍面积 6746. 66 平方米，港湾小学校舍面积达 9668. 16 平方米，新港学校教学楼面积 4526 平方米。

2002 年 1 月 10 日，广州港教育培训中心正式向广州港务局建议，就中小学移交问题向市国有企业办中小学协调工作小组提出书面申请，其他与移交相关的工作着手进行。同年 4 月 11 日，广州港务局提出要按照广州市的部署，做好中小学移交地方的工作。广州港教育培训中心所属中小学移交地方政府的工作正式列入议事日程。2003 年 4 月 9 日，广州港务局教育培训中心更名为广州港集团有限公司教育培训中心。2005 年 10 月 24 日，广州港集团与黄埔区人民政府签订 4 所中小学（港湾中学、新港中学、港湾小学、新港小学）从 11 月 1 日起移交黄埔区人民政府管理的协议。2007 年 9 月 1 日，广州港集团不再承办幼儿教育，停办广州港幼儿园、新港幼儿园，出租原幼儿园给广州黄金商贸培训学院经营。

2010 年，广州港集团有限公司教育培训中心被广州市人力资源和社会保障局认定为“广州市示范性继续教育基地”，并被推荐申报国家级继续教育基地。2014 年，广州港集团有限公司教育培训中心被评为广州市示范性继续教育基地。

四、广州航运交易所

广州航运交易所成立于2011 年 9 月 8 日，是经广州市人民政府批准的事业法人单位，隶属广州港务局。广州航运交易所为华南地区首家、国内第三家航运交易所，先后成立 4 家下属公司。广州航运交易所的前身是 1988 年成立的广州市船舶交易管理所，2011 年，通过交通运输部备案，成为珠江三角洲唯一合法的船舶交易服务机构；2012 年，依托南沙新区发展优势，广州航运交易所迁址落户南沙新区；2013 年，“做优做强广州航运交易所”被列为《2013 年广州市政府工作报告》重点工作，交通部定位广州航运交易所为“对接港澳、联通西江、服务于泛珠三角地区的综合性高端服务平台”。

五、广州海事法院

1984 年 5 月 24 日，最高人民法院和交通部联合发布《关于设立海事法院的通知》，决定在水路运输法院的基础上设立海事专门法院。1984 年 6 月 1 日，上海、天津、青岛、大连、广州、武汉 6 家海事法院挂牌成立。

广州海事法院本部位于广州市海珠区鹭江西街 6 号。自 2013 年起，该院开始审判综合楼建设，新址位于广州市海珠区南洲路 863 号。该院本部设有政治部（与机关党委办公室合署办公）、监察室、办公室、立案庭、海事审判庭、海商审判庭、海事行政庭（与赔偿委员会办公室合署办公）、执行局、审判监督庭、研究室等 10 个内设机构，1 个直属行政单位（司法警察支队），以及 1 个事业单位（综合保障中心）。

自 1993 年设立第一个派出法庭——深圳法庭以来，依照“便于当事人诉讼、便于人民法院审理案件”原则，先后在深圳、汕头、湛江、江门设立了 4 个派出法庭。深圳法庭是中国最早设立的海事派出法庭之一，毗邻港澳，主要受理深圳、惠州海域及通海水域发生的海事案件，涉外、涉港澳台案件超过所受理案件的 50%；汕头法庭受理汕头（包括南澳岛）、潮州、揭阳、汕尾区域发生的海事案件；湛江法庭受理湛江、茂名、阳江区域发生的海事案件；江门法庭受理江门、中山、珠海、肇庆区域发生的海事案件。2014 年，依据案件数量区域分布的变化，调整派出法庭设置，撤销江门法庭，设立珠海法庭，进一步优化了派出法庭布局。为方便当事人诉讼，该院还在汕头南澳岛、茂名博贺、湛江徐闻与乌石等地设有巡回审判点。2016 年，在最高人民法院关于海事法院管辖和受案范围的司法解释出台之后，该院将连接点在河源、清远、韶关、云浮、梅州等区域内的海事案件划归本部审判庭和派出法庭受理，实现了对广东省境内可航水域海事案件的全覆盖。

六、中国船级社广州分社

中国船级社广州分社是隶属中国船级社（CCS）的二级单位，是交通运输部部属驻穗副局级事业单位。中国船级社广州分社前身是中华人民共和国船舶检验局广州办事处（简称“船检局广州办事处”），于1959年在广州沙面挂牌成立，是中华人民共和国船舶检验局（中国船级社前身）最早的分支机构之一。中国船级社广州分社主要负责广东、广西和南海海区的船舶检验、船用产品检验和海上设施检验，下辖深圳分社、湛江分社、汕头办事处、北海防城办事处4个三级单位，并在珠海、南沙设有检验处。

1958年8月，原珠江航运管理局和广州港务局的验船业务及部分验船技术人员，合并到广州港务监督船舶检验科，船舶检验科则将渔船检验业务划归广东省水利厅。1959年1月，交通部发文通知上海、大连、天津、青岛港务局和广东省航运厅，其所属船检机构在体制上是各港务局（航运厅）的工作单位，检验业务由中华人民共和国船检局领导。1959年3月，广东省航运厅以广州港务监督船舶检验科为基础，成立船舶检验处，对外称中华人民共和国船舶检验局广州办事处。1961年3月精简机构，撤销航运厅船舶检验处，船检局广州办事处划归广东省航运厅代管领导。1963年，船检局广州办事处受广东省航运厅和国家船检局双重领导。1964年6月，船检局广州办事处成为交通部的直属事业单位，受广州海运局和国家船检局双重领导，内设产品检验科、船体检验科、机电检验科、技术科等机构，全处54人。1967年，交通部实行军管，交通部军管会成立生产指挥部，下设运输组，船检与港航监督工作属运输组管理。1968年11月，交通部广州海运局和广东省航运厅等机构裁并，船检局广州办事处只留下3人照管船检发证业务，其他人员下放劳动。1969年1月，华南水运公司军管小组根据业务需要，将船检局广州办事处的发证人员从3人增加至8人，其余人员继续下放到英德茶场和菠萝庙船厂劳动和学习。1971年底，因台风导致“红旗176”船搁浅失事，中共中央发出《关于加强安全生产的通知》，强调了安全生产的重要性，要求各单位必须执行有效的安全制度和质量检查制度。广东省海运局（原广州海运局）领导高度重视，立即着手重建船舶检验队伍，除召回原有验船师外，同时补充了一批年轻验船师。1976年6月29日，船检局广州办事处装配国产C型计算机，建立交通系统第一个电子计算机站，在船检系统内开始引进计算机管理技术。

1982年1月1日起，船检局广州办事处从广州海运局内分出，在行政业务上改由中华人民共和国船舶检验局直接领导，实行独立核算；是年，原属汕头、海口港务局领导的汕头验船组和海口验船组，从1月1日起，也分别从汕头、海口港务局分出来，改名为船检局汕头检验站、船检局海口检验站，由船检局广州办事处领导，同年10月，船检局广州办事处湛江验船组升级为船检局湛江办事处，归船检局领导。1985年2月，交通部《关于船舶检验局各办事处改为分局的通知》决定，船检局广州办事处改名为中华人民共和国船舶检验局广州分局，海口检验站改名为中华人民共和国船舶检验局海南分局，暂由广州分局领导，汕头检验站改名为汕头检验处。同年8月12日，国务院批准成立中国船级社，国家船检局实行“局社合一”体制，对外以中国船级社的名义开展工作。1992年9月，交通部《关于同意船检局直属分局、检验处更名的批复》决定，中华人民共和国船舶检验局广州分局更名为中华人民共和国广州船舶检验局。1992年10月，汕头检验处更名为中华人民共和国汕头船舶检验局。1999年8月4日，交通部《关于中国船级社主要职责、机构设置和人员编制的通知》决定，不再使用中华人民共和国广州船舶检验局名称，启用中国船级社广州分社名称。

至2016年，中国船级社广州分社在职职工265人，其中工程技术人员201人，均为本科以上学历（40%为研究生学历），45%以上拥有高级工程师资格。

七、广州港公安局

广州港公安局的前身为黄埔港公安局，地址是广州市黄埔区港前路581号。

1950—1959年，省市调派公安武装部队进驻广州港港区，进行肃反行动。1963—1966年，黄埔港公安保卫机构共有公安干警99人，其中保卫科21人，港口派出所13人，人民经济警察45人，消防队20人。“文化大革命”期间派出所、人民经济警察已被取消，改用非专职人员守卫码头。1972年7月24日，广东省交通战线革命委员会同意设立黄埔港务局公安局（县科级），编员暂定51名，局机关设办公室、保卫科、治安科。同年10月1日，黄埔港务局公安局正式挂牌成立，并启用公章办公。新成立的黄埔港务局公安局为县科级单位，下设办公室、治安科、保卫科。1979年，为了适应港口生产发展，黄埔港务局在获得交通部人事局批示的情况下，将包括公安局在内的下属几个单位调整为处级机构。1979年6月5日，黄埔港务局公安局正式更名为黄埔港公安局，由科级单位升格为正处级单位。行政上受交通部黄埔港务管理局和交通部公安局的双重领导，业务上受广东省公安厅指导。1980年，增设看守所，1981年8月18日正式开始收押人犯。1980年初，为健全法制，按照交通部公安局的部署，经港务局党委批准，成立了预审科，并调配了3名干部。1980年，为公安户籍、刑事、治安3种民警办理转干手续，转干民警20名。是年，全局民警达200人。

1985年3月7日，成立中共黄埔港公安局临时委员会。1987年，根据国务院港口管理体制改革精神，黄埔港从1月1日起，实行由交通部和广州市人民政府双重领导，以广州市为主的管理体制，并于1月13日举行了交接仪式。同时，经主管部门和省公安厅批准，黄埔港公安局也实行受交通部公安局、广州市公安局的双重领导，公安业务工作以广州市公安局领导为主的管理体制。黄埔港公安局既是黄埔港务局的一个职能部门，又是广州市公安局派驻港口的公安机关，直属市公安局领导，在港区、港池和作业船舶范围行使市区公安分局职权。1月26日，广州市公安局发出通知，黄埔港公安局正式移交广州市公安局领导。

1988年3月7日，广东省公安厅向广州市公安局发出《关于同意设立广州港公安局的批复》，同意设立广州港公安局，业务工作由广州市公安局负责，人员编制、经费及行政管理由广州港务局负责，同时撤销了黄埔港公安局。3月28日，广州港公安局正式挂牌成立。成立后的广州港公安局最初的机构设置为：以正处级管理，下设二室、六科、三个派出所、看守所、交通，以及消防一、二、三中队。1998年7月24日，广州港公安局对全局发出正式通知，成立出入境管理科，并启用新印章。出入境管理科设立了护照、港澳通行证受理窗口，更加方便了市民特别是港口职工办理出境业务。1992年6月，广州港公安局法制科成立。1994年初，经过了一年多的筹备工作，广州港公安局向交通部公安局发出《关于成立广州港公安局新沙派出所的请示》。同年4月6日，交通部公安局批复同意成立新沙派出所，编制25人。5月12日，广州港公安局向各科室、所、队发出通知，新沙派出所正式成立。

2004年2月26日，广州港务局、广州港集团有限公司同时挂牌成立，这标志着广州港港口管理体制正式实现政企分开。广州港公安局作为港口的公安机构，仍隶属广州港集团管理。2009年12月18日上午，广州港公安局在新风派出所举行了揭牌仪式，内港片的新风、客运、河南派出所"三所合并"，成立内港派出所。2009年12月25日，广州港公安局南沙港区分局挂牌成立。2014年7月29日，广州港公安局水上巡逻警察支队（船舶安全保卫支队）挂牌成立。

第五节　科研机构、行业协会

广州港在不同时期的发展，得益于大量科研机构、行业协会的支持和配合，其中比较重要的有中交第四航务工程勘察设计院有限公司、广州航海学院、广东省港口协会、广东省船东协会、广州港口航运行业协会等。

一、中交第四航务工程勘察设计院有限公司

中交第四航务工程勘察设计院有限公司（原交通部第四航务工程勘察设计院，简称"中交四航院"）创建于1964年，是华南地区首家甲级勘察设计单位，拥有住房和城乡建设部核准的"工程设计综合资质甲级""工程勘察综合类甲级"资质证书。持有国家颁发的"工程监理""工程咨询""工程造价咨询""测绘"等甲级资质证书以及压力管道设计许可证；持有商务部颁发的"对外承包工程经营资格证书"，有海外工程业务经营资格；持有"港口与航道工程施工总承包一级"施工资质证书，具备集咨询、勘察、设计、施工于一体的综合服务能力。主营业务主要包括水运、水利、建筑、路桥市政、轨道交通、化工以及民用机场等行业，承担业务范围内的规划、投资、咨询、勘察设计、施工监理、工程设计施工总承包等业务，与全球50多个国家和地区有业务来往。

现有职工1054人，其中设计大师2人、享受政府特殊津贴待遇的国家级专家12人、教授级高工及高级工程师441人、各类注册执业资格工程师357人。专业技术人员占全员人数的89%，具有较强的技术研发、应用、管理能力。中交四航院技术装备先进，拥有全套先进的勘察、设计设备以及一批先进的勘察设计及管理应用软件，可独立承接国内外大型港口、航运、船坞、船厂、水利、建筑及路桥工程项目的勘察、设计、咨询、工程监理和工程总承包。

1998年，中交四航院取得了国家认证机构颁发的“GB/T 19001—1994/ISO 9001：1994”认证证书；2003年9月，中交四航院通过了国家认证机构的换版审核认证；2006年11月，中交四航院成为中国交通建设股份有限公司下属首家获取质量、环境和职业健康安全管理体系认证证书的勘察设计单位。此外，中交四航院在国内外共计完成大型工程勘察设计、工程监理、工程管理和总承包项目2000多个，完成了一批具有国际先进水平的勘察设计项目，其中包括30万吨级油码头、25万吨级矿石码头、15万吨级集装箱码头、大型液化石油气（LPG）和液化天然气码头储运站、高速公路与200多项公路及桥梁工程，多项工程获得“詹天佑奖”、国家金质奖等国家级奖项。中交四航院与巴基斯坦、越南、苏丹、安哥拉等几十个国家有业务往来，完成了巴基斯坦瓜达尔深水港、安哥拉罗安达油码头等一批具有国际影响力的勘察设计项目。

中交四航院主编、参编了30多项行业规范，自主研发多项勘察设计软件包，拥有60余项勘察设计专利。企业综合实力在行业中位居前列。2012年，排名全国勘察设计行业工程项目管理营业收入第23位，排名美国工程新闻纪录中国承包商和工程设计企业双60强第29位。2013年，公司获得《建筑时报》“中国建筑业行业标杆”奖，成为建筑行业的领军企业。2015年12月11日，中交四航院与广州港务局、安特卫普港务局、广州港集团联合成立港口培训咨询机构。

二、广州航海学院

广州航海学院是一所省属公办普通本科院校，也是华南地区唯一独立建制的海事本科院校。广州航海学院创办于1964年，其前身是交通部广州海运管理局创办的广州海运学校。1981年经国家交通部批准，广州海运学校与广州水运工业学校合并组建直属交通部的广州海运学校。1992年经国家教委批准，广州海运学校与武汉水运工程学院广州航海分部合并组建直属交通部的广州航海高等专科学校，1998年划转广东省人民政府管理。2002年经广东省人民政府批准，广州航务工程学校并入广州航海高等专科学校。2013年经教育部批准，广州航海高等专科学校升格为普通本科院校并更改为现名。

学校设有13个院（部），开设了航海技术、轮机工程、船舶电子电气工程、交通运输、物流工程、港口航道与海岸工程、计算机科学与技术、商务英语、船舶与海洋工程、电气工程及其自动化、通信工程、工程管理、能源与动力工程、国际商务、海事管理、电子商务、数字媒体艺术、国际经济与贸易等40多个专业。面向全国25个省市招生，全日制在校生近1.3万人。

学校专业涉及交通运输、电气、海洋工程、水利、计算机、电子信息、管理科学与工程、物流管理与工程、外国语言文学9个专业类别，涵盖工学、管理学、文学三大学科门类，形成航海类、港口与航运类、水运工程类、船舶与海洋工程类、轨道交通类学科，以及航运金融保险、海事法律、邮轮乘务、滨海休闲等涉海高端服务类的学科专业群。在培养目标上，培养基础理论扎实、学科知识完整、创新思维活跃、应用能力强、综合素质高以及具有国际视野和社会责任感的应用型高级专门人才。

学校重视师资队伍建设，师资力量雄厚。现有专任教师604人，其中高级职称226人（正教授49人）；研究生学历教师451人（其中博士学位86人）。各门公共课、专业基础课、专业课都配备了高级职称教师。

在科研方面，学校办学定位和学科布局密切契合“21世纪海上丝绸之路”发展目标，深度融合广东区域性重点发展的智能制造装备、船舶与海洋工程装备、轨道交通等先进制造业，以及金融、现代物流、电子商务、商务会展、信息服务、文化创意、服务外包、现代保险等生产性服务业。在构建现代海洋产业体系，推进珠三角、粤东、粤西三大港口群协调发展，推动沿海港口深水港航道和疏港铁路、公路建设，改善全省内河航道等级结构和通达水平，发展综合运输，建设海陆空综合运输大格局，推进广州国际航运中心建设中，充分发挥学校自身优势。

近年学校承担各级各类科研课题500余项，其中国家自然基金2项，省部级以上课题25项，有代表性的技术转让或被采用的科研成果20余项。教师发表学术论文1000余篇，其中被国际三大索引《科学引文索引》（SCI）、《工程索引》（EI）、《科技会议录索引》（ISTP）收录50余篇，公开出版教材及专著130余部。构建起“船舶信息化控制工程技术开发中心”“港船智能节能无缝供电技术开发中心”2个省级科研开发平台，以及“航海文化研究中心”等15个校级科研开发平台。完成了国家重大工程“港珠澳大桥”等100多项船舶通航安全评估项目。

在教研方面，近年学校获省级以上教学成果奖项12项。据不完全统计，承担各级各类教研、教改、教建项目共105项，其中省部级教学研究与改革项目11项，省级以上精品课程建设项目9项，省级示范性专业建设及协同育人平台项目4项，省级人才培养基地类项目8项。该校学生参加校外各级各类学科竞赛和专业技能竞赛，共获得奖项312项，其中国家级奖项83项，省市级奖项229项。学校学报被教育部评为“中国高校特色科技期刊”。

学校作为广东省航海技术高技能人才培养基地和交通运输部广东海事局船员培训的主要基地，拥有高级船长培训、高级轮机长培训、船员知识更新培训等32项船员培训资格，是华南地区培训项目最完整、层次结构最完善的船员培训基地。自建校以来，已培训各类船员7.21万人次，其中培训高级船员2.58万人次。

三、广东省港口协会

广东省港口协会成立于1984年10月，在广东省民政厅注册登记，目前接受省民政厅的监督管理及广东省交通厅的业务指导。定位为广东省全省性的港口行业协会，是具有法人资格的非营利性的港口行业民间组织。坚持以“服务行业、服务会员和服务港口经济发展”为宗旨，严格遵守《广东省港口协会章程》，严格执行各项管理制度，努力构建一个守法、诚信，提供专业、高效、优质服务的社会民间组织。2015年8月获得了省民政厅AAAA级资质评定。截至2016年底，拥有单位会员105个，覆盖全省各个地区的主要港口企业。广东省港口协会设立秘书处，内设办公室、综合服务部、咨询部三个部门。同时建立健全《广东省港口协会章程》《广东省港口协会会员大会工作规则》《广东省港口协会监事会工作规则》《广东省港口协会财务管理制度》《广东省港口协会会费缴纳管理制度》《广东省港口协会工作人员管理、任用办法》等多项管理制度。

协会建立全省港口信息数据库，对全省港口主要生产数据每月、每季度进行整理、计算、分析，并在协会每月出版的期刊和网站上发布。1990年创办期刊《广东港口》，主要供会员和政府港航管理部门阅览。2004年10月，协会建立“广东省港口协会”网站。2013年，该网站纳入广东省交通运输厅公众网服务平台，通过互联网跨区域互动。广东省港口协会利用网站与30多个港航交通网站链接。

四、广东省船东协会

广东省船东协会（GDSA：Guangdong Shipowners Association）前身是广东省货运船东公会，1993年经广东省交通厅批准成立，是在省民政厅登记注册的非营利性民间法人社会团体组织。办公地点在广州市白云路27号省交通厅大厦10楼。广东省船东协会实行会员入会自愿、退会自由的原则。广东省船东协会的宗旨是：团结广大广东省船东协会会员，认真贯彻执行国家有关方针政策、法律、法规、规章，在合法经营、健康竞争中，加强横向联系，沟通信息，代表和维护广东省船东协会会员的基本权益和合法利益，促进企业提高客、货运输服务质量，维护良好的运输市场秩序，不断开拓水路客、货运输业务，提高现代经营管理水平，促进广东省水运经济的发展。广东省船东协会的业务范围是：调研、信息传递、咨询、培训、项目评估、论证及政府有关部门委托的其他事项。

广东省船东协会自成立以来，认真贯彻实施自己的宗旨，维护广大会员的合法权益。在建立良好的水运市场秩序、为行业服务等方面做了大量的工作，并逐步加强了与香港海事处和香港有关水运社团的沟通和协作，取得了一定的成绩，并稳步发展。至2015年，广东省船东协会拥有会员单位200多个（其中团体会员5个）。今后广东省船东协会仍将不遗余力地在政府与企业之间、政府与水运市场之间，以及香港、澳门特区涉外水运管理等方面进一步发挥桥梁和纽带作用，努力为行业创造良好的经营环境。

2010 年，广东省船东协会通过了广东省民政厅对行业协会在“依法办会、规范运作、维护权益、服务会员、行为自律”等各方面进行的资质评估，被评为 AAA 级行业协会，具备了承接政府购买服务的资质与资格。

广东省船东协会理事会、监事会每五年为一届。2012 年 6 月 5 日经第二十次会员大会，选举产生了第五届理事会，中海散货运输有限公司、广东省航运集团有限公司为会长单位。

广东省船东协会除了做好自身的工作之外，还积极协助政府有关部门做好被委托（转移）的行业管理工作，并积极向国际行业协会学习，与国际行业协会规范逐步接轨，进一步提高协会的威信和扩大协会的影响力，更好地发挥行业自律、沟通、信息、咨询、协调、服务工作，与广大船东一起建设健康有序、蓬勃发展的国内和国际水运市场。

五、广州港口航运行业协会

广州港口航运行业协会（GPSSA：Guangzhou Port Shipping Service Association），是由从事港口、航运及相关服务行业的经济组织自愿组成的具有地方性、行业性、非营利性的社会组织。

广州港口航运行业协会接受广州市民政局的监督管理和广州港务局的业务指导。活动地域为广东省广州地区。主要业务是发挥行业组织的自律、服务、沟通、协调和监督作用，宣传贯彻国家有关的方针政策和法律、法规，协助政府主管部门开展行业管理。研究现代港航和相关服务经营管理理论、方法和实践、探索适合本区域的现代港航和相关服务管理模式，推进行业改革与产业发展。为政府部门制定政策提供依据，为行政部门管理和企业实践运作提供业务咨询，举办各种类型的学术讨论会、报告会，为企业培训各种专业人员。组织开展行业调查、市场分析，为客户提供综合解决及营运方案。制定推广行规行约。推动行业职业技能鉴定和质量认证，提高行业的社会公信度。接受委托参与协调行业之间的经济、法律关系，客观公正地协调解决会员之间、会员与非会员之间、会员与客户之间的纠纷。开展市场调查，分析市场形势，开发信息资源，建立信息网络，为会员、企事业单位、政府部门提供信息咨询服务。通过行业数据库、编辑协会刊物、设立协会网站等形式，整合行业新闻、企业信息、供求信息；搜集国内外资源、法律法规、资料论文以及专业书籍等为会员提供服务，建设发展电子商务。承担政府有关部门和会员委托的其他工作任务。

第三编　港口建设

第一章　计划规划

广州港建设计划始于近代，孙中山的“南方大港”计划是第一个较为系统的广州港建设计划。民国时期，程天固、李文邦等都对广州港建设进行过规划，对后来的广州港建设影响深远。民国二十一年（1932），广州市政府公布首份城市规划设计文件。民国二十二年（1933），陈济棠主持编制的《广东三年施政计划》影响广州港港口建设。中华人民共和国成立后，广州市开始编制城市总体规划，其中涉及港口发展规划。2006 年，首部《广州港总体规划》经交通部和广东省审批印发，通过城市发展规划和港口总体规划，广州港枢纽大港的定位得以明确。2012 年编制的《广州城市总体规划（2011—2020 年）（草案）》提出广州市城市性质之一为国际航运中心。2015 年，《建设广州国际航运中心三年行动计划（2015—2017 年）》印发，提出建设国际航运中心的具体行动计划。

第一节　计　划

最早的广州港建设计划始于民国七年（1918）孙中山《实业计划》中提出的“南方大港”计划。民国十九年（1930），广州工务局印发《广州市工务之实施计划》，其中包括广州港内港建设计划。民国十九年至民国二十六年（1930—1937），国民政府对黄埔港建设拟定了《黄埔港计划》和《黄埔开埠计划书》。中华人民共和国成立后，主要对港口建设开展科学规划（详见本章第二节），逐步明确了广州港枢纽港的定位。2015 年，为推进广州国际航运中心建设，广州市政府印发《建设广州国际航运中心三年行动计划（2015—2017 年）》。

一、孙中山“南方大港”计划

为摆脱帝国主义的掠夺与控制，发展民族实业，改变广州港航道淤浅、设备简陋、落后于自由港香港的窘境，孙中山于民国七年（1918）制定《实业计划》（收入《建国方略》），提出在天津以北建北方大港，在杭州湾北岸建东方大港（或改造上海港为东方大港），在广州黄埔建南方大港。

孙中山提出“改良广州为一世界港”，成为航运、商业、工业中心，又预言“广州不久必复其昔日为大制造中心之繁盛都会矣”。孙中山提出建设一个由黄埔到佛山，包括沙面水路在内的新广州市，新广州市的商业区计划在河南岛（今广州市海珠区），工业区在花地至佛山之间，码头建设在后航道至黄埔一带。“南方大港”选址于黄埔深水湾一带。

为把黄埔建成“南方大港”，孙中山提出一系列配套计划以及整治航道措施。首先是疏浚黄埔至伶仃岛出口航道，在伶仃岛至虎门外建筑两道共8英里（1英里约合1.6千米）长的水底防堤，将航道浚深至50英尺深；虎门至黄埔段，修建7道共5英里长的水坝，将航道浚深至40英尺以上。其次是改良广州水路系统，整治东江、西江、北江等三江和河汊。最后是建设西南铁路系统，以广州为起点，建设广州至重庆、广州至成都、广州至云南、广州至广西等7条铁路，将广州与西南地区所有重要城市与矿产地连接起来，拓宽广州港的经济腹地。

二、内港建设计划

1928年，广州市市长林云陔草拟《广州市政府施政计划书》，提出要填筑珠江沿岸，建筑珠江大桥及广州内港。1930年，广州市工务局局长程天固起草的《广州市工务之实施计划》印发，提出河南沿岸建设商港区，包括内港建设计划、填筑省河南北堤岸计划、珠江大铁桥之建筑、码头建设与整理四个方面。广州内港新码头选址于洲头咀一带，建设计划包括建筑新堤、填筑新地、建设堤岸马路等。

据《程天固回忆录》记载，当时吨位3000～4000吨的船舶可通过珠江前、后航道驶入广州市内，但白蚬壳、洲头咀及白鹤洞乃至沙面租界以外附近一带，所有河面均为外国商人占用。外商除停泊轮船外，还建筑码头、货仓，使得进入广州市内的中国招商局船舶及其他内河船舶不得不停于河中，起卸转驳极不经济，难与外国商船竞争。程天固认为兴建内港码头一方面有利于中国船舶与外商竞争；另一方面也有利于港口经济发展，港口周边新填地段的开发也可增加广州市财政收入。

1932年9月，由陈济棠主持的国民党西南政务委员会通过《广东三年施政计划》，并于1933年1月颁布。该计划虽未直接涉及广州港内港码头建设计划，但计划兴建工业区、整顿水道航运等项目，客观上促进了广州港内港建设。

广州工务局改建长堤码头计划见表3-1-1。

广州工务局改建长堤码头计划表

表3-1-1

码头等级	座数/座	宽度/英尺	深度/英尺	两旁水位/英尺	备注
二等	2	132	40	94	可湾泊省港澳轮船或其他相等之轮船
三等	2	60	32	70	可湾泊梧州、高廉、雷琼大轮船或其他相等之轮船
四等	7	36	24	42	可湾泊火轮、拖渡或单行轮拖
五等	22	24	20	28	可湾泊四乡鲜果、菜蔬之乡渡或其他相等者
六等	22	12	16	14	湾泊过海电船、横水渡、沙艇及商店相等货艇

注：摘自民国二十四年（1935）版《广州年鉴》。

三、黄埔港建设计划

民国十五年（1926）黄埔开港计划委员会成立后，即着手制订建港计划。先后共拟定《广州黄埔（北帝沙、狗仔沙）开港初步计划》《开辟黄埔（新洲）计划》《开辟沙路商埠计划》《开辟虎门大虎商埠计划》《开辟黄埔（狮子山）商埠速成计划》等5个计划。

《广州黄埔（北帝沙、狗仔沙）开港初步计划》是黄埔辟埠建港的第一个计划。港址选定在今黄埔老港区西边，计划将珠江中的北帝沙、狗仔沙两个小沙洲填平，连于珠江北岸，建筑码头。码头岸边水深7.9米，停靠吃水深度7.3米货轮，同时，计划在港区修建一条铁路支线，经车陂与广九铁路接轨。后因社会各界强烈反对，此计划未能通过。

为避免港口与广九铁路接轨，后来又制订了新洲、沙路、大虎三个计划。这三个计划的港址都选在珠江南岸，避免了与广九铁路接轨之嫌。但是，新洲计划的选址地点不理想，珠江南岸河网纵横，须建多座铁桥，筑几十千米铁路，才能与广三铁路联结，工程浩大。而沙路和大虎的位置距离市区太远，故这三个计划也均遭到否决。

最后又拟定第五个计划，即《开辟黄埔（狮子山）商埠速成计划》（又称“鱼珠计划”）。此计划的选址在今黄埔老港区与鱼珠之间狮子山前的珠江北岸。至此，拟定黄埔建港计划已历时一年有余。经过长时间的酝酿，黄埔商埠股份有限公司执行委员会召集会议，对5个建港计划反复衡量、比较研究，认为鱼珠建港规模虽亦系二等港，似有违孙中山建头等港的遗愿，然而考虑财力负担和施工技术条件，从实际出发，在鱼珠建港所需经费少而且施工便利，遂决定采用鱼珠计划。后因解放战争爆发，黄埔建港计划未能实施。

1930—1937年，国民政府就黄埔港建设先后拟定了《黄埔港计划》《黄埔开埠计划书》。

《黄埔港计划》是1930—1934年在广东省治河委员会的主持下，由工程师李文邦主持，经过5年时间制定出来的。该计划是港与市相结合的计划，计划将黄埔发展成11万人口的港口城市。港市面积计划523.22平方千米，港市范围：东边以东江河面中心为界，由狮子洋沿东江上至瓦窑，入大陂河口，以河中心为界，经榕华、南岗站，上至莲潭墟南村河汊；南边绕七沙尾入大涌，沿涌斜向西北，循大坦岗东，经炭村、大岗，至后航道折向西南，到大坦、草头止；西边由马鞍岗东顺河而下，至广九铁路桥，沿车陂涌中心而达珠江前航线中流，折向东南，沿北帝沙南边河中心，至新洲咀中心，再折向西南，至大坦、草头两沙间江汊；北边由莲潭墟入南村，折向西北，溯涌而上，至火村向西经铜锣、莲花岗、姬棠、上棠至马鞍岗东桥西与广州市界相连。

黄埔港区范围，包括黄埔深水湾至沙路湾以及临水珠江北岸地段。港区面积335平方千米。黄埔港分内港与外港两部分。

内港在黄埔深水湾，西起长洲西端，东迄鲨鱼洲，计水面长7750米，阔355~700米，堤岸线长8924米。码头、仓库、验货仓及其他各种港口设施，建于黄埔深水湾珠江北岸，即今黄埔老港区鱼珠一带。码头近岸水深，低潮时水下7.01~8.23米，可供4000~7000吨的轮船停靠。内港是黄埔港的主体部分，为船舶停靠装卸货物之处，与黄埔的工业区、商业区相连。外港在沙路湾，西起深井涌口，东迄铜鼓沙东端，将长洲、洪圣沙、大吉沙、鲨鱼洲填连起来，与内港相隔。挖深铜鼓沙与鲨鱼洲之间的水道，沟通内外港。外港水面长约7600米，阔650~950米，码头、仓库拟建于铜鼓沙南岸，堤岸线长1500米，堤岸边水深，低潮为水下9.14米，供万吨以上的轮船停靠。在长洲、洪圣沙、龙船沙修建船坞。外港供吃水深的万吨以上轮船湾泊，主要经营国际贸易，同时也供等待修理的船只和进出内港船只暂时停留之用。

该计划还包括整治航道、修建铁路等。计划修建粤汉铁路黄埔支线，跨越广九线，西接广州市西村站，使轮船与火车运输相互衔接。另外，将港口铁路向东延伸，兴建广汕铁路，东达汕头。计划疏浚大浅沙（即伶仃洋）和拦江沙（在莲花山附近）至浚深9.14米。此外，《黄埔港计划》还涉及市区的商业、工业、交通、文化、教育等。

《黄埔港计划》于1934年2月由广东省治河委员会审查通过，并报国民党西南政务委员会和南京国民政府核准备案。1935年12月成立黄埔辟埠筹备处，工作正待开展，旋因陈济棠下野，黄埔辟港筹备处被撤销。

1936年10月，南京国民政府成立黄埔开埠督办公署，任命广州市市长曾养甫兼任黄埔开埠督办。1937年4月，黄埔开埠督办公署决定，黄埔建港工程包括码头、仓库建设和航道疏浚全面兴工，并对李文邦的《黄埔港计划》进行全面审查修正。历时5个月，于1937年10月15日又制定了《黄埔开埠计划书》。此计划书与《黄埔港计划》基本一致，也是一个港与市相结合的建设计划，其规模比《黄埔港计划》更加庞大，计划将黄埔建设成75万人口的港口城市，对黄埔市政、工业、商业、交通、公用事业和教育事业都有详尽规划。关于港口建设，计划在黄埔深水湾北岸建筑8000米码头。因黄埔地区潮差小，仅1.6米，岸线长，决定采用技术简单花钱少的堤岸式钢板桩建筑，用挖深港池的泥土填筑堤岸。码头岸边水深，低潮为水下9.14米，码头堤岸高，低潮为水上4.33米。将航道浚深至低潮水下7~12米，航道底宽70~100米，使两艘万吨巨轮乘潮相对行驶，畅通无阻。黄埔港有天然临水岸线14万英尺，将来随港口事业发展，还可以继续发展。为了沟通黄埔与内地联系，拟以广州黄埔为中心，修建黄埔铁路支线通广九、粤汉铁路，新建京粤线通南京，粤赣线通南宁、昆明。此外，还计划修建5条公路连接广东公路网，并计划在港口东10千米处建筑飞机场，实现港口海陆空联运。

1937年，在《黄埔港计划》的基础上重新制定的《黄埔开埠计划书》，成为国民政府时期黄埔港的正式建港计划。

四、建设广州国际航运中心三年行动计划

2015 年，广州港成立由主要领导任组长的“建设广州国际航运中心三年行动计划”编制工作小组，并联合上海国际航运研究中心、广州航海学院，在全国范围内邀请有关专家学者和省市有关部门，深入研究编制《建设广州国际航运中心三年行动计划（2015—2017 年）》。加快谋划现代航运服务业发展，形成《新型城镇化建设下广州港航发展模式探讨》《在南沙建立以港口、航运为依托的现代物流业的前期研究》《以广州航运交易中心建设为基点的航运服务集聚区建设政策与规划研究》《做优做强广州航运交易所的可行性研究》等研究成果，草拟《关于广州航运交易所体制改革方案》。

2015 年 3 月 13 日至 14 日，广州港务局组织召开“建设广州国际航运中心三年行动计划”专家咨询会，邀请新加坡南洋理工大学、上海国际航运研究中心、交通运输部规划研究院、交通运输部信息中心、广州市社科院、中山大学、华南理工大学、暨南大学、广东外语外贸大学、中交第四航务工程勘察设计院有限公司、广州航海学院等单位的专家学者，为广州国际航运中心建设把脉献计。同年 8 月 31 日，广州市政府印发《建设广州国际航运中心三年行动计划（2015—2017 年）》。

《建设广州国际航运中心三年行动计划（2015—2017 年）》提出发展目标：“到 2017 年，广州港货物吞吐量达到 5.5 亿吨，集装箱吞吐量达到 2000 万标准箱；完成固定资产投资 150 亿元，新增港口通过能力 8000 万吨；新增国际班轮航线 20 条，新增喂给港、内陆港 20 个；海洋工程装备制造实现年产值 300 亿元，船舶修造年产值 200 亿元；与航运产业相关联的企业注册数达到 8000 家以上，船舶注册拥有量 1500 万载重吨；航运及关联产业增加值占全市地区生产总值比重提高 0.5 个百分点，初步形成广州国际航运中心的基本框架，奠定发展的坚实基础。”

第二节　规　划

民国二十一年（1932），广州市政府颁布《广州市城市设计概要草案》，这是广州建市以来第一部正规的城市规划设计文件。规划黄埔为广州的外港，白鹅潭一带为内港。石围塘至下芳村一带的堤岸，规划建设码头、仓库，停泊来自上海、厦门等埠的轮船。黄沙一带的堤岸，拟建码头、仓库，停泊港澳轮船及四乡轮渡；大涌口一带停泊其他各项运输的小汽船，沙面至大沙头一带不宜多泊船，以免阻碍河道交通及影响附近一带的风光。

中华人民共和国成立后，广州市人民政府着手编制广州城市总体规划，其中包含港口规划。1984 年，国务院批准《广州市城市总体规划》，提出港口规划原则。2005 年 12 月，《广州市城市总体规划（2001—2010 年）》经国务院批准同意公布，明确了广州港的枢纽港口定位。2006 年，《广州港总体规划》经交通部和广东省审查颁

布，是历史上首部广州港总体规划，进一步明确广州港作为国家综合运输体系的重要枢纽。此外，还相应编制各种专项规划，对规划执行过程中的一些问题做了具体的研究，形成相关规划实施意见。

一、广州市城市总体规划

1954—1959 年，广州市共编制《广州市城市总体规划》方案 10 个。其中，1954 年编制的第四方案，提出适当增加码头、仓库的用地面积。远期规划港仓用地总面积为 9 平方千米（1954 年为 1.8 平方千米），其中内港分布在河南、芳村、石围塘、南岸、黄沙沿江一带，外港（即黄埔港）规划发展不超过乌涌河口。1959 年编制的第十方案，提出扩大城市人口规模及城市建设用地，尤其是工业、港仓等生产用地；火车南站改为铁路和水路联运地区；在员村、芳村、河南建设铁路专用线，以配合新辟工业区及黄埔港的建设。

“文化大革命”时期，规划编制工作曾一度中断。1970 年初，周恩来总理提出增加全国深水泊位的指示。1971—1972 年，广州市重新编制《广州市城市总体规划》第十二方案，强调广州“对外贸易”的职能，同时为适应广州对外贸易的发展，贯彻周恩来总理指示精神，规划增辟墩头东基和沥滘等为对外港口。1973 年，周恩来总理向全国发出“三年改变港口面貌”的号召，提出建设“南方大港”。

1978—1980 年，广州市编制《广州市城市总体规划》第十四方案。1984 年 9 月 18 日，国务院批准了在第十四方案基础上修改而成的《广州市城市总体规划》，这是广州市首部获国务院批复同意的总体规划。这一总体规划提出港口规划贯彻“深水深用、浅水浅用，合理使用岸线”的原则，黄埔外港除完成新港东江口 8 个深水泊位及 2 个煤码头建筑外，还规划引铁路及公路过东江，开辟新沙一带的深水港区；内港码头拟在东洛围、合利围、员村、洲头咀、新造等地增建新港，续建沥滘港。

1989 年，广州市开始修编《广州市城市总体规划（1990—2010 年）》。2005 年 12 月，《广州市城市总体规划（2001—2010 年）》经国务院批准同意公布。其中，“城市综合交通系统的重点发展政策”提出广州港是中国重要的区域性枢纽港口、珠江三角洲及华南地区对外贸易的重要口岸，将发展成为华南地区集装箱运输的干线港。规划形成内港港区、黄埔港区、新沙港区和南沙港区四大港区，南沙港区是广州港今后发展的核心港区。加快发展广州港南沙港区，逐步疏整内港，建立以南沙港区为龙头，以新沙港、黄埔港、内港为辅助的广州港区新格局。

2012 年 3 月，《广州城市总体规划（2011—2020 年）》成果编制工作正式启动，草案于同年 11 月公示。该公示草案中的“城市性质”部分提出广州市是国家中心城市之一，国家历史文化名城，广东省省会，中国重要的国际商贸中心、对外交往中心和综合交通枢纽、南方国际航运中心。“综合交通规划”部分提出强化广州港区域性枢纽港口和广东省、泛珠三角对外贸易口岸地位，成为南方地区最大的综合性枢纽港、中国沿海集装箱运输干线港。打造四大海港港区，即内港港区、黄埔港区、新沙港区和南沙港区，以及三大内河港区，即番禺港区、五和港区和新塘港区，完善水运相关设施。

二、广州港总体规划

1999 年，广州港务局委托交通部规划研究院开展《广州港总体规划》（简称《规划》）编制工作。2002 年 7 月，《规划》通过交通部和广东省人民政府联合审查，2003 年，由广州市人民政府上报审批，并于 2005 年 8 月和 2006 年年初分别由交通部和广东省人民政府审核通过。2006 年 2 月 9 日，交通部和广东省人民政府联合颁布《广州港总体规划》，并授权广州港务局负责执行规划，实施监督管理工作。

交通部、广东省人民政府在对《规划》的批复中指出，广州港位于珠江入海口和珠江三角洲中心地带，是中国沿海主要港口和国家综合运输体系的重要枢纽。广州港将发展成为以能源、原材料等大宗散货中转和集装箱干线运输为主，具有装卸仓库、中转换装、运输组织、多式联运、临港工业、保税加工、口岸商贸、现代物流、通信信息、综合服务等多功能，综合性的现代化港口。

《规划》以《全国沿海港口布局规划》和全国煤炭、石油、集装箱等主要货类运输系统规划为依据，以广州港现状为基础，明确广州港岸线总长约 400 千米，规划港口岸线约 108 千米，由内港港区、黄埔港区、新沙港区、南沙港区及珠江口水域组成。

三、其他规划和实施意见

2006 年 9 月 18 日，广州市政府审议通过《广州港“十一五”发展规划实施意见》。

2009 年广州港务局牵头草拟并由市政府颁布实施《关于加快广州港发展的意见》，并制定了具体贯彻实施的工作方案，拟定《关于促进广州现代航运服务业发展的意见》；基本编制完成《广州港口发展战略研究》；编制《广州港口现代物流发展规划》《广州港水域锚地规划》《广州港信息化建设规划》《南沙作业区控制性详细规划》和《广州内河港总体（岸线利用）规划》。

2010 年广州港集团制定《广州港集团有限公司发展低碳物流创建绿色港区规划方案（2010—2020 年）》，并在“喜迎亚运盛会，发展低碳物流建设绿色港口活动”的启动仪式上正式发布。

2012 年编制完成《智慧港口研究报告》《广州港口现代物流发展规划》，继续修改完成《南沙新区港航发展规划研究》《南沙作业区控制性详细规划》《广州内河港总体规划》《广州港口邮轮游艇码头规划》，《广州港老港区转型升级规划研究》《广州港口与航运“十二五”发展规划中期评估报告》《广州航运交易所发展规划》《珠江航运指数编制方案研究》编制完成。

2013 年广州港集团启动《广州港老港区转型升级规划研究》《以广州航运交易中

心建设为基点的航运服务集聚区建设政策与规划研究》《船舶交易市场研究》的编制工作，完成《珠江航运指数编制方案研究》《广州航运交易所发展规划》《航运人才服务研究》等项目研究工作。

按照“十二五”发展规划，到2015年，广州港集团投入港口建设资金超过150亿元，新增通过能力1.2亿吨，实现货物吞吐量超过3.8亿吨，集装箱吞吐量超过1500万标准箱，总资产达到226亿元，成为具有较强国际竞争力和发展活力的港口龙头企业及现代物流服务企业；到2020年，投入港口建设资金超过250亿元，新增通过能力2亿吨，实现货物吞吐量超过4.6亿吨，集装箱吞吐量超过2100万标准箱，总资产达到339亿元。

第二章 港口工程

20 世纪中期以来，黄埔新港工程、新沙港区工程、南沙港区工程等公共工程的建设，极大地提高广州港港口综合通过能力，为广州港的跨越式发展奠定坚实基础。

第一节 黄埔港工程

1925 年 6 月，省港大罢工爆发，建设“南方大港”提上议事日程。中国共产党和广东国民革命政府都积极支持在黄埔开筑“南方大港”，宋子文、孙科、苏兆征等担任筑港的领导，并为此做了大量的筹备工作。1927 年，黄埔商埠股份有限公司执行委员会决定在珠江前航线北岸的鱼珠一带建港。但因政局动荡，建港计划被迫搁置。直至 1937 年，第二次国共合作后，黄埔建港工程才正式开始。

黄埔港码头始建于民国二十六年（1937），黄埔开埠督办与荷兰治港公司签约，依靠荷兰建港技术，于民国二十七年（1938）6 月建成钢板桩岸码头一座，长 400 米，可泊万吨级船舶 2 艘，岸边低水位时水深 9 米。同时，建木码头 3 座，岸边低水位时水深 6.5 米，可供小轮湾泊；建瓦顶砖墙仓库 1 座及一些临时性堆场设施。

抗日战争胜利后，广州港工程局对黄埔港开展修复工作。至 1948 年 6 月底，码头维修方面，更换 400 米码头腐朽护木，打捞码头线水中日本侵略军扔下的枪支弹药障碍物 24 处，港口可以停靠 4000 ~ 5000 吨级海轮 3 至 4 艘。清除修整堆物 14 万平方米；修缮仓库 4 座，共计面积 1700 平方米。另外，黄埔港铁路支线由粤汉铁路局于 1947 年修复。码头内处理修复 6 条旧铁路线外，还增加 2 条，共达到 8 条。中山公路修复工程也于 1948 年 5 月全部完成。1948 年 12 月，广州工程局在宋子文的支持下，又向四联总贷款金圆券 3000 多万元，建筑 1260 平方米的办公楼 1 座、600 平方米的临时机械修理厂 1 座、钢筋水泥桥 1 座，修复木码头 1 座。

中华人民共和国成立后，国家于 1953 年投资在深水码头西端上游 430 ~ 530 米之间动工兴建 100 米中级杂货码头。码头采用钢筋混凝土架空结构，于 1954 年建成投产。码头前沿水深 -6 米，可泊 3000 ~ 5000 吨级船舶 1 艘。同时，扩建成 4 座木码头共 105 米。1953 年增建 2451 平方米仓库 1 座。1954 年老港区库场 9.8 万平方米，其中仓库 1.3 万平方米，堆场 8.5 万平方米。

1958 年，扩建深水码头共 3 个泊位，均为带卸荷板的方块重力式结构。1960 年 7 月，3 个泊位全部建成投产，为化肥码头、杂货码头和客货码头。前沿水深均为 -9 米，靠泊能力为万吨级。在兴建泊位的同时，新建仓库 2142 平方米，新建堆场 5.21 万平方米，1960 年，港区库场面积 14.4 万平方米。

1965年8月，扩建两个万吨级深水泊位（1、2泊位），采用带卸荷板的方块砌筑，为顺岸重力式方块结构。两泊位于1966年9月初步建成投入使用：1泊位为矿砂码头，长199米；2泊位为杂货码头，长200米。两个泊位前沿水深-9米，靠泊能力均为1万吨级。新增仓库1.1万平方米、堆场5万平方米。1966年底，港区码头岸线长1539米，泊位12个。其中：万吨级码头7个，长1278米；中级码头1个，长100米；驳船码头3个，长141米；木码头1个，长20米（后于1970年拆除）。库场总面积23.3万平方米，其中仓库4.7万平方米，堆场18.6万平方米。

1981年12月，在洪圣沙岛建设洪圣沙水转水码头，包括1个万吨级散货泊位（洪圣沙1泊位）、2个万吨级杂货泊位（洪圣沙2、3泊位）和相应配备的5个驳船泊位。泊位布置为连片式，其西侧的深水泊位为散货码头，另2个杂货泊位与驳船泊位前沿建成一直线。所有泊位均采用高桩梁板式结构进行建设，全部工程于1985年10月竣工。3个万吨级泊位总长518.5米（分别为180米、165米、173.5米），前沿水深-9米，设计年吞吐能力80万吨；5个驳船泊位总长272米（各为54.4米），前沿水深-4米，靠泊能力均为1000吨级。1986年洪圣沙新建成仓库4座，总面积2.1888万平方米（每座均为5472平方米），新铺堆场1.63万平方米。1990年，黄埔老港区有码头泊位27个，其中万吨级泊位10个，码头长度2858.1米，库场总面积31.1万平方米。

第二节　内港工程

一、芳村作业区

芳村作业区位于南河道西岸。鸦片战争后，英国、日本商人先后在芳村建有招商、日清、渣甸码头等。中华人民共和国成立后，国家接收日清、招商两码头，成立芳村办事处。招商码头于清光绪十六年（1890）由轮船招商局兴建，为丁字型建筑，长128米，可靠泊千吨级船舶2艘。日清、渣甸码头均为驳岸式码头，长度分别为61米、72.45米。1966年，在芳村分别采用高桩梁板式和堤岸式建成塞坝口码头94米，东洛围码头15米，前沿水深均为-3米。

1970年，改建芳村内三码头（原招商码头）的南段（内三码头分南、北两段）部分，建为长81.32米、高9.7米的重力式方块码头，通过长5.18米的桩基与原来的钢筋混凝土板码头连接。

1973年，内三码头南段建成投产，前沿水深浚至-5.8米，可靠泊3000吨级船舶1艘。1973年11月，芳村内四码头（原日清码头）开始改建，接着扩建内四码头的北段和南段，两段由原来的驳岸式码头改建为方块重力式码头，分别于1976年和1977年建成投产。靠泊能力由原来的2个1000吨级改建成2个5000吨级。南段为集装箱码头，长100米；北段为矿石钢杂码头，长136米，前沿水深均为-7米。

1986年初，芳村内三码头北段改建。1986年底，建成顺岸式扶壁重力码头

134.67 米。内三码头长度增到 221 米，前沿水深 –5.8 米，靠泊能力由 2 个 1000 吨级改建成 2 个 3000 吨级。

二、河南作业区

河南作业区位于南河道东岸，作业区码头始建于光绪三十年至三十二年（1904—1906）。当时英国太古洋行在河南作业区的白蚬壳地方建有 3 座码头（内一、内二、内三泊位）和货仓，3 座码头共长 225.4 米。光绪三十二年至三十三年（1906—1907），粤海关在白蚬壳建码头 1 座，长 66.7 米。

民国十七年至二十二年（1928—1933）对码头区进行了改造扩建，采用高桩梁板式结构分别建成内一码头一号、二号、三号桥泊位和内二码头，码头长度分别为 78 米、73 米、68 米和 78 米。内一码头 3 个泊位前沿水深 –5.4 米，可靠泊 3000 吨级船舶 1 艘，内二码头前沿水深 –4 米，可靠泊 1000 吨级船舶 1 艘。内一、内二两码头一直沿用到 1990 年。

20 世纪 70 年代初，兴建大干围码头，采用重力式顺岸结构，码头长 90 米，前沿水深 –4 米，可靠泊 1000 吨级船舶 1 艘，于 1975 年建成投产。

1982 年 12 月，海心沙码头动工兴建。码头采用顺岸式钢板桩重力结构。工程分两段：一段浅水码头长 150 米，前沿水深 –4 米，为 1000 吨级码头；另一段深水码头长 350 米，前沿水深 –8 米，为 5000 吨级码头。码头南北两岸浆砌块石护岸共长 900 米，可供小船湾泊。此外还在码头东部建造了临时砂包围堰 915 米。全部工程于 1984 年 11 月 30 日竣工，1985 年投产。350 米深水码头可靠泊 5000 吨级船舶 3 艘，150 米浅水码头可靠泊 1000 吨级船舶 2 艘，全部为杂货用码头。

1987 年 8 月 6 日，在广州市番禺县沙溪动工兴建汾水头码头。码头总长 148 米，东端外加 16 米接头，前沿水深 –5 米，可建 1000 吨级货驳泊位 2 个。码头结构为翘尾扶壁重力式顺岸码头，两端翼墙为浆砌石挡土墙，前沿安装有橡胶护舷、爬梯、系船柱等附属设施。汾水头码头为危险品码头，工程于 1987 年 12 月 25 日结束。

三、新风作业区

黄沙大码头由国家投资，广州市建设局建成。码头岸线长 135 米，按停泊花尾渡的客货运码头要求设计。在码头上有缺口浮涵 3 个。其下部以钢筋混凝土板桩及拉杆、木桩为基础，上部前面用混凝土块砌成，后面填砂。1954 年，码头建成投产后，又将客货码头改为货运码头，在码头东端中部开凿了两道斜坡，东侧护坡处增设木斜台码头，并将浮涵上的行人桥拆除，以便货驳装卸货物。1956 年 11 月，码头曾几次发生局部下塌，漏沙严重。码头上建有砖木结构的货棚 1 座，面积为 1100 平方米。

为解决黄沙码头漏沙问题，并使大码头能靠泊 500 吨以下船舶，小码头能靠泊 100 吨以下船舶，1958 年 4 月，对黄沙码头进行了改建和扩建。旧码头改建采用部分抛石棱体及柔性桩台方案，以降低码头面，堵漏排水和补缺口。扩建码头采用扶壁重力河床式结构，码头岸线在东面和南面都是直线式。东面建有 82 米长的半斜坡式岸壁（东侧码头），可靠泊 200 吨级船舶 2 艘；正面新建岸线（东段码头）115 米，前沿水深 -4 米，可靠泊 1000 吨级船舶 2 艘；改建原码头岸线（西段码头）135 米，前沿水深 -5.4 米，可靠泊 3000 吨级船舶 1 艘。改建和扩建工程于 1958 年完成投产。

1960 年，如意坊码头（第一期北段码头）建成，结构为无抛石棱体重力扶壁式码头，码头岸线 500 米。如意坊北段码头是中国第一座无抛石棱体，有隔砂板，底板尾部上翘的双肋扶壁式码头。首先进行基槽挖泥及港池挖泥，接着是基床抛石、打夯，然后安装扶壁，长 504.48 米，再灌注倒滤层及胸墙，胸墙长度为 499.68 米，工程于 1961 年 4 月投产使用。北段码头为杂货码头，前沿水深 -3.7 米，可泊 500 吨级船舶 7 艘。

1968 年，开始兴建如意坊南段码头（第二期工程），采用重力扶壁式结构建筑。1970 年，码头建成投产，其中南段码头长 185 米，前沿水深 -4 米，可靠泊 1000 吨级船舶 3 艘，为集装箱用码头；南段油码头长 100 米，前沿水深 -4 米，可靠泊 1000 吨级船舶 1 艘，为非生产用泊位。

四、东风作业区

东风作业区位于东河道北岸，由沿江码头、大沙头客运码头和员村码头三部分组成。中华人民共和国成立前，东风作业区有少量设备简陋的木码头。中华人民共和国成立后拆除长堤码头，扩建了作业区内其他码头。1958 年，建有空架钢筋混凝土码头 1 座（6 号码头），长 47 米，可靠泊 1000 吨级船舶 1 艘；空架木码头（木码头）10 座，长 526 米。1961 年，沿江码头建有沿岸式沙泥土码头 280 米，前沿水深 -3 米。1968 年，改建沿江码头，把沙泥土码头改为重力式码头。1971 年，沿江 532 米码头岸线全部建成混凝土重力式码头。

1982 年 8 月，兴建员村综合装卸码头第一期工程。码头为重力式扶壁结构，整个码头面铺砌预制重力四角块，铺砌面分两段向前沿倾斜排水，在码头拐点西侧增建涵洞一座。第一期工程于 1984 年 10 月 20 日完成。1988 年，续建第二期工程，码头采用顺岸扶壁重力式结构，扶壁为双肋翘尾钢筋混凝土预制构件，1988 年 12 月完成。

第三节 黄埔新港工程

1973 年，黄埔新港区在黄埔墩头东基开始建设。第一期工程港址位于老港区下游、东江口西面的墩头东基上。1975 年 12 月 26 日新港区第一期工程建成简易投产。

第二期工程于 1976 年 12 月开始兴建，共 3 个泊位（第 6 泊位 ~ 第 8 泊位）。第 6 泊位于 1981 年 8 月 20 日建成投产。第 7 泊位于 1983 年 4 月投产，第 8 泊位于 1985 年 10 月建成投产。拆装箱库采用的双曲扭壳结构和堆场面层采用的高强混凝土方块，均为中国港口建设中首次使用。

1981 年 12 月，在珠江北岸墩头涌入口西侧，建设新港区西基煤码头。西基煤码头分主码头和驳船码头两部分，全部工程于 1986 年竣工。码头设计年净卸量 400 万吨，吞吐量 647 万吨。

黄埔新港从 1973 年兴建到 1986 年全部投产。

第四节　新沙港工程

新沙港区位于东江左侧，隔江为黄埔集装箱码头，距黄埔老港区 15 千米，岸线顺直约 7.5 千米。1987 年 2 月动工兴建。新沙码头工程是国家“七五”重点建设项目，计划建 32 个 3.5 万吨级深水码头泊位。第一期工程 10 个，其中 1 ~ 5 号泊位由世界银行贷款。195 米港作船码头泊位于 1988 年 2 月 28 日建成并通过国家验收。

1991 年后，继续建设新沙港区。工程包括建设 3.5 万吨级码头泊位 10 个以及 7.9 千米港外铁路，6.7 千米港外公路，铁路和公路大桥 4 座，供水、供电等配套工程 18 类 141 项。设计年通过能力 1060 万吨，总投资 21.11 亿元。10 个泊位主体码头在国内首次采用板桩围堰结构，使新沙一期工程达到国际一流水平，是中国第一座格型钢板桩码头。

2001 年，新沙港区 8 ~ 10 号泊位集装箱系统改造工程完成投资 3093 万元，增加集装箱装卸能力 40 万标准箱。

2005 年 5 月 18 日，可靠泊 6000 车位滚装船的汽车码头在新沙港区落成。码头长为 220 米，水深 -12.5 米，可靠泊世界最大型、拥有 6000 车位的汽车滚装船，并另有相邻 2 个长度为 420 米的泊位，可用于汽车滚装备用作业。汽车停车场面积 15 万平方米，一次性停放车辆总能力 1 万台。

第五节　南沙港工程

南沙港区位于广州市南沙区，珠江干流狮子洋至伶仃洋段的西岸，为综合性港区，由沙仔岛作业区、小虎作业区、芦湾作业区和南沙作业区 4 个作业区组成。南沙港作业区规划港口岸线 52.4 千米，主要为集装箱运输，并承担能源、液体化工、原材料、汽车运输以及保税、物流、商贸、临港工业开发的综合型深水港区。

2002 年 10 月 17 日，港发石油化工码头工程注册成立，位于南沙经济技术开发区坦头村。

2003 年 4 月 23 日，南沙港区一期码头主体工程开工建设，建设 4 个 5 万吨级多用途泊位和 5 个 3000 吨级驳船泊位，泊位总长度 1920 米，大码头前沿水深 -14.5 米，驳船码头前沿水深 -6.7 米。2004 年 9 月 27 日，广州港南沙港区一期工程竣工，并通过广州港务局组织的初步验收。2005 年 11 月 29 日至 12 月 1 日，广州港南沙港区一期工程通过交通部等相关部门的竣工验收。2005 年 12 月 30 日，广州港南沙港区一期工程通过国家竣工验收。

2006年1月17日，东方国际集装箱（广州）有限公司工程在广州注册成立，该公司的配套码头位于广州市南沙区洪奇沥水道东岸，万顷沙镇第十一涌。

南沙港区二期工程项目于2005年2月获国家发改委核准开工建设，2006年1月交通部批复同意其初步设计。工程建设6个10万~15万吨级集装箱泊位，岸线长度2100米，码头前沿水深-15.5米。同年12月，南沙港区二期工程5号、6号泊位建成交工验收并试投产。

2006年6月，广州港南沙港区沙仔岛滚装码头工程项目建成交工验收并试投产。

2006年8月，位于南沙港区小虎岛小虎山南端的小虎石化码头工程项目建成交工验收并试投产。

2007年9月，南沙港区二期工程7号、8号、9号、10号泊位完成交工验收并投产运行。

2007年9月，广州珠江电厂1000吨级脱硫配套码头工程完成交工验收并投产运行。

2008年3月，位于广州市南沙区洪奇沥水道左岸，万顷沙镇福安村第十三涌西侧的广州市番禺华鸿油品有限公司油码头工程建成试投产。

2008年5月，位于广州港南沙港区小虎作业区小虎岛东侧的广州港鸿业石化码头工程正式开工，2010年1月完工投产。

2009年，广州华润南沙热电“上大压小”新建工程配套码头工程开工建设，规模为1个3.5万吨级散货泊位（结构按5万吨级设计），码头岸线长230米，年设计吞吐能力384万吨，2010年完成竣工验收。

2009年2月，位于广州市南沙区龙穴岛，介于中船龙穴修船基地及规划中部挖入式港池北侧口门之间的广州港南沙港区粮食及通用码头开工建设。工程建设1个10万吨级和1个7万吨级粮食专用泊位，4个5万~7万吨级通用泊位，配套建设5个200吨级粮食驳船泊位。大码头岸线长1618米，驳船码头岸线长537米。大码头前沿水深-15.1米，驳船码头前沿水深-4.7米。2011年建成，2012年11月投产。

2011年7月28日，南沙港区集装箱三期工程开工，项目位于广州港南沙港区二期工程东侧岸线下游。工程建设6个10万~15万吨级集装箱泊位，24个3000吨级集装箱驳船泊位及工作船泊位，岸线长度4178米，大码头前沿水深-16.0米，驳船码头和工作船泊位前沿水深-5.7米。2012年5月18日，整体围堰工程和4个驳船泊位工程（300米试验段）交工验收。2015年2月，全部建成投产。

第三章　港口设施

广州港的码头泊位可以追溯到秦汉，泥城（今东风西路的西场）是广州最早记载的码头。秦汉西北两江到番禺的航线经官窑、石门向南，至泥城登陆，泥城是番禺城西的一个重要水陆码头，一直沿用到清朝末年。此后，广州在不同时期根据社会经济发展需要和地质的变化建设不同的码头泊位。鸦片战争后，在珠江东、西、南河道两岸先后建起一些码头及库场。民国时期，在黄埔建起400米深水码头及库场设施。中华人民共和国成立前，广州港码头岸线长780米，有库场总面积4.5万平方米，机械9台，船舶7艘。中华人民共和国成立后，对各港区进行改造和扩建，港区码头岸线从20世纪60年代的2747米，增至20世纪90年代的1.04万米。2000年，广州港管辖码头泊位643个，生产性泊位总产度1.37万米。21世纪，广州港重点加强南沙港区建设，至2015年管辖生产性码头泊位514个，万吨以上泊位71个，码头泊位长4.78万米，仓库总面积536.3万平方米，仓库总容量1344.11万吨。2015年底，广州港拥有起重机械303台，装卸搬运机械745台，输送机械73台。

第一节　码头泊位

古代广州港最著名的码头当属天字码头，其余大多随着港湾和河道变迁而荒废消失。鸦片战争后，英国、美国、日本等国商人和广东地方政府及民间商人先后在东河道、西河道和南河道以及黄埔建造了一些重力式、高桩框架、钢板桩结构的钢筋水泥码头和库场。

中华人民共和国成立前，广州市码头分为三部分：一是沿长堤一带的内河船只码头，东堤南堤至西堤约长2千米，其间码头林立，大多因陋就简。二是沙面南对面河南新堤以南一带及芳村一带的外商码头仓库。三是黄埔码头库场。

20世纪60年代，重点对各港区进行改造和扩建，先后新建和改建新风、黄埔等港区码头岸线共长2747米，航道浚深到 -7米，1万吨级船舶可进入黄埔老港区，建有各种锚地泊位60个。1966年底，黄埔港区码头岸线长1539米，泊位12个。其中：万吨级码头7个，长1278米；中级码头1个，长100米；驳船码头3个，共长141米；木码头1个，长20米（后于1970年拆除）。

20世纪70年代，兴建了黄埔新港区（第一期工程），扩建芳村港区及客运码头，增加码头岸线3372米。20世纪80年代，建成黄埔新港区（第二期工程）7、8泊位及西基煤炭码头、洪圣沙水转水码头、海心沙码头、员村码头，增加码头长度1431米。1990年，广州港的码头长度达到1.04万米。各港区主要码头泊位情况：

黄埔港区 黄埔老港有3个万吨级泊位总长518.5米（分别为180米、165米、173.5米），前沿水深-9米，设计年吞吐能力80万吨；5个驳船泊位总长272米（各为54.4米），前沿水深-4米，靠泊能力均为1000吨级。黄埔新港区有万吨级泊位12个，其中3.5万吨级泊位5个，码头岸线长2715米。

内港港区 芳村作业区有泊位11个，其中5000吨级泊位2个，3000吨级泊位2个，1000吨级泊位1个，500吨级泊位5个，交通船泊位1个；码头岸线总长752.5米。河南作业区有泊位14个，其中5000吨级泊位3个，3000吨级泊位3个，1000吨级泊位6个，500吨级泊位1个，工作船泊位1个，码头总长度1081米。新风作业区有泊位17个，其中3000吨级泊位1个，1000吨级泊位6个，500吨级以下泊位10个；码头岸线总长1141米，其中生产用1021米，非生产用120米。东风作业区（不包括大沙头客运码头）有泊位11个，均为1000吨级泊位，码头总长847米。

新沙港区 有3.5万吨级码头泊位10个。1～5号泊位分别是煤炭泊位、矿石泊位、化肥泊位、杂货泊位、通用泊位；码头岸线长1000米。6～7号泊位为杂货泊位，8～10号泊位为集装箱专用泊位；码头岸线长1002米。10个泊位主体码头在国内首次采用板桩围堰结构，是中国第一座格型钢板桩码头。

1998年起，广州市实施城市面貌“一年一小变、三年一中变”工程，广州港调整生产布局，内港一部分码头岸线30米范围内辟为绿化带，全港共取消码头泊位70个。2000年，广州港管辖码头泊位643个，其中万吨级以上泊位46个，万吨级以上锚泊36个（最大靠泊能力30万吨级）。

2003年开始，为打造航运枢纽，广州市一方面加强南沙港区建设，另一方面不断加大码头改造（整合）力度，将原部分百吨、千吨级或不能适应现代港口装卸生产要求的旧小码头泊位改造（整合）为万吨级以上泊位，压减数量，提高质量。同时，部分泊位由于市政工程建设被征用，造成2003—2005年码头泊位总数有所减少。

2003—2015年，广州港新增的码头泊位主要集中在南沙港区。至2015年12月，南沙港区码头泊位共92个，其中，万吨级及以上泊位16个，10万吨级泊位2个，12万吨级泊位1个。另外，中船龙穴基地已建成9个万吨级的造船和修船码头。南沙港区集装箱设计通过能力为990万标准箱，石油化工码头设计通过能力为3975万吨。这一时期主要新建码头泊位工程有：

南沙港区一期工程 主体部分于2003年4月开工建设。该工程建设4个5万吨级泊位，岸线长1400米，前沿设计水深-14.5米，占地面积182万平方米，设计通过能力为160万吨和30万标准箱。2005年6月30日，南沙港区一期配套工程交工验收。该工程建成3个3000吨级泊位和6.9万平方米的堆场，增加通过能力40万标准箱。整体工程于2005年12月30日通过国家竣工验收。

港发石油化工码头工程 建设1个5万吨级泊位，5个1000吨级泊位和3个500吨级泊位，主码头岸线长315米，前沿设计水深-14米，设计总通过能力560万吨。

南沙港区二期工程 规模为6个10万吨级集装箱专用泊位（水工结构按15万吨级设计）以及相应配套设施，总投资47.95亿元。

小虎石化码头工程 位于南沙港区小虎岛小虎山南端。该项目建设规模主要包括2个5万吨级、1个2万吨级液体化工泊位和相应配套5000吨级、3000吨级、1000吨级泊位9个，工程总投资5.38亿元，设计年通过能力683万吨。

广州港南沙港区沙仔岛滚装码头工程 建设规模为3个3万吨级多用途泊位，包括2个汽车滚装泊位、1个件杂货泊位，工程总投资5亿元，年设计吞吐能力98万吨。

广州珠江电厂1000吨级脱硫配套码头工程 位于广州港南沙港区的大虎西水道西岸，建设1000吨级散货泊位1个及相关装卸设备、附属设施，码头使用岸线长105米，工程总投资1067万元。

东方电气（广州）重型机器有限公司专用码头工程 位于广州市南沙区黄阁镇小虎沥西岸，建设2000吨级件杂货专用码头一座及相关的装卸设备、附属设施，码头使用岸线长210米，工程总投资4000万元。

广州华凯石油燃气有限公司3000吨级液化气码头工程 位于广州珠江口小虎沥水道右岸，建设1个3000吨级液化气泊位，码头长度130米，年通过能力30万吨，总投资1595万元。

中石化广东石油分公司小虎储备库配套码头工程 位于广州市南沙区小虎岛东南岸，建设1个5万吨级成品油泊位，码头长度230米，配套1个3000吨级和2个1000吨级成品油及液体散货泊位，年设计通过能力470万吨，总投资4.39亿元。

广州华润南沙热电“上大压小”新建工程配套码头工程 建设规模为1个3.5万吨级散货泊位（结构按5万吨级设计），码头岸线长230米，年设计吞吐能力384万吨，总投资2.7亿元。

广州港鸿业石化码头工程 位于广州港南沙港区小虎作业区小虎岛东侧。该工程共建设码头泊位7个，分别为1个8万吨级成品油卸船泊位，1个5000吨级、2个3000吨级和3个2000吨级成品油装船泊位，码头设计年通过能力880万吨，其中卸船能力530万吨，装船能力350万吨；码头总长1069米。

广州港南沙港区粮食及通用码头工程 位于珠江口伶仃洋喇叭湾湾顶——广州市南沙区龙穴岛上，介于中船龙穴修船基地及规划中部挖入式港池北侧口门之间的岸线上。工程建设规模为新建10万吨级和7万吨级粮食卸船泊位各1个，使用港口岸线570米，设计年通过能力980万吨；新建2000吨级粮食装船泊位5个，使用港口岸线587米；新建1个7万吨级和3个5万吨级通用泊位，使用港口岸线1048米，设计年通过能力770万吨。码头陆域纵深682米，总面积76.67万平方米。2012年底建成投产。

南沙港区集装箱三期工程 位于广州港南沙港区二期工程东侧岸线下游。建设4个10万吨级和2个7万吨级集装箱海轮泊位（水工结构均按15万吨级集装箱船设计），岸线总长2218米，设计年通过能力370万标准箱；配套建设24个2000吨级集装箱驳船泊位（水工结构按1000吨级集装箱海轮设计），岸线总长1660米，设计年通过能力200万标准箱；建设6个工作船泊位，岸线总长300米。码头陆域纵深1177

米，陆域面积276公顷。码头前沿水深-18米，2015年2月全部建成投产。

珠江电厂煤码头扩建工程 位于南沙港区小虎作业区港发码头下游。扩建1个7万吨级卸煤泊位，改建2个驳船泊位，总投资5.3亿元。

至2015年12月，广州港拥有各类码头泊位678个（万吨级以上泊位74个），其中生产用泊位514个（万吨级以上泊位71个）。

2001—2015年广州港全港生产用码头泊位数情况见表3-3-1。

2001—2015年广州港全港生产用码头泊位数情况表

表3-3-1

年份	泊位/个	万吨级以上泊位/个	生产用泊位总长度/米
2001	474	46	34287
2002	562	46	40520
2003	527	45	39780
2004	467	51	36986
2005	455	49	36301
2006	474	59	39886
2007	487	61	41301
2008	482	57	40365
2009	467	59	41042
2010	474	60	42111
2011	487	65	44398
2012	493	66	45255
2013	498	66	45477
2014	510	71	46958
2015	514	71	47746

注：根据2001—2015年广州港统计资料汇编、广州市统计局网站《统计年鉴》数据编制。

第二节 仓库堆场

古代广州港的码头随着港湾和河道变迁而荒废消失，广州港码头附近的古代仓库建筑也没有保留下来，不过现今广州市地名上仍留有古代港仓痕迹，如越秀区仓边路一带，曾有宋代盐仓，食盐通过文溪运抵广州城。清代一口通商时期，广州十三行商馆区设有仓库，黄埔港和黄埔老港也都设有仓库。19世纪初期，河南港区建有花地仓库和白蚬壳货仓。

鸦片战争后，英国、美国、日本等国商人和广东地方政府及民间商人先后在珠江东河道、西河道和南河道以及黄埔建筑一些重力式、高桩框架、钢板桩结构钢筋水泥码头和库场。中华人民共和国成立前，广州市的沙面南对面河南新堤以南一带及芳村一带建有外商码头仓库。此外，黄埔码头也有一些库场，黄沙的琼花直街也有仓库1间。

一、黄埔港区

（一）黄埔老港

码头始建于民国二十六年（1937），黄埔开埠督办与荷兰治港公司签约，依靠荷兰建港技术，于民国二十七年（1938）建成瓦顶砖墙仓库1座及一些临时性堆场设施。1948年6月至1949年7月，黄埔港兴业公司先后修建5000吨验货仓1座、1.5万吨钢筋水泥二层仓库1座、5000吨砖墙铝顶仓库1座、6000吨砖墙铝顶仓库1座、9000吨砖墙铝顶仓库1座。

1953年增建2451平方米仓库1座。1954年老港区库场9.8万平方米，其中仓库1.3万平方米，堆场8.5万平方米。1958年，新建仓库2142平方米，新建堆场5.21万平方米。1960年，港区库场面积14.4万平方米。1965年，新增仓库1.1万平方米、堆场5万平方米。1966年底，库场总面积23.3万平方米，其中仓库4.7万平方米，堆场18.6万平方米。1986年洪圣沙新建成仓库4座，总面积2.1888万平方米（每座均为5472平方米），新铺堆场1.63万平方米。1990年，黄埔老港区库场总面积为31.1万平方米。

（二）黄埔新港

1975年，黄埔新港区的码头上建有一座高43.5米，由21个巨型圆筒和操作主楼组成的散粮仓库，年设计散粮类货物进出能力88万吨。码头上还建有4座大跨幅度的仓库，每座面积为1.04万平方米。至此，第一期工程完成仓库4万平方米，堆场5.8万平方米。

第二期工程开始后，新港区于1980年新增堆场1.09万平方米，并建有集装箱码头使用的库场11.34万平方米，其中仓库1.38万平方米，堆场9.96万平方米。用于煤码头的堆场5个（1~4号及备用堆场），总面积6.56万平方米，有效面积5.27万平方米，容量37.47万吨。至1990年，新港区共有库场37.6万平方米，其中仓库12.6万平方米，堆场25万平方米。

西基煤码头堆场面积13.3万平方米。2005年经系统改造后增加堆场面积1.53万平方米。

二、内港港区

（一）芳村作业区

芳村作业区位于南河道西岸。1951年码头上有仓库6座共1.13万平方米，为广东省粮食局专用。1959 年芳村作业区有仓库 1.09 万平方米，货棚、月台 1493 平方米，堆场 1200 平方米。1973 年芳村作业区有仓库 1.8 万平方米，堆场 5.5 万平方米。1978 年，芳村作业区有仓库 1.8 万平方米，堆场 5.41 万平方米（均不包括出租库场），库场总面积 7.22 万平方米。至 1990 年，芳村作业区库场总面积 5.2 万平方米。

（二）河南作业区

河南作业区位于南河道东岸，作业区码头始建于清光绪三十年至三十二年（1904—1906），建有花地货仓、白蚬壳的码头和货仓。

河南花地货仓建于光绪二十七年（1901），最初由德国商人兴建煤油池 1 座。光绪三十年，美孚洋行兴建煤油池 5 座和货仓数间。光绪三十二年，兰格煤油公司兴建货仓。

河南白蚬壳的码头和货仓建于光绪三十年，最初由太古洋行兴建码头 1 座和货仓 1 座。光绪三十二年，加建码头 1 座、货仓 4 座。光绪三十二年、三十三年（1907），粤海关兴建设验货厂。

1951 年，河南作业区有仓库 12 座，其中太古仓 1 座、大阪仓 1 座，有露天堆场 1 个。1973 年，作业区库场扩建到 3.13 万平方米，其中仓库 1.93 万平方米，堆场 1.15 万平方米。至 20 世纪 80 年代初，码头配套库场总面积 8684 平方米，其中仓库总面积 2696 平方米，堆场总面积 5988 平方米。

1986 年，码头区配套堆场总面积 3.46 万平方米；1987 年，码头区配套库场总面积 2.69 万平方米，其中仓库 1800 平方米，堆场 2.51 万平方米。到 1990 年，其中仓库 2.27 万平方米，堆场 7.64 万平方米。

（三）新风作业区

1958 年，新建库场 1.96 万平方米。1970 年，如意坊码头二期工程同时建有库场，总面积 4.88 万平方米，其中仓库 2.47 万平方米，堆场 2.41 万平方米。至 1990 年，库场总面积 5.63 万平方米。

（四）东风作业区

东风作业区位于东河道北岸，由沿江码头、大沙头客运码头和员村码头三部分组成。1968 年，增建仓库 9713 平方米，堆场 1.55 万平方米。至 1990 年，库场总面积 4.22 万平方米，其中仓库 1.17 万平方米，堆场 3.05 万平方米。

三、新沙港区

新沙港区位于东江左侧，隔江为黄埔集装箱码头，距黄埔老港区 15 千米，岸线顺直约 7.5 千米。1987 年 2 月动工兴建。20 世纪 90 年代，港区共建有仓库堆场 15 万平方米。2001—2004 年，新沙煤矿系统改造完成后，新增堆场面积为 5.36 万平方米。

四、南沙港区

广州港南沙港务有限公司（南沙一期） 成立于2003年3月17日，4个10万吨级深水泊位于2004年9月28日建成投产，主岸线长1400米，港池宽600米、水深－15.5米；驳船岸线长653米；陆域纵深1300米，堆场面积108万平方米，可摆放14.5万多个标准集装箱；CFS（集装箱货运站）装拆箱库场面积15552平方米，冷藏箱插座1080个，危险品箱位760个；进闸通道16条，出闸通道12条。

南沙海港码头（南沙二期） 港区面积223公顷，拥有6个15万吨级泊位，岸线长2100米，前沿水深－15.5米。堆场容量15万标准箱，冷藏箱插座1344个，仓库总面积达6.8万平方米，闸口通道共计18条。

南沙集装箱码头（南沙三期） 2012年11月开工建设，计划2017年4月建成。港区面积238万平方米，其中堆场总面积154.1万平方米。建有一个拆装箱库，仓库面积为9492.40平方米。

1991—2015年广州港生产用仓库、堆场面积及容量见表3-3-2。

1991—2015年广州港生产用仓库、堆场面积及容量表

表3-3-2

年份	仓库总面积/万平方米	仓库总容量/万吨	堆场总面积/万平方米	堆场总容量/万吨
1991	32.5	24.6	64.9	107.8
1992	31.8	25.4	64.9	105.9
1993	30.5	24.2	63.6	105.9
1994	29.7	23.8	63.6	105.7
1995	31.9	28.2	73.7	147.7
1996	32.3	28.4	73.5	148.3
1997	31.9	28.1	76.7	153.1
1998	31.7	28.1	77.9	153.7
1999	28.9	29.7	81.6	160.5
2000	31.4	36.8	91.3	183.3
2001	31.3	41.4	94.1	206.2
2002	30.5	41.7	94.7	207.2
2003	30.9	42.0	101.1	239.0
2004	32.4	45.2	162.6	319.5
2005	89.0	82.7	351.0	441.5
2006	89.0	83.0	364.6	462.7

续表

年份	仓库总面积/万平方米	仓库总容量/万吨	堆场总面积/万平方米	堆场总容量/万吨
2007	88.3	82.1	457.0	517.8
2008	125.1	128.5	509.2	684.1
2009	140.0	155.5	519.2	796.7
2010	141.1	163.7	521.6	849.1
2011	157.8	251.3	532.6	1083.0
2012	160.2	302.6	574.1	1092.6
2013	164.0	322.1	596.6	1662.3
2014	162.4	322.1	651.1	1221.5
2015	162.0	318.9	665.1	1298.7

第三节　机械设备

一、装卸技术

广州港口的货物装卸技术，随着水上运输业的发展、港口建设规模的扩大、进出港口货物品类和数量的增多不断得以提高和创新，从人力扛抬的落后状态逐步走向机械化乃至大宗货类的码头库场装卸作业专业化、系列化和自动化。

（一）件杂货物装卸

中华人民共和国成立前，进出广州港口的货物以件杂货为主。由于运输船舶吨位不大，港口码头设施设备简陋，装卸作业技术十分落后。装卸件杂货多以人力扛抬，箱装货则用两轮手推车（又称虎头车）推运。民国三十七年（1948）8月，黄埔码头开业经营，码头才开始有一些简陋的装卸搬运机械设备。装卸重件的最大起重设备仅为一台负荷30吨的起重船，又受跨幅限制，不能配合岸上直接装车，装卸作业效率很低。

中华人民共和国成立初期，广州港口的设备和码头装卸作业仍较落后。“大跃进”时期，广州港务局增加起重、水平运输和拆叠垛作业用的起重机、电池平板搬运车、拖头、铲车等机械一批。同时，在船舶快速装卸和机械操作方面，先后摸索并推行诸如：四吊两钩循环法、五杆两钩四船同舱装卸法、六杆三钩快速装船法、隔舱吊杆合并吊货法、一机二舱或多舱叠堆法、远距离一拖多码、电板车上楼仓和小型机械入仓上月台等装卸作业操作方法，提高了库场容积和装卸效率，减轻了工人劳动强度。

20 世纪 60 年代，进出港船舶吨位增大，大宗货类增多，件杂货部分货类的装卸作业开始实行成组化。1965 年，黄埔港管理局结合库场、道路布局的调整，开辟第一线门吊直接作业堆场，扩大门吊直接对船作业的有效面积。同时合理调整堆场布局和出口货源集中地点，缩短库场至车、船的水平运输距离，减少操作工序。包装化肥卸船和包装水泥装船成组作业，减少操作程序 2 个，每条作业线节约 30% 的机械设备及劳动力 4 人，提高效率 10% 左右；长度 3 米以下钢管成组吊运装船，提高效率 20% 左右；还推行了锡块成组装船，圆钢、钢板等货类成组拆叠操作的码垛方法。其间，广州港务管理局除改进装卸工具外，还推行了“循环（来回）装卸作业”“一机多头多路输送装卸作业”及“一组多头装卸作业”等装卸作业方法。

20 世纪 70 年代，黄埔港务管理局改进操作工艺，提高包件、杂货装卸效率，充分利用仓库，扩大堆存量。主要解决包货舱底打码或装船、库内堆叠及打码、装卸车的人力操作问题。推广独杆吊、少先吊舱内打码及库内堆叠、皮带机装卡与叠堆。1978 年，通过自主技术创新，化肥、纯碱等包装货部分实现成组装卸；为包装水泥成组装卸自制了 1600 块钢铁货板；为推广件杂货的循环拖带自制 20 吨和 80 吨平板车；在黄埔老港区堆场铺设第二线门吊轨道 395 米，与第一线门吊的跨幅范围衔接；用水泥铺设 70 多块排列整齐、合理的堆场货垡，节省装卸劳动力、机械使用和大批垫板。1973 年交通部从日本进口了一艘非自航式负荷 250 吨浮吊起重 2 号，拨给黄埔港务管理局使用。1975 年 12 月，国内创新采用 8 条钢丝绳整台吊运 160 吨门吊工艺，从黄埔老港区直达新港区一次吊运成功。1978 年又安全保质地完成广州石油化工厂从法国进口的化肥成套设备大件的卸船装车任务。

20 世纪 80 年代，件杂货的大宗货类成组装卸作业技术在广州和黄埔两港务局各装卸作业区（港务公司）继续推行的同时，对件杂货的装卸工具进行改进革新，较有代表性的是：黄埔港务公司的立式卷纸夹具、立式胶版新闻纸夹具、扩大起重单元的钢板夹具和扩大吊架单元的桶货吊架、立式卷钢夹具、木材抓斗、小汽车和大型汽车吊具、火车头吊架、铲车吊臂、胶版水泥络等，新港港务公司的 8 吨超长钢轨吊具、10 吨钢板吊具、1. 5 吨卷纸夹具、5 吨和 10 吨卷钢吊具、双夹立式桶头吊具、装卡用立式桶头吊具之吊架、1 吨单头钢芯麻绳等，新风装卸作业区（港务公司）的高强度合金钢环眼吊钩、5 吨和 8 吨钢板钩、几种类型的汽车吊具、增加单元的桶货吊架、玻璃撑架及索具等，河南装卸作业区（港务公司）的 8 吨钢板钳、5 吨猪腰钩、桶装鹅头钳、10 吨卷钢吊链索、袋装水泥扁带吊具等，芳村装卸作业区（港务公司）的吊装松香夹具、装卸玻璃夹具等。

（二）散装货物装卸

1956 年后，广州港口出现大批煤炭、矿砂等散装货源。散装货的装卸作业与其他货类一样，初期全靠人抬肩扛。20 世纪 60 年代，进口矿砂卸船作业仍采用抓斗门式起重机，但进口煤的卸船作业却因国轮吊杆及卷扬机技术状态低劣使卸煤用的先进工具——“船机单索抓斗”不能发挥其应有作用，只能采用人力装兜起吊卸煤，降低了装卸效率、增加了工人劳动强度。

20世纪70年代初，黄埔港务管理局推广使用电动手扶制板机清二层舱和底层舱里挡的煤炭出舱。

1975年后，除继续推行和完善散装货物的成组装卸作业，对装卸工属具及工艺继续进行革新（如改进抓斗门吊，用小型推土机、推耙机下舱平舱、清舱等）外，部分散装货物装卸的码头专业化，散装货物装卸技术水平大为提高。1975年底，黄埔港务管理局新港区第一期工程简易投产，第一泊位划作散粮专用码头，主要配套设备有高43.5米，由21个巨型圆筒、12个星筒和操作主楼组成的散粮仓库1座，岸机配备2台效率为800吨/时的大型装卸桥和1台为效率400吨/时的吸粮机。筒仓容量2.8万吨，年设计能力88万吨。1978年3月试产。1979年，又在起重2号船上安装了抓斗门吊进行锚地散货装卸，大大提高了锚地散货装卸能力。后来经过对工艺技术及安全防火防爆方面的改进完善，1984年4月正式投入生产。卸船—装仓—灌包、缝包—装驳或装卡（含散粮装驳和装卡），完全实现机械化、自动化。

1982年8月，交通部根据中国进口散装化肥的需要，确定在沿海有关主要港口设立散装化肥灌包中转点。为此，黄埔港务管理局将新港区第3泊位改建为散装化肥灌包专用码头。码头前沿配备10吨抓斗门吊卸船，并从日本引进4台双头、4台单头灌包机和缝包机，整个卸船灌包过程采取边库内堆存、边灌包的自动化装卸工艺。1987年3月，建成投产的西基专业化煤炭码头，装卸工艺设备分主系统和装驳、装卡两个小系统；生产设施包括卸船、装船、装火车、装汽车及其称量、堆取、输送系统、电化中控系统、洒水除尘、煤污水处理系统、通信、消防系统等，形成较为完整的现代化装卸生产工艺流程。1989年11月，增加卸船后直送和SR5取料转送两个工艺流程，向黄埔电厂输送煤炭。设计流量1500吨/时，计划年送煤量200万吨。西基专业化煤码头装卸船能力400万吨，吞吐能力647万吨，是华南最大、自动化程度较高的煤炭装卸专业化码头，建成投产后，改变广州地区港口煤炭装卸作业技术落后状况，大大地提高煤炭装卸能力。

（三）集装箱装卸

20世纪80年代初期，广州港使用黄埔老港区第8码头泊位靠泊集装箱运输船进行装卸作业。船与码头前沿之间，采用船吊或岸上龙门吊及人力操作开关的集装箱专用吸架吊具吸吊装卸；码头前沿至堆场，用拖挂车水平运输，用叉车或吊机进行拆叠垛。工时效率7～8标准箱。1983年4月和1985年10月，黄埔港务管理局新港区7、8两个集装箱专业化码头泊位先后建成投产。设有大型火车交接库1座，大型汽车交接库2座以及冷藏箱位。年设计通过能力20万个标准箱。装卸作业工艺流程实现机械化：船至码头前沿，采用集装箱装卸桥和配备20吨及40吨全自动集装箱专用伸缩吊具，进行吸吊集装箱装卸；码头前沿至堆场，采用拖挂车水平运输，用轮胎式龙门起重机拆叠垛；堆场至货棚，采用集装箱专用铲车作业；货棚至仓库至火车、汽车、驳船，采用一般铲车进行作业。还引进了2台电脑主机用于现场装卸作业管理。平均工时效率 20 标准箱，比专业化码头投产前的工时效率提高近 3 倍。

（四）液态（体）货物装卸

1977 年，广州石油化工厂在黄埔新港区建成 2 座 2.4 万吨级的栈桥式专业化石油码头泊位后，移交给黄埔港务管理局使用。以接卸油轮运载的原油和成品油为主。自此，广州港口开始有散装液态货物——原油和成品油的装卸作业。卸船采用胶管接通岸上两条管线，直通中转站油罐或广州石油化工厂油罐。胶管承受压力 0.3 兆帕～0.4 兆帕，卸油速度为 700 吨/时。1989 年 4 月，引进了承受压力 1 兆帕的法国 FBMA 型卸油臂代替胶管接通管线，卸油速度为 1700 吨/时，比使用油臂前提高 1.4 倍。

二、装卸机械

（一）起重机类

民国三十七年（1948）6 月 16 日，广州港口始有 3 吨、5 吨、10 吨起重机各 2 台。1950 年，在广州港 9 台机械中有 8 台为起重机械。其中履带式起重机 5 台（3 吨 1 台、5 吨 2 台、10 吨 2 台）；汽车式起重机 2 台，起重量均为 4.5 吨；30 吨鹅颈式水上浮吊 1 台。第一个五年计划期间（1953—1957）购置起重机械 11 台，全部在黄埔老港区使用。其中履带起重机 1 台，汽车式起重机 8 台，蒸汽轨道起重机 2 台。20 世纪 50 年代末，广州港开始在万吨级以上泊位装设门座起重机。1959 年，广州港新增起重机械 13 台，其中爬行式吊机 1 台，人字式吊机 2 台，其他吊机 10 台，有三分之二是装卸工人根据装卸需要和经验制造的“土机械”。1960 年，广州港有起重机械 88 台，其中 60 台为本港自制。

20 世纪 60 年代初，港口工人制造“少先式”装卸起重机，分固定和移动两种，起重能力在 600 千克以下。1962 年有少先式吊机 27 台。20 世纪 60 年代中期，港口起重机械部分已超过报废年限，港口机械和半机械操作只占 20% 左右。1966 年，从匈牙利布达佩斯起重机厂购买 8 台 GANZK5－30 型门座式起重机，安装在黄埔老港区码头使用。1967 年，从日本神田造船所购买的浮式起重机，最大负荷量 250 吨，最大幅度 34 米，起升高度（离地）69 米，总功率 570 千瓦，机长 52 米，宽 22 米，型深 4.5 米，为华南最大的浮式起重机。1969 年，黄埔老港区有起重机械 65 台，其中门座式起重机 14 台，轮胎起重机 32 台，履带式起重机 5 台，汽车式起重机 1 台，轨道式起重机 2 台，电吊式起重机 4 台，库内吊起重机 7 台。

1971 年，广州最大的门座式起重机在黄埔老港区投入使用。该起重机由匈牙利布达佩斯起重机厂生产，型号 GANI6/12/20T－25/15M，最大负荷 20 吨，最大伸展幅度 25 米，起升高度 15 米，功率 182 千瓦。1972 年，增加起重机械 6 台，其中履带式起重机 1 台，轮胎式起重机 5 台。1975 年，起重机械增加到 280 台，其中门座式起重机 21 台，履带式起重机械 9 台，轮胎式起重机 84 台，电动轮胎式起重机 4 台，汽车式起重机 7 台，电葫芦式起重机 7 台，少先式吊机 64 台，其他各种吊机 84 台（大多数为自制简易的吊机）。

1976—1980 年，增加起重机械 53 台，其中门座式起重机 23 台，轮胎式起重机 10 台。安放在黄埔新港区的 1 台轮胎式起重机为英国 COLES 起重机有限公司生产，最大负荷量 36. 5 吨，最大伸展幅度 30 米，起升高度 27 米，功率 108. 5 千瓦，为广州港最大的轮胎式起重机。GLD3 型 3 吨电动轮胎式起重机 12 台，浮式起重机 2 台。广州文冲船厂建造的一台最大负荷为 100 吨，最大伸展幅度 12 米，起升高度 29 米，功率 238 千瓦，可 360°旋转。日本加藤制作所株式会社生产的 KO－TONK－400E 型汽车式起重机 1 台，安放在黄埔新港区使用。另有固定旋转式起重机 5 台。大多数自制起重机械和性能不良机械被淘汰。

20 世纪 80 年代，一批大型专业化、高效率码头投产，起重机械得到更快的发展。1981—1985 年增加门座式起重机 13 台，浮式起重机 2 台，汽车式起重机 3 台。其中 1 台最大负荷为 50 吨的汽车式起重机由日本住友重机械工业公司生产，为当时广州港最大型汽车式起重机。另有 3 吨塔式起重机 14 台，固定旋转式起重机 4 台。共增加起重机械 109 台。

1990 年，广州港已有门座式、桥式、轮胎式、电动轮胎式、浮式、汽车式、塔式、固定旋转式、轨道式、履带式等各种类型的起重机械 315 台。1991—2000 年，增加轮胎式起重机 74 台，集装箱门座式起重机 6 台，汽车式起重机 4 台，浮式起重机 1 台，门座式起重机 32 台，电动轮胎式起重机 1 台，桅杆 1 台。其间，因使用期满报废或损坏 190 台。至 2015 年末，广州港集团有门座式、桥式、轮胎式、电动轮胎式、浮式、汽车式、塔式、固定旋转式、履带式等各类起重机 303 台（见表 3－3－3）。

2001—2015 年广州港集团起重机械类基本情况表

表 3－3－3　　　　单位：台

年份	期初实有数	本期增加	本期减少	期末实有数
2001	301	3	16	288
2002	288	6	12	282
2003	282	15	24	273
2004	273	9	23	259
2005	259	12	31	240
2006	240	5	8	237
2007	237	0	3	234
2008	234	6	4	236
2009	236	10	14	232
2010	232	1	28	205
2011	205	11	0	216

续表

年份	期初实有数	本期增加	本期减少	期末实有数
2012	216	43	0	259
2013	259	5	0	264
2014	264	47	0	311
2015	311	0	8	303

（二）装卸搬运机械

中华人民共和国成立前，港口设备简陋，装卸作业多靠人力。当时，主要搬运工具是手推车。中华人民共和国成立后的1950年，广州港有汽车3台，其中：道奇厂制造的汽油货车2台，载重量2.5吨；雪佛兰厂制造的木炭客车1台，载重量2.5吨。1951年，有两轮手推车200台，四轮平板车100台。1953年，增加汽油装卸车1台。1954年，广州港开始增加电池平板搬运车和电池装卸车。平板搬运车用于搬运小箱货物，后在平板车上安装围框，以减少框，以减少货物摔出车外造成货损。该年增加的40台电池搬运车，因司机不足，经常开动的只有16台。该年增加的15台电池装卸车，由于负荷能力低及其操作不便，很少使用。到1955年，装卸搬运机械有电池搬运车30台，电池装卸车3台，牵引车3台，汽油装卸车5台，共41台。1958年，广州港“土洋结合”，自制各种装卸机械。1959年，增加装卸机械10台，牵引车8台。

20世纪60—70年代，广州港的装卸搬运机械逐步增加。1960年，装卸搬运机械增加到93台（60%为自制），其中黄埔老港区61台，河南港区16台，芳村港区3台，东风港区13台。黄埔老港区深水码头投产后，机械增加较多。1964年增加搬运车8台，1965年增加搬运车60台。1966年，装卸搬运机械增加到211台，其中装卸机械60台，搬运车145台，牵引车2台，汽车4台。1975年黄埔新港第一期工程简易投产后，增加了一大批机械。1975年，装卸搬运类机械增加至427台，其中有2台为日本东洋运搬机株式会社生产的TCMTD65S型50吨机，为广州港载重最大牵引车，在黄埔老港区内使用。20世纪70年代末，除外调的一部分机械外，大部分于20世纪50年代购置和自制的机械被淘汰。

20世纪80年代，大批现代化的机械投入港口使用。1981—1985年，增加叉式装卸车70台，其中大连叉车总厂生产的犀牛CPCD5G型5吨叉车14台，湖南叉车总厂生产的CPCD5型5吨叉车19台，广州港口机械制造厂生产的3CS型3吨叉车2台，厦门叉车厂生产的CPC-3型3吨叉车1台，从美国CLARK公司购买的C500-R40PD型2吨叉车6台，从日本购买的3吨和2吨叉车共28台。增加集装箱叉式装卸车6台，其中瑞典卡尔玛公司生产的KLMV42-1200型42吨叉车2台（该车为广州港最大型的集装箱叉式装卸车），日本东洋运搬机株式会社生产的TCMFD250型25吨叉车2台，加拿大CLARK公司生产的C500R550-650型25吨叉车2台。增加单斗车13台，其中日本东洋运搬机株式会社生产的TCM125BN型7.8吨单斗车8台，厦门工程机械厂生产的ZL40型3.6吨单斗车3台，柳州工程机械厂生产的ZL40型3.6吨单斗车2台。增加牵引车53台，其中广州港口机械制造厂生产的Q20型12吨牵引车45台，西江港机厂生产的Q75型12吨牵引车4台，日本丰田自动织机制作所生产的丰田02－TD25型25吨牵引车4台。增加集装箱牵引车16台，全部是日本三菱自动车工业公司生产的FUSOFV315HRL型30吨牵引车。

1990年，广州港有装卸搬运类机械503台。1991—2000年，增加的各类装卸搬运机械有：叉式车289台，牵引车85台，装载机53台，自卸车8台。其间，因使用期满报废或损坏242台。至2015年末，广州港集团有各类搬运机械745台。（见表3-3-4）

2001—2015年广州港集团装卸搬运机械类基本情况表

表3-3-4　　单位：台

年份	期初实有数	本期增加	本期减少	期末实有数
2001	677	95	73	699
2002	699	28	44	683
2003	683	59	51	691
2004	691	33	60	664
2005	664	56	61	659
2006	659	48	24	683
2007	683	0	0	683
2008	683	40	89	634
2009	634	34	43	625
2010	625	42	104	563
2011	563	26	0	589
2012	589	46	0	635
2013	635	16	0	651
2014	651	86	0	737
2015	737	8	0	745

（三）输送机械类

1956年，广州港开始使用中距离皮带机运输。1958年，有输送机械28台，其中升降式皮带机8台，固定式皮带机1台，平移式皮带机7台（均安放在黄埔老港区使用），链板输送机12台（在其他港区使用）。1960年，广州港174台2467.7米输送机械中，有132台1874.5米为“土洋结合”自制的机械，其中53台689.5米帆布机全部为自制。在自制的机械中，以木质材料为主。20世纪60年代中、后期，这批自制机械的一部分改为滚珠轴承或含油的钢铁轴承，大部分被淘汰。1965年，有输送机械108台。1971年降到87台。1975年，输送机械增加到176台。1976年，黄埔新港区一批专业化码头投产，其散粮仓库配有440吨/时的吸粮机1台。

1984年，新增机械73台（全部为皮带机）。1990年，全部胶带输送机被淘汰。到1990年，广州港共有输送机械6台，全为吸粮机。其中广州红卫机械厂生产的XL-400型400吨/时吸粮机1台，美国登宝卡普尔公司生产的TIMLSEVERⅢ型40吨/时吸粮机5台。至2015年末，广州港集团有输送类机械73台（见表3-3-5）。

2001—2015年广州港集团输送机械类基本情况表

表3-3-5　　单位：台

年份	期初实有数	本期增加	本期减少	期末实有数
2001	97	0	4	93
2002	93	9	24	78
2003	78	0	20	58
2004	58	0	20	38
2005	38	1	0	39
2006	39	0	0	39
2007	39	0	0	39
2008	39	0	0	39
2009	39	0	0	39
2010	39	0	0	39
2011	39	0	0	39
2012	39	34	0	73
2013	73	0	0	73
2014	73	0	0	73
2015	73	0	0	73

（四）南沙港区码头主要设备

1. 南沙港务有限公司（南沙一期）

岸边集装箱起重机19台，15台为上海振华重工（集团）股份有限公司生产，4台为上海港机厂生产。其中，9台60t-60m（t表示额定起重量，单位为吨，m表示跨度，单位为米；下同），起升高度：轨面以上38米，轨面以下17米；6台65t-63m，起升高度：轨面以上45米，轨面以下17米；2台80t-65m，起升高度：轨面以上43米，轨面以下17米；2台65t-65m，起升高度：轨面以上45米，轨面以下

17 米。

轮胎龙门吊 60 台，52 台为上海振华重工（集团）股份有限公司生产，8 台为诺尔起重设备（中国）有限公司生产。其中 44 台额定起重量 40 吨，起升高度 18 米，大车轨距 23.47 米；8 台额定起重量 41 吨，起升高度 18.1 米，大车轨距 23.47 米；8 台额定起重量 41 吨，起升高度 18 米，大车轨距 23.47 米。

门座起重机 11 台，9 台为中国长江航运集团红光港机厂生产，2 台为江苏港益重工股份有限公司生产。其中 MQ4035 型 4 台，40t－35m 单臂架，起升高度（吊钩）：轨道上 25 米，轨道下 15 米。MQ4535 型 7 台，45t－35m 单臂架，起升高度（吊钩）：其中 5 台轨道上 28 米，轨道下 15 米；2 台轨道上 25 米，轨道下 10 米。

集装箱正面吊 8 台，额定负载为 45 吨，分别由意大利 C. V. S 股份公司（CVS SPA）、瑞典卡尔玛工业集团、科尼起重机设备（上海）有限公司生产。其中 CVS 正面吊 3 台，最小转弯半径（外侧/内侧）8390/980 毫米，整车自重 70850 千克；卡尔玛正面吊 3 台，最小转弯半径（外侧/内侧）8500/1200 毫米，整车自重 66800 千克；科尼正面吊 2 台，最小转弯半径（外侧/内侧）8500/1200 毫米，整车自重 66800 千克。

空箱堆高机 12 台，分别为 CVS SPA（意大利）、上海海斯特叉车制造有限公司、三一集团有限公司生产。其中 CVS 堆高机 5 台，额定负载为 8 吨，整车自重 39700 千克，最小转弯半径 6150 毫米；海斯特堆高机 5 台，整车自重 35300 千克，最小转弯半径 6000 毫米；三一堆高机 2 台，额定负载为 9 吨，整车自重 39800 千克，最小转弯半径 6000 毫米。

2. 广州南沙海港集装箱码头有限公司（南沙二期）

岸边集装箱起重机 22 台，均为上海振华重工（集团）股份有限公司生产。其中 3 台 100t－65m，起升高度：轨面以上 42 米，轨面以下 17 米；19 台 65t－65m，起升高度：轨面以上有 4 台 45 米、2 台 34 米、13 台 42 米，轨面以下均为 17 米。

轮胎龙门吊 64 台，额定起重量 41 吨，均为上海振华重工（集团）股份有限公司生产。起升高度 18.1 米。

门座起重机 8 台，分别为上海振华重工（集团）股份有限公司、中国长江航运集团红光港机厂生产。45t－35m 单臂架，起升高度（吊钩）：轨道上 25 米，轨道下 15 米。

集装箱正面吊 6 台，额定负载 45 吨（吊具下），分别为科尼集团下属瑞典 SMV 公司（SMV Konecranes AB）、科尼港口机械（上海）有限公司、瑞典卡尔玛工业公司（Kalmar Industries AB）生产。

空箱堆高机 16 台，分别为瑞典卡尔玛工业公司（Kalmar Industries AB）、荷兰纳科物料搬运集团、科尼港口机械（上海）有限公司生产。其中额定负载 8 吨的 4 台，额定负载 9 吨的 12 台。

3. 南沙集装箱码头分公司（南沙三期）

岸边集装箱起重机 20 台，均为上海振华重工（集团）段份有限公司生产。其中

12 台 65t－70m，起升高度：轨面以上 49 米，轨面以下 20 米；8 台 65t－65m，起升高度：轨面以上 45 米，轨面以下 20 米。

轮胎龙门吊 48 台，额定起重量 41 吨，36 台为上海振华重工（集团）股份有限公司生产，12 台为三一集团有限公司生产。跨距 23.47 米，起升高度≥18.1 米（吊具下，堆 5 过 6），供电电压 DC（直流电）680 伏。

轨道龙门吊 8 台，4 台为无锡华东重型机械股份有限公司生产，4 台为上海振华重工（集团）股份有限公司生产。其中华东重机龙门吊 4 台，额定起重量 5 吨，起升高度：≥21.1 米（吊具下，堆 6 过 7），轨距 46 米；振华重工龙门吊 4 台，额定起重量 7 吨，起升高度：≥21.1 米（吊具下，堆 6 过 7），轨距 46 米。

门座起重机 8 台，均为江苏港益重工股份有限公司生产。45t－35m 单臂架，起升高度（吊钩）：轨道上 25 米，轨道下 15 米。

集装箱正面吊 4 台，额定负载为 45 吨（吊具下），均为瑞典卡尔玛工业集团生产。

空箱堆高机 3 台，额定负载为 9 吨，均为三一集团有限公司生产。

4. 南沙粮食通用码头分公司（粮食码头）

门座起重机 20 台，分别为上海鼎盛港机有限公司、江苏港益重工股份有限公司、上海振华重工（集团）股份有限公司生产。其中 17 台 25t－38m 四连杆，起升高度（抓斗/吊钩）：轨道上 21 米/30 米，轨道下 17 米；1 台 45t－35m 单臂架，起升高度（抓斗/吊钩）：轨道上 18 米/28 米，轨道下 17 米；2 台 40t－45m 四连杆，起升高度（抓斗/吊钩）：轨道上 21 米/30 米，轨道下 17 米。

刮板连续卸船机 2 台，为瑞士布勒公司生产。单台作业效率 1200 吨/时。

连续装船机 4 台，为红光港机厂生产。单台作业效率 1000 吨/时。

轨道移动式螺旋卸船机 2 台，单台作业效率 600 吨/时。

皮带输送机 2 台，型号为 B1600－200M＋245M。

斗式提升机 2 台，额定输送能力 600 吨/时。

螺旋装船机 1 台，额定输送能力 1000 吨/时（另有 2 台风送斜槽）。

粮食专用进仓输送线 2 条，额定输送能力 2000 吨/时，分别为江门市振达机械制造有限公司、河南天隆输送装备有限公司生产。分为全密封多点卸料皮带机和托辊皮带机。

粮食专用出仓输送线 4 条，额定输送能力 1000 吨/时。分别为江门市振达机械制造有限公司、江门市南方输送机械工程有限公司生产。分为全密封多点卸料皮带机和气垫式皮带机。

2015 年南沙港区主要设备情况见表 3－3－6。

2015年南沙港区主要设备情况表

表3-3-6

设备种类	南沙一期	南沙二期	南沙三期	粮通码头
岸边集装箱起重机/台	19	22	20	0
轮胎龙门吊/台	60	64	43	—
轨道龙门吊/台	—	—	8	—
门座起重机/台	11	8	8	20
刮板连续卸船机/台	—	—	—	2
连续装船机/台	—	—	—	4
集装箱正面吊/台	8	6	4	—
空箱堆高机/台	12	16	3	—
轨道移动式螺旋卸船机/台	—	—	—	2
皮带输送机/台	—	—	—	2
斗式提升机/台	—	—	—	2
螺旋装船机/台	—	—	—	1
粮食专用进仓输送线/条	—	—	—	2
粮食专用出仓输送线/条	—	—	—	4

第四章　航道锚地

广州港航道具有海河运输双重特性，广州港出海航道及内港区航道为广州港主要航道，基本属于海港使用范围内航道。广州港航道又被分为广州港出海航道和其他航道。2015 年，广州港出海航道全长约 153 千米，广州港其他航道总里程约 167 千米。广州有内河航道 287 条（广州港区航道除外），航道总里程 1364 千米。广州港集团拥有生产性万吨级以上装卸作业锚地 21 个，万吨级装卸作业浮筒 14 个（最大锚泊能力 30 万吨）。

第一节　出海航道及内港区航道

广州港出海航道是广州港主航道，自黄埔港区至珠江口外隘洲岛南侧的天然水深区，沿经东莞、中山、深圳、珠海等市，全长约 153 千米，包括口门航道、大濠水道分道通航区、大濠水道、榕树头航道、伶仃航道、川鼻航道、大虎航道、坭洲航道、莲花山东航道、莲花山西航道、新沙航道、赤沙航道、大濠洲航道、黄埔航道。

广州港其他航道总里程约 167 千米，包括西河道、东河道、南河道、沥滘水道、东洛围水道、小洲水道、官洲水道、新洲水道、仑头水道、元岗沙水道、三枝香水道、汾水头水道、海心岗水道、新造水道、铁桩水道、浮莲岗水道、小虎沥水道、大虎西水道、蒲州水道、龙穴南水道、凫洲水道等。

一、出海航道整治建设

为适应和促进广州港发展，在交通运输部和省、市政府的高度重视下，从 1996 年开始，广州港务局对出海航道进行了一系列的人工疏浚，1996—2015 年，广州港出海航道建设了一期工程、二期工程、南沙港区出海航道拓宽工程、三期工程和深水航道拓宽工程，通航能力由原来的 1 万吨级提升至 10 万吨级。航道水深由 -9 米浚深至 -17 米，宽度 243 米。

（一）广州港出海航道一期工程

1996—2000 年实施了广州港出海航道一期工程。1998 年 11 月，出海航道一期工程正式启动，该工程为国家“九五”重点项目、广州市四大重点基础设施建设工程之一。工程北起西基调头区，南至桂山岛锚地，全长 115 千米，其中开挖（按底宽 160 米、疏浚深至 11.5 米标准）总长 58.56 千米。不连续分布于伶仃洋、川鼻、大虎、坭洲头、莲花山东、新沙6个航段，疏浚工程量约4337.3万立方米，总投资5.83亿元，该工程于2000年9月全面竣工。自此，广州出海航道有了较大改善，航道水深由-9米浚深至-11.5米，底宽160米，满足3.5万吨级船舶乘潮通航，并兼顾第三代集装箱船进出港。出海航道一期工程完工后，广州港吞吐量突破1亿吨并冲刺2亿吨。

（二）广州港出海航道二期工程

2004—2008年实施广州港出海航道二期工程。广州港出海航道二期工程是在一期工程的基础上进一步对航道浚深，包括西基调头区、新沙航道、莲花山东航道、坭洲头航道、大虎航道、川鼻航道、伶仃西航道、大濠水道等航道段，航道全长115千米，其中人工开挖66.7千米，航道水深由-11.5米浚深至-13米，有效宽度160米，满足5万吨级船舶乘潮进出港。工程总投资5.69亿元。

（三）南沙港区出海航道拓宽工程

2005—2006年实施南沙港区出海航道拓宽工程，将南沙港区至珠江口段全长约60千米的出海航道的有效宽度由160米拓宽至255米，以满足5万吨级集装箱船双向乘潮进出南沙港区。工程总投资2.43亿元。出海航道二期工程及南沙港区出海航道拓宽工程完工后，广州港吞吐量突破3亿吨。

（四）广州港出海航道三期工程

2009—2014年实施广州港出海航道三期工程。工程位于珠江口伶仃洋，南起珠江口外的天然水深区，北至广州港南沙港区，自南向北包括口门航道、大濠水道分道通航区、大濠航道、伶仃航道和南沙作业区公用进港航道，航道总长约71.8千米。按10万吨级集装箱船不乘潮单向通航，兼顾12万吨级散货船乘潮单向通航和5万吨级集装箱船不乘潮双向通航标准建设。航道设计尺度为有效宽度243米，底标高-17.0米。工程总投资26.6亿元。出海航道三期工程完工后，广州港吞吐量突破4亿吨。

（五）广州港深水航道拓宽工程

2011年开始，为解决出海航道单向通航问题，广州港务局牵头启动了广州港深水航道拓宽工程前期工作。按满足10万吨级集装箱船与15万吨级集装箱船（减载）双向通航的标准建设，在已建广州港出海航道三期工程的基础上，将南沙港区龙穴岛作业区以南至珠江口隘洲岛西侧天然水深处全长66.6千米的航道拓宽至385米，设计底标高-17米，至2015年底该工程处于开工前筹备阶段。

二、海港及内港区主要航道等级

广州港出海主航道从南沙港区至珠江口隘洲岛外天然水深区，可满足10万吨级集装箱船不乘潮单向通航，兼顾12万吨级散货船乘潮单向通航；由南沙至新沙港区西基调头区，满足5万吨级船舶乘潮单向通航；西基调头区至黄埔老港，可满足1万吨级船舶单向通航、2万吨级船舶乘潮单向通航；黄埔至白鹅潭（内港区）南航道，可满足5000吨级船舶乘潮通航，东河道可满足1000吨级船舶乘潮通航；白鹅潭西航道至白坭大桥段，可满足1000吨级船舶通航、3000吨级船舶乘潮通航。

第二节　内河航道

广州有内河航道287条（广州港区航道除外），在广州辖内河道总长1559千米，其中通航里程1364千米。主要航道有白坭水道、沙湾水道、洪奇沥水道、市桥水道、蕉门水道、上横沥水道、下横沥水道、东江北干流、赤坭水道等。绝大多数河道相互通连，径流大、汛期长、水量丰盈，且受海洋潮汛影响，每昼夜涨潮落潮各两次，枯水期一些水深不足通航的河道，乘潮也能通航。清光绪和民国时期，人们曾对珠江主干流段做过一些整治，修筑了一些堤坝、码头，但成效不大。由于没有专门管理航道的机构，管理工作一直不能正常进行。其余内河则处于天然状态，无人管理，河道渐淤浅变窄，航行条件差。船民白天靠经验行船，晚上则难于航行。中华人民共和国成立后，航道经疏浚后通航能力提高，并形成多个锚泊地。广州港主要使用广州港出海主航道及内港其他航道，内河航道为集疏运辅助航道。

一、下段水域航道

明末清初，进出广州港口的船只，在珠江主干道上航行出海。19世纪中叶以后，河道泥沙淤积速度加快，对载重量大、吃水深的船舶影响越来越大。广州港口通海航道下段水域，从外港区的黄埔艄艚洲至珠江口的垃圾尾，全长63海里，依次由大濠洲、莲花山、坭洲、大虎、虎门、川鼻、内伶仃及垃圾水道组成。其中有内伶仃、莲花山、大濠洲三处浅滩（俗称“三沙”），以莲花山航道为最浅。浅沙把莲花山河槽分为西、中、东三槽。民国二十六年（1937）以前，东槽是大船进出黄埔港区的通道。民国二十七年（1938）初，为了拦截日本军舰入侵，曾用木船百余艘装石沉于东槽南段，借以封锁航道。从此，大船改由西槽进出。内伶仃（第三沙）航道的浅滩长约10.5海里；莲花山（第二沙）航道的浅滩长约2海里；大濠洲（第一沙）航道的浅滩长约0.5海里，大石、二石礁附近航道宽仅70米，其间散布着突起的花岗乱石，严重影响航行安全。民国时期，当局虽对航道做过一些疏浚，但由于工程量大，疏浚工作时疏时停，成效甚微。民国二十三年（1934），三沙水深分别为4.8米、5.15米、6.4米。中华人民共和国成立前夕，5000吨以下船只只可航行于该段水域航道；5000～8000吨船需候潮进出；8000吨以上船只则必须在虎门外卸驳一部分货物后才能乘潮进入黄埔港池区。

二、上段水域航道

上段水域航道分前航道、后航道，还有与珠江三角洲水网相连的陈村水道。鸦片战争期间，为抵御外国侵略船只进出内港区，曾在前、后航道的大石、猎德、洪福市、琶洲、沙路等多处设置水闸等障碍物，大多数障碍物已于清光绪三十一年（1905）拆毁，但一些未完全拆除的仍阻梗在江中，妨碍船只航行。进入20世纪，由于河道日渐淤浅，进出船舶逐渐受到航道水深的限制。民国时期，虽对航道进行过一些断断续续的疏浚整治，但成效甚微。

第一次世界大战爆发前后，广东连年水患。1914年11月，广东省政府任命谭学衡为督办，设广东治河事宜处，着手拟定对东、西、北各江的防涝工程方案，并提出了“改良广州港进口水道计划”。1917年，治河处所拟的整治珠江计划共分四项，即改良圆冈沙北岸水道、改良大石浅沙、改良大尾汉上下、改良广州港界内水道。这些工程浩大，当时治河实权又操纵在外国人之手，故而实际完成的工程寥寥无几，且工程质量十分低劣。

1922年，因为海关验货场前面淤泥沉积，所以曾在这块地方进行挖掘，但由于许多载货前来进行查验的驳船必须使用这块地方，致使淤泥沉积，水流不通，挖掘工作必须不时进行。沙面河滩和沙基涌西入口淤泥沉积也相当严重。1923年省港澳轮船公司的各码头进行了疏浚，白蚬壳的海关浮标厂入口通道也进行了疏浚。1929年前航道海关验货厂前面的河段已经疏浚。1930年省港澳轮船公司的各码头再次进行了疏浚。

三、白坭水道航道整治建设

白坭水道航道建设是交通部航道建设“八五”期间的建设项目之一，该工程总概算为2610万元，工程实际投资总支出为2388.2万元。于1992年12月动工，1997年10月完工，历时5年。

2010—2013年，再次实施了白坭水道航道整治工程，建设范围为白坭圩至珠江东桥河段和流溪河的江村铁路桥至文教口，全长54.8千米，其中白坭圩至赤坭荷塘河段长6.3千米，按内河Ⅴ级限制性航道标准建设；赤坭荷塘至花都港河段长12千米，按内河Ⅲ级限制性航道标准建设；花都港至珠江东桥河段长29.4千米，按内河Ⅲ级港澳线航道标准建设；流溪河的江村铁路桥至文教口河段长7.1千米，按Ⅲ级港澳线航道标准建设。工程总投资1.93亿元。

四、内河港主要航道等级

1995年4月起，广州航道所对区内航道进行内河航道技术等级评定，历时一年多。1998年，经交通部、水利部、国家经济贸易委员会批复确定：广州辖区共有内河一至四级航道7条，通航里程129千米，其中一级航道3条42千米，二级航道1

条7千米，三级航道1条43千米，四级航道4条37千米。1998年，经广东省人民政府批复确定：广州辖区内河五至七级航道27条，通航里程273千米，其中五级航道11条109千米，六级航道11条127千米，七级航道5条37千米。2000年，经广东省交通厅批复同意确定：广州辖区内河八至九级航道23条，通航里程159千米，其中八级航道10条44千米，九级航道13条115千米。另外，有等外航道264条594.6千米，断航废弃航道59条86千米。

五、航道管理

广州港一港跨五市，1949年以来，航道的建设、维护、管理等职能基本融合在港务、港监、海事管理等机构，几经分合，从1987年开始，广州港出海主航道及港区其他航道都由广州港务局进行建设、维护、管理，广东省航道局从事广州行政区内其他内河航道的建设、维护、管理职责。负责对港区内跨（过）河、临河、拦河建筑物的航道管理及行政审核。

1990年以前，广州航道对跨河、过河、临河、拦河建筑物的建设和施工已有审批和管理制度。1990年起，广州航道对跨河、过河、临河、拦河建筑的管理和审批逐步规范化、标准化、程序化。任何单位和个人在区内兴建跨河、过河、临河、拦河建筑物，须按管理权限将事项报经港务、航道主管部门审核同意。

广州区内航道按辖区划分进行审批和管理，1990—1997年，由广东省广州航道所负责审批和管理，1997年11月后，撤销广东省广州航道所，成立广州航道局，由该局负责其辖区范围内的审批和管理。1998年后，临河、拦河、跨（过）河建筑物通航净空尺度和技术要求的审批，实行一建筑物一审，分级管理的制度。

1990年起，广州航道水上水下施工作业审批管理逐步走向规范化。为进一步加强航道管理，确保航道不受破坏和被侵占，保证航道安全畅通，在通航水域上进行测量、挖泥、打捞、钻探、打桩、爆破以及其他的水上水下施工作业的单位或个人，须在施工前将有关施工资料图纸报航道部门，航道部门根据施工单位的申请要求进行审核批准。

1990年，由广东省广州航道所实施广州地区航道养护费的征收稽查。1997年11月起，由广州航道局负责广州地区航道养护费的征收稽查工作。依据《中华人民共和国航道管理条例》《内河航道养护费征收和使用办法》对在广州市行政区域通航水道内航行、作业、施工以及固定停泊在通航水域的各类船舶、竹木、排筏和浮运物体的所有者或经营者按航养费征收标准征收航道养护费，并向缴费单位或船舶核发航道养护费缴费凭证。

第三节　锚　地

中华人民共和国成立后，根据各个时期港口发展的需要，先后在通海航道不同航段的水域划定一定范围，设置进出口的中外船舶锚泊区——锚地，以方便引航、检疫、待泊、候潮、避风、过驳、装卸作业等。20 世纪 50 年代，设有装卸锚区三处：一是垃圾尾锚泊区［以下列经纬度内的面积为限：（1）22°7′45″N（2）22°9′20″N（3）113°47′48″E］；二是莲花山黎洲角灯桩以南河面；三是黄埔港池区的乌涌口附近规定之水域（原有四个锚位，1956 年撤销 4 号锚位，剩下的 1—3 号锚位均可锚泊万吨级船舶 1 艘）。此外，还划定大铲岛东南、垃圾尾岛以西、莲花山黎洲角灯桩以北至立沙灯桩以南水域为检疫锚地；划定莲花山和沙角一带水域为避风锚地。1951 年还在中级码头对面及其上游安装能系泊 1500～2000 吨级船舶的鼓式丙级浮筒 10 个。1956 年将中级码头前影响船舶停泊的 2 个浮筒撤销。

20 世纪 60 年代，港池区设装卸锚地 4 个，其中水深 –9 米的万吨级锚位 3 个，水深 8 米的 6000 吨级锚位 1 个，直径均为 330 米。港池区虽有水深 –6 米左右的浮筒 4 个，但因腐烂不能正常使用。港池区以外设锚地 14 个，其中，大濠洲万吨级锚位 6 个，3000～5000 吨级锚位 3 个，莲花山万吨级锚位 2 个；二虎万吨级锚位 3 个。

1974 年，设有锚地 37 个。其中港池区 6 个：万吨级 3 个，7000 吨级 2 个，3000 吨级 1 个；港池区外 31 个：大濠洲万吨级 7 个，5000 吨级 3 个；莲花山 4 个，多为停航、待修锚地；二虎、坭洲头 7 个；沙角 6 个；垃圾尾 4 个，为联检、候潮锚地。

新沙港区第一、二期建港工程陆续完工投产，锚地设置变动较大。1985 年以后，桂山锚区划定长度 3700 米，宽度 2100 米水域，用于引航、检疫；舢舨洲锚地设待泊、候潮、避风锚位 15 个，半径均 370 米，水深 –9～–10 米；虎门锚区设待泊、候潮、避风、过驳锚位 4 个，半径 300～350 米，水深 –6.9～–10 米；坭洲头锚区设待泊、候潮、避风、过驳锚位 6 个，半径均 300 米，水深 –5.6～–8.1 米；莲花山锚区设停航、待修锚位 5 个，半径 250～300 米，水深 –5.5～–7 米；大濠洲锚区设待泊、候潮、避风、过驳锚位 3 个，半径均 300 米，水深均 –9 米；黄埔老港港池区设过驳、待泊锚位 4 个，半径均 300 米，水深均 –9 米，还设有系泊船舶进行装卸作业的浮筒 8 个，可系泊 3000 吨级船舶 7 艘。新港港池区设有系泊船舶装卸作业的浮筒 7 个，可系泊 1 万吨级船舶 6 艘。

1991—1996 年在珠江出海口万山群岛海域先后开辟大坦尾、大屿山和三门岛 3 个锚地。大坦尾锚地半径 3600 米，水深 –11.0 米，可靠泊 2 万吨级船舶，主要用于引航、检疫。大屿山锚地半径 3700 米，水深 –14 米，可靠泊 5 万吨级船舶，主要用于石油和散货减载。三门岛锚地半径 2000 米，水深 –22.5 米，可靠泊 20 万～30 万吨级船舶，主要用于石油和散货减载。

为缓解虎门锚地压力，2000 年 2 月在坭洲头狮子洋东莞河段建造 2 个直径 8 米，高 2.5 米的 5 万吨级系船浮筒，可停泊长 235 米、宽 32 米、型深 17.4 米、满载吃水 12 米的船舶，为当时珠江最大的浮筒。这些锚地和浮筒为提高广州港货物吞吐量发挥重要作用。2000 年，锚地、浮筒作业量达到 2362.3 万吨，占全港吞吐量的 21.2%。

2000 年，广州港有作业锚地 54 个，其中万吨级以上作业锚地 13 个（最大锚泊能力 30 万吨），主要分布于三门岛、大坦尾、桂山岛（垃圾尾）、赔艚洲、舢舨洲（沙角）、坭洲头、大虎、莲花山、大濠洲、黄埔及内港港区内。锚地水深 –5～–30

米。浮筒21个，其中可系万吨级船舶的有11个。主要功能为船舶候潮、联检、待泊、避风、船舶调头和过驳作业等。其中桂山锚地为一般引航、检疫、防台锚地，蜘洲岛以南锚地和大坦尾锚地为大型引航锚地，三门岛锚地为主要候泊、检疫、防台和过驳锚地。

2004—2015年，广州港集团装卸作业锚地情况总体变化不大。至2015年底，集团拥有生产性万吨级以上装卸作业锚地21个，万吨级装卸作业浮筒14个（最大锚泊能力30万吨），主要分布于三门岛、大坦尾、桂山岛（垃圾尾）、舷艚洲、舢舨洲（沙角）、坭洲头、大虎、莲花山、大濠洲、黄埔及内港港区内。锚地及浮筒水深-5～-30米。广州港集团锚地及浮筒情况见表3-4-1。

广州港集团锚地及浮筒情况表（部分）

表3-4-1

锚地名称（锚地位置）	用途	锚地水深/米	锚地面积/万平方米	锚泊能力	
				吨级	艘数
大坦尾锚地	待泊、候潮	—	4300	—	—
三门岛锚地	装卸作业	-25.0	1257	30万	—
桂山引航锚地	引航、检疫、装卸作业	-9.6	777	—	—
大屿山锚地Y1、Y2	油轮等大型船舶过驳、减载	-12.3～-18.5	314	15万	—
舢舨洲（沙角）锚地S1～S18	货轮锚地、应急锚地、油轮过驳	-9～-13.7	43418	1万以上	—
大虎锚地时1～时4	货轮锚地及过驳	-6.9～-12.1	172	—	—
坭洲头锚地N1～N6	待泊、候潮、避风、过驳	-7.4～-8.6	1500	—	—
莲花山锚地L4、L5	油轮锚地	-5.7～-7.6	—	5000	—
大濠洲锚地D1～D7	掉头区、货轮锚地及过驳	-9.0	132	—	—
黄埔港锚地P2～P5	过驳、待泊	-9.0	36	—	—
新造1～6号锚地	装卸作业	-6.5～-7	29	5000	6
南锚地1～3号浮筒	装卸作业	-6.5	4	5000	2
沥滘1～3号浮筒	装卸作业	-7.5	4	7000	2
舷艚洲1～7号浮筒	装卸作业	-9.0	17	1万	5
黄埔F1浮筒	装卸作业	-5.8	—	3000	1
新港3～9号浮筒	装卸作业	-9.5	—	1万	6
坭洲头1～2号浮筒	装卸作业	-12.5	—	5万	1

第五章　生产辅助设施

广州港的生产辅助设施主要有港作船舶、给排水设施、供电设施、通信设施、消防设施。2015 年广州港有拖轮 21 艘、主机功率 7.69 万马力，总吨位 7666 吨。有驳船 5 艘，总吨位是 2845 吨。辅助船舶包括供油船、油驳、带缆船、环保船、消防船、渡车船、发电船。各港区都建设较为完备的给排水、供电、通信和消防设施。

第一节　港作船舶

一、拖轮

民国三十七年（1948），广州港有拖轮 4 艘，其中 650 马力的拖轮 1 艘，240 马力的拖轮 3 艘。1949 年广州港有拖轮 5 艘："爱莉号" 240 马力，"美保号" 650 马力，"港 201 号" 240 马力，其余为小型拖轮。1952 年新增拖轮 8 艘，共 13 艘 3533 马力。

1955 年以后，先后调出一部分拖轮给湛江、汕头开港用。1957 年广州港有拖轮 10 艘。

1958 年，成立驳运大队，统管港作船舶。1960 年，有拖轮 68 艘 5081 马力，其中国营 40 艘 4047 马力，（合作）社营 28 艘 1034 马力。1961 年，广州社营的船舶归广州市领导，拖轮减到 39 艘 3959 马力，其中在黄埔老港区使用的 9 艘 2088 马力，在芳村、河南、东风港区使用的 30 艘 1860 马力。1962—1964 年，报废了一批使用年久的铁拖轮和不适用的木质拖轮共 13 艘 606 马力。1964 年底有拖轮 26 艘 3353 马力。

1990 年，广州港的拖轮共 39 艘 25365 马力。其中广州港船务公司使用的 34 艘 14899 马力，广州港引航站使用的 5 艘 10466 马力。在 39 艘拖轮中，钢质沿海拖轮 26 艘，钢质内河拖轮 13 艘。1991 年后，进出广州港的船舶日益增多且趋于大型化，为提高港口拖引能力，1992—1996 年购进拖轮 9 艘，分布于引航公司和船务公司。其间，报废、外调和改变用途的拖轮 10 艘。2000 年广州港有拖轮 29 艘，总吨位 6155.13 吨。

2003—2008 年，先后购置大马力拖轮 6 艘，组成华南地区拖轮艘数最多、功率最大、设备配置最先进、操作水平最专业的现代化拖轮团队。2008 年，购进的 2 艘全回转拖轮，分别命名为"穗港 23"和"穗港 26"，由上海港复兴船务公司三林船厂建造，拖力 65.3 吨。新建造的拖轮不仅可以最大限度地为船东、代理公司节省成本。同时，加大水上消防能力，对南沙小虎区域石化码头的安全生产起到保障作用。

2011—2012 年，新建拖轮 2 艘，第一艘 4000 马力，第二艘 6900 马力。

2001—2015 年广州港拖船变化基本情况见表 3-5-1。

2001—2015 年广州港拖船变化基本情况表

表 3-5-1

年份	拖轮总数/艘	主机功率/马力	总吨位/吨
2001	11	31980	3095
2002	12	31358	3377
2003	12	31358	3377
2004	11	29680	3155
2005	13	37080	3955
2006	13	37080	3955
2007	15	47480	4905
2008	17	57880	5885
2009	17	57880	5885
2010	19	65885	6665
2011	19	65885	6885
2012	21	76854	7666
2013	21	76854	7666
2014	21	76854	7666
2015	21	76854	7666

二、驳船

民国三十七年（1948），广州港有驳船 9 艘，其中铁驳 1 艘，木驳 8 艘（有 150 吨的 6 艘）。中华人民共和国成立前夕，大部分木驳船被破坏。1950 年，广州港只有驳船 2 艘，总载重量 185 吨。1952 年，驳运船队成立后，有驳船 17 艘，其中 13 艘为铁驳（内有 4 艘从香港购来），4 艘为木驳。1953 年增加 4 艘，总数增加到 21 艘。在港区驳运运力有余时，曾经常支援沿海及香港运输。1956 年，因报废使驳船减到 16 艘、5404 吨，其中铁驳 10 艘，木驳 6 艘。1959 年，因外调及报废驳船减到 8 艘，载重量降到 4610 吨。

1971 年，增加驳船 7 艘。驳 204、驳 205 两艘为西江船厂建造，载重量均为 200 吨；驳 506、驳 509 至驳 512 五艘为广州造船厂建造，船长 46 米，宽 8 米，载重量均为 500 吨。1972 年，新增 200 吨驳船 2 艘（驳 230、驳 231），同时报废木驳船 4 艘。1973 年又报废 3 艘。1975 年，黄埔老港区使用的 38 艘、1.62 万吨，其他各港区使用的只有 7 艘、1991 吨，远远不能满足港口生产的需要。1976 年，增加驳船 12 艘，其中驳 313 至驳 319 共 7 艘为西江船厂建造，船长 45 米，宽 10.5 米，载重量均为 300

吨。1978 年，黄埔新港区投产，新增驳船 6 艘，都是西江船厂建造的，船长 45 米，宽 8 米，载重量均为 300 吨。同时减少 3 艘，驳船数实增 3 艘。

1980 年，广州港增加 5 艘 1000 吨级驳船（驳 1001 至驳 1005），均大文冲船厂建造。船长 58.72 米，宽 10.4 米。这 5 艘驳船成为接驳的主要船舶。1990 年，广州港有驳船类船只 88 艘，总载重量 3.58 万吨，其中驳船 84 艘、3.53 万吨，机驳船 3 艘、210 吨，油驳船 1 艘、350 吨。在 84 艘驳船中，载重量 200 吨的 5 艘，300 吨的 49 艘，400 吨的 2 艘，500 吨的 18 艘，950 吨的 4 艘，1000 吨的 6 艘。88 艘驳船中，钢质沿海驳 36 艘，钢质内河驳 52 艘。1995—2000 年购进集装箱船 6 艘，船长均为 49.9 米，型宽 12.8 米，型深 3.8 米，载重量 900 吨，载箱量 80 标准箱，主机功率 500 马力。其间，报废、外调和改变用途的 37 艘。

2000 年，广州港有自航及非自航（驳船）56 艘，总吨位 8160 吨，载重量 30680 吨。2001 年以后，驳船基本保持在 8 艘左右。2008—2012 年，基本保留 5 艘左右的机驳船，总吨位是 2845 吨。

三、辅助船舶

民国三十七年（1948），广州港有辅助登陆艇 1 艘。中华人民共和国成立后，港口恢复整顿。1952 年开港作业后，增加辅助船舶 8 艘 340 马力（总功率，下同）。1953 年又增加辅助船舶 5 艘 600 吨（总载重，下同）。

1966 年，广州港有辅助船舶 14 艘 3108 马力，其中交通船 7 艘（内木质 6 艘），港监船 7 艘（内木质 3 艘）。1975 年，广州港有辅助船舶 54 艘 8296 马力，其中交通船 22 艘 1823 马力，港监船 10 艘 3755 马力，住宿船 1 艘，茶水艇 1 艘 20 马力，其他船舶 20 艘 2698 马力。

1976—1980 年，广州港共增加辅助船舶 22 艘。其中交通船“穗港厂船 3”，为西江船厂建造，船长 28.75 米，宽 6 米，150 马力，载客定额 250 人；引水船“穗港引 5”，为新造船厂建造，船长 32.56 米，宽 8.2 米，1670 马力；供水船为珠江船厂建造，船长 28.10 米，宽 5.3 米，150 马力，载水量 100 吨；供油船由珠江船厂建造，船长 26.08 米，宽 5.6 米，150 马力，载油量 60 吨。1987—1990 年，辅助船舶虽有增加，但因报废、外调和改变用途等，总量反而下降。到 1990 年，广州港的辅助船舶共 85 艘 17396 马力。

1991—2000 年，广州港购进各类辅助船舶 11 艘。其中交通船 2 艘，环保船 3 艘（主要用于油污的回收和处理，由新港港务公司使用和管理），带缆船 1 艘，渡车船 1 艘，带缆艇 1 艘，起重机船 1 艘，消防船 1 艘。其间报废、外调和改变用途的辅助船舶共 11 艘。2000 年广州港有辅助船舶 75 艘，总吨位 11191 吨，载重量 1771 吨，载客量 2621 人。

2001—2006 年，广州港辅助船舶保有量保持不变，分别为：供油船 1 艘，主机 300 马力、总吨位 189 吨、载货量 200 吨；油驳 1 艘，总吨位 328 吨、载货量 400 吨；

带缆船9艘，主机1150马力、总吨位251.25吨、载货量55吨、载客量26人；环保船3艘，主机1600马力、载货量400吨；消防船2艘；渡车船2艘，主机2030马力、总吨位417吨；发电船4艘，主机780马力、总吨位551吨、载货量260吨；等等。

2008年，广州港辅助船舶保有量分别为：供油船1艘，主机300马力、总吨位189吨、载货量200吨；油驳1艘，总吨位328吨、载货量400吨；带缆船8艘，主机1030马力、总吨位243吨、载货量55吨、载客量26人；环保船4艘，主机2400马力、载货量1081吨；消防船2艘，主机2030马力、总吨位417吨；渡车船2艘，主机2030马力、总吨位417吨；发电船3艘，主机600马力、总吨位465吨、载货量210吨；等等。2011年，广州港为适应生产的不断发展，以及满足大型化的要求，根据港口生产的实际需要，对船舶进行了相应的调整和更新。新建的辅助船舶有：渡车船于2012年6月交付使用，带缆船于2012年5月交付使用。

第二节　给排水设施

一、黄埔公司

2010年，黄埔公司进行基建设施的维护和改造，完成大码头污水处理系统和洪圣沙供水管的改造以及洪圣沙排水沟工程的设计工作。

二、西基港区

广州港西基港区于1982年8月动工建设，1987年3月22日投产，港区生活用水由新港港务分公司统一供给。港区设置喷洒除尘用中水给水加压泵房一座，给水水泵采用变频恒压供水，保证水泵通过转速来调节流量，避免了采用工频泵所带来的电能的浪费；给水水池采用港区污水处理池，体积约为3241立方米，收集港区所有煤污水，处理后的中水用于港区设备及堆场喷洒除尘，实现污水零排放。供水能力200米^3/时，输出水压0.8兆帕。2015年总供水量17.5万立方米。

三、新港公司

新港公司于1983年投产，有加压站1座，储水池总容量1000立方米，供水能力100米^3/时。2012年新港公司由加压站总输出供水改造为直供水。外部停水及工作日用水高峰时间采用水池加压供水。2015年总排水量59.81万立方米，排水方式为直排。

四、新沙港区

20世纪90年代，新沙港区原有的供水管网完善，分别有喷洒（江水）供水系统、自来水供水系统。

汽车库供水项目根据建设需要，就近接相应的水源。该工程各楼层地面冲洗水经地漏排水排入排水立管，排水立管接入室外新建污水检查井后再接入原有的管网。生活污水排入新建化粪池后接入新建污水检查井后再接入原有的管网。室外排水管道采用聚乙烯塑钢缠绕排水管电热熔连接；室内排水管道采用UPVC塑料排水管黏接。屋面雨水斗选用DN150乙型钢制短管雨水斗。

五、南沙港区

广州港南沙港务有限公司（南沙一期） 给排水设施投产于2004年9月28日，有加压站1座、储加压站1座，储水池总容量2000立方米，供水能力400米^3/时。2015年总供水量38.71万立方米。排水方式为雨水管道、污水管道排水。

南沙海港集装箱码头有限公司（南沙二期） 给排水设施于2007年9月29日投产，有加压站1座，储水池总容量1000立方米，供水能力250米^3/时。2015年总供水量32.11立方米。排水方式为雨水管道、污水管道排水。

南沙集装箱码头分公司（南沙三期） 给排水设施投产于2014年9月28日，有加压站1座，储水池总容量1200立方米，供水能力200米^3/时。2015年总供水量25.16立方米。排水方式为雨水管道、污水管道排水。

南沙粮食通用码头分公司 给排水设施于2010年12月投产，有加压站1座，储水池总容量1000立方米，供水能力270米^3/时。2015年总供水量23.94万立方米。排水方式为暗渠排水。

南沙汽车码头分公司 给排水设施投产于2006年6月，有加压站1座，储水池总容量1000立方米，供水能力200米^3/时。2015年总供水量15.46万立方米。排水方式为雨水管道、污水管道排水。

六、河南港务分公司

河南港务分公司芳村内三、内四码头和沥滘海心沙码头给排水工程位于珠江南河道，严格按照相关规范的要求开展设计工作。供水方式是市政自来水直供，排水方式是接市政污水网。

七、广州小虎石化码头有限公司

广州小虎石化码头有限公司给排水设施单位于2006年8月28日投产，有加压站1座，储水池总容量15立方米，供水能力169米^3/时。2015年总供水量35125立方米。排水方式为雨水管道、污水管道排水。

码头工程为市政管网给水，经管网敷设至码头前沿各个泊位，为靠泊船舶有偿提供生活用水；陆域附属工程设置给水加压泵房1座，其中给水水泵采用变频恒压供水，保证水泵通过转速来调节流量，避免了采用工频泵所带来的电能的浪费；给水水箱采用地上式，体积为15立方米的不锈钢生活水箱，为防止由于水温过高导致各种病菌滋生，水箱外部均增加不锈钢保温材料，满足生活用水安全及卫生的要求。

八、新风港务分公司

广州港集团有限公司新风港务分公司是内河港口，随着经济的发展，新风港区退出装卸作业，转型升级，结合黄沙市场的发展，开发水产品配送区。广州港集团有限公司新风港务分公司给排水设施于1962年投产，供水能力200米^3/时，输出水压0.5兆帕。2015年总供水量27.94万立方米。排水方式为雨污合流排水。

第三节 供电设施

一、黄埔港务分公司

2007年2月5日，黄埔港务分公司第三变电站改造工程通过了广州港集团验收。第三变电站肩负着中码头一线生产以及广州港集团属下多个分公司、生活区的供电任务。原有的供配电设备已经运行近20年，不能满足生产和生活用电的需要。为确保供电区域的安全性与稳定性，2006年，广州港集团投资对第三变电站进行改造。2007年完成了客运站改为仓库的电气设施改造、堆场照明改造和洪圣沙船厂宿舍电气改造工作。2009年完成扩能改造二线龙门吊插井供电工程、新堆场五座灯塔工程，完成洪圣沙船厂六仓电缆、1号电站至新堆场过港前路电缆通道、第四变电站电容器柜、大沙F10备用电源电缆的改造修复工作。

2011年完成了洪圣沙变电站改造工作。2011年1月24日，4号变电站自动化改造项目完成验收并投入使用。2012年，加强供配电设备、线路维护工作，确保用电安全，完成了港区高杆灯的更新、检修、布局工作以及港口配套设施设备的供电工程。

2015年，黄埔公司共有变电站16座，总容量33720千伏·安，外线输入电压10千伏。总供电合计2877.18万千瓦·时，用电合计1530.34万千瓦·时。

二、新港港务分公司

1974年，由工人、技术人员自行设计、筹建一个35千伏降压电站，1976年2月7日正式投产。早期是35千伏变电站，1996年开始改为110千伏变电站（1997年5月9日试投产）。1999年5月，卸油站10千伏新变电站投入试用。

2001年12月19日，圆筒仓变电站扩容改造工程投入使用。这是广州港第一个运用国产微机进行“四遥”控制的变电站。2002年10月30日，完成110千伏变电站直流改造工程并投入试运行。2005年10月25日，大码头变电站改造竣工。2013年3月26日，对110千伏变电站两条进线电缆改造完成，改造后提高了供电的可靠性，增加了供电能力。2013年10月22日，110千伏变电站消防系统改造升级完成。

2015 年，供电总容量 25000（2×12500）千伏·安，外线输入电压 110 千伏。2015 年总用电量 3560 万千瓦·时。

三、西基港务分公司

西基港务分公司于 1982 年 8 月破土动工，配套在新港 110 千伏变电站下新建 1 座 10 千伏变电站，于 1986 年 8 月正式投入使用。随着西基分公司的不断发展，广州港集团以及西基分公司不断增设供电设施。2004 年 8 月，西基煤炭系统改造，配套在新港 110 千伏变电站下新建 3 座 10 千伏变电站，2004 年 8 月后陆续投入使用，增加容量 1.2 万千伏·安。2006 年 10 月，新建西基综合楼变电站，增加容量 3200 千伏·安。2014 年 12 月，进行西基装卡环保系统改造，配套在新港 110 千伏变电站下新建 1 座 10 千伏变电站，于 2015 年 6 月 28 日投入使用，增加容量 1600 千伏·安。2015 年，西基公司有变电站共 6 座，总容量 2.78 万千伏·安，外线输入电压 10 千伏。

四、新沙港务有限公司

1989 年建成投入使用的新沙 110 千伏变电站，至 2009 年已使用 20 年，主要负责新沙港区及周边地区多个企业单位的变、配电工作。为了增加系统容量及提高电气设备技术性能，新沙 110 千伏变电站已于 2007 年初完成了全站 41 套 10 千伏高压开关的更换工作，开关柜是性能和质量都为行业先进水平的施耐德 GV 型高压开关柜，而且采用的继电保护装置和测量仪表都是高端精密的电子仪器。2015 年，新沙公司共有变电站 19 座，总容量 5.05 万千伏·安，外线输入电压 10 千伏。2015 年总用电量 3504 万千瓦·时。

五、南沙港区

南沙港务有限公司（南沙一期） 供电设施于 2004 年 3 月投产，总容量 6.80 万千伏·安，外线输入电压 10 千伏。2015 年总用电量 3502.6 万千瓦·时。

南沙海港集装箱码头有限公司（南沙二期） 第一座电站投产于 2006 年 10 月。共有变电站 9 座，总容量 10 万千伏·安，外线输入电压 110 千伏。2015 年总用电量 3185.06 万千瓦·时。

南沙集装箱码头有限公司（南沙三期） 第一座电站投产于 2014 年 8 月。共有变电站 8 座，外线输入电压 10 千伏。2015 年总用电量 1903.30 万千瓦·时。

南沙粮食通用码头分公司 第一座电站投产于 2011 年 6 月。共有变电站 7 座，总容量 2.32 万千伏·安，外线输入电压 10 千伏。2015 年总用电量 2566.99 万千瓦·时。

南沙汽车码头有限公司 第一座电站投产于 2006 年 6 月。共有变电站 3 座，总容量 7000 千伏·安，外线输入电压 10 千伏。2015 年总用电量 131.37 万千瓦·时。

六、广州小虎石化码头公司

广州小虎石化码头公司10千伏变电站于2006年5月6日开工建设，2006年10月12日通过番禺供电局验收并成功送电。供电系统包括2台1000千伏·安和2台160千伏·安变压器，2个高压配电房。配电系统包括陆域1个低压配电房和码头5个低压配电房。2015年，小虎石化码头有变电站2座，总容量2320千伏·安，外线输入电压10千伏。2015年总用电量89.5万千瓦·时。

七、河南港务分公司

河南港务分公司供电设施基本分布于芳村内三码头、芳村内四码头、沥滘海心沙码头。芳村内三码头有用户变压器1个，总容量800千伏·安，外线输入电压10千伏。芳村内四码头有用户变压器2个，总容量630千伏·安，外线输入电压10千伏。沥滘海心沙码头有用户变压器2个，总容量1260千伏·安，外线输入电压10.5千伏。

八、新风港务分公司

为了配合新风港的转型升级，新风港务分公司于2014年开始策划新风港区用电增容，2015年开始立项、报批、设计、招标、送审到工程实施，并于2017年正式完成在原有1600千伏·安的基础上，增容4000千伏·安的用电。该项目保障了公司今后实行水产经营有充足的供电用量。新风公司有变电站1座，总容量5600千伏·安，外线输入电压10千伏。

第四节　通信设施

通信设施是保证港口生产的重要设施。广州港不断更新通信设备，各港口单位已经实现从传统的通信方式到信息化通信方式的跨越式发展。

一、信息通信分公司

信息通信分公司成立于2011年4月19日，注册地为广州市黄埔区港前路531号大院25号楼，主营业务为计算机软硬件技术开发、技术服务及销售，批发零售贸易（国家专营专控商品除外），通信工程，港口工程施工，商品信息咨询服务，港口技术咨询与技术服务，房屋租赁，物业管理。主要负责广州港生产业务管理系统、人力资源信息系统、财务管理系统及其他系统的推广运营。同时，对各类信息系统进行维护、开发与管理。通过完善港口信息通信基础设施，保障通信畅通，为港口生产单位、驻港口岸部门和船方货主提供优质通信服务。

生产业务管理系统 2011年，广州港生产业务管理系统从微机服务器向小型机迁移。该系统推广使用一年来，共有用户800多个，新处理船舶到港近5000艘次，操作量6000多万吨，调度作业计划10万多条，理货单近10万张，过磅记录80多万条。争取到国家项目资金支持建设“基于物联网的港口散杂货装卸与物流综合管理系统”。2012年，生产业务管理系统在南沙粮食码头推广实施。2013年，物联网项目在新沙公司试点实施。根据新沙公司的生产管理需要，结合RFID（射频识别）等物联网的技术要点，梳理闸口、地磅、库场等业务环节，优化业务流程，对闸口、地磅进行智能化改造，通过无线设备管理库场，进码头货车全部配置RFID卡，车辆进出港时智能闸口可快速识别验放，车货称重时智能地磅快速识别车辆、自动记录过磅数据，提升码头效率。2014年，生产业务管理系统在西基分公司推广实施。在新沙港和黄埔新港完成散杂货码头业务管理的物联网示范应用，建立国内全面采用物联网技术进行散杂货码头操作管理的标杆应用。2015年，生产业务管理系统在散杂货作业公司及相关辅助作业公司全面上线，集团的生产统计系统已完成开发并交付使用，取代老旧的集团生产统计系统。自行开发新版本安卓移动生产查询app（手机软件）和黄埔钢材客户网站查询系统。

人力资源信息系统 2011年，广州港人力资源信息系统组织架构、职位职务、人员信息、薪酬、培训、内部招聘等主要功能模块已投入使用。2012年，人力资源管理系统已在广州港集团范围内全面应用。2013年，人力资源管理系统在试点劳务公司上线。完善合同套打模板设置和合同管理功能。

财务管理系统 2011年，调整完善，重新设置组织架构、科目、客户、供应商等基础资料，完成财务系统固定资产追溯与增减值业务的适应性调整、新增结算中心资金池管理等功能。设备物资管理系统需求分析已经完成。2013年，组织“营改增”发票管理系统的实施。

设备物资系统 2012年，完成设备物资系统的主要功能开发，在黄埔分公司上线运行。2013年，设备物资管理系统在拖轮、南沙粮食、石油化工、新港等单位上线运行。2014年，设备物资管理系统通过验收，实现在广州港集团公司范围内的广泛应用。

仓储业务管理系统 2012年，自行开发的仓储业务管理系统交付试用。2013年7月开始，在新港、西基、新沙等业务区域交付试运行。2013年9月开始，在新港、西基业务点正式运行。2013年11月，新沙业务点完成数据验证，系统全面运行。

其他信息系统 2012年，能源管理系统、珠江游票务系统已投入试运行，视频监控系统管理平台升级已完成前期准备即将转入实施，铁路运输管理系统完成立项。能源管理、珠江游票务、拖轮业务等应用系统已通过验收并交付使用，视频监控系统管理平台升级项目完成准备验收。2013年，升级广州港集团公司视频监控系统管理平台，能源管理系统于年初通过验收并交付使用，大沙头珠江游售票系统年初上线试运行。2015年，推进集中式协同办公自动化系统项目建设，部署推广项目移动办公，基层单位多种档案子系统与OA（办公自动化）系统数据对接。

二、新港公司

1998 年 11 月 11 日，新港公司建立互联网站。2009 年 8 月 18 日，新服务器搭建完成，公司局域网、公司各部门共享文件夹和 Outlook 邮件服务器全部修复成功，投入正常运作。

2013 年，公司码头一、二、五泊位前沿通过无线点对点技术建立码头前沿治安监控系统。公司外包研发的事务管理系统正式投入使用。公司生产快报信息系统改造升级完成，此系统增加了提单号等录入信息，使系统功能及信息完整性得到进一步的提高。2013 年 5 月上旬，公司建设码头 4 号装驳线远程智能监控地磅系统，实现远程系统监控，过往车辆信息直接通过系统远程读取无须人员值守在地磅中。2013 年 9 月 26 日，广州港设备物资管理信息系统投入运行，进一步规范了物资信息化管理工作。

三、广州港“穿梭巴士”信息化建设

进入 21 世纪以来，通过港口集装箱管理信息化系统持续完善和发展，信息化平台已成为“穿梭巴士”营运的重要支撑。通过应用统一的业务流程管控，强化内部管理和控制，与先进管理模式接轨，也取得各方面的应用效果，实现财务与业务的集中式管理。通过信息化平台，还可以与货代、船公司、海关、船代等业务相关方通过 EDI（电子数据交换）模式大大简化工作环节，降低工作负担。通过业务流程电子化抹平“穿梭巴士”各个岗位的信息“鸿沟”，以高效的协作流程大大提升工作效率。“智能费用处理”功能使得“穿梭巴士”费用操作效率显著提高，出错率明显降低，仅录单出错率就从之前的超过 10% 降低到现在的 5‰以内，单票作业时间仅需系统上线前的 8% 。同时，系统能够及时提供各种分析时所用的业务数据，为经营层及时提供相关的业务运作信息和财务数据，从而使管理者的管理和决策得到进一步的支持。而对于货主、船公司等的“穿梭巴士”客户而言，亦极大地提供了服务的便利，能够即时把握业务进展信息，以更少的时间和人力就能完成业务操作。

四、南沙港区信息系统建设

至 2015 年，南沙港区已完成“码头操作系统实施项目”“计算机系统集成项目”“自动闸口系统项目”“无线网络系统项目”“安防智能化系统项目”和“数字集群对讲机系统项目”六大信息化工程建设。

五、黄埔公司

2003 年，集装箱码头管理信息系统正式独立运行，实现了新老系统的完整替换。该信息系统的正式运行大大提高了集装箱业务的工作效率，提高了集装箱装卸的准确率，并且大大增加了实时性，进一步与国际集装箱作业管理模式接轨，将能满足集装箱业务量日益增长的需要，为公司集装箱业务的发展提供更有利的条件。2004 年，广州港集团完成了内线电话功能升级，通信更为便捷。2010 年 3 月 8 日，广州港集团生产业务系统正式在公司上线试运行，该生产业务系统中的三个主要模块为：现场操作模块、业务办单模块、计费及收费模块。

第五节　消防设施

清朝末期，广州港配备合格船员，设置消防救生设备等，粤海关理船厂实行稽查船舶、查验船员证书的签证制度。民国期间，广州航政局成立后，对航行国内航线的国内船舶也进行查验签证，主要对航行省河（珠江）水面的轮船、电船等机动船舶实施签证。

1956 年初，由于当时拖轮出海性能大都很差，中国船舶检验局广州办事处制定《出海拖轮检验注意事项》，以加强对出海拖轮的检验。同时，针对不按船舶规定要求配备救生消防用品的现象，加强了定额配备的检查，并更换了不符合安全要求的救生衣圈。此外，还结合船舶修理，对救生艇、救生筏或救生浮进行检验和试验，对救生艇吊艇架的强度和效能进行检验和试验。

1983 年 6 月，内卫、消防、边防三警合并，黄埔、广州、白云等边检站隶属中国人民武装警察部队广东省总队（对外仍称广东省公安厅边防局）领导，广州港消防工作在其管辖范围。

1987 年 3 月，建成投产的西基专业化煤炭码头，装卸工艺设备分主系统和装驳、装卡两个小系统，生产设施包括卸船、装船、装火车、装汽车及其称量、堆取、输送系统，电化中控系统，洒水除尘、煤污水处理系统，通信、消防系统等，形成较为完整的现代化装卸生产工艺流程。

2005 年，公司制定《车辆出入集团总部大院管理暂行规定》和《人员出入总部大院管理暂行规定》，明确了有关的防火规定。

2003—2008 年，先后购置了 6 艘大马力拖轮，组成了华南地区拖轮艘数最多、功率最大、设备配置最先进、操作水平最专业的现代化拖轮团队。是年购进的 2 艘全回转拖轮，分别命名为“穗港 23”和“穗港 26”，由上海港复兴船务公司三林船厂建造，拖力 65.3 吨。新建造的拖轮不仅可以最大限度地为船东、代理公司节省成本，同时，加大了水上消防能力的提升，对于南沙小虎区域石化码头的安全生产将起到积极的保障作用。

2012 年 9 月 21 日，由广州海事局和广州港集团有限公司主办，南海救助局、广州港务局、广州港公安局、广州市公安边防支队等单位协办的“2012 广州水上应急搜救联合演习”在南沙海港广州南沙粮食通用码头附近水域成功举行。演习模拟能见度不良情况下船舶碰撞事故的应急处置相关工作，分为人命救助、船舶消防两大场景，围绕搜救应急协调指挥、船舶应急消防救援、人命搜寻救助三大科目进行。

小虎石化码头是珠三角地区规模最大、设备最先进的专业成品油装卸码头。每年小虎石化码头都进行液化石油气泄漏事故演练，陆源溢油污染防范联合检查组莅临指导工作，港口设施保安、消防溢油桌面演练，小虎化工区溢油应急演练。

第六章 生活设施

中华人民共和国成立后，广州港拥有包括宿舍、食堂、宾馆、饭店、医院、运动场等的生活设施，为港口企业员工的生活提供了便利。改革开放以来，为适应时代要求，港口的生活设施逐步拆除、改建，不断缩小规模。

第一节 宿舍、食堂

中华人民共和国成立后，由于“大企业，小社会”的要求，广州港承担相当一部分社会职责。为保障职工的生产生活需要，各港口、作业区皆设有宿舍、食堂、宾馆、饭店。各港区较集中的宿舍（住宅）有内港区的沙园街、华康街、五羊新城、大沙头 429 等；黄埔港区的港湾一村至港湾六村、荔枝村、解放村、机关村、新港生活区、港前生活区等；新沙港区的墩美小区、港前生活区等；南沙港区的港前生活区等。这些生活区大的有四五十幢楼宇，如港湾一村、新港生活区等，生活区内配套建有幼儿园、小学、中学、医疗站、粮店、煤店、邮局、银行、俱乐部等；小的只有一幢楼宇，如大沙头 429 等。

黄埔港区机关村综合楼于 1988 年 7 月竣工，是港务局职工宿舍。该楼由广州港建筑公司承建，耗资 45 万元，建设面积 2202 平方米。机关村综合楼的落成，标志着黄埔区机关村综合生活宿舍区基本建设完成。

新港生活区是广州港集团一个较为集中、大型的综合配套宿舍区。有宿舍楼近 50 栋，区内从幼儿园到中学、从医疗站到邮政局，原来的食品站、粮油站，一应俱全。区内绝大部分宿舍建于 20 世纪七八十年代，按照建设先后顺序编排。该区前 40 栋楼由广州港港口工程设计所设计建设，建筑面积 1750 平方米，耗资 67 万元，于 1992 年 9 月竣工，这标志着新港生活区基本建设完成。

墩美小区是新沙港区配套宿舍区。该宿舍区由多个港务公司共同出资建设，包括新沙港务公司、新港港务公司、西基港务公司、集装箱有限公司、铁路公司等。其中，铁路公司宿舍区由铁路公司自筹资金（港务局直拨），斥资 120 万元建设，总建筑面积 2996 平方米，于 1993 年 8 月报批建设，于 1995 年 12 月竣工验收。随后，集装箱有限公司、新港港务公司、西基港务公司等公司的宿舍楼陆续建成。

改革开放后，国有企业逐渐摆脱大包大揽办社会的负担，工作重心向生产转移，20 世纪 90 年代国家住房政策改革中，原有住宅绝大部分已按政策作价卖给职工，只保留各港区的集体宿舍，提供给务工人员临时休息。

1993 年 11 月 8 日，新港港务公司的机关食堂经装修后改为“新港职工餐厅”。1994 年 9 月 23 日，新港港务公司投资近百万元改建“新港招待所”，同年 10 月 8 日对外开业。随着生产的发展、效益的增加，公司注重职工生活条件的改善，1995 年共新建购置职工住宅 5 座，建筑面积 10750 平方米，投资 2451.1 万元，新增住宅 170 套。2000 年 2 月 14 日，新港港务公司装卸、机械饭堂出售饭票的窗口正式关闭，实行刷卡消费，在公司范围内进餐实现无纸化收费。

21 世纪后，广州港企业加强对食堂的管理。2003 年 3 月，新港港务公司调整饭堂餐厅架构，并成立“饮食服务中队”来统管职工食堂和职工餐厅工作。2003 年 7 月，公司卸油站食堂开始使用智能卡。

2004 年广州港实行政企分家后，因为生产任务的日益繁重以及扩展业务的需要，广州港集团属下的各个港口逐渐将非必要的宿舍、食堂、宾馆、饭店等设施拆除并改建为生产设施，大部分员工宿舍则被保留下来。

至 2015 年底，广州港的内港港区、黄埔港区、新沙港区、南沙港区等港区依然配备必要的宿舍、食堂等生活设施。

第二节　港口医院

中华人民共和国成立后，广州港承担相当一部分社会医疗服务职责，建立起下属医院和养老院，分别是广州港湾医院以及广州港疗养院。2015 年各港口、作业区皆设有医疗站。黄埔港、黄埔新港设有由广州港疗养院管理的门诊部。

一、广州港湾医院

广州港湾医院位于黄埔区港湾路 75 号，始建于 1957 年，是黄埔区建院最早的综合性二级甲等医院。医院占地面积 2 万多平方米，建筑面积 1.34 万平方米，设病床近 360 张。全院职工总数 420 多人，其中医技人员 316 人，现有正副主任医师 15 人，主治医师 41 人，主管护师、药师、检验师等 12 人，是广州港湾地区设备与技术力量雄厚的一所现代化综合医院。广州港湾医院于 2007 年 2 月 6 日移交广州医学院（现“广州医科大学”）。

二、广州港疗养院

广州港疗养院的前身为广州市海运局疗养院，始建于 1958 年，在横枝岗大窝山征地 4400 平方米，建海运局疗养院。建两层住院楼，首层面积 544 平方米，总建筑面积 1092 平方米。同年，征地 1380 平方米在前次征地西北位建海运局疗养院职工宿舍。建职工宿舍一栋两层楼，首层面积 105 平方米，总建筑面积 277 平方米。

1958 年 8 月 15 日，广州市海运局疗养院更名为广东省航运厅疗养院。广东省航运厅疗养院从 1982 年 1 月 1 日起移交给广州港务局管理。1986 年 9 月 4 日始，以收治老年病人为主。1988 年广州港务局把原局机关医疗所并归广州港疗养院管理。

2001 年 4 月，广州市卫生局批准疗养院增挂“广州颐康老年病医院”牌子，于 2001 年 10 月 17 日正式挂牌。2013 年 7 月，广州港集团提出疗养院与肿瘤医院合作方案，并由广州港集团相关部门进行协商。2014年6月，广州港集团提出将疗养院纳入“广州健康中心”的自主发展方案，并开展相关调研以及项目可行性分析工作。2014年7月，将疗养院4号楼一楼改造作为病房，增加10张病床。

三、广州颐康老年病医院

广州港疗养院成立于1958年，2001年增挂“广州颐康老年病医院”牌子。广州颐康老年病医院是一所治疗老年病的综合医院，是广州市社会医疗机构，2002年获市城镇职工医疗保险定点机构资格，是市综合性一级医院。医院位于广州市横枝岗路，环境优美，绿树成荫，多年被评为“花园式单位”。医院有病床84张，职工75人，其中卫生技术人员44人，行政后勤人员31人。高级职称人员1人、中级职称人员14人，其中卫生技术人员高级职称人员1人、中级职称人员10人。

四、芳村颐康托老院

芳村颐康托老院于1998年筹办，1999年1月18日成立，是广州颐康老年病医院（广州港疗养院）下属的养老、托老服务单位，主要以老人、残疾人为服务对象。该院位于白鹅潭南畔，位于芳村大道东110号大院内，占地面积3758平方米。托老院内设有入住床位210张，共有管理人员、医护人员60多名，为入住老人提供住、食、娱乐、护理、保健、康复、医疗等服务。2008年12月30日，芳村颐康托老院撤销。

第三节　物业管理

20世纪90年代，广州港才有物业管理。广州港务局于1997年7月10日成立广州黄埔穗建物业有限公司（简称“黄埔穗建物业公司”），负责管理丰乐小区南片3.4万平方米物业、新景楼1.7万平方米物业，是广州港首个物业管理公司。公司下设办公室、经营科、财务科，办公地点设在黄埔区丰乐小区A2栋二楼。1998—1999年，黄埔穗建物业公司建立物业管理制度，修订物业管理岗位责任制，改建小区车棚和保安宿舍，并拆除小区违章建筑。

2000年5月，广州港海印物业管理有限公司（简称“海印物业公司”）成立，办公地址位于越秀区沿江东路429号综合楼内。2000年8月，广州港务局印发物业管理体制改革通知，将物业管理职能从广州港务局房地产管理处分离出来，黄埔房管站、新港房管站和船务公司物业管理部成建制并入黄埔穗建物业公司，广州房管站成建制并入海印物业公司管理。

2001年，广州港务局印发物业管理体制改革实施方案，正式将房地产管理处下属房管站移交物业管理公司。黄埔穗建物业公司人员由16人增至107人，物业管理面积从5.03万平方米增至39.45万平方米，管理丰乐小区（南片）、港湾小区、解放村小区、鱼珠生活区、新港生活区、墩美小区6个生活区。原广州房管站管理的物业全部移交给海印物业公司，物业管理由海印物业公司负责，包括厚德路86号之一至

十七、92号、94号，广州头咀大院2号之一至九，后乐园路49号，海联路139号、145号、147号等共1316户，面积6.66万平方米，商铺1300平方米，车辆保管站6个。2001年5月，新景楼转由广东省水电一局物业管理公司管理。

2003年，黄埔穗建物业公司制定《水电管理办法》和《水电分析报表》，改造小区供水管，协调各区用水用电问题。同年4月，通过富余人员分流安置，员工精简至74人。同年11月，新港、鱼珠等小区取得停车场经营资格。全年小区维修、改造项目共21个，投资607.5万元，维修项目280多项。

2004年8月，广州黄埔穗建物业有限公司更名为广州港集团黄埔穗建物业有限公司（简称“穗建物业公司”），隶属广州港集团有限公司，下设综合办公室、经营管理部、财务部、安全技术部、黄埔管理站、新港管理站、港湾印刷厂、广州港文化宫等。2005年，穗建物业公司修订《生活小区水电煤气事故应急处理预案》《机关大院保安员管理暂行规定》《车辆、人员出入集团总部大院管理暂行规定》《保安员管理规定》等制度，推进物业管理规范化。同年，通过精简机构等措施，将机关调整为综合办公室、经营开发部、财务部，实现自1997年成立以来的首次盈利，全年实现利润3.88万元。

2006年，按照创建文明港区要求，加强外来人员管理，开展树木防风截枝工作，灭蚊灭鼠，防范登革热，改善小区环境。2007年，按照广州市创建卫生城市的要求，开展创卫宣传，安排人员清理卫生死角，更新小区垃圾桶、果皮箱，开展统一灭蚊行动。制定《经营场所装修和小区基础设施管理暂行规定》，完善小区物管规章制度。2008年，按照广州市创建全国文明城市要求，做好小区清洁、保洁、整治“六乱”除“四害”。投入205万元改造黄埔、新港生活区明沟，新港一村五栋、七栋电线，港湾二村、四村排污设施，小区环境得到改善。2010年，推进水电一户一表和水泵维修改造项目，开展小区公共设施抢修、维修共254项，开展路灯和小区电器维修共381项，切实为群众排忧解难。

2011年，面对日益增长的运营成本，穗建物业公司推进物业管理专业化，努力提升物业管理资质水平，全年利润总额55万元。同年，海印物业公司主要负责港口中心项目、海港城项目、太古仓项目、429商住大厦及客运楼项目、广州片生活小区项目等，全年利润总额156.22万元。

2012年1月初，广州港集团黄埔穗建物业有限公司更名为广州海港物业管理有限公司（简称“海港物业公司”），同时接管海印物业公司的人员和业务，并注销海印物业公司。海港物业公司管理资质为二级。机关办公地址从黄埔迁至广州港集团总部港口中心三楼。设有科级单位（部门）11个，中队级组织单位12个，下设安全技术部、综合事务部、人力资源部、财务部、物业部、港湾管理处、太古仓管理处、南沙管理处、黄埔管理处共五部四处，员工345人。海港物业公司管理面积370多万平方米（含港区），其中太古仓码头商业文化景区和沿江精品商场海港城是代表项目。

2012年，海港物业公司共出台相关内控制度文件40多份，先后制定经营、成本控制和人力资源管理等方面的分析机制，并建立健全台账，为公司的正常运作提供了相应的制度保障。新接收一批物业，新开拓新沙项目、南沙一期项目、南沙二期集装箱码头项目、南沙三期项目、南沙粮食码头项目、海港城项目、洗衣店项目、有偿服务项目等一批项目，同时退出部分亏损小区，主要有海联路、滨江中路、洲咀大街等小区，另外还负责部分公租房管理。全年实现利润265.75万元。

海港物业公司在2013年筹备“质量、环境、职业健康安全管理”体系的贯标工作，于2014年5月1日起开始体系的试运行，并于9月18日通过中国船级社的外审，于10月29日获得“质量、环境、职业健康安全管理”三个体系认证，形成一套关于物业管理服务工作的标准。2014年10月，海港物业公司通过广东省“重合同、守信用”企业的申报，并取得广州市“用户满意服务”称号。2014年，管理的物业出租率达98.8%，其中港口中心项目出租率98.8%、海港城项目出租率96%、太古仓项目出租率100%。

2015年，广州港集团出台物业出租管理办法，进一步加强和规范资产经营管理。同年9月，海港物业公司通过首次ISO体系证书的年度认证。至2015年底，海港物业公司在管商铺共414间，代管商铺172间，自营商铺242间，所有在管物业出租率95.9%。广州港集团全年土地房产实现租金收入1.69亿元，比上年增长261%。

第七章　科技创新

中华人民共和国成立以后，根据国家各个时期的“五年计（规）划”，广州港相关单位、企业不断更新营运管理系统，大力推进港口服务的科技创新和加强人员业务培训，使各港口单位、企业的信息化水平不断提高。

第一节　科技服务

一、集装箱码头管理系统

集装箱码头的正规化。1986年，黄埔集装箱公司从日本引进先进的码头管理信息系统，走上了集装箱信息管理之路。引进系统的硬件设备包括：NECS－430主机2台、磁盘机、磁带机、行式打印机以及可作仿真终端的微机等。系统软件包括：ACOS－4/AVP操作系统、数据库管理系统、PWSS对话信息系统、VIS联机数据库等，以COBOL作为主要的编程语言。主机通过局域网与分布在检查桥（闸口）、计划、调度、货运站等部门的终端通信，运行集装箱码头管理系统。该应用系统主要由大门箱的接收/交付、火车/驳船的接收/交付、装船/卸船、态转换和数据修正、正规堆场/集装箱货运站的查询、非正常情况的数据输入/删除、系统的维护七大功能模块组成。

集装箱码头管理系统于1987年11月投入使用后，改变了人工管理时堆场计划员制订装船计划，只是根据承运人（或其代理）提供的装箱单、出口仓单、装船清单等资料，几乎完全不知道船方的情况，更没有做配载图，造成堆放位置与装船次序不相符，增加寻找、倒箱时间，大大降低装船效率的状况。据有关部门的统计，班轮由该系统做出口箱堆存计划和配载后，装船效率比以前提高了30%左右，保证了船期，为公司赢得了信誉，提高了经济效益。从1990年3月起，该管理系统全面替代人工管理。该系统的应用，大大提高了码头生产的管理水平和效率；减轻了工作人员的劳动强度，节省了人力；提高了数据处理的准确性和及时性；实现了数据的共享，方便了信息的查询利用。此外，通过该系统的应用实践，公司各级管理人员增强了计算机应用意识，树立了计算机管理信息系统的概念，形成了一支以计算机中心技术人员为主的信息系统开发、运行、维护队伍，自行开发了CFS管理、材料管理等应用软件，并收到良好的运行效果。通过多层次的培训，公司员工的计算机知识和技能得到提高。该应用系统先后获得公司科技进步一等奖、广州港务局科技进步一等奖和广州市电子信息技术应用推广10周年优秀项目三等奖等荣誉。

20世纪末，原有集装箱管理系统已经出现老化现象。因为集装箱码头管理系统是国外20世纪80年代初期的产品，技术水平已经落后，速度慢、性能差，加上系统已运行了9年多，设备严重老化，故障率增加，存在安全隐患。且由于该系统与国际上主流计算机不兼容，当时的集装箱码头管理系统无法移植到新的计算机系统上。1992年广州港黄埔集装箱公司采用香港怡讯电脑公司开发的集装箱港口管理系统。该系统采用客户机/服务器工作方式，开放性好，符合计算机使用的主流，且采用甲骨文公司（ORACLE）关系数据库管理系统，有中文、英文两个版本。该系统有港口监察站、桥吊工作站、集装箱转运、拖车设定、港口设定、堆场规划、集装箱预约、闸口工作站、吊机工作站、船期编排、系统设定、保安设定、集装箱及货物管理、船旁吊机工作站、船舶设定、船舶规划、船舶监察站、散货收发管理、散货库存管理、工作报表等主要功能模块。尤其是港口监察站模块可以做到动态监控，实时反映码头作业情况。

该系统将码头管理和集装箱货运站管理联结起来，减少数据重复输入，大大减轻操作员的工作量。另外，系统是采用图形界面，直观形象，可以用鼠标拖放数据，操作简单，易于掌握，降低数据出错率。

至2015年，在本港生产业务管理和协同办公自动化系统已全面应用，铁路、汽车、石油化工等业务配套系统已投入使用，散杂货业务物联网在新沙和新港示范应用，“三重一大”电子监察系统已交付试运行，集装箱综合物流平台已启动建设，较好地满足了港口生产经营和管理需求。

二、信息服务与办公系统

广州港在20世纪90年代初就完成局级管理信息系统（MIS）的分析与概要设计。1997年开始，广州港务局办公自动化开始了计划与立项，从当时实际情况出发，决定引进国际上先进的群件系统Domino/Notes作为应用平台，根据循序渐进的方针，第一步，在局机关开发以信息发布为主的办公自动化系统（OA）一期及二期，并逐步过渡到把普发性的文件通过该系统发布，目的是让局领导和机关处室人员对办公自动化的应用有一个初步的认识，并形成开机办公的习惯；第二步是主要开发以局机关收发文和档案管理为主的应用系统，渐渐使局机关的办公朝着无纸化方向发展；第三步是利用光纤和局的程控电话把全局的局域网连接起来，以实现全局范围内文件的上传下达，物流、信息流以及实时现场的监控等，并从第二阶段开始，建立广州港自己的内部和外部Web（互联网）网站，以便局内外用户使用浏览器访问全局的信息网（包括办公自动化系统）。在原有系统分析和办公自动化精神指导下，广州港集团开发了“广州港财务会计核算系统”“物资管理系统”“吞吐量统计系统”“机电设备管理系统”“节能管理系统”“引航排班系统”“集装箱管理系统”“统计四合一系统”，还有“局财务结算中心资金管理系统”“办公自动化（OA）一期、二期系统”等。在网络建设方面，20世纪末完成了局级（局机关各处、部、室）的联网，实施了“主干光缆联网工程”，铺设了黄埔到墩美，墩美到新港港务公司、新港结算中心、集装箱公司、西基港务公司，墩美到新沙港务公司、新沙8—10号泊位集装箱运输部，局EDI（电子数据交换）中心到局机关、信息中心、黄埔公司、生活服务公司、环保楼的光缆联网。2015 年，推进集中式协同办公自动化系统项目建设。部署推广移动办公项目，各下属单位多种档案子系统与 OA 系统数据对接。

三、堆场 GPS 定位监控系统

2014 年 8 月，广州港股份有限公司黄埔港务分公司堆场 GPS 实时定位监控系统正式投入使用，该系统的使用标志着广州港信息化水平再提高一个层次。广州港股份有限公司黄埔港务分公司采用“香港怡讯集装箱码头管理系统”堆场卫星定位子系统，对全场机械设备进行实时监控、跟踪调度，让调度人员更直观地了解拖车的实际位置及作业状态等信息。港区 43 台红岩拖车、19 台龙门吊、12 台正面吊、4 台堆高机均安装 GPS 设备，为流动机械调度提供实时数据依据，辅助集装箱作业，提高了作业效率，从而更合理有效地调度作业拖车，同时对码头内超速车辆的监控、事故分析提供各项数据。整个系统基于 GPS 卫星定位技术实现车辆定位、监控调度管理一体化。

四、船舶交通服务系统

2015 年，交通运输部专家组根据广州港的水文气象条件、航道条件、船舶交通危险程度、通航交通流、港口规模和港口发展规划等几个因素进行了综合分析与评价，得出评价值为 0.2308，仅次于上海港。为了船舶的航行安全，改善航道秩序，广州港集团在广州港建设 3 级（即交通咨询）的 VTS（船舶交通服务）。广州船舶交通服务系统（GZVTS）中心设在广州海上安全监督大楼，分中心设在黄埔，下设莲花雷达站、坭洲头雷达站、大角山雷达站、桂山岛雷达站。GZVTS 中心配有雷达数据处理器、船舶数据处理器、水文气象仪表、防污监测设备、遥控设备和存储记录设备等。GZVTS 的功能分为两类：一类为内部功能，即进行监视、监测、数据收集和数据评估；另一类为外部功能，即进行信息服务、助航、交通管理、组织联合救援行动。GZVTS 中心收集并储存国内各大远洋公司、海运集团和经常进出广州港的船舶的资料，对首次进入广州港的船舶，可通过实行《船舶报告制度》得到船舶资料。引航站驳接 GZVTS 信息后，引航员只需用电脑查询，就可获取具体船舶信息和位置信息。

第二节　技术创新

一、广州港装卸工艺改革

1991—2000 年，广州港共完成装卸工艺革新 100 多项，比较有代表性的项目有：

黄埔集装箱码头管理信息系统项目　从 1990 年 3 月起，广州港开始将电脑技术应用于集装箱装卸管理，1995 年开始进行电脑管理系统的设计，1999 年 1 月投入使用，提高了集装箱装卸效率。

西基煤码头接卸输送工程　1992 年西基煤码头从德国购进两台 25 吨桥式抓斗卸

船机，每台卸煤800吨/时，同时对黄埔电厂一期、二期输煤工程和恒电输煤工程进行改造，增加生产设备和生产线，工艺流程也由21个增加到472个，使西基煤码头接卸能力从400万吨/年提高到600万吨/年。

西基煤码头中央控制系统改造 随着输煤设备和生产线及工艺流程的增加，对中央控制系统控制能力的要求越来越高。为确保中控系统正常运行，西基煤码头于1996年对中控室主机进行改造，以美国"莫迪康"主机替换日立P2000主机。1999年12月，西基煤码头再次对中控系统进行改造，2000年11月完成安装调试，新系统将自动控制、计算机实时操作及监视、计算机管理、多媒体技术（自动语言广播、图形技术）、网络信息技术等，经过系统结构优化，组成了一个完整的自动控制系统，并通过图形、报表、语言、图像等各种手段，对码头货物输送过程进行全方位综合控制和管理，大大提高了企业自动作业水平，改善了劳动条件，减轻了劳动强度。

黄埔公司散粮计量外挡过驳项目 该项目将经码头装驳的工艺流程改为在船上外挡过驳的工艺流程，并采用移动式计量系统，简化了操作环节，提高了生产效率——由原作业线最高500吨/工班提高到1104.5吨/工班，每吨可节约成本5.25元。

新港港务公司泊位"进出仓工艺流程"改造 该改造使通过能力从88万吨/年提高到200万吨/年。

散粮翻斗机装卸工艺项目 该项目把散粮装船作业由原来仅能在一泊位计量装驳扩大到所有泊位都能计量装驳，年吞吐量增加160万吨。

2001—2004年，广州港装卸技术改造主要表现在以下4个方面：

新沙煤矿泊位装船系统改造 该改造项目总投资978万元，项目于2002年6月实施，同年10月试投产，2003年10月通过集团内部验收。改造后系统装船能力由原有的500吨/时提高到1000吨/时，具有较高的社会价值、经济价值，年增直接经济效益在100万元以上。

新沙煤矿系统改造一期、二期工程 该改造项目总投资9099万元，改造完成后，新增堆场面积5.36万平方米，年接卸能力由原来的780万吨提高到1150万吨。该工程于2005年2月顺利通过了总验收，经济效益和社会效益显著提高。

西基煤炭系统改造工程 总改造项目计划投资2.82亿元，其中设备系统于2005年底通过集团内部验收。改造后新增堆场净面积1.53万平方米，新增接卸能力800万吨。该工程被列为广东省重点技术改造项目。

新沙煤矿系统改造四期工程 该项目计划总投资3.06亿元，改造后年接卸能力由1500万吨提高到2000万吨。

2007—2009年，广州港集团新沙公司和石家庄开发区益通科技有限公司联合研制出"门座式起重机动态电子称重系统"，实现港口作业中大量使用的门座式起重机在装卸作业的同时高精度地完成货物重量的计量工作，简化通过自卸车运输利用地中衡计量的作业工艺，对提高作业效率、节能减排具有里程碑式的意义。2010年，该技术获中国港口科技进步奖二等奖。

2009年，新港港务分公司更新2台桥式抓斗卸船机，投资4700万元。该机配置25吨抓斗，额定卸船能力1000吨/时，用于粮食接卸，替换2台老旧的产能为800吨/时的桥式抓斗卸船机。卸船机更新后，新港港务分公司卸船能力提高了25%。

2013年，广州港集团研发的“复杂工艺下港口粮食码头储运系统控制管理技术”获中国港口科技进步奖二等奖。该项目主要包括控制系统总体设计、工业综合网络技术、信息管理系统、视频监控系统、能耗监测系统等，创新控制管理多元交互平台技术，集实时控制、工艺监视、生产作业管理于一体，融集散控制技术、网络技术、光纤技术、多媒体技术为一身的工艺流程控制系统。

2014年，基于物联网的港口散杂货装卸与物流综合管理系统获中国港口科技进步奖二等奖。该项目应用物联网技术对新沙港区散杂货码头的生产管理系统实施改造，实现自动识别、智能业务管控及物流链数据实时交换与共享。同年，港口滚装船（RO－RO）汽车智能理货图形化技术研发与应用项目获中国港口科技进步三等奖。该项目基于物联网技术，运用二维激光扫描采集、立体图形化等技术，开发完成港口滚装船（RO－RO）汽车智能理货系统，实现汽车滚装船理货过程实时管控、零时间签证、自动生成装船积载图并实时纠偏、残损车辆图像信息管理及与相关单位实现实时数据交换，提升来港滚装船的装卸效率。

2014年1月至2015年12月，广州港船务有限公司组织并开展“粉状物料锚地水转水节能环保型工艺研究和应用”的项目研发，并在穗港起重五号船上进行改造应用，有效减少装卸作业中的粉尘污染。该项目是广州港集团“粉料封闭式船载螺旋装卸船机械过驳粉尘控制系统技术研究”项目的重要基础和应用实施平台。

二、广州港起重机节能技术

港口轮胎式集装箱门式起重机是集装箱港口耗能大户，它是利用自备柴油机组发电，能耗约占整个集装箱码头的60%，废气排放量占整个码头的90%左右，生产运营费约占80%。广州港RTG（轮胎式集装箱门式起重机）调速柴油机超级节能发电机组改造应用技术研究，成功实现节能44.7%，减排50%的目标。轮胎式集装箱门式起重机节能新技术研究——调速节油柴油机组，这项研究成果在2007年已获国家专利局批准专利，2008年12月通过交通运输部科学技术成果鉴定。根据港口RTG设备运营耗油特性，2007年4月交通部水运科学研究院、广州港集团与深圳京能纺有限公司开始策划RTG节油改造思路和设计方案。同年6—9月，在深圳京能纺有限公司进行了为期4个月电动、发电对拖实验，即采用小柴油机组进行实验室试验，节油达50%。2007年10月—2008年4月，研究团队在交通部水运科研究所大兴试验基地进行为期半年应用实验。2008年5—6月，在广州港南沙海港集装箱码头进行现场实验运行调试，调试效果良好；经过2年运行监测节油达44.7%，整个RTG运行操作性能平稳、正常，经过国家认可节能检测权威部门测试，节油率达42.3%。2015年又对控制模块进行升级，节能率达到50%以上。轮胎式集装箱门式起重机，是集装箱专业化码头堆场的主要设备，具有可灵活转场作业、工程投资少等特点。

三、南沙港区船舶岸基供电系统

2014年，对南沙港区三期泊位设计装卸作业船舶进行统计分析，需要由岸电提供电源的靠港船舶主要有6千伏/50赫（交流电）及6.6千伏/60赫（交流电）两种供电制式，根据对集装箱船舶电力使用情况调研计算，7万~10万吨级船舶靠港作业时，正常负荷容量约为1500千瓦、5万~7万吨级船舶靠港作业时，正常负荷容量约为1200千瓦。同时，通过对8530标准箱集装箱船舶负荷进行研究计算，停泊装卸工况下最大负荷为2450千瓦，去除发电机工作辅助设备消耗，使用岸电的最大实际负荷不超过2300千瓦。为了满足实际应用情况并兼顾未来发展，考虑投资的大小，单个泊位岸电设备输出容量选为3000千伏·安，能满足10万吨级以下船舶靠港期间作业的供电负荷量。

港口实施船舶岸基供电系统，社会效益较好，每年将减少大量的二氧化碳、二氧化硫以及氮化物的排放，减少港区及附近区域的空气污染，改善港区空气质量。广州港南沙港区三期工程建设，可使每年靠港船舶二氧化碳排放量减少近万吨，废气排放量也会减少320吨之多。港口与航运公司每年可新增效益1200多万元。

2015年，广州港大力推进创新项目建设工作，成立自主创新建设领导小组和研究中心，在推进绿色港口建设方面取得一定成效，累计取得24项专利和软件著作权、3项著名商标和品牌，单位吞吐量能耗指标比“十一五”期末降低5.2%。主动承接广州国际航运中心建设等重大研究课题，落实创新项目资金计划，新增9项专利，建章立制、法律事务、集中采购、合同管理、公文流转、档案、保密等基础工作扎实开展，企业自主创新和规范管理水平不断提升。

第四编　港口经营

第一章　货物装卸

21 世纪，广州港货物吞吐量屡创新高。2002 年广州港全港货物吞吐量达到 1.5 亿吨，2006 年突破 3 亿吨，2010 年突破 4 亿吨，2014 年超过 5 亿吨。货类从晚清时期的棉布、粮食、丝绸、茶叶、糖等商品，发展到民国时期的粮食、棉纺织品、煤、煤油、钢铁、机器、水泥、纸等大宗商品，中华人民共和国成立后，新出现集装箱运输和汽车滚装，大宗商品包括油品、煤炭、矿石、钢铁、粮食、化肥等。

第一节　货物吞吐量

秦汉时期，广州港就已成为中国南方对外贸易的货物集散地。到唐代，广州港已是国际贸易大港。宋元时期，前来广州贸易的有 50 多个国家，进出口货物的品种和数量，比唐代都有很大的增加。明清时期，为避倭寇和西方殖民者的侵扰，中国实行过“海禁”，规定外国商船只准在指定的中国港口进行贸易。

鸦片战争后，随着港口的逐步开放，不但沿海港口建设得到发展，包括广州港在内的港口吞吐量也在增加。民国二十二年至二十五年（1933—1936），陈济棠实行“广州三年施政建设计划”，广州港的建设和贸易不断发展。民国二十四年（1935），进出广州港的国际贸易船舶 1.65 万艘次。其中，中国船舶 1989 艘次，货物吞吐量 330 万吨。民国二十五年，货物吞吐量达到 342.04 万吨，为中华人民共和国成立前广州港吞吐量的最高水平。

民国二十六年（1937）9 月，日本侵华军队封锁珠江口。广州沦陷期间，英占香港和葡占澳门仍然与广州保持密切的往来，洋货由港澳经黄埔进入广州运往全国；国内出口货物经粤汉铁路和珠江水系水道集中广州，经黄埔运往港澳出口。随着太平洋战争爆发，中国人民抗日战争的国际交通线改道滇缅公路，广州及周边的港口贸易也陷于停顿，广州港更沦为日本侵略军的军事战略物资转运地。此期间，由于运输货物的零散和贸易路线的多头及隐蔽性，港口吞吐量的数额难以统计。

抗日战争胜利后，直到民国三十五年（1946）2 月英国军舰将珠江主要航道上的水雷和障碍物清除，上海招商局“海鄂”轮于同年 3 月首航黄埔港，宣告广州港的运输正式恢复。但由于进出广州内港的航道淤浅，沥滘河道上有鸦片战争期间设置的排桩和大石封锁线，广州市的进出口水上运输主要依赖黄埔港，造成黄埔港港口异常拥挤。至 1949 年初，每日停泊在黄埔港外江心等候靠泊码头的货轮有 10 余艘。其间，尽管进出口贸易得到恢复，但由于国内经济难以复兴而内战又起，广州港的吞吐量难以恢复到广州沦陷前的水平。同时，随着国民党军队的节节败退，内地物资只能沿粤汉铁路线南下广州，广州港因此成为国民党政府对外贸易的重要港口。

1936—1949 年部分年份广州港吞吐量及贸易占全国比例统计见表 4-1-1。

1936—1949 年部分年份广州港吞吐量及贸易占全国比例统计表

表 4-1-1

年份	1936	1946	1947	1948	1949（1—10 月）
吞吐量/万吨	342.04	123.65	186.22	212.32	186.19
贸易占全国比例/%	—	4.34	5.10	7.55	21.42

中华人民共和国成立后，广州港吞吐量逐步上升。1949—1954 年，广州港组织力量修复码头、仓库、道路和铁路，疏浚航道，整顿生产秩序，统一港口管理，逐步恢复有组织的装卸业务。这时期主要抢运国家经济建设急需的进口物资，支援解放战争，吞吐量增长不大。

朝鲜战争停战和日内瓦会议后，中国对外贸易迅速扩大，黄埔港对外贸易重要港口的地位日益突出。至 1957 年，黄埔港已与 31 个国家和地区的港口间有货物运输往来。“大跃进”期间，职工积极性很高，采取“人海战术”创造装卸“万吨不过天”的记录，但此时装卸作业追求数量、不顾质量的“大放卫星”，不讲效率、不计成本的“蚂蚁搬泰山”，只顾使用机械设备、不顾维修保养等情况日趋严重，安全、质量事故的发生率有所回升：仅 1960 年就工亡 4 人，重伤 4 人；一至三季度，外轮进口 95 艘次，其中五金杂货船 50 艘次，货物数量仅 1 艘准确，差错率 98%。1963 年跨过经济困难时期后的港口运输情况迅速好转。1966 年仅黄埔港的货物吞吐量就增至 563 万吨，其中外贸吞吐量 316 万吨，广州港成为华南海运中心以及对外贸易的重要港口。

1966—1976 年“文化大革命”时期，港口建设和生产受到一定影响，吞吐量倒退。其中 1967—1972 年，由于新建港口设施少、装卸效率降低等原因，港口压船压货现象比较严重，出现港口繁忙但吞吐量不增长的现象。1973 年后，随着国家经济逐步恢复正常，全国港口建设力度加大，国家对外交往增加，广州港的吞吐量恢复正增长。

1952—1978 年广州港吞吐量统计见表 4-1-2。

1952—1978 年广州港吞吐量统计表

表 4-1-2　　单位：万吨

年份	1952	1953	1954	1955	1956	1957	1958	1959	1960
吞吐量	310.6	528.5	622.3	764.4	1009.4	928.0	1246.3	1330.7	1668.0
年份	1961	1962	1963	1964	1965	1966	1967	1968	1969
吞吐量	1207.0	1054.0	1017.0	1234.0	1396.0	1560.5	1279.0	1203.0	1058.0
年份	1970	1971	1972	1973	1974	1975	1976	1977	1978
吞吐量	1157.0	1173.0	1144.0	1200.0	1157.0	1294.0	1349.0	1443.0	1686.2

1978年12月党的十一届三中全会后，国家实施改革开放政策，广州成为沿海14个开放城市之一，内外贸易发展迅速。同时，随着港口管理体制的改革、生产经营管理制度的完善、新建大型煤炭专业码头等的投产以及广州港装卸码头建设向黄埔港外延伸，广州港全港吞吐量快速增长。1988年全港货物吞吐量为4735万吨，为中华人民共和国成立初期的20多倍。1989年开始受国际政治形势变化影响，进出口贸易大幅减少，广州港吞吐量出现短期倒退，其后迅速得到回升。1999年全港货物吞吐量突破1亿吨，成为中国大陆第二个跨入世界亿吨大港行列的港口。

1979—1999年广州港货物吞吐量统计见表4-1-3。

1979—1999年广州港货物吞吐量统计表

表4-1-3　　单位：万吨

年份	1979	1980	1981	1982	1983	1984	1985	1986	1987	1988	1989
吞吐量	1817.0	1823.5	1903.0	2122.0	2236.8	2254.7	3446.0	3695.8	4280.7	4735.0	4703.5

年份	1990	1991	1992	1993	1994	1995	1996	1997	1998	1999
吞吐量	4163.0	4668.4	5463.0	6552.0	7158.4	7299.0	7450.0	7518.0	7863.2	10156.0

进入21世纪后，广州港的建设发展和吞吐量提升进一步加快。随着国家经济实力和外向型经济的发展，内需增加和外贸发展，广州乃至泛珠三角整个经济腹地的货物生成量不断增加。港口管理体制的深化改革，有效调动各港口企业自我发展的积极性。在政府推动和支持下，以广州港集团为主体的港口企业大力开展港口建设和技术改造，新增南沙港区的多种专业化码头，投入大批现代化的装卸机械，全港吞吐能力比20世纪末翻了一番，相当于再造一个广州港。集装箱运输、船舶大型化和国际班轮航线的快速发展，为进出口贸易提供了有力支撑。广东省高速公路、铁路、快速路和珠三角水网上大型桥梁的大规模建设，加上西江、北江、东江的水路运输进一步开发，使处于珠三角几何中心的广州港集聚功能和主枢纽港地位日益突出。

2000—2015年广州港货物吞吐量及排名见表4-1-4。

2000—2015年广州港货物吞吐量及排名表

表4-1-4

年份	吞吐量/万吨	世界港口排名	中国沿海港口排名
2000	11128.0	—	—
2001	12823.0	—	—
2002	15324.0	—	—
2003	17187.0	—	—
2004	23887.6	7	3
2005	27283.1	5	3

续表

年份	吞吐量/万吨	世界港口排名	中国沿海港口排名
2006	32815.8	5	3
2007	37052.7	6	3
2008	36954.2	6	4
2009	37570.4	6	4
2010	42526.0	6	4
2011	44769.5	6	4
2012	45125.2	6	4
2013	47266.9	5	4
2014	50097.5	5	4
2015	52096.0	6	4

第二节　货　类

广州港进出口货类种类繁多，秦汉至清一口通商时期，进口货物主要有粮食、纺织品、贵金属、香料及海外各类奇珍异宝等，出口货物主要为丝绸、瓷器、茶叶及经济腹地出产的各类特产。清道光年间，大量鸦片通过广州口岸进入中国，是鸦片战争爆发的重要原因。1840 年后，随着不平等条约签订，各类外国商品大量进口，冲击中国传统农业和家庭手工业。民国时期，因世界帝国主义列强发展军事工业，钨砂成为重要的出口商品，于 1937 年超越生丝位居出口商品首位。白糖原为广州出口商品，因传统制糖业无法与西方机器大工业竞争，反而成为进口商品。中华人民共和国成立后，随着中国经济发展，进出口商品呈现多元化趋势，大宗商品主要为煤类及其制品，石油、天然气及其制品，钢铁，矿物性建筑材料，粮食，机械，设备，电器等。

一、进口货物

秦汉时期，广州港大宗进口货物有珠玑、象牙、犀角等。三国至隋代，进口货物主要有象牙、犀角、珠玑、玳瑁、玻璃器、吉贝（棉布）、郁金、苏合、沉檀等。唐代，主要进口货物有乳香、犀角、象牙、珊瑚、珍珠、布匹、苏木等。宋代，进口货物包括“宝货”（珍珠、象牙、犀角、珊瑚、玛瑙、琉璃、琥珀等）、香药（乳香、沉香、檀香、丁香、龙脑香、龙涎香、没药等）、金属及其制品、纺织品、食品、器用品和工业原料等，香药类货物最为大宗。元代进口货类有宝物、布匹、香货、药物、木材、皮货、牛蹄角、杂物等八大类。明代进口商品有宝石、珍珠、各种香药、香料、翎羽、象牙、犀角、金铂、锡、铜钱以及新奇动物等。

清代一口通商时期，广州港进口商品主要是白银、棉花、各种香料、毛棉织品、金属、毛皮、鸦片等。19 世纪，因清朝在对外贸易上处于贸易顺差地位，英国等西方国家为扭转贸易逆差，大量向中国倾销鸦片。从清嘉庆二十二年（1817）至道光十三年（1833），鸦片进口货值占广州进口总值的比例从 19.6% 增至 50.3%，而白银进口货值比例则从 26.4% 降至 2.2%。棉花、毛织品为进口货物大宗，主要来自英国，这两样商品连同白银、鸦片占广州进口商品总值的 80% 以上。（见表 4-1-5）

清嘉庆二十二年至道光十三年广州主要进口商品货值表

表 4-1-5

年代		1817—1819	1820—1824	1825—1829	1830—1833
进口总值/银元		69866514	126736033	135329287	107768748
毛织品	货值/银元	8367308	16601728	16361287	10951078
	占比/%	12.0	13.1	12.1	10.2
棉花	货值/银元	19947291	20646223	29949497	22802434
	占比/%	28.6	16.3	22.1	21.2
鸦片	货值/银元	13683439	42474750	59821593	54211714
	占比/%	19.6	33.5	44.2	50.3
白银	货值/银元	18461000	29035666	11887213	2386945
	占比/%	26.4	23.0	8.7	2.2

资料来源：《广州市志·外贸志》。

鸦片战争后，清朝廷更是无力阻挡鸦片进口，进口商品种类也出现明显变化，各种洋药、洋烟、洋酒、洋糖果、洋水果、咖啡、洋毯、洋手巾、洋纽扣、洋针、洋线、洋灯、洋纸、洋钉、洋笔、洋墨水、洋牙刷、洋肥皂、火柴、洋钟表、洋玻璃等经广州口岸进入中国，冲击清朝的农业和家庭手工业。

民国时期，进口货物种类比以前有所增加，但进口的大宗货物以粮食、棉纺织品、煤、煤油、钢铁、机器、水泥、纸等为主（见表 4-1-6）。辛亥革命后，广东缺粮问题越来越严重，每年需进口大量粮食，占进口商品的第一位。棉货（包括棉布、棉纱、成衣等）居本时期广州进口商品第二位。煤油、煤、纸张等的数量也不少。民国十八年（1929）世界资本主义经济危机爆发，帝国主义国家竞相在广州倾销商品，除粮食继续保持进口领先地位之外，矿物油、五金及棉织品进口大量增加。

1911—1926 年（部分）广州从外国进口主要货类表

表 4-1-6

年份	大米/担①	棉布/匹	棉纱/担	水泥/担	煤/担	煤油/加仑②	纸/担	机器/海关两	钢铁/海关两
1911	23.0 万	59.0 万	4.8 万	13.0 万	14.0 万	2518.0 万	9.1 万	13.0 万	16.0 万
1912	5.8 万	52.0 万	6.6 万	7.1 万	11.0 万	1394.0 万	4.3 万	7.7 万	14.0 万
1913	37.0 万	70.0 万	8.2 万	7.7 万	11.0 万	1489.0 万	10.5 万	11.0 万	17.0 万
1914	16.0 万	73.0 万	9.2 万	7.0 万	14.0 万	2068.0 万	11.7 万	7.0 万	16.0 万
1915	40.0 万	59.0 万	10.0 万	9.9 万	13.0 万	1223.0 万	5.6 万	16.0 万	10.0 万
1923	745.0 万	576.0 万	5.4 万	52.0 万	24.0 万	1105.0 万	130.0 万	88.0 万	134.0 万
1924	274.0 万	571.0 万	0.3 万	37.0 万	30.0 万	602.0 万	181.0 万	39.0 万	148.0 万
1925	293.0 万	278.0 万	1.2 万	38.0 万	31.0 万	736.0 万	116.0 万	17.0 万	83.0 万
1926	425.0 万	639.0 万	3.8 万	69.0 万	62.0 万	238.0 万	67.0 万	57.0 万	110.0 万

注：1911—1915 年数据根据《海关中外贸易统计年刊》编制，1923—1926 年数据根据 1935 年《广州年鉴》卷 10“经济”有关数字编制。

① 1 担等于 50 千克。

② 1 加仑等于 4.54609 升。

民国十六年（1927）至民国二十一年（1932），除大米外，棉布、煤炭、汽油、钢铁和机器、纸与水泥等主要商品的进口都迅速增加。（见表 4-1-7）需指出的是，糖原本是广州出口产品，但因香港糖业发展迅猛，1930 年广州就进口糖 83.4 万担，货值约 790.3 万海关两，占广州总进口货值的 15%。

1927—1932 年广州从外国进口主要货类表

表 4-1-7

年份		1927	1928	1929	1930	1931	1932
大米	数量/担	170 万	63 万	34 万	15 万	19 万	45 万
	货值/海关两	849 万	316 万	167 万	81 万	94 万	267 万
棉布	数量	—	—	—	—	—	—
	货值/海关两	253 万	249 万	309 万	429 万	377 万	296 万
煤	数量/吨	30 万	26 万	31 万	33 万	25 万	349 万
	货值/海关两	221 万	190 万	227 万	261 万	238 万	398 万
煤油	数量/加仑	577 万	715 万	698 万	870 万	993 万	362 万
	货值/海关两	148 万	162 万	164 万	300 万	466 万	152 万
汽油	数量/加仑	35 万	49 万	92 万	124 万	197 万	89 万
	货值/海关两	19 万	21 万	40 万	67 万	139 万	48 万

续表

年份		1927	1928	1929	1930	1931	1932
钢铁	数量	—	—	—	—	—	—
	货值/海关两	126 万	94 万	136 万	169 万	297 万	352 万
机器	数量	—	—	—	—	—	—
	货值/海关两	39 万	23 万	49 万	88 万	126 万	184 万
糖	数量/担	54 万	75 万	69 万	83 万	66 万	22 万
	货值/海关两	481 万	697 万	650 万	790 万	580 万	272 万

注：根据 1935 年《广州年鉴》卷 10“经济”有关数字编制。

日本侵略者占领广州后，广州进口商品被纳入日本侵华战争的轨道，尤其是机器、矿物油、化学品进口主要是出于掠夺华南地区资源的需要。这个时期进口商品主要有：粮食、矿物油、化学品、糖、煤、机器、电器用具、棉织品、毛织品、麻织品、水产品、面粉、纸张、木材、车船、钨矿砂、石蜡、安尼林染料等。其中以粮食、矿物油、化学品、机器、纺织品、车船等为大宗。

抗日战争胜利后，大宗进口商品以棉花和矿物油为主。矿物油（包括煤油、汽油、柴油）是华南地区的紧缺产品，战后有大量进口。进口汽油除少部分在广东地区消费外，大部分转运到华南地区和西南地区。广州地区提炼煤油的小工业相当发达，柴油需求巨大。广州地区制造橡皮、鞋皮及鞋底的工厂开始复业，橡胶也有较大需求。除此之外，棉毛织品、五金机器和化学产品的进口数量也较大。

中华人民共和国成立后，受经济发展水平制约，以及国际政治形势影响，广州港进口商品只限于生产出口产品所需的原辅材料、机械设备、生产线及交换物资。改革开放后，进口商品种类呈现多元化趋势，有成套设备、生产线、各种机械、五金矿产、石油化工产品、化工原料、医药保健、包装材料、轻工业品、纺织品、粮油食品、木材、畜产品等。

20 世纪 90 年代，随着经济建设的发展，广州进口商品的构成不断发生变化。进口的主要商品种类有：成套设备、汽车、摩托车及配件、电子仪器、动力设备、起重挖掘机械、压缩机、轻工机械、电讯设备、钢材、金属矿砂、石油及其制品、天然橡胶、化工原料、尿素、建筑装修材料、纸张、合成纤维、胶合板、棕榈油、黄金、钟表等。2000 年，进口商品按货值排序依次为机电音像设备及附件、塑料橡胶及其制品、贱金属及其制品、化工产品、纺织原料及其制品、珠宝、贵金属硬币、车辆航空器船舶及运输设备。2015 年，广州港进口货物主要有煤类及其制品，石油、天然气及其制品，钢铁，矿物性建筑材料，粮食，机械，设备，电器等（2000—2015 年情况见表 4-1-8）。

2000—2015年广州港主要进口货物分类情况表

表4-1-8　　　　　　　　　　　　　　　　　　单位：万吨

年份	煤类及其制品	石油、天然气及其制品	钢铁	矿物性建筑材料	粮食	机械、设备、电器
2000	2409.00	1642.00	563.00	525.00	350.00	235.00
2001	2602.00	1897.00	618.00	801.00	332.00	292.00
2002	3234.00	1901.00	663.00	1244.00	256.00	356.00
2003	3550.18	2027.70	909.22	1237.80	266.26	446.52
2004	4392.75	2444.69	862.58	2653.43	391.18	479.26
2005	4870.26	2306.76	982.66	3514.65	430.09	557.28
2006	5621.45	2253.31	767.75	3861.18	447.39	790.00
2007	6074.26	1692.26	937.31	3245.4	533.19	1027.71
2008	4924.95	1463.75	842.48	3742.43	549.35	1327.91
2009	5031.17	1431.49	1417.34	2464.75	710.88	1397.89
2010	5291.24	1411.85	1430.00	2568.78	801.18	1807.10
2011	5719.24	1281.29	1591.54	1730.55	831.77	1510.41
2012	5410.18	1008.67	2050.25	1684.71	1126.04	1548.28
2013	5152.24	1023.77	2172.19	1234.45	1154.34	1570.30
2014	5169.71	1096.22	2283.73	1433.11	1195.53	2306.92
2015	4616.75	1203.62	2207.37	1853.92	1478.14	2125.01

注：根据广州市统计局网站上的《广州统计年鉴》数据整理。

二、出口货物

秦汉时期，广州港主要出口金、银、铜和丝绸等。三国至隋朝，从广州输出的货物以丝绸、漆器为大宗。唐代，从广州港输出的产品除了丝绸之外，还有瓷器、茶叶、金、银、铅、锡等。宋代，出口货类包括纺织品、陶器瓷器、金属及其制品、各种日常生活用品、农产品和副食品等。元代出口物资以丝绸、瓷器、铜钱、铁器、铜器为大宗。明代出口商品以丝、瓷为主，丝织品占首位。

清代一口通商时期，广州港出口除了传统的丝绸、陶瓷等产品外，还有茶叶、生丝、南京土布、大黄、桂子、糖、白铜、生锌、白矾、樟脑等。（见表4-1-9）茶叶是出口的第一大宗产品，福建、江西、江苏、浙江、四川、贵州等地的茶叶，都从广州港出口。

嘉庆二十二年至道光十三年广州主要出口商品货值表

表 4-1-9

年代		1817—1819	1820—1824	1825—1829	1830—1833
出口总值/银元		54585032	97400278	95212859	71103372
茶叶	货值/银元	27263600	58276355	60898144	46694226
	占比/%	49.95	58.83	63.96	65.67
生丝	货值/银元	3150415	7491649	9426589	9618056
	占比/%	5.77	7.69	9.90	13.53
绸缎	货值/银元	4635029	12204298	9821866	5934189
	占比/%	8.49	12.53	10.32	8.35
土布	货值/银元	3468593	4617850	4165647	1002052
	占比/%	6.35	4.74	4.38	1.41

资料来源：《广州市志·外贸志》。

鸦片战争后，广州出口商品虽仍以丝、茶叶为主，但所占的比重不断下降。1870年茶、丝两项合占88%，1892年便下降到62.5%，特别是茶叶的出口因受到印度茶、锡兰茶和日本茶的竞争而大为减少。另外，蔗糖同样是广州出口的大宗商品，直到大部分蔗糖改在香港直接出口，广州蔗糖出口才退居次要地位。

民国时期，出口货物种类有生丝、丝织品、针织品、干鲜果品、蔬菜、爆竹、药材、矿砂、桐油、鸡鸭毛、草席、烟叶等。生丝仍占出口的第一位，其次为丝织品和动物产品及蔬菜。其中，生丝包括白丝、白经丝、白缫丝、黄丝、黄经丝、黄缫丝、蚕茧、乱丝头、丝皮。（见表4-1-10）

1911—1926年广州出口生丝统计表

表 4-1-10　　单位：担

年份	白丝	白经丝	白缫丝	黄丝	蚕茧	乱丝头	丝皮	总计
1911	1600	—	42453	37	3985	34664	—	82739
1912	2426	—	33721	10	4072	26528	—	66757
1913	1587	645	45429	40	5247	39623	—	92571
1914	1052	751	33042	51	2607	27574	—	65077
1915	1157	5113	26403	73	3033	22697	—	58476
1916	1056	—	35588	194	4981	29813	—	71632
1917	992	—	38687	212	3443	43921	323	87578
1918	1387	—	31664	210	3021	39828	337	76447
1919	1733	—	44992	303	2096	26646	39	75809

续表

年份	白丝	白经丝	白缫丝	黄丝	蚕茧	乱丝头	丝皮	总计
1920	1325	—	32134	122	1973	28722	277	64553
1921	764	—	48750	99	1720	17189	70	68592
1922	529	—	49351	184	2150	24034	115	76363
1923	488	—	43153	81	1909	40924	77	86632
1924	730	1	54746	92	4992	58602	59	119222
1925	436	—	23692	1	2061	19311	—	45501
1926	275	—	13465	11	400	15074	99	29324

注：1926 年另出口乱蚕丝 471 担。

除了生丝、丝织品外，其他产品在广州出口货物中所占比例不大。例如土布在出口较多的民国十五年（1926），货值为 134.6 万多两，占广州出口总货值的 2.97%；草席、地席在民国十三年（1924）货值为 326.4 万两，占广州出口总货值的 3.9%；爆竹与焰火的出口值，民国十五年为 223.3 万两，占广州出口总值的 4.5%。广州出口到港澳的菜、蛋、肉、果合计，亦只占广州出口总值的 10% 左右（1927—1932 年出口主要商品货类见表 4-1-11）。受 1929 年世界资本主义经济危机的影响，广州传统的出口商品在市场上销路受阻，出口量迅速下降。

1927—1932 年广州出口主要商品货类表

表 4-1-11

年份		1927	1928	1929	1930	1931	1932
生丝	数量/担	7.7 万	10.1 万	10.3 万	7.7 万	8.1 万	3.3 万
	货值/海关两	4573.0 万	4826.0 万	5198.3 万	3852.6 万	2963.7 万	1182.0 万
绸缎	数量/匹	7292.0	5353.0	5625.0	4548.0	6743.0	4266.0
	货值/海关两	715.4 万	751.3 万	586.1 万	459.8 万	707.6 万	427.0 万
土布	数量/匹	9488.0	1.7 万	1.4 万	1.3 万	2.9 万	2405.0
	货值/海关两	63.0 万	117.0 万	87.1 万	98.4 万	238.1 万	113.0 万
茶叶	数量/担	1.6 万	1.9 万	1.9 万	1.8 万	1.6 万	1.1 万
	货值/海关两	72.0 万	80.0 万	80.1 万	67.6 万	54.6 万	21.0 万
钨矿	数量/担	1.3 万	2.2 万	3.4 万	7.3 万	7.8 万	2.7 万
	货值/海关两	23.6 万	39.1 万	109.7 万	235.8 万	205.8 万	52.0 万
瓷器	数量/件	4836.0	4926.0	4029.0	3336.0	2976.0	1654.0
	货值/海关两	20.1 万	20.1 万	19.1 万	17.2 万	16.5 万	3.1 万
草席、地席	数量	—	—	—	—	—	—
	货值/海关两	—	—	159.2 万	236.8 万	424.5 万	120.4 万

注：根据 1935 年《广州年鉴》卷 10 “经济” 有关数字编制。

民国二十二年（1933）至民国二十六年（1937），广州出口货类结构发生比较大的变化。作为广州最主要出口商品的生丝和丝织品，总体呈下降趋势。矿砂五金的出口逐年增加，民国二十六年已超过生丝而跃居出口榜首。桐油出口增长速度也惊人，由原来出口无几而变成重要出口货。此外，鸡鸭毛出口量也有较大增加。

1937—1945 年，广州出口的商品有生丝、绸缎、丝织品、钨矿砂、桐油、药材、爆竹、木、竹、藤、牛皮、纸张、蔬菜、水产品、五金、鸡鸭毛、草席、地席、竹器、甘蔗、草绳、干鲜果品、茶叶等。其中仍以生丝、钨矿砂、桐油等土货为大宗。

抗日战争胜利后，广州出口的商品有蔬菜、烟叶、鱼类、酒、糖、茶叶、竹、藤、木材、鲜果、干果、燃料、矿产品、桐油、猪鬃、油漆、石、杂货等。其中以猪鬃、矿产品、桐油为大宗。

中华人民共和国成立后，出口商品以农副土特产品为主，其次为传统的手工艺品和轻纺产品。1957 年后，随着公私合营完成，广州组建专业对外贸易公司，出口商品主要有轻工产品、粮油食品、工艺品、化工、机械、五金矿产品、农副土特产品、畜产品、医药保健品。其中以轻工产品出口量为最大，品种最多。

改革开放后，广州出口商品大幅增加，品种不断增多，逐步发展一批年出口额过百万甚至千万美元以上的商品。主要有自行车、纸张、渔具、日用百货、电筒、肉食、猪肉罐头、麻袋、药材、立德粉等。1995—2000 年，出口货值超亿美元的出口商品主要有：集装箱、有线通信设备、家用电器、音响设备、照相机、机械类产品、船舶、宝石、金银首饰、表类、电子元器件、家用小电器机、塑料玩具、包袋类、皮鞋、运动鞋、棉布、色布、棉布服装、棉针织品等。2015 年，广州港出口主要货类包括煤类及其制品，石油、天然气及其制品，钢铁，矿物性建筑材料，粮食，机械，设备，电器。其中，以煤类及其制品占比重最大，其次是机械、设备、电器（见表 4-1-12）。

2001—2015 年广州港出口主要货类情况表

表 4-1-12　　单位：万吨

年份	煤类及其制品	石油、天然气及其制品	钢铁	矿物性建筑材料	粮食	机械、设备、电器
2001	774.00	1609.00	66.00	266.00	238.00	304.00
2002	952.00	1664.00	78.00	508.00	144.00	413.00
2003	1111.96	1734.88	85.27	777.83	167.59	542.35
2004	1281.66	2028.08	109.36	902.63	170.53	467.52
2005	1861.00	1629.30	162.23	925.11	92.41	519.09
2006	2234.79	1784.04	245.94	1362.59	97.84	793.34
2007	2646.86	1514.44	197.75	1342.42	204.95	1108.98
2008	2589.39	1362.06	255.93	892.41	186.48	1330.58

续表

年份	煤类及其制品	石油、天然气及其制品	钢铁	矿物性建筑材料	粮食	机械、设备、电器
2009	2521.25	1333.59	212.32	760.75	216.69	1454.03
2010	2497.73	1182.44	308.96	504.27	284.30	1760.70
2011	2564.64	1175.29	317.31	231.55	272.19	1581.55
2012	2340.57	816.63	455.76	325.64	496.66	1518.04
2013	2450.64	874.59	573.75	700.58	504.82	1614.83
2014	2981.01	952.65	757.91	779.15	552.43	1739.46
2015	2967.51	815.93	583.55	448.97	746.17	1793.08

注：根据广州市统计局网站上的《广州市统计年鉴》的数据整理。

三、大宗商品

（一）煤炭、矿石类

1. 煤炭

广州港煤炭用户主要是电厂、纸厂和水泥厂等，集中在珠江三角洲地区。广东煤炭资源匮乏，开采成本高，煤炭主要依靠“北煤南运”和国外进口。中华人民共和国成立初期，煤炭、矿石类货物卸船和其他货类一样，全靠人抬肩扛，效率较低。“大跃进”时期，港口职工土法上马自制出皮带机，用于煤炭的水平运输和装卸。而后，又在码头前沿安装抓斗门式起重机进行船车直取装卸，使装卸效率大幅度提高。1960 年第四季度散煤作业的工班效率 36.51 吨，为 1957 年 10.40 吨的 3.5 倍。20 世纪 60 年代，进口矿砂卸船作业仍采用抓斗门式起重机，但进口煤的卸船作业却因国轮吊杆及卷扬机技术水平低而无法发挥“船机单索抓斗”的作用，只能采用人力装卸兜起吊卸煤，降低装卸效率，增加工人劳动强度。

广州港是华南地区最大的煤炭接卸港，从事煤炭接卸业务的主要有广州港股份有限公司属下的新沙、西基、黄埔、新港、河南等港务公司。20 世纪 80 年代，有煤炭专业泊位 4 个，煤炭通用泊位 14 个。经过系统改造，通过能力增加到 6000 万吨/年；拥有先进的煤炭接卸设备、工艺及配套设施，单机最高接卸能力 1250 吨/时，最高卸船能力 7.3 万吨/天；拥有较大的煤炭专用堆场，一次性堆存量为 350 万吨。作为华南地区最大的煤炭接卸港，中国“北煤南运”大通道的主枢纽港，以及外贸煤炭进口的主要接卸港，广州港股份有限公司担负着华南地区电煤运输以及外贸煤炭进口的主要任务，年接卸煤炭占广东省水路运输煤炭总量的近 50%。矿石类货物主要由新沙港区的新沙港务有限公司和黄埔港区的新港港务公司作业，有 10 万吨级矿石专业泊位 1 个，5 万吨级以上矿石通用泊位 9 个，年通过能力达 800 万吨。

1987 年 3 月建成投产的西基专业化煤炭码头，装卸工艺设备分主系统和装驳、装卡两个小系统。生产设施包括卸船、装船、装火车、装汽车及其称量、堆取、输送系统，电化中控系统，洒水除尘、煤污水处理系统，通信、消防系统等，形成较为完整的现代化装卸生产工艺流程。1989 年 11 月，增加卸船后直送和 SR5 取料转送两个工艺流程，向黄埔电厂输送煤炭。设计流量 1500 吨/时，年送煤量 200 万吨。西基专业化煤码头装卸船能力 400 万吨，吞吐能力 647 万吨，是华南最大、自动化程度较高的煤炭装卸专业化码头，建成投产后，改变广州地区港口煤炭装卸作业技术落后状况，大大地提高煤炭装卸能力。

2004 年煤炭吞吐量比上年增长 21.7%。2006 年，国家加大宏观政策调控力度，广州市因产业结构调整较早，受国家宏观调控影响较小，地区经济和工业持续保持平稳增长，电力需求依然紧张，加上广东省加大关闭省内非法煤矿企业的力度，地区经济对煤炭需求仍呈增长势头，港口煤炭运输继续保持增长态势。随着广州港西基码头、新沙码头等专业码头技改项目的完工并投产，港口煤炭通过能力大大改善，港口煤炭运输紧张局面得到有效缓解。2006 年，广州港完成煤炭吞吐量 7856.1 万吨，同比增长 14.4%。其中外贸煤炭吞吐量为 992.9 万吨，同比增长 58.6%，内贸煤炭吞吐量为 6863.2 万吨，同比增长 12.4%。外贸煤炭主要从越南、印度尼西亚和澳大利亚等国家和地区进口。2007 年，由于广东省煤炭需求 100% 依靠外埠支持以及需求持续增长，广州港作为广东省煤炭输入的主枢纽港，全年每月接卸的煤炭与上年同期相比一直保持在 10% 以上的增长幅度。随着煤炭接卸能力的进一步增长，全年完成煤炭吞吐量 8721 万吨，比上年增长 11%，其中内贸煤炭接卸量 6074 万吨，到港外贸进口煤炭 1063 万吨，分别增长 8.1% 和 8.0%。2008 年广州港全年完成煤炭吞吐量 7514.4 万吨，同比减少 13.8%，其中煤炭接卸量为 4925 万吨，占煤炭吞吐量的 65.5%，同比减少 2.0%，其中外贸进口煤炭 973.7 万吨，同比增长 7.1%。下半年市场煤价持续大幅下跌，交易萎缩，电厂开工不足，导致煤炭到港量大幅度下滑。2009 年，由于国家采取扩大内需的刺激经济措施，各主要货类到港均出现先低迷后逐步恢复的过程。下半年广东省发电量回升拉动电煤需求，同时，随着市场信心的恢复，贸易商增加市场煤的采购量，煤炭市场逐步活跃。全年广州港口煤炭吞吐量保持平稳发展，完成 7778 万吨，小幅减少 0.5%。2010 年广东省经济保持平稳较快增长，对能源需求大幅增加，加上上半年西南地区大旱，输送广东省的西电电量大幅减少，火力机组高负荷运行，煤炭消耗大幅增加。全年广州港接卸煤炭比 2009 年增长 3.1%。其中外贸进口累计完成 1364.6 万吨，比 2009 年的 1108.8 万吨增加 255.8 万吨，增幅 23.1%。2011 年，广州港煤炭累计完成 8284 万吨，比上年增长 6.4%。2012 年，受降水增多、需求不旺、进口煤价跌量升等多种因素的影响，广东煤炭市场不景气，全年累计完成煤炭吞吐量 7751 万吨，比上年减少 6.4%。2013 年广州港全年完成煤炭吞吐量 7603 万吨，比上年减少 1.9%，呈现内增外减的特点：内贸煤炭增加主要得益于国家政策引导和夏季用电需求增长等因素带动，而外贸煤炭减少是受国家控制进口低质煤措施及外贸煤炭价格优势渐失的影响。2014 年在内贸煤炭市场好转和港口企业加强市场组织、加快疏运等因素的带动下，全年累计完成煤炭吞吐量8151万吨，比上年增长7.2%。2015年在国内煤炭产能过剩、下游需求不振以及周边码头激烈竞争的压力下，煤炭运输形势严峻，全年累计完成煤炭吞吐量7584万吨，比上年减少7%。其中，广州港集团煤炭装卸吞吐量完成情况见表4-1-13。

1979—2015年广州港集团煤炭装卸吞吐量完成情况表

表4-1-13　　单位：万吨

年份	1979	1980	1981	1982	1983	1984	1985	1986	1987	1988
总量	242.4	173.8	266.7	336.5	389.9	446.7	362.0	531.7	764.0	1305.1
年份	1989	1990	1991	1992	1993	1994	1995	1996	1997	1998
总量	1414.3	969.3	1365.6	1741.6	2037.5	2246.5	2171.8	2240.1	2096.7	2047.4
年份	1999	2000	2001	2002	2003	2004	2005	2006	2007	2008
总量	2641.4	3022.5	3375.6	4186.3	4662.1	4610.0	4731.3	5875.8	6553.7	6488.7
年份	2009	2010	2011	2012	2013	2014	2015			
总量	6303.6	6409.3	6972.1	6656.7	6312.1	6385.8	5563.2			

2. 矿石

20世纪70年代初，广州和黄埔两港务局开始推行矿砂、晶石、硃石、锰矿等散装货物的成组运输，提高了平均舱时量。如晶石、硃石和锰矿每段作业量，成组化前最高效率为120吨，成组化后增至360吨左右，效率提高2倍。黄埔港务管理局还推广使用电动手扶制板机清二层舱和底层舱里挡的煤炭出舱。1975年推行和完善散装货物的成组装卸作业，对装卸工属具及工艺继续进行革新（如改进门吊抓斗，用小型推土机、推耙机下舱平舱清舱等）外，部分散装货物装卸的码头专业化，散装货物装卸技术水平大为提高。1979年在起重2号船上安装了抓斗门吊进行锚地散货装卸，大大提高了锚地散货装卸能力。

广州港接卸的金属矿石主要是铁矿石，2004年吞吐量350.3万吨，比上年增长33.1%。增长的原因主要是珠三角地区基础设施、房地产、家电、汽车、机械等行业的快速发展，刺激该地区钢铁市场需求，使得腹地钢铁厂钢铁生产量快速增长。2005年，国际矿石价格暴涨，国家出台进口矿石自动许可制度和对铁矿石进口企业资格进行限制，受此影响，外贸进口矿石量增速有所放缓。是年广州港金属矿石接卸量230.5万吨，比上年增加7.0万吨，其中铁矿石192.5万吨，增加7.0万吨。全年广州港完成金属矿石吞吐量413.7万吨，比上年增长18.1%。受国家调整钢铁产品进出口税收及宏观调控政策的影响，加上广州港金属矿石接卸能力的限制，珠三角地区进口矿石明显减少，2006年广州港金属矿石吞吐量呈现下降趋势，全年完成金属矿石吞吐量371.8万吨，同比减少10.1%。2008年广州港完成金属矿石吞吐量446.4万吨，同比减少2.3%。受钢铁需求锐减影响，港口矿石库存压港严重。2009年，金属矿石吞吐量636万吨，增长42.5%。2010年由于受到国内宏观经济的推动，钢材价格稳步回升，铁矿石需求量大增，各钢厂在广州港的铁矿石中转量增长显著。2011

年，金属矿石吞吐量累计完成663万吨，比上年减少13.6%。2012年各钢厂亏损严重，腹地需求减少，加上矿石采购模式调整以及矿石运输船舶大型化的影响，广州港全年完成金属矿石吞吐量575万吨，比上年减少13.3%。2013年得益于外贸铁矿贸易回升，完成金属矿石吞吐量709万吨，比上年增长23.3%。2014年因周边港口铁矿运输格局发生变化，广州港承接了原由深圳港铁路疏运的矿石，成为韶钢主要矿石中转港，内贸矿石快速增长，全年完成金属矿石吞吐量794万吨，比上年增长12%。2015年到港外贸金属矿石减少、内贸运输保持增长，全年完成金属矿石吞吐量821万吨，比上年增长3.4%。其中，广州港集团矿石装卸吞吐量完成情况见表4-1-14。

1979—2015年广州港集团矿石装卸吞吐量完成情况表

表4-1-14　　单位：万吨

年份	1979	1980	1981	1982	1983	1984	1985	1986	1987	1988
总量	60.0	106.2	59.6	45.4	47.0	57.6	45.2	51.8	36.6	84.8
年份	1989	1990	1991	1992	1993	1994	1995	1996	1997	1998
总量	75.6	73.9	99.5	134.7	155.4	157.1	148.6	160.0	209.5	170.2
年份	1999	2000	2001	2002	2003	2004	2005	2006	2007	2008
总量	187.2	183.7	258.9	244.6	263.1	279.2	228.7	239	286	288

年份	2009	2010	2011	2012	2013	2014	2015
总量	468.9	601.8	468.9	365.8	526.8	701.2	725.7

（二）油品类

中华人民共和国成立后，广州港一直是油品进口的重要口岸，主要以燃料油、原油为主，食品油为次。在大型专业码头和锚地建成前，一直在各港区码头沿用传统的桶装运输、吊装装卸、堆场和仓库堆叠储存的模式进行作业。

1977年，广州石油化工厂在黄埔新港区建成2座2.4万吨级的栈桥式专业化石油码头泊位后，移交给黄埔港务管理局使用，组建成为新港港务公司卸油站，以接卸油轮运载的原油和成品油为主。自此，广州港口开始有散装液态货物——原油和成品油的装卸作业。卸船时，卸油站采用胶管接通岸上管线，直通中转站油罐或广州石油化工厂油罐。

1989年3月21日，新港公司开拓油品装卸新业务——锚地过驳接卸。1997年3月，广州石油化工厂将原油接卸转移到惠州的专业码头，广州港的原油接卸量由此每年减少了250万~300万吨。2003年12月17日，新港公司启用新管线首次接卸散棕油。2004年4月8日，新港公司接卸广州新机场航空油。2007年12月18日，卸油站从新港港务分公司剥离，正式成立广州港集团有限公司石油化工港务分公司。

经过多年建设发展，广州港油品装卸形成了公用码头（锚地）与企业码头并行的业务模式。其中，广州港集团万吨级能源专业泊位有7个，万吨级以上装卸锚地

23 个（最大锚泊能力 30 万吨），接卸能力 3100 万吨，其中油品为 1300 万吨。尤其是广州港集团下属的石油化工码头、小虎石化码头、港发码头以及建滔码头成为主力。其中石油化工码头承担广州白云国际机场航空煤油的接卸任务，输油管道直通到机场库区。同时该码头有着丰富的原油锚地过驳经验，过驳安全高效，如在三门岛锚地过驳，卸率可达 3600 吨/时。小虎石化、港发码头为广州、东莞地区最大的石化码头，码头设施处于国际一流水平，且码头后方均有相应的库区，库区功能齐全、设备完善，储量达 180 多万立方米，其中小虎石化码头后方库区也为广东首个战略油库。广州港已初步形成为珠三角油品的集散地和交易中心。属于广州港集团以外的专业化万吨级能源泊位 10 个，接卸能力 2891 万吨，其中油品 1191 万吨；能源码头存储能力 218 万吨，其中油品 68 万吨。万吨级能源码头主要经营者是珠江电厂，沙角 A、B、C 电厂，广州港发石油化工公司和粤海（番禺）石油化工公司等。

1979—2003 年广州港油品装卸吞吐量完成情况见表 4-1-15。

1979—2003 年广州港油品装卸吞吐量完成情况表

表 4-1-15　　单位：万吨

年份	1979	1980	1981	1982	1983	1984	1985	1986	1987
总量	259.1	287.8	292.7	318.1	339.3	387.3	405.2	475.5	618.8
年份	1988	1989	1990	1991	1992	1993	1994	1995	1996
总量	736.1	844.4	149.8	975.7	1253.1	1767.5	1861.2	2019.4	2299.0
年份	1997	1998	1999	2000	2001	2002	2003		
总量	2283.1	2284.9	2885.7	3041.2	3505.9	3564.8	3762.6		

油品类业务主要有两大特点。一是运输油船大型化发展。石油化工品主要来源于中东、大洋洲、非洲和拉丁美洲等地区和国家。油商和船公司从节约成本出发，大都采用 5 万吨级及以上的大型船舶运输来降低成本。2004 年，5 万吨级及以上船舶占总数的 60.72%。二是油品结构从单一化向多品种发展。一直以来广州港接卸油品主要是原油和燃料油。随着产业结构调整和人民生活水平的提高，人们更加关注节能和环境保护，使用清洁能源已作为广东发展目标。因此港口能源运输产品结构开始发生变化，成品油和液化石油气等高效、优质能源的比重上升。2004 年液化天然气和液化石油气、原油、成品油港口吞吐量分别为 47.05 万吨、539.2 万吨、3484.3 万吨，分别比上年增长 34.8%、16.3% 和 7.2%。

2005 年广州港原油接卸量 168.3 万吨，比上年减少 82.3 万吨，下降 32.9%。2005 年国际油价和沿海海运价格的上涨，增加船公司燃油运输成本和贸易商运营成本，贸易商纷纷采用多家货主拼船运输方式，降低运输成本，运输船舶呈现大型化。2005 年 8 月，珠江三角洲地区出现汽柴油短缺现象，中石化、中石油两大集团为满足市场需求，加大供应量，增加成品油海运量。2005 年，广州港成品油吞吐量 3152 万吨，比上年减少 331 万吨，下降 9.5%。2006 年国际油价虽然持续高位运转，但受国家限制石油出口政策，加上地区经济发展需求以及珠三角地区汽车保有量增多因素影响，珠三角地区汽柴油的需求量继续加大，汽柴油供应紧张局面仍未能得以缓解，使国内成品油南下量持续增多。到港原油、成品油出现恢复性增长，中石油、中石化集团成品油库存继续回升，但柴油供应较为紧张。2006 年广州港全年成品油吞吐量为 3189.6 万吨，同比增长 1.2%；原油吞吐量完成 446.3 万吨，同比增长 27.4%。2007 年，全年完成原油吞吐量 489 万吨，比上年增长 9.5%。但受国际油价持续高位调整，以及中石油、中石化集团加大成品油区域储备策略，本省其他港口的分流的影响，到广州港成品油量持续减少。全年完成成品油吞吐量 2365 万吨，比上年下降 25.8%。2008 年广州港完成成品油吞吐量 2207.6 万吨，同比减少 6.7%；原油吞吐量 327.4 万吨，同比减少 33%。油品吞吐量主要受油价和周边港口分流影响，到港油品量持续减少。2010 年，在油品市场终端需求萎缩、周边码头投产对成品油货源的分流及国家开征燃油消费税等多种因素的影响下，油品组货遇到了前所未有的困难。2010 年广州港油品共计完成 2594.3 万吨，油品到港总量比 2009 年有所下降。原油全年累计完成 280.0 万吨，与 2009 年持平，其中：中转海洋原油 76.0 万吨，减少 38.9 万吨；进口原油 122.0 万吨，增加 81 万吨；重质原油 122.0 万吨，减少 42.1 万吨。成品油全年累计完成 1750.7 万吨，其中：进口燃油完成 253.6 万吨，减少 153.1 万吨；汽柴油 150.8 万吨，其他油品 279.2 万吨。化工品全年累计完成 224.0 万吨，比 2009 年的 158.0 万吨增加 66.0 万吨，增幅 41.8%。2011 年，油品累计完成 2457 万吨，比上年减少 5.3%。2012 年除外贸成品油增长外，原油、油气产品及内贸成品油市场持续低迷，加上周边港口竞争，广州港油品码头经营均不理想，全年完成油品吞吐量 1825 万吨，比上年减少 25.7%。2013 年受益于国内成品油调价机制改革和市场需求增加等因素，全年完成油品吞吐量 1898 万吨，比上年增长 4%。2014 年因近年原油运输第一港选港的改变、年初外贸成品油市场不景气，油品装卸先抑后扬，全年完成吞吐量 2049 万吨，比上年增长 8.0%。2015 年油气制品运输严重分化，原油因广州港基本退出运输市场导致吞吐量大幅下滑；受国际油品市场波动影响，成品油外贸运输前三季度持续减少，但第四季度进口油品增长较快；内贸运输第一、第四季度增势较好，中间运输不足，因此全年完成油品吞吐量 2020 万吨，比上年减少 1.4%。

（三）钢铁类

广州港钢铁类货物主要由黄埔、新港、南沙粮食码头作业，新沙、集装箱码头亦可兼顾，其他件杂码头也有少量，年度接卸量已达 1400 万吨，货物集疏可以采用水路、铁路、公路等方式。其中黄埔公司是华南地区钢材接卸基本港，最大靠泊能力 5 万吨级，已开通广州—天津、广州—京唐、广州—曹妃甸沿海钢材精品航线，树立了卸万吨钢材不过天、散装货损耗率低等优良传统。新港公司是广州地区外贸进口钢材的最早口岸，装卸工艺成熟、机械优良、效率高，最大靠泊能力 7 万吨级，周边有多个仓库，最近相距仅 5 千米，开通了广州地区首条直航台湾高雄的钢材精品航线。南沙粮食码头是广州港新兴钢材过驳主力码头，机械先进、堆场充足、操作成熟，后方有鞍钢、广钢等客户投资兴建的钢铁物流园，成功打造了前港后厂的物流平台，受到了宝钢等国有大型钢厂的青睐。

随着国民经济发展，国内钢材产量增加，钢材质量也有显著提高，因此内贸钢材到华南地区到货量增加。由于内贸货物运输及接卸的要求不高，在21世纪初，珠三角地区码头资源丰富，对于沿海钢材船舶2000～10000吨级的船舶接卸非常便利，很多钢材直接用千吨级的海船运送到一些地市的小码头，小码头操作成本较低，其装卸价格约为10元/吨，且商务政策灵活，降低了原有大码头的竞争力。

2007年钢材实现恢复性增长，广州港全年完成吞吐量分别为756.9万吨。2008年广州港完成钢铁吞吐量763.7万吨。下半年受下游产业需求减弱以及钢材价格下调的影响，钢厂减产。2009年钢铁吞吐量1632万吨。2010年与上年相比，贸易进口成品钢材到货量大幅下滑，贸易进口原料到货量明显下降，本田汽车加工板材等消耗型钢材到货量有所上升。2011年，钢铁累计完成1909万吨，比上年增长9.8%。2012年得益于沿海钢材班轮大船运输模式的推广、南沙粮食通用码头接卸能力的增加以及外贸钢材价格倒挂，到港内外贸钢材均大幅增长，广州港全年完成钢铁吞吐量2506万吨，比上年增长31.3%。2013年因区域房地产及基础设施项目陆续实施、广州港集团鞍钢合作项目的带动，全年完成钢铁吞吐量2873万吨，比上年增长14.6%。2014年完成钢铁吞吐量3042万吨，比上年增长5.9%，增长放缓的原因是国内产业结构调整升级、固定资产投资及房地产建设速度减缓。2015年钢铁运输出现下滑，上半年钢铁市场一反“内弱外优”的形势，内贸钢材“北材南运”稳步增长；下半年受销售市场低迷影响，沿海钢材运输持续下滑，全年进出港钢材运输量双向减少；外贸特种钢由于国内产品替代以及国家调整出口钢政策，进出港持续减少，所以全年完成钢铁吞吐量2791万吨，比上年减少8.3%。

1979—2015年广州港集团钢铁类装卸吞吐量完成情况见表4-1-16。

1979—2015年广州港集团钢铁类装卸吞吐量完成情况表

表4-1-16　　　　　　　　　　　　　　　　单位：万吨

年份	1979	1980	1981	1982	1983	1984	1985	1986	1987	1988
总量	60.0	106.2	59.6	45.4	47.0	57.6	45.2	51.8	36.6	84.8
年份	1989	1990	1991	1992	1993	1994	1995	1996	1997	1998
总量	75.6	73.9	99.5	134.7	155.4	157.1	148.6	160.0	209.5	170.2
年份	1999	2000	2001	2002	2003	2004	2005	2006	2007	2008
总量	187.2	183.7	638.9	741.1	994.5	773.2	601.6	500.4	544.2	547.4

年份	2009	2010	2011	2012	2013	2014	2015
总量	689.0	870.1	1026.4	1375.4	1821.5	1802.2	1595.4

（四）粮食类

中华人民共和国成立后，广东一直还是粮食输入大省，广州港依然发挥着重要集散地的作用。但随着国民经济的发展，粮食进口（含国内其他地方调入）的类别发生了很大的变化。尤其是副食品产业、饲料加工业和酿酒业等新产业的发展，广州港的进口粮食在大米、小麦等传统货类不变的情况下，增加了玉米、大豆和薯类等类别。运输装卸方面，也从包装、小规模散装运输、码头全靠人抬肩扛发展为大规模散装运输和专业化码头装卸的模式。

1975 年底，黄埔港务管理局新港区第一期工程简易投产，第一泊位划作散粮专用码头，主要配套设备有高 43.5 米、由 21 个巨型圆筒和操作主楼组成的散粮仓库，岸机配备 2 台效率为 800 吨/时的大型装卸桥和 1 台效率为 400 吨/时的吸粮机。筒仓容量 2.8 万吨，年设计能力 88 万吨，1978 年 3 月试产。但整个系统设计考虑欠周，机械的制造和安装质量较差，给专用线的正常运转带来很大困难。后来经过对工艺技术及安全防火防爆方面的改进完善，1984 年 4 月正式投入生产。卸船—装仓—灌包—缝包—装驳或装卡（含散粮装驳和装卡），完全实现机械化、自动化。

粮食货类主要由黄埔、新港、新沙和南沙粮食码头作业，配有专用的粮食泊位和仓库资源。其中，新港公司 1 号泊位为散粮专用泊位，经过二期扩容后拥有 16 万吨筒仓群和 14 万吨平仓；新沙公司 6 号泊位为散粮专用泊位，配备 26 万吨平仓；南沙粮食码头为 2010 年新投产的新型专业化粮食码头，5 号、6 号泊位为散粮专用泊位，可靠泊 10 万吨级散货船舶，拥有 6 万吨平仓和华南最大的筒仓群（45 万吨），并配备了 2 条 2000 吨/时的进仓线以及 4 条 1000 吨/时的出仓线。

2008 年广州港完成粮食吞吐量 735.8 万吨，同比减少 0.3%。临港粮油加工业和珠三角市场的优势，使粮食到港量基本保持稳定。2009 年，粮食吞吐量 927.6 万吨，增长 26.1%。2010 年广州港共完成 1085.5 万吨，增幅 17%。2011 年，粮食完成 1104 万吨。

2012 年在国家调运储备粮、从国外大宗进口小麦和玉米措施的推动下，广州港全年完成粮食吞吐量 1623 万吨，同比增长 47%。2013 年广州港完成粮食吞吐量 1659 万吨，同比增长 2.2%。2014 年广州港完成粮食吞吐量 1748 万吨，比上年增长 5.4%。2015 年在外贸进口高粱持续快速增长的带动下，港口粮食运输整体增势良好，全年完成粮食吞吐量 2224 万吨，比上年增长 27.2%。

（五）化肥

化肥装卸业务主要以进口为主。在船舶大型化和大规模散装化前，广州港各港区都有包装和小规模散装化肥装卸业务，业务规模比较小。1982 年 8 月，交通部根据中国进口散装化肥的需要，确定在沿海有关主要港口设立散装化肥灌包中转点。为此，黄埔港务管理局将新港区第 1 泊位改建为散装化肥灌包专用码头。码头前沿配备 10 吨抓斗门吊卸船，并从日本引进 4 台双头灌包机和 4 台单头缝包机，整个卸船灌包过程采取边库内堆存边灌包的自动化装卸工艺。使用仓库面积 1.2 万平方米，一次性最大容量1万多吨，卸船工艺设计段作业量1200吨，年生产能力40万～45万吨。1984年4月26日，新港散化专用泊位引进和安装的日本设备投产交付使用。1985年，正式确立2泊位为散化装卸专业泊位，并建成散化装卸机械作业线。

随着化肥进口量的增多，黄埔港务公司也开发机械化散装化肥装卸，员村等港务公司也先后采用黄埔港务公司设计的工艺及设备开展散装化肥的接卸业务。而后，各码头的装卸工艺技术继续有所改进：采用挖掘机和车下舱作业，解决了抓斗无法抓取船舱内结块化肥的难题；不断改进振动筛、破碎机的设计，较好地解决了结块化肥的破碎技术问题，提高了灌包效率和精度；将前沿移动式皮带机改成固定式，减少了化肥落地损耗，节省电力，提高卸船效率；调整灌包机安装位置，改善了操作工人的工作环境，方便流动机械作业，提高了卸船后直灌比例。

1990年3月21日，广州港开辟散化肥锚地过驳作业，首卸4万吨级化肥船“格罗里”轮。1990年12月2日，接卸“奇伦尼亚”轮包装钾肥4.5万吨，日均卸货量达到7483吨，创造了开港以来卸包装肥最高纪录。1991年9月，采用直卸直灌方法，首卸开拓业务的“罗曼”轮2万吨复合肥，实现了“三无两少一高”（无散料进仓、无仓内地脚肥、无两次喂料灌包操作程序；少水湿污染、少亏损；灌包效率高）。1995年2月9日，接卸“奥德拜伦”5.8万吨散钾肥船，日均卸货1.1万吨，日灌7000吨，直装卡2.8万吨，创历史纪录。1995年3月28日，接卸“乔安娜”尿素船，是日卸8858吨，全船日均卸5656吨。1995年4月22日，广州港开拓新货源，首次接卸散鱼粉船“阿帕曼”轮，灌包作业工艺成功。1995年11月25日，“泰仓海”轮散肥灌包量达到10353吨，创日灌包量历史纪录。1998年1月13日，接卸“阿诺拉”散钾肥，创日卸15205吨历史新高。2000年3月8日，“邦格”轮满载着5.5万吨加拿大钾肥，经锚地减载过驳后，靠泊新港公司2码头接卸，日卸量由8000吨至9000吨升到最高日卸量11673吨，创出了成立散装大队以来最高日卸灌包量纪录。

1994年10月28日，新沙散化码头土建项目通过工程竣工验收。新沙公司在4号泊位码头前沿建设了配套的散装化肥装卸系统，该系统由螺旋卸船机、散化输送与灌包系统、中控设备以及车间设备等构成，总投资额为6819.76万元。散化肥泊位系统设备在1994年11月已完成。1995年3月，新沙散化肥船进行负载联动试车。1995年3月6日，散化肥泊位系统进行重载联动调试。当天04：20，满载5.8万吨钾肥的“蓝宝石”轮靠泊新沙港4号泊位。05：30开卸，共启动11条灌缝包作业线，至8日15：30，共卸下7500吨钾肥。整个重载联动调试基本顺利，经试车达到合同要求，1995年4月6日，新沙公司完成散化肥泊位系统装卸设备单项工程验收。

新沙公司散装化肥历年吞吐量情况如下：1995年4.8万吨，1996年23.6万吨，1997年56.7万吨，1998年35.9万吨，1999年24.1万吨，2000年17万吨，2001年34.9万吨，2002年42.8万吨，2003年33.6万吨，2004年26.9万吨。从2002年开始，公司接卸化肥量逐年下降，从2006年11月以后，再无散化肥船靠泊新沙码头。

2007年4月10日至17日，新沙公司完成了4号泊位前沿散化1号皮带廊和2号化肥库的拆除工作，标志着新沙公司4号泊位功能布局发生了重大改变，由化肥专用泊位调整为通用泊位。

2008年5月，结合生产实际，拆除了散化系统转载房和2号皮带廊。

1979—2015年广州港化肥类装卸吞吐量完成情况见表4-1-17。

1979—2015年广州港化肥类装卸吞吐量完成情况表

表4-1-17 单位：万吨

年份	1979	1980	1981	1982	1983	1984	1985	1986	1987	1988
总量	127.5	124.6	135.1	125.9	167.5	165.2	141.9	134.0	256.7	334.0
年份	1989	1990	1991	1992	1993	1994	1995	1996	1997	1998
总量	253.2	231.6	287.2	187.8	179.2	159.2	163.5	216.2	267.6	179.0
年份	1999	2000	2001	2002	2003	2004	2005	2006	2007	2008
总量	139.7	119.0	104.0	126.0	80.2	61.8	30.0	17.4	10.8	4.6
年份	2009	2010	2011	2012	2013	2014	2015			
总量	2.5	3.5	1.47	3.2	6.1	5.5	9.0			

（六）大件业务

大件货主要指超长、超重和结构复杂的货物。因受大型装卸设备和专业工作经验所限，广州港接卸大件货物主要以黄埔片和南沙片的大型散杂货码头为主。

1995年1月27日，新港港务公司用自制的特殊吊具，接卸“嘉年华”轮从德国运载到港的17台大型客车（每台价值47万美元）。1997年4月10日，新港港务公司接卸“嘉兴”轮载来的广州地铁首列列车6节车厢。1997年10月5日，新港港务公司完成广东省电视台等单位“八运”电视转播车装船任务。1999年2月26日，新港港务公司接卸“莫纽斯克”轮运抵的一列广州地铁车厢。1999年3月15日，新港港务公司接卸“嘉兴”轮运抵的广州地铁一号线第21列列车。2001年5月29日，新港港务公司接卸“威尔玛”轮载重788吨的重件进口设备（价值为1600万美元）。2015年6月，黄埔港务分公司在2号泊位，装载15台特种车、18个备件和180件特种卷钢到“顺兴”轮。2015年8月20日，南沙粮食通用码头公司在6号泊位成功装载了2件单重达2640吨的大型设备。该设备长54.00米，宽32.55米，高17.67米，是当时全球单件最大海水蒸发器。装卸方式特殊，需由驳船直接滚装大船，前后有重要的解固加固环节。

第三节 集装箱

广州港的集装箱运输从1979年正式开始发展，初期的箱量一直维持在较低的水平，1990年集装箱吞吐量仅10.9万标准箱。到1999年广州港集装箱吞吐量达到

117.7 万标准箱，成为当时国内第 5 个吞吐量突破 100 万标准箱的沿海港口。2008 年，广州港完成集装箱吞吐量 1172.4 万标准箱，正式成为继上海港、深圳港之后国内第 3 个突破千万箱的集装箱大港，跻身世界十大集装箱港口行列，名列第七位。

一、发展历程

1979 年 5 月，广州港接卸了第一艘集装箱船——美轮公司的“江美”轮，标志着广州港集装箱业务的开端。20 世纪 80 年代，交通部指定部分沿海港口尝试开展集装箱港口业务，广州港就是首批指定的口岸。1983 年 4 月广州港的黄埔新港港区建设了第一个集装箱专用泊位，即广州集装箱码头有限公司的 7 号和 8 号泊位，也随即开展了第一批通往欧洲及日本等地的集装箱班轮航线，在国内沿海港口的外贸集装箱发展进程中走在了前列。

1990 年后，随着集装箱化和适载运输的水路货物运输量激增，集装箱船舶的船型吨位越造越大，同时已投入使用多年的珠江航道回淤日渐严重，广州港也没有投入新的资金建设可容纳更大载箱吨位的码头泊位，以及未重视航道回淤问题，加上保养不当导致码头机械老化日益严重。当时载箱量在 3000 标准箱以上的第三代、第四代集装箱船舶无法正常靠泊，因而航运公司逐步将航线转而挂靠深圳港，留下来的是部分近洋航线和第一代、第二代较小载箱量的船舶运营，通过广州港进出的外贸集装箱货物需要经驳船到香港上大船。

1995 年后，国内沿海港口的货物运输也开始集装箱化，广州港先后投入大量资金对原有的件杂货码头进行改造升级用来发展集装箱装卸业务，先后分别完成了黄埔老港港区和新沙港的集装箱专业化改造。能力提升后，中海集运等国资背景的航运公司先后开辟了多条内贸沿海的集装箱班轮航线，广州港内贸集装箱的吞吐量远超沿海港口，内贸集装箱的业务量长期占据广州港集团集装箱吞吐量较大的比例。

1979—2003 年广州港集装箱吞吐量完成情况见表 4－1－18。

1979—2003 年广州港集装箱吞吐量完成情况表

表 4－1－18　　单位：万标准箱

年份	1979	1980	1981	1982	1983	1984	1985	1986	1987
全港吞吐量	0.25	0.73	2.23	2.3	3.5	5.3	9.4	8.0	9.6
年份	1988	1989	1990	1991	1992	1993	1994	1995	1996
全港吞吐量	12.4	11.3	10.9	16.2	18.2	18.8	36.6	51.5	55.8

年份	1997	1998	1999	2000	2001	2002	2003
全港吞吐量	68.7	84.1	117.7	143.0	173.8	217.3	276.9

2004 年和 2006 年以广州港集团为主体的南沙港区一、二期工程先后建成投产，广州港的外贸集装箱业务量开始迅猛地发展，华南沿海港口群特别是珠江口

东、西两岸的码头港口群竞争格局真正开始形成。2004 年南沙一期码头建成投产后，广州港从 200 多万标准箱的集装箱吞吐量到突破 1000 万标准箱用了 6 年时间，其增长速度在全国沿海港口甚至国际集装箱码头发展史上是绝无仅有的，这得益于国际航运市场的繁荣，珠三角产业中心形成和临港工业发展过程中，加大了对成品的出口和原材料进口需求，2013 年仅南沙港区的集装箱吞吐量就突破 1000 万标准箱。广州港集团与马士基、地中海、达飞、中远、中海等全球前 21 名班轮公司均有合作，至 2015 年底，广州港集团共开通内外贸集装箱班轮航线 105 条，其中外贸航线 67 条。广州港已发展成为华南地区非洲航线最多、班次最密、船东最多的航线枢纽港。

广州港是中国沿海内贸集装箱吞吐量最大的港口，地处珠江口的优越区域位置使其成为华南地区最大的内贸集装箱中转站和全国沿海内贸集装箱运输中的重要组成部分，广东省内贸集装箱运输主要以广州港为主。广州港内贸集装箱运输于 1996 年起步，当年吞吐量仅 3 万标准箱。2003 年广州港内贸集装箱吞吐量已超过 100 万标准箱，达到 153 万标准箱。内贸集装箱运输自发展以来，吞吐量高速度增长，成为广州港集装箱吞吐量的主要增长点。2008 年广州港完成内贸集装箱 732. 1 万标准箱，比上年增长 23. 4% 。内贸集装箱货物已从起步阶段的大宗陶瓷制品过渡到电器、纸类、家具、设备等多种货类。

2004—2015 年广州港标准集装箱吞吐量及排名情况见表 4-1-19。

2004—2015 年广州港标准集装箱吞吐量及排名情况表

表 4-1-19

年份	2004	2005	2006	2007	2008	2009	2010	2011	2012	2013	2014	2015
吞吐量/万标准箱	330. 40	468. 26	665. 63	925. 88	1100. 14	1119. 99	1254. 57	1425. 04	1454. 74	1531. 11	1638. 86	1739. 66
# 进口	169. 51	228. 87	326. 03	448. 33	541. 02	549. 59	611. 78	694. 50	718. 48	750. 77	804. 63	857. 84
# 出口	160. 89	229. 39	340. 60	477. 55	559. 12	570. 40	624. 79	730. 54	736. 26	780. 34	834. 23	881. 82
世界港口排名	22	18	15	12	9	6	7	7	7	8	8	7
中国沿海港口排名	6	6	5	6	3	3	4	4	5	5	5	4

注：根据广州市统计局网站上的《广州市统计年鉴》的数据整理。

二、作业公司

广州港从事集装箱装卸业务的主要作业公司共有 17 个。其中，广州港集团属下的作业公司有 10 个，主要分布在 4 个港区内。南沙港区有广州港南沙港务有限公司

（简称南沙一期）、广州南沙海港集装箱码头有限公司（简称南沙二期）、广州港南沙集装箱码头分公司（简称南沙三期）；新沙港区有新沙港务有限公司东莞集装箱分公司；黄埔港区有广州集装箱码头有限公司、黄埔港务分公司、龙沙物流有限公司广浚码头、穗航实业有限公司东江口码头；内港港区有河南港务分公司、新风港务公司。由其他经济实体经营的集装箱码头主要是位于黄埔港区的中外运黄埔仓码公司、嘉利仓码有限公司、东江集装箱仓码有限公司、广州全通秀丽码头有限公司、广保通码头储运有限公司、广州广裕仓码有限公司和广州建翔码头有限公司等。2015 年，广州港集团集装箱吞吐量占全港吞吐量的 86.4%。

南沙港区 2004 年 9 月 28 日南沙一期投产，拥有 4 个 10 万吨级的泊位，深水岸线长 1400 米，驳船岸线长 770 米，是南沙港区第一个港口项目，主营南北内贸班轮干线和华南支线。南沙二期于 2007 年 9 月 29 日投产，拥有 6 个 10 万吨级泊位，深水岸线长 2100 米，驳船岸线长 880 米，主要从事外贸班轮航线，可接卸世界最大集装箱船舶，马士基、地中海、达飞等全球前 20 名班轮公司均已进驻。南沙三期 6 个万吨级深水泊位和 24 个驳船泊位已全面建成投产，主泊位深水岸线长 2218 米，并有驳船岸线 2218 米。

新沙港务有限公司东莞集装箱分公司 有 3 个 7 万吨级泊位，岸线长 640 米，主营南北内贸干线以及港澳航线。

广州集装箱码头有限公司 1984 年投产，是中国最早的专业集装箱码头之一，有 3 个 5 万 ~7 万吨级泊位以及 1 个 5000 吨级驳船泊位，岸线长 645 米，驳船岸线长 150 米，主营外贸班轮近洋航线、华东内贸精品班轮航线以及港澳驳船业务。

黄埔港务分公司 可同时从事集装箱和散杂货装卸业务，有 3 个 3 万吨级集装箱泊位，岸线长 530 米，主营内贸班轮航线和港澳驳船业务。

龙沙物流有限公司广浚码头 有 4 个 5000 吨级泊位，码头岸线长 362 米，主营内贸驳船线。

穗航实业有限公司东江口码头 有 3 个 3000 吨级泊位，码头岸线长 210 米，主营港澳驳船业务。

河南港务分公司 从事集装箱和散杂货装卸业务，有 4 个 3000 ~ 5000 吨级集装箱泊位，泊位岸线长 494 米，主营内贸班轮航线和港澳外贸驳船业务。

新风港务公司 是较早从事集装箱运输的内港区码头，主营港澳外贸驳船业务。

三、集装箱装卸

集装箱装卸业务开展初期，广州港各个码头均使用传统件杂货物的装卸模式进行作业。在黄埔港区第 8 码头泊位靠泊集装箱运输船进行装卸作业，船与码头前沿之间，采用船吊或岸上龙门吊及人力操作开关的集装箱专用吸架吊具吸吊装卸；码头前沿至堆场，用拖挂车水平运输，用叉车或吊机进行拆叠垛。工时效率 7 ~ 8 标准箱。1983 年 4 月和 1985 年 10 月，黄埔港务管理局新港区 7 号、8 号两个集装箱专业化码头泊位先后建成投产。设有大型火车交接库1座，大型汽车交接库2座以及冷藏箱位。年设计通过能力20万标准箱。装卸作业工艺流程实现机械化：船至码头前沿，采用集装箱装卸桥和20吨及40吨全自动集装箱专用伸缩吊具，进行吸吊集装箱装卸；码头前沿至堆场，采用拖挂车水平运输，用轮胎式龙门起重机拆叠垛；堆场至货棚，采用集装箱专用铲车作业；货棚至仓库再至火车、汽车、驳船，采用一般铲车进行作业。还引进了两台NEC（日本电气股份有限公司）S430电脑主机用于现场装卸作业管理。平均工时效率20标准箱，比专业化码头投产前的工时效率提高近2倍。

2001—2006年，以广州港务局及广州港集团为主的骨干企业把集装箱运输作为港口生产新的增长点，通过加大资金投入、提高码头通过能力和合资合作等多种方式，有效缓解了制约集装箱发展的各种不利因素，集装箱吞吐量呈现了快速增长的发展势头，特别是2004年南沙港区一期工程投产后，增速明显加快，集装箱吞吐量占全港主要货类的比重（集装箱吞吐量在港口石油、煤炭、粮食、化肥、钢材、汽车等装卸生产主要货类吞吐量所占的比率）也从2001年的57%上升至2006年的70%以上。

在设施建设方面，2004年9月广州港第一个深水集装箱码头南沙港区一期工程正式建成并投入使用，在第一个完整年（2005年）就完成108万标准箱，开始了广州港从河口港到海港的转变。2006年12月，南沙港区二期工程5、6号两个泊位建成投入使用，其余4个泊位也于2007年9月全部建成投产，长期制约广州港集装箱运输发展能力的矛盾得到解决；与此同时，继续加大了原有码头的改造力度，如新沙8～10号集装箱泊位，2004年投入近4000万元进行堆场改建工程，2005年购置2台集装箱装卸桥、6台轮胎式龙门吊。到2006年底，南沙港区一、二期已拥有现代化的各种装卸设备一大批，其中南沙一期有岸桥14台、场桥46台、门机5台，南沙二期有集装箱桥吊10台、轮胎龙门吊16台等。加大信息化建设，全部实现计算机信息系统平台化运营管理。

在合资合作方面，2001年7月，广州港务局与新加坡港务集团合资成立了广州集装箱码头有限公司，共同经营新港、新沙集装箱码头；2004年，广州港集团、中海集团和南沙资产公司合资成立了南沙港务有限公司，共同经营广州港南沙港区一期工程；2006年，广州港集团、中远太平洋有限公司、马士基集团合作经营广州港南沙港区二期等。与这些世界、国内知名的企业合资合作，便于借鉴、吸收和引进世界著名港口先进管理经验和方法，加快集装箱运输的发展。

第四节　汽车滚装

汽车滚装是随着汽车生产和销售量快速增加而开发的新运输模式。汽车滚装运输出现以前，广州港各作业码头汽车整车装卸业务以件杂货的吊装模式进行，数量有限，没有作为专项业务统计和规划实施。汽车滚装运输模式出现后，广州港开始零散接卸滚装船。广州港正式定点开展汽车滚装业务，是从1999年10月30日开通广州到海南三亚客滚业务开始。当时海南海峡航运股份有限公司旗下的“椰香公主号”客滚船以黄埔客运站码头为业务点，开展两地之间的班轮航线营运，每周3个航次。该船长140.0米，宽20.4米，排水量9683吨，海上航速20海里/时，两地航行时间约18小时，载客量398位（原始载客量628位）、各型汽车100辆以及一定吨位的普通货物。其装载的车辆以滚装模式上下船，以旅客自驾车辆为主，不定期地运输内贸商品车。2006年10月，该业务点搬迁到沙仔岛客运站（在南沙汽车码头内）并于11月复航，客运楼于2009年5月投入使用。自1999年航线开通后运输量不断上升，一度供不应求。但自2004年开通粤海铁路客列、2006年业务点搬迁到离市区较远的沙仔岛后，运输量逐步下行。2011年10月1日，该航线停航。同期，陆续有汽车滚装船靠泊黄埔港务公司、新港港务公司码头开展装卸业务。

2004年6月1日，国家发改委正式颁布实施的《汽车产业发展政策》指定大连港、天津港、上海港、广州港4个沿海港口为整车进出口的海运口岸。随着广州周边地区汽车消费群体的壮大，广州汽车贸易持续升温，进出口车辆所必经的广州港黄埔港区码头已经满足不了要求，开始在新沙港区原码头基础上改造建设汽车滚装码头。2005年5月18日，可靠泊6000车位滚装船的汽车码头在广州港集团新沙港务有限公司落成，第一批送检车在该码头上船并出口欧洲，成为华南地区唯一的大型深水汽车滚装专业码头和第一个汽车整车出口口岸，形成以广州港集团新沙、黄埔、新港等公司码头为主，内外贸航线并举的滚装汽车物流业务格局。是年广州港完成汽车滚装量4.28万辆，比2003年增长14.1%，其中新沙汽车滚装码头汽车出口滚装量9693辆。

2006年6月广州港南沙汽车码头建成投产运营，是当时全国规模最大、现代化设施条件最好的汽车滚装专业码头。该年广州港完成滚装汽车吞吐量7.4万辆，其中南沙汽车码头滚装汽车出口量2.7万辆。至此，广州港滚装汽车业务初步形成南沙汽车码头主营内贸汽车业务、新沙汽车专用泊位主营外贸汽车业务，以及东有新沙口岸、西有南沙码头的布局，辐射珠江两岸乃至华南、西南等地区的广阔腹地。欧洲、地中海沿岸地区、东南亚、北美、非洲等出口国际航线及日本、韩国、美国和欧洲国家等进口国际航线开通，吸引了各大品牌进口商品车、工程车、滚装设备等厂商在港长期开展进口业务。同时，广州港也成了内贸汽车滚装运输南北航线的重要集散地，是广州丰田、广州本田、东风日产等品牌的主要内贸装货港，汽车进出口业务已成为广州港新的增长点。2007年广州港完成滚装汽车吞吐量18.8万辆，比上年增长100%。2008年完成27.96万辆，同比增长48.7%。在度过2008年国际金融危机连带造成2009年吞吐量下滑的影响后，随着港口营销力度加大，专业码头知名度提升，外贸进出口汽车客户和运量增多。在丰田南北对流业务稳定、广州本田新航线开辟、与上汽集团的合作等带动下，内贸港口汽车滚装吞吐量持续稳中有升。

2014年8月26日，南沙汽车码头进口口岸监管场所通过了国家联合验收组验收，开始开展外贸整车进口业务。是年10月20日，该码头开展首批“小贸车”运作，一批原装德国产进口保时捷轿车以船载集装箱运输方式在南沙保税港区内的广州港集装箱码头靠港，以“舱单分流”形式运至南沙汽车海关监管区，开启了南沙汽车口岸的运作。2015 年 9 月 7 日，日本三一重工的整车滚装进口，实现首条“大贸车”班轮挂靠，标志着广州港东西两岸可以同时开展进出口汽车滚装业务。

第二章　货物运输

货物运输包括水路、铁路、公路、航运等运输方式，是广州港物流贸易的基础功能。通过开展江海联运、铁水联运、路海联运、海空联运等建设，加强广州港货物运输能力建设，逐步向建设国际航运枢纽目标前进。

第一节　江海联运

广州港位于珠三角水网中心，外通南海，内接东江、西江、北江水系，同时具有沿海港口和内河港口的功能。尤其是南沙港区建设一系列大型码头，成为内河货船和远洋轮船都能适航和同时靠泊的连接点。通江达海的联合运输系统使广州港成为华南重要的运输枢纽。经过广州港的水路运输按照经营区域分为远洋、沿海和内河运输，按照业务种类分为货物运输和旅客运输。

2004 年以来，广州港的水路运输增长明显。2004 年，广州港运力保有量：船舶 2182 艘，载重量 1131 万吨。其中，机动船 2146 艘，载重量 1120 万吨，功率 563 千瓦；驳船 36 艘，载重量 11 万吨。这一年，广州市属水运企业完成货物运输量 3790 万吨，比上年增长 169%；货物运输周转量 134 亿吨千米，增长 329%。水路旅客运输量 139 万人次，比上年下降 4%；旅客运输周转量 16 亿人千米，增长 91%。主要特点是：随着中国进出口贸易的增长，企业原材料及产品的运输需求增加，大宗散货尤其能源物资运输的需求旺盛，沿海南北航线与港澳线集装箱运输逐年稳步增长，货运量、货物周转量持续增长。

到 2014 年底，广州港在册水路运输企业 152 家，拥有国际、国内营运船舶 1352 艘（其中客船 86 艘），956 万载重吨，船舶平均吨位 7071 载重吨。新增船舶 169 艘（其中客船 14 艘），新增运力 31.5 万载重吨，新增船舶的平均吨位 1864 载重吨。注销（含转让、淘汰）船舶 117 艘 25.5 万载重吨。

2010—2014 年广州地区水路运输船舶保有量对比见表 4-2-1。

2010—2014 年广州地区水路运输船舶保有量对比表

表 4-2-1

年份	2010	2011	2012	2013	2014
船舶艘数/艘	1336	1362	1288	1300	1352
载重吨/万吨	471	549	733	950	956
平均单船载重吨/吨	3525	4031	5691	7308	7071

一、水路运输航线

广东濒临南海，岸线长、港湾多，海上运输条件得天独厚，广州港自秦汉起就是广东对外贸易的重要门户，在唐代就开辟了以广州为起点的“通海夷道”，通往今越南、马来西亚、印度尼西亚、斯里兰卡、印度、泰国、巴基斯坦、伊拉克等国。清乾隆二十二年（1757），广州被指定为通商口岸后，来往于南洋各国航线的中国帆船，广东、广州的占了半数以上。

鸦片战争后签订的一系列不平等条约使沿海海关和港口完全受外国人控制，外商垄断了省港、省澳航线以及近洋、远洋航线，排斥广州的木帆船。道光二十二年（1842），五口（广州、福州、厦门、宁波、上海）通商后，清廷仍禁止民间拥有轮船，外轮凭借其技术和资本优势，独揽了广州至沿海各埠的航线，致使广州地区成批木帆船退出了海上运输。光绪二十四年（1898），清廷取消了内港船舶不能往来通商口岸的禁令，然而，广州航商仍然无力与外轮竞争。从光绪二十四年至宣统三年（1898—1911），广州的华商轮船的业务以短途运输为主，未能越出省境。招商局广州分局成立后，广州有了近代合法的政府轮运，但国际远洋运输航线仍被外国商船垄断，招商局和其他民营公司船舶只是不定期营运，没有固定航线。整个民国时期，广州的水运事业发展缓慢，华南沿海航线、南北航线虽有所增加，但整体变化不大。

清代中后期，开辟广州至厦门、北海、海口、嘉积、水东、阳江等营运航线，但多由外国轮船公司经营，中国仅有招商局等几家航运企业经营海运业务。清末，由广州至北方港口的南北航线主要有广州—上海、广州—牛庄（营口）、广州—天津，营运的轮船公司主要是招商局及外国轮船公司。光绪五年（1879），招商局开辟广州（经海口、北海）至越南海防航线，用“美利号”轮航行。至光绪十年（1884），法国占领越南时，该线停航。同治十二年（1873），广州—香港—上海早期班轮航线开辟，德国轮船航业局以 4 艘轮船航行。同治十三年（1874），招商局轮船行驶的与广州有关的南北航线主要有：广州—香港—汕头—上海、广州—汕头—青岛—牛庄。继招商局轮船试航广东以后，广德泰轮船公司海轮航行广州—天津线，一度开辟了广州—上海线。

民国时期，华商航运公司有较大的发展，特别是在第一次世界大战期间，外国轮船大部分退出华南航线，华商轮船纷纷加入华南航线营运，营运航线也有所增加。但第一次世界大战结束后，英国、美国等外国轮船又恢复了华南航线营运。民国初年至抗战前夕，华南航线较以前增加，多由华商轮船营运；外国投入该航线的营运轮船，则主要是日本轮船和英商、法商在第一次世界大战期间撤出的部分轮船。这一时期，南北航线增加广州—青岛、广州—烟台等线，多由外国轮船公司运营。清宣统元年（1909）和民国二年（1913），汕头华暹、福东公司先后加入广州近洋运输，开辟了南洋航线。民国六年（1917），华商陈庆霖以“大司马”轮船开航广州、香港—海防航线，中途挂靠琼州、北海各埠；民国七年（1918），华商郝程以 370 吨的“江润”

轮船航行广州—香港—汕头—厦门—淡水—基隆线，这是在珠江口以东沿海航行最远的粤商经营的航线。民国九年（1920），日清汽船株式会社增设广州—上海线。到20世纪30年代，怡和轮船公司与广州有关的南北航线有：广州—香港—汕头—上海—青岛线，每周2班；广州—香港—汕头—厦门—福州—上海线，每周2班；广州—香港—汕头—福州—青岛—威海卫—烟台线，亦为定期班轮。沿海航线主要有：广州—江门—阳江—水东线、广州—北海线、广州—基隆线、广州—高雄线、广州—汕头线、广州—雷州线。

至民国二十四年（1935），广州至华南各地航线有39条，其中珠江下游航线25条，东江航线6条，西江航线5条，北江航线3条。其中广州至珠三角各地的班期航线目的地有：江门、佛山、都城、石岐、获海、官窑、市桥、清远、西南（三水）、官山、九江、石龙、新塘、太平、陈村、西樵、雅瑶、平洲、盐步、沥滘、白坭、高明、大良、容桂、鹤山、大石、肇庆、东莞、小榄、四会、里水、茶亭、勒流、惠州、老隆、英德、韶关等38处。

抗日战争胜利后，招商局实力猛增，民国三十五年（1946）派出“胜利号”客轮行驶广州至香港航线，新开辟的南洋航线则只有上海至西贡（越南胡志明市）、新加坡。华南航线以行驶广州至汕头、台湾、湛江、海口航线为主；航行的商船以招商局及民营轮船为主。主要航线有：广州—台湾、广州—榆林、广州—湛江、广州—厦门、广州—海口、广州—汕头、广州—汕尾、广州—电白、广州—水东、广州—海防等。据民国三十六年（1947）4月统计，航行这些航线的民营机动船共43艘。1949年6月，民生实业股份有限公司“平远”“宁远”“绥远”“民众”4轮航行于广州—台湾—上海线。

至中华人民共和国成立前夕，广州内河客货运输班轮航线大体没有变化，计有：珠江下游（包括三角洲）航线25条：广州至江门、三埠、石岐、市桥、大岗、沥滘、佛山、大良、陈村、西樵、鹤山、南头、容奇、勒流、新造、民乐、仙村、赤坭、鱼珠、钟村、增埗、新塘、三江、麻奢、石楼。

东江航线6条：广州至东莞、太平、石龙、惠州、河源、老隆。

西江航线5条：广州至梧州、肇庆、都城、封开、高明。

北江航线3条：广州至清远、四会、曲江。

中华人民共和国成立后，逐步恢复定期、不定期班轮航运业务，形成以广州为中心，通达全省各地的内河航线网。20世纪50年代末，穗港澳不定期客运班轮恢复营运。1956年，广州木帆船运输户组织了水上运输合作社，不同类型船艇运载不同货类，形成了相对固定的行驶路线。

“一五”期间，广州海运局营运的华南货运航线达97条，其挂靠港口有：广州、黄埔、汕头、汕尾、乌石、清澜、海口、博贺、北黎、榆林、三亚等。1956年5月，经海军同意和支持，广州海运局修改广琼线、广汕线，由近岸折线航行改为直线航行，广琼线缩短航程近40海里，广汕线不湾泊汕尾而缩短9海里，且在珠江口及汕尾、汕头段不必夜航，可节省半天非生产停泊时间。同年，广州海运局经勘察增辟了至揽子根、西牛角、企沙等自然小港的盐运航线，解决了原盐运输积压问题，开辟了西沙群岛至广州、汕头、海口等地的鸟粪运输线。1958—1962 年，广州海运局增辟了湛香、八琼、北（海）（黄）埔、湛（江）汕（头）4 条货运航线。1966—1975 年，华南货运航线增加了 2 条，季节客运航线增加了 3 条。1972 年，亚广货运线开辟。1974 年，湛防（城）线开辟。

改革开放后，广州港有直达美洲、欧洲、地中海沿岸地区、日本、东南亚、澳大利亚等国家和地区港口的国际班轮航线。沿海有多条航线开辟，包括广州港至沿海主要港口间的集装箱内贸支线和内贸集装箱航线，广州黄埔至日照、天津、秦皇岛等港口的煤炭运输航线，广州至大连、天津、上海、广西等港口的杂货运输航线，广州至大连、福建、南通等港口的原油和成品油运输航线。广州内河航线也逐渐增多，可通往香港、澳门以及广东省内各大小港口，通过珠江水系可到达广西壮族自治区各港口。至 1990 年底，广州至内河主要港口航线有 22 条，有广州至梧州、江门、肇庆、桂平、都城、蛇口、井岸、勒流、德庆、贵港、南江、惠州、三埠、平沙、太平（莲花山）、金溪、南宁、新造、柳州、前山、平南等。客运航线主要是：广州至海南客滚船航线、广州至香港高速客轮航线，以及短途旅游、观光旅客运输。

至 2015 年底，广州港运输航线发展取得飞跃。国际航线方面，随着航道浚深和南沙港区的开发建设，马士基航运、中海集运、中远集运、达飞海运、地中海航运、韩进海运、阿拉伯航运、高丽海运、长荣海运、美国总统轮船、太平船务、新海丰等中外班轮公司在南沙港区均开辟了国际航线或开展国际航运业务，航班可直达北美洲、欧洲、大洋洲、非洲以及东南亚等地区。沿海航线方面，开辟了海峡两岸直航航线，还有广州港至沿海各主要港口间的集装箱内支线和内贸集装箱航线，广州港至沿海各主要港口间的煤炭运输航线以及广州港至沿海各主要港口间的成品油运输、杂货运输航线等。开辟港澳航线，主要为广州各港区、珠江三角洲至香港、澳门航线。珠江三角洲及内河航线可通往香港、澳门以及广东省内各大小港口，通过珠江水系可到达广西各港口。

二、船舶类型

（一）远洋运输船舶

19 世纪前期，广州是中国最大的远洋木帆船集中地。当时广州的木帆船，质地坚硬，但构造与装备都比较简陋，航行时除指南针外没有其他助航设备，依赖季风航行。直至 19 世纪 60 年代末，广州地区经营远洋运输仍然依靠木帆船。从 19 世纪 30 年代初到 70 年代中，英国鸦片飞剪船和茶叶飞剪船从外洋大量驶入广州。飞剪船是新式的木帆船，篷帆多，吃水浅，速度快，顺风逆风均能行驶，大大优于中国木帆船。其后，外国“机帆并用”和轮船的使用开始增多。清道光二十五年（1845）从纽约开抵中国的美轮“伊迪丝号”就是“机帆并用”的。由于外国轮船的排挤，到 19 世纪 70 年代中期广州地区海上木帆船基本消失。民国初年，广州开始制造内燃机柴油机船。广州自造或外购轮船，多在200吨以下，用于内河和沿海，行驶远洋的甚少。直至中华人民共和国成立前夕，出入广州的远洋轮船仍多为外轮及少数招商局轮船。中华人民共和国成立后的初始阶段，由于从事外贸的外轮进港较少，国内也缺乏大型船只的造船能力，基本沿用国内各船公司原有的货船，加上后期成立的国有航运公司，购进外国一些老旧船舶进行运输，进出港船舶整体水平较低。随着国内修船、造船能力的提升和体系的完善，外贸的逐步增加，航道水深和码头规格的提升，进出广州港的国内外远洋客轮、货轮吨位不断增加。至2015年底，世界上各种类的客轮、货轮都能进出广州港。其中进入内港区的船舶可达到5000吨级，进入黄埔港区的可达到2万吨级，进入新沙港区的可达到5万吨级，进入南沙港区的可达到15万吨级，在珠江口锚地作业的可以达到30万吨级。

（二）沿海运输船舶

清代，广州较大的沿海运输船是艚船和红单船。艚船船体坚固，行驶缓慢，载重量100～400吨不等。道光、咸丰年间，广州一带性能最好的出海帆船是红单船（俗称头艋）。民国时期，广州沿海运输货轮有少量的蒸汽轮船，而多数还是木帆船。民国七年，三水县西南镇航商梁墨缘与广州协同和机器厂于广州合组粤海航运公司，装造和使用柴油机推动的轮船。据民国三十六年（1947）4月统计，广州民营沿海机动轮船有44艘，其中柴油机船仅8艘，而机帆船为23艘。中华人民共和国成立后，为尽快恢复沿海货运，广州市军管会主任叶剑英在广州刚解放就签署命令，由军代表接管伪招商局轮船股份有限公司广州分公司，于1949年10月22日成立了广州海运局。1997年7月，广州海运和上海海运、大连海运等组建成立了中国海运集团。

（三）内河运输船舶

清代及以前的运输船舶主要是木帆船和小型的人力桨撸船。民国七年，广州协同和机器厂制造出能顺、倒行的内燃机动船（俗称"电船"）。民国十九年（1930），广州港有电船500多艘，木帆船户达万户之多。抗日战争胜利后，河运业重新发展。民国三十七年（1948），有轮船公司、商号321家，拥有各类轮船419艘，有木帆船约4000艘。中华人民共和国成立前夕，国民党军队溃败，军运频仍，征封船只，船商、船民纷纷将船只驶往港澳及四乡避难，广州河面仅剩400多艘木船，水运衰落至最低点。20世纪70年代末开始，广州内河航运部门的木帆船逐步为钢质船、水泥船所代替，船舶吨位增大，动力也从人力、风力逐步改为以内燃机为动力，以小火轮及后期的内燃机拖轮拖带无动力驳船一度成为运输主力。改革开放后，随着经济发展对内河运输的需求提高、国内造船技术的进步和河道的改造，机动驳船乃至千吨级的小海轮成为主要船型。

三、运输业务

（一）远洋运输

鸦片战争前，广州曾是全国唯一对外通商港口，水路运输发达，远洋运输以民间木帆船为主。鸦片战争后，清政府被迫割让香港，外国商船纷纷进入广东倾销商品以及走私鸦片、贩卖人口等，广州远洋运输被外国商船垄断。道光二十三年（1843），仅进入广州港的就有英国、美国、法国、德国、荷兰、比利时、丹麦、瑞典等十多个国家的船舶，是年从农历七月初一至闰七月初十（1843 年 7 月 27 日至 9 月 5 日）的 40 天内，仅英、美两国就有 53 艘货轮进入广州港装卸货物。道光二十六年（1846），进入广州港的外国货轮已达到 293 艘，12.4 万吨，船舶数已大大超过以前的入口数量。同治十二年（1873），招商局广州分局成立后，外国商船充斥水上运输的状况有所改变，招商局海轮投入广州海上运营，以沿海运输为主，偶尔也进行一些近洋运输贸易。第一次世界大战爆发后，进出广州的外国商船增多，其中日本商船尤甚，招商局海运仍在艰难发展。

民国二十一年（1932），招商局趁日本在华南航线势力收缩之际，投入 4 艘新式海轮行驶广州至汕头、上海线，并计划涉足南洋一带的近洋货运，后未能实现。之后，日本侵略军严密封锁珠江，禁止货商和外国商船进入珠江口，抗战胜利后水上运输尚未完全恢复，黄埔港已逐渐变成军运港。

1932—1936 年广州港往来外洋及国内商船总吨数居全国各埠的位次见表 4-2-2。

1932—1936 年广州港往来外洋及国内商船总吨数居全国各埠的位次表

表 4-2-2

年份	总吨位/万吨	占全国各埠的百分比	居全国各埠的位次
1932	835.1	6.17	2
1933	710.2	5.17	6
1934	875.2	6.23	4
1935	933.6	6.48	4
1936	833.9	5.57	5

注：据《中国海关华洋贸易总册》有关统计数字编算。

1949 年 6 月，黄埔港被全部占用为军运港，商船无法进入港区。此时，广州的远洋货运几乎空白。中华人民共和国成立初期，由于帝国主义封锁且国内缺乏大型轮船，远洋运输尚未恢复。1961 年 4 月 27 日，广州远洋运输公司成立，这是中华人民共和国第一家国有远洋运输企业，被誉为“中华人民共和国远洋运输事业的发源地”“中远的摇篮”，该公司的成立带动了广州港远洋运输业的发展。到 2012 年底，拥有和经营管理船舶 135 艘、249.8 万载重吨。改革开放后，随着国际贸易的增长，广州港的外贸运输已经通达全世界各大港口。

（二）沿海运输

清晚期，在外商势力集中的香港、广州地区，轮船业获得迅速的发展。早在清道光二十六年就已经有2艘轮船在香港、广州间互相往来，从事运输业务。随后更出现了一家经营定期班轮的“省港小轮公司”。这是外商在中国创办的第一家专业轮船公司。这家公司资本只有3万两白银，轮船只有2艘，清咸丰四年（1854）即清算停业，但却表明外商在华轮运业的发展渐露端倪。自此，以香港、广州为基地，外商轮船航线不断向华南沿海各地延伸。租借外商轮船拖带木船的业务也逐渐普及。19世纪70年代后，清政府又被英国强迫划香港“新界”、法国强租广州湾（今湛江）和葡萄牙强取澳门的统治权，以及开放北海、三水、江门3个通商口岸和西江内港，使外国轮船可以在广东非通商口岸的沿海及内河自由通航。当时的外国专业轮船公司有：香港快轮公司、大英火轮公司、法兰西火轮公司、道格拉斯公司、省港澳轮船公司、海洋轮船公司等。广东的沿海和远洋运输，以及西江和珠江三角洲的港澳线运输基本上被外轮垄断。此外，外商还利用粤海关理船厅由外国人控制的权利，保护其本国航运势力，排斥广东的民营航运力量。

同治十一年（1872），中国官督商办轮船招商局的“伊敦号”轮成功适航广东航线，标志着广东近代的航运业从木帆船运输进入轮船运输时代。同治十二年，佛山梁定荣创办广德泰轮船公司，“置海舶由粤直走天津”。光绪十三年（1887）初，广州富商苏惠农斥资在香港广协隆船厂购买五六艘小轮，办起平安轮船公司，从事用小轮船拖带木船运输。虽然只航行至同年七月，两广总督张之洞遂下令停航不准其经营，但此举却推动广东民族轮运业发展，影响深远，光绪十五年（1889），张之洞鉴于广东民营航商的强烈要求和每年可以征收到一笔颇大的饷银，才同意民营航商经营轮船拖带渡船运输，从此，轮拖带渡便成为广东民营航商发展轮运业的模式。但开办不到半年，遭到粤海关反对，下令轮拖运输严格限制在内河范围，禁止在沿海经营。光绪二十四年（1898），清政府又颁布《内港行轮章程》。将全国内港向有约国家“开放”，因而各国的船商都可以在广东内河和非通商口岸行驶。但是，这个章程也同时解除中国航商在内港不能自由行驶的限制，为广东民营航商发展内港和内河运输创造条件。在此基础上，广东民营航商避开外商沿海轮运业优势，着力发展内港轮运业和西江轮运业，是广东的内港轮运业和西江轮运业发展成为广东两支近代航运力量的重要节点。光绪三十年至宣统三年（1904—1911），广州内港的华商船舶一直比外商船舶多1/3以上，但大多数华商的船舶均在载重20吨以内，只能航行浅水小河和短途航线。因此，小而多，正是广东民营内港轮运业和西江轮运业的特点。

第一次世界大战后，太古轮船公司几乎包揽了各类货物运输。20世纪20年代初，省港间货运量迅速增长。20世纪30年代初，广东省对外贸易呈下降趋势，商业萧条，货运量锐减。抗战初期，广州成为大后方主要运输枢纽，海运货物急剧增多。民国三十五年（1946）后，以军队舰艇或有军方背景的船队为带头，沿海海上走私十分普遍。日本投降之后，国民政府成立专门的日本赔偿物资运输处，1949 年 1 月 21 日在广州设分办事处，负责日本赔偿物资运输及其起卸接转工作，运来广州的日本赔偿物资共达 4000 吨。由于内战局势的影响，1949 年 10 月 7 日，将留沪待运往塘沽新港及葫芦岛港的日本赔偿机器 107 箱件全部改运往广州黄埔港。此外，广州港还承担大量日本侵华战争期间抢夺的机器设备和物资回运接卸工作。如广东省营制纸厂的机器 844 台，附属设备 2143 件，重 8400 多吨，从 1948 年起分两批运回黄埔港，到 1949 年初才告运输完毕。1949 年广州解放前夕，招商局广州分局进出广州军用船 130 多艘次，占全年进出广州总艘次的 25%。这一时期，国民党军队还征用民船载运大量物资离开广州。

（三）内河运输

广州地处珠江水系的东江、西江、北江汇合处，珠江干流横穿市区，有大小河流 330 条流经辖区，区内河段总长 1559 千米，通航里程 1364 千米。船舶往来三角洲水网地带和珠江水系各港口，并可经虎门、蕉门、洪奇门、横门等 4 个港口航行至香港、澳门及沿海各港口。民国年间，轮船货运仍以中远程为主，木帆船则经营大轮所载货物向内陆的驳运以及市内仓库、码头货物转运，轮拖花尾渡货物驳运等。民国初年，运出省外货物以经济作物为主，运入货物以粮食、土产为主。民国元年（1912）运入广州的粮食为 120 余万担，民国五年（1916）达 590 余万担。20 世纪 30 年代，广州兴办了一系列近代工业，内河运输的货物与工业有关的相应增多。

抗日战争期间，广州内河水运被日本侵略军所垄断。广州沦陷后，广州港的海、河运输均遭到惨重的破坏和摧残。日本侵略军进城后，即对珠江下游实行封锁，所有未及时离开的轮船渡艇，不管是中国的，还是外国的（日本除外），一律不准出口。据估计，仅国民党广东军政机关撤离后所遗留下而日本侵略军趁机搜查强占的各类船艇约 1400 艘。这些船艇，无人开动，遍江狼藉，致使广州港内河航运停滞达 4 个月之久。1939 年春，日本侵略军指使大量汉奸、爪牙分赴广州附近县镇水乡，强迫船户到总公所筹备处登记，领取船牌，同时派部分军队沿河巡逻，对无牌船只，不予通行，并扣留或罚义务代运军事物资。日本侵略军对过往船只还定有船舶税，分等勒收，还另索“黑钱”，造成船户怨声载道，以致 1940 年 4 月，珠江局部开放后，广州港航运业仍是一片萧条景象。

抗日战争胜利后，内河货运重新活跃，货物种类繁多。国民党为阴谋发动内战利用广州港进行军事运输，此外，广州的救济物资运输、日本赔偿物资运输、日本战俘遣送回国运输、公商运输、对外贸易运输等，也集中于黄埔港。1948 年初，黄埔港经常有 6 艘左右 3000 ~ 4000 吨以上的海轮等候码头泊位。至 1949 年初，每日停泊江心的海轮往往有十余艘之多。当时进出广州市内的物资全部靠驳船驳运，市内有帆船、趸船约 500 艘，其中长期被招商局租用的 60 艘，盐运专用船 40 艘，顺德糖厂租用船 150 艘，其余 250 余艘为临时租用船只。

中华人民共和国建立后，内河货运逐渐发展起来。1964 年，随着货源扩大，货运地点增加。珠江三角洲、东江、西江、北江直达运输航线增至170多条，广州内河货运量有较大增长。广州市属内河航运部门由经营短途航线为主，逐步向经营长途航线发展。21世纪以来，广州港开通至广东省内各港口的水路运输航线，通过珠江水系可直达广西壮族自治区各港口，还有穿梭巴士服务航线。广州港开通了南沙至珠海、云浮、肇庆、东莞、顺德、佛山、汕头及广西贵港、海南洋浦等周边主要中小码头的服务支线。

（四）木帆船运输

在轮船出现前，木帆船是远洋、沿海和内河都使用的运输船只。鸦片战争前，广州及珠江三角洲各县，有许多较大型的木帆船可以驶过大河出海，向东走可到达中山、惠州、潮州及北方沿海各口岸；往西行可到高（州）、雷（州）、廉（州）、琼（州）“下四府”及来往于南海各国。道光二十三年（1843）广州开禁后，外国的夹板船、轮船利用其船舶性能优势，垄断广州及珠江三角洲的沿海运输、远洋运输资源，而且直入内河港口抢夺资源，排斥广州的海上帆船运输，特别是粤港澳航线开辟及香港转口贸易兴起后，很多广州的沿海及远洋运输货源不是由外国商船直接运输，就是转口到香港，对广州的大型海上帆船运输打击很大。从咸丰三年（1853）起，广州的大型海上帆船陆续地被官府大量雇募到北方助剿太平军运输，其中咸丰三年至五年（1853—1855），被雇募的广州红单船就达77艘。到同治十二年，广州及珠江三角洲等地的大型海上帆船已全部消失。

但在此期间，由于省内不少区间航线外国商船无法到达，小型的沿海帆船短途运输、内河帆船运输都有较大的发展，特别是香港的转口贸易兴起，粤港澳航线开辟后，其中不少货物是鸡、鱼、鸭、鲜果、蔬菜等鲜活货物，都需要木帆船运输。因此，粤东、粤西各地的沿海港口，西江、北江、东江及珠江三角洲的内河港口都兴起粤港澳帆船短途货运，推动了省内木帆船的发展。同治六年（1867）进入香港的木船有2万艘，135.3万吨，而同年进出广州口岸的夹板船、轮船、江船却只有69.3万吨。此外，根据专业运输需要，发展起了盐船、粮船、柴炭船等，以及果艇、菜艇、米艇、蔗艇、柴艇等农副业运输船舶。

1869—1878年广州船运统计见表4-2-3。

1869—1878年广州船运统计表

表4-2-3

年份	木船		远洋轮船		江轮		总计	
	数量/只	总吨位/万吨	数量/只	总吨位/万吨	数量/只	总吨位/万吨	数量/只	总吨位/万吨
1869	291	11.8	241	14.0	940	32.4	1472	58.2
1870	239	9.8	353	11.9	834	31.2	1426	52.9
1871	404	14.5	330	20.4	932	32.7	1666	67.6

续表

年份	木船		远洋轮船		江轮		总计	
	数量/只	总吨位/万吨	数量/只	总吨位/万吨	数量/只	总吨位/万吨	数量/只	总吨位/万吨
1872	389	17.8	452	33.4	1094	30.6	1935	81.8
1873	246	11.6	267	17.8	997	36.2	1510	65.6
1874	202	8.5	445	27.4	937	33.3	1584	69.2
1875	226	9.2	419	27.3	1074	45.7	1719	82.2
1876	171	6.0	554	25.6	1252	54.8	1977	86.4
1877	121	3.9	237	18.1	1282	100.5	1640	122.5
1878	145	3.8	345	27.0	1219	109.4	1709	140.2

第二节 铁（路）水（路）联运

广州地区早期铁路广三线、广九线、广韶线于清光绪二十九年（1903）、宣统三年（1911），民国五年（1916）相继建成，至民国二十五年（1936）粤汉铁路贯通内地。

广州铁路始建时，因借外债筑路，技术标准低，弯多坡陡，机车、车辆等运输设施均购自美国、比利时、英国、德国等，导致型号杂乱且陈旧。民国二十五年粤汉铁路全线通车后，英国政府为进一步扩大政治、经济侵略，极力谋求将广九与粤汉铁路接轨，因遭到广州市商界人士强烈反对未果。日本全面发动侵华战争后，中国国民政府为依靠英国、美国等国的援助，修建起粤汉线西联站（今棠溪站），经沙河、石牌、鱼珠至黄埔的支线，与广九铁路接轨。当年8月20日通车，粤汉、广九两线货运得以联通，加强了香港与中国内地的联系。大沙头站成为广九、粤汉铁路旅客列车的始发终点站。

民国二十九年（1940）10月，日本侵略军强征乡民千余人参加修筑黄埔铁路支线，从广九吉山站南端至黄埔港，全长5.367千米。因全线大部分通过淤泥地区，未做处理，通车后轨道下沉，陷入泥中，日本侵略军强拆民房砖瓦填充以维持通车。

1946年12月18日，客运业务移到大沙头站后，黄沙站改名广州南站，主要从事货运业务。粤汉区铁路管理局管理期间，民国三十六年（1947）是客货运量的高峰期，全年三线旅客发送量1007万人次，货物发送量150万吨。1949年，因年久失修，且受战争破坏，运输装备残损不堪。广州解放前夕，广州南站一带成为国民党军队和物资从水路撤退的主要集散地。

中华人民共和国成立后，1950—1952年，广州市政府修复海珠桥和广州铁路南站等重要交通设施，初步建成广州铁路南站的黄沙码头与仓库，办理货运及水陆联运，兼办粤汉铁路的列车编组。广三线石围塘火车站于1955年起兼营货运，结合石围塘周边码头，发挥面向西南的海铁联运功能。同一时期，位于广州铁路南站旁边的广州港新风港务公司也于1965年建成港内铁路线，开始海铁联运业务。1970年，广州南站的编组任务移到广州北站后，该站成为一个纯货运站。1971年，为了提高装卸能力，市政府开始对广州铁路南站进行扩建改造。1976年4月15日，新修建的黄埔新港铁路专用线临时开办运营，10月部分竣工验收。12月11日，港前站第一期站线（包括正线七股道）工程及电力工程全部完工交验使用。1978年，广州南站将工作重点转移，着力提高仓储及装卸机械化能力。1978年4月24日，新港码头区第三铁路装卸线路投产使用。其后，1986年6月，建成通往黄埔港区西基港务公司铁路支线，11月投入使用。

1989年初，位于全国铁路网南端的江村车站（原名为广州北站）开始运营，主要办理京广、广深、三茂、广梅汕4个方向货物列车到发、解编及京广线旅客列车的通过作业，形成广州铁路枢纽，主要组织货流的集散和中转，铁路与港口的建设发展更为紧密。1993年9月，建成通往新沙港区的新沙港务公司铁路支线，12月投入使用。广州港通过专用铁路的建设与全国铁路网相连，港口货物集散至全国各地。

为适应城市的发展，已经居于市区中心的广州铁路南站于2005年7月关闭，原在广州铁路南站发送的货物分流到广州周边的其他货运车站。广州港集团新风港务公司也于2005年7月1日退出铁水联运业务。

2009年3月，广州市政府发布《关于加快广州港发展的意见》，其中明确提出建立内陆“无水港”，延伸辐射能力。2011年，铁（路）水（路）联运、公（路）水（路）联运有新突破。积极拓展“无水港”，已开通铁（路）水（路）联运线3条，2011年完成铁（路）水（路）联运集装箱量1.9万标准箱，比上年增长53.8%，散货铁路疏运量达1079.5万吨。至2012年，广州港始发的“五定班列”有广州港—昆明和广州港—长沙两条线路。其中较为繁忙的有肇庆线、云浮线、中山线、江门线、佛山线等。

2013年7月，广州港集团铁路分公司新增轨道衡经国家轨道衡计量站检测通过，其产生的数据可用于安全检测监控并纳入国铁相应的管理系统，大幅降低客户铁路发运的亏载率及提高装车效率。

2015年，南沙港区疏港铁路按双线建设，在江门鹤山与京珠铁路相连，工程正式动工。同时，广州港逐步对港内铁路进行改良，铁路网络逐渐向外转移、扩张。

至2015年底，广州港拥有的铁路线、专用线总长约65千米，设置新港、新沙、墩美和黄埔4个车站，经码头内的铁路专用线与国家铁路局下属的广铁集团广州车务段（广深线）的三等货运中间站——下元站接轨，新沙港务有限公司、新港港务公司、广州集装箱码头有限公司和西基港务公司的货物在下元站重新编组后并入干线运送。广州港集团下属黄埔港务分公司港区有5000米长铁道专用线连接国铁黄埔站，通过广深线与京九线、京广线相连直通全国铁路网。与下元站接轨的港内铁路由广州港集团铁路分公司管理，拥有运输、机务、工务、电务等专业化队伍，自有内燃机车8台及先进的配套设备，年疏运能力达1500万吨以上。广州港铁路疏运量943.3万吨。其中，经下元站的910.0万吨，经黄埔站的33.3万吨。

2015年，以广州港为中心，形成近距离、中距离、远距离三层空间无水港。第一层次：环珠三角高速公路，即香港—澳门—珠海—江门—鹤山—四会—增城—东莞—深圳—香港。第二层次：福州—龙岩—赣州—桂林—贵州—昆明。第三层次：沪杭铁路—浙赣铁路—湘黔铁路—贵昆铁路。远距离无水港选址于具备较强的货物集散能力的区域性中心城市，通过集聚效益完成货物的规模化，从而降低边际成本。铁路运输具备长距离、大运量、低成本的优势，所以第三层次交通运输线路由干线铁路构成。

第三节 路海联运

20世纪二三十年代修建的广州地区公路中，最主要的有沙河公路、番从公路、禺北公路、广韶公路、广花公路、黄埔公路、广深公路、广增公路、禺东路、增博公路、广汕公路、广从公路、中山公路。其中，黄埔公路起于广州市区东山口，至黄埔鱼珠止，全长20.71千米；中山公路建于1924年，为纪念孙中山而得名；广深公路原称广虎公路，起于黄埔横沙，止于新塘紫坭，后又与前后公路连接，东通东莞，西通广州，故又称广深公路，于1938年建成通车。

20世纪二三十年代，广州市区的路网，以旧城为中心，沿珠江两岸伸展，呈带状组团式布局。1933年市政会议通过“广州市区道路系统图”，确定市内线路和郊区线路共154条，初步确定了市内道路为大小方格网、外绕环线的网络系统，成为广州市道路网络的雏形。

抗日战争初期，广东境内发展水陆联运，促进水上运输的发展。广九、广三、粤汉铁路接轨使得广东与内地的客货运输更便利，运量猛增。公路建设大发展，“以广州为中心，向四方发射，至为发达”。广东省内许多干线、支线不仅与水路衔接，还有些公路与福建、江西、湖南、广西四省份相通，水陆联运加速了旅客的出入和货物的周转。民国二十八年（1939）初，广东省建设厅还正式订定水陆联运办法。此后由于战争的影响，广东境内公路和水路建设的进展不大。日本侵略军占领广州后，为方便掠夺资源，于1940年对中山公路进行改建，加铺水泥路面，并将蟹山与狮子山之间的木桥改建为钢筋水泥桥。

中华人民共和国成立前，国民党政府对进港道路交通设施未有实质性建设，甚至在广州解放前夕炸毁海珠桥，严重影响珠江南岸太古仓、洲头咀码头等港口运输。

1956年，广州市建设黄埔大道，全长有14.6千米，因通达黄埔港而得名。1987年为了迎接第六届全国运动会的到来，把中山公路拓宽为48米的混凝土马路并改称为中山大道。1987年，将原来的“广源路”扩建为48米宽的混凝土路，因其始于广州，终于黄埔夏园，所以被正式命名为“广园路”。2003年，广园东路以东又建成广园快速线，一直延伸到新塘，全长约47千米。以上3条公路，成为广州东部陆路出口和货物直通黄埔、新沙港区的部分主干道。另外，还扩建了黄埔区的黄埔东路和丰乐南路，使进出黄埔老港区多个码头公司的运输通道更为通畅。

为直通港口而修建的公路主要有2条。一是1991年开通的新沙港区专用公路——进港大道，是完全为建设新沙港区和保障港区货物聚散功能而建设的专用公路。起点在广州经济技术开发区青年路，终点是新沙港务有限公司，包括新建3座桥梁在内的支出全部纳入建港工程费用。该路段的建设为东莞市麻涌的连片工厂和码头开发奠定了基础。二是广州南沙港快速路。全长72.36千米，于2003年1月开工，于2004年12月底完工，其中主线于2004年12月31日竣工通车，鱼黄支线于2005年12月28日竣工通车，工程总投资64.59亿元。起点位于广州环城高速公路南环仑头立交，终点位于南沙龙穴岛深水港。该路一方面是广州21世纪中心城区"南拓"中心轴的骨架道路，另一方面是通往南沙龙穴岛港区和小虎石化、沙仔岛汽车码头的进港大道，是增强广州港路海联运能力的坚实保障。

中华人民共和国成立后，良好的路网和桥梁建设，为社会物流发展创造了条件。一方面是近距离小批量货物运输通过陆路完成，减轻了港口的压力。另一方面是促进了远距离大批量货物运输向广州港聚集。1950—1952年国民经济恢复时期，广州市政府对私营货运汽车进行初步整顿，将全市个体分散的500多辆私营货运汽车组成7个货运汽车联营社，对全市的私营运输汽车统一管理。1952年货运量254万吨，货物周转量836万吨千米。这时期，公路货运主要靠人力车，码头车场的货物搬运则完全靠人力。汽车货运量只占货运量的33.1%。

20世纪80年代是广州公路集装箱运输发展的起步阶段。此时，由于国家大型基建项目缓建，加上社会车辆投入营业性运输、个体户车辆大量增加，市场出现竞争。1981年8月1日，广东首家集装箱运输公司——南方集装箱运输公司在广州成立，由交通部汽车运输总公司、广东省汽车运输公司、交通部黄埔港务管理局、中国外轮代理公司广州分公司4家合资经营。1982年10月，穗港集装箱汽车运输公司成立，开始开展穗港之间的即装卸和特种载重运输业务。1984年7月，穗港集装箱汽车运输公司还与香港中富国际联运公司合作经营国际托运业务，成立国际托运部，承办包括广州港在内的国内各口岸至世界各地之间的直运业务。1985年，广州市国营汽车集装箱运输公司由原来仅限于从事穗港集装箱运输，发展到穗、港、澳及国际货物集装箱联运。集装箱车从1985年的12辆、380吨位发展到1986年的94辆、1779吨位。1988年全省营运集装箱车发展到98辆，运送集装箱4.64万箱，完成货运量36万标准箱，其中大部分是港澳地区与珠江三角洲地区对流。

20世纪90年代后，公路集装箱运输发展迅速。广州、深圳、珠海、佛山、江门、汕头、肇庆等市的集装箱运输企业快速发展，1990年广州市经营公路集装箱运输的企业发展到9家，拥有集装箱车199辆，其中国有4家，拥有集装箱车86辆，中外合资5家，拥有集装箱车113辆。至2000年，全省集装箱车发展到4165辆、68849吨位，其中广州市2105辆，与1990年比增加9倍多。

第四节　海空联运

广州是中国航空事业发源地之一。清宣统三年（1911）2月，广东制造机器公司改名为“广东飞行器公司”，并决定由美国迁回广东省广州市。民国初年，先后设立大元帅府航空局、广东航空学校、飞机制造厂和机场，为中国航空事业奠定了基础。在此基础上，多家民用航空公司相继涌现，开辟数十条国际、国内航线，广州民用航空事业迅速崛起。

民国二十一年（1932）开始，广州的民用航空业迅速崛起，出现了广东民用航空公司、中国航空公司驻广州办事处、欧亚航空公司驻广州办事处、西南航空公司。广东民用航空公司并入西南航空公司，使西南航空公司成为当时中国第三家航空公司，第一家地方航空公司，也是唯一完全依靠本国人才、资金开办的航空公司。民国二十七年（1938）10月被日本侵略军侵占前，广州共有西南航、中航广州办事处、央航广州办事处3家公司经营航空运输，有国际航线2条，国内航线14条，成为当时航线数量最多的大城市。由广州出发，可到达上海、武汉、长沙、梧州、南宁、龙川、北平、郑州、琼州、桂林、柳州、昆明、贵阳、南雄、西安、重庆、香港等近20个城市。在14条国内航线中，欧亚航有6条，中航有3条，西南航有5条，2条国际航线全为西南航所开辟。民国十九年（1930）12月，国民革命军第八路军总指挥部航空处交通科开辟广州—梧州航线，开始了广州的航空客货运输。

在近代航空救国思潮的影响下，广州机场建设也开始起步，特别是在20世纪30年代先后建设了7个机场，促进近代广州航空事业的发展。当时水上机场建设较多，成为广州港的一个特点。

大沙头水陆两用机场　水上机场在大沙头对开江面，停泊在码头的水上飞机可由码头开到江面，在水上滑行起飞。陆上飞机场则是一条东西向的跑道，在大沙头岛中间，与今天的大沙头三马路、四马路成直角相交。该机场于民国七年（1918）建设，民国十七年（1928）扩建，各种设备均较完善，国外飞机来访一般都降落在该机场。1923年成功研制的第一架军用侦察机“乐士文号”就在大沙头机场成功试飞，该机场被视为中国航空事业的摇篮。

南石头水上机场　建于民国二十二年（1933），同年10月由中航开始启用。是广州第一个水上机场。南石头水上机场以三山口河段的水面作跑道，置一浮码头于靠北岸的河中作旅客候机室，旅客上下飞机时，以舢板在浮码头与飞机之间接驳。至民国二十四年中航飞机使用二沙头水上机场，南石头水上机场废弃。

二沙头水上机场　建于民国二十四年，以二沙头附近河段水面作跑道，以一座浮码头作候机室，以舢板作为旅客上下飞机的工具，由中航使用。民国二十七年（1938）10月广州沦陷前，中航通往广州的所有航线均停航，二沙头水上机场也随之停用。

天河机场　民国二十年（1931）建成启用。位于广州东郊天河村，东南面是石牌，北面紧邻瘦狗岭，故又称瘦狗岭机场，由空军飞行部队驻场。抗战期间，天河机场被日本侵略军占用。民国三十六年（1947）至1949年，白云机场扩建工程期间，民航飞机改在天河机场起降，由此开启天河机场作为民用航空机场的历程。

石牌跑马场机场 民国二十二年建成启用，位于东郊石牌多坟冈（现华南师范大学校园内）。这是在原跑马场的基础上，由西南航空公司租用石牌跑马场的一部分兴建的机场，长750米，宽250米。西南航空公司、欧亚航空公司经营的航线在这里起降。民国二十五年（1936）7月，开通了中国广州至越南河内的国际航线，由此这里成为中国第一个通航国外的国际机场。到日本发动全面侵华战争前夕，该机场始发和终到的航线有8条之多，可以到达中国内地10多个城市、香港及越南河内等地。广州沦陷后，石牌跑马场机场为日伪军占领。抗战胜利后，西南航空公司准备复业，但未获国民政府批准，石牌跑马场机场从此被废弃。

河南沙头机场 位于河南（现海珠区）公和乡沙头地段，全场面积约42万平方米。民国二十二年7月由广州市政府批准修建，民国二十五年7月分4段招商建筑，同年9月奉命停工。民国二十六年4月拟再度开工，后因日本侵略军南侵而停建。

白云机场 位于北郊三元里，1932年动工，1933年主体工程竣工，占地总面积为320万平方米。建成后一直被用作军用机场，民国二十七年10月日本侵略军侵占广州后占用。民国三十六年（1947）3月，空军移交为永久性民航国际机场。同年，国民政府交通部民航局对白云机场进行扩建。广州解放前夕国民党空军将白云机场的主跑道及一些设施炸毁。

1959年12月后，白云机场用作民航机场，天河机场由空军使用。天河机场在20世纪60年代后期废弃。从1964年到1967年，白云机场进行扩建，到1990年已达到国际一级机场的标准，其旅客吞吐量和起降架次曾连续8年位居全国第一。由于白云区的白云机场经过数次扩建但仍远远无法满足需求，于是选址花都区建设新的白云机场。新白云机场于2000年8月正式动工，2004年8月2日竣工，2004年8月5日零时正式启用，而旧白云机场也随之关闭。新广州白云国际机场一期工程场内占地1434公顷，其中飞行区约860公顷，其他区域占地574公顷。此外，中转油库和导航工程占地约17公顷，建有3条跑道，耗资198亿元。2015年完成航班起降40.96万架次，旅客吞吐量5520.86万人次，货邮吞吐量153.78万吨。

第三章　旅客运输

第一节　旅客运输航线

广州港口的水上客运，自清末至中华人民共和国成立前，主要集中在东、西、南河道两岸客运码头。19世纪中叶，进出广州港口，来往于穗港、穗澳航线的旅客主要搭乘汽轮。光绪十九年（1893），平均每天单程已有约1600位旅客通过广州港口。20世纪30年代，旅客进出口量增大，水上客运形成沿海、内河及市内轮渡三部分。沿海客运码头主要分布在河南、长堤及西堤一带，国内1000吨级以下的客货轮，多湾泊于长堤各码头；国外2500吨级或以下客货轮，多湾泊在西堤各码头；吨位较大、吃水较深的客、货轮，则湾泊于白鹅潭水域及河南太古码头。有广州至香港、澳门、水东、海口、北海、海防、雷州、汕头（汕尾）、厦门、上海、青岛、天津、牛庄、大连等14条沿海主要航线。内河客运码头多集中在西堤沙基一带，主要客运航线有：广州至梧州、茶亭、四邑、新昌、清远、肇庆、龙江、吉利、高明、鹤山、大良、江门、中山、九江、小榄、石龙、市桥、新塘、太平、官山、乐从、佛山、南海、四会、三江、白坭、杏坛、石楼、容奇、小布、石基、昌华市、西樵、沙边、陈村、礼村、新造、雅瑶、石湾、都城、长沙、水口、公益、惠州等40余条。市内轮渡用于过渡乘客兼搭货，有轮船、横水渡、电船及小艇4种，主要在河北、河南及芳村之间摆渡。据统计，民国三十五年（1946）1—10月广州港口沿海及内河的客运量约184.9万人。直至中华人民共和国成立前，水上客运基本保持原有航线和码头。民国三十七年（1948），黄埔港开辟有黄埔—上海的客货班轮航线，但以货运为主。

一、内河航线

中华人民共和国成立后，与广州港相联系的内河航线逐渐成熟。

20世纪50年代，珠江三角洲航线有广州至江门、新会、三埠、中山（石岐）、南水、斗门、香洲、前山等地，以至南海、番禺、顺德为主航线。西江航线有广州至九江、沙坪、肇庆、禄步，最远至梧州。东江航线有广州至东莞、石龙、太平、惠州，最远至河源。近郊航线有广州至江村、炭步、赤坭、白坭；广州至金鸡、和顺、冯冲，最远至官窑；广州至黄竹岐、泌冲、瓦窑、平地、大范，最远至大沥；广州至里水、麻奢；广州至西村、鹅掌坦、潭村、石井；广州至西村、北村等线。

1952 年广州内河航线见表 4-3-1。

1952 年广州内河航线表

表 4-3-1

航区	航　线	航区	航　线	航区	航　线
东江	广州—老隆	北江	广州—白坭	中区	广州—鹤山
	广州—惠州				
	广州—石龙		广州—四会		广州—瓦窑
南路	广州—三埠	中区	广州—东莞		广州—里水
	广州—江门		广州—市桥		广州—盐步
	广州—中山		广州—容奇		广州—官山
	广州—前山、澳门		广州—太平		广州—明经
西江	广州—梧州		广州—九江		广州—澜石
	广州—都城		广州—佛山		广州—大黄圃
	广州—肇庆		广州—官窑		广州—平洲
	广州—高明		广州—新造		广州—大范
	广州—三水		广州—大良		广州—沥滘
北江	广州—曲江		广州—西樵		广州—小洲
	广州—清远		广州—大岗		广州—大石

改革开放后，旅游业兴旺，到 1987 年，珠江航运公司先后开辟了广州至梧州（桂林）、封川江口、珠海白藤湖、龙穴岛、上川岛、莲花山、金沙度假村、中山温泉、惠州、深圳、前山（澳门环岛游）等 11 条旅游航线。

2001—2006 年，广州港国内航线分布以广州市、珠江三角洲和广东省其他地区为主，辐射湖南、江西、广西、云南、贵州、四川等地，腹地广阔，交通便利，集疏运条件较好。

二、沿海航线

中华人民共和国成立初期，国营及私营航运企业陆续恢复华南航线。1950 年 1 月 28 日，私营“新德利”轮（195 吨）首航广汕线。同年 9 月 25 日，广州联安船务公司“华龙”轮首航广榆（林）线。同年冬，招商局广州分公司恢复了广汕线和广州至阳江、闸坡以及阳江、江门至海口等航线。自 1951 年起，广州海运局逐步建立沿海航线。同年，侨运轮船有限公司 1 艘轮船航行广州—江门—水东—湛江线；上海大达轮船公司“长江”客货轮临时开航恢复了广琼客运航线。1952 年公私合营民生轮船股份有限公司“民俗”轮以近岸航线首航广湛线成功，为高州、雷州及海南地区筹建垦殖林场与公路建设提供了运输工具。1952 年，广州海运局的业务重心转入沿海运输，有常线8条（广州—汕头、广州—汕尾、广州—湛江、广州—海口等线），次要航线14条（广州—榆林、广州—三亚、广州—闸坡、广州—清澜等）。1956年5月，穗琼、穗湛客班线开辟。同年8月，50客位代客轮“南海183”轮投入湛江—海口—北海线，因客源不足而于1957年上半年停航。1957年5月，八所—湛江线开辟；6月，八所—黄埔线开辟。

至1962年底，广州海运局共经营4条客运航线：广琼、广湛、广汕、湛琼线。1963年10月，“剑兰”轮因过于陈旧而退出客运，广汕线客运一度中断。同年12月13日，广州海运局制定了关于反爆破、反空袭、反劫船的措施，强调在航行途中严格执行战备航线，建议东线船舶尽可能白天通过港澳附近水域，护航民警要加强戒备，船舶电台要加强值班。1964年，广湛客班线随着公路客运的发展而撤销，湛琼客班线也撤销。至此，华南沿海仅维持广琼客班线1条。1968年，广亚、琼汕季节客运线开辟。自1977年，广州海运局按季节派专船开辟了广亚、湛亚等“南繁育种”客运航线。1978年以后，客运航线增多，并不失时机开辟一些旅游专线，货运航线也有增加。1978年，广州海运局开辟了北海至海口、八所、三亚以及北海至黄埔等接侨临时客运航线。1979年7月1日，停航17年的广汕客班线恢复，“红卫9”和“红卫15”2艘客货轮对开首航。

改革开放后，航区分工被打破。1981年，湛（汕）尾线开辟。1983年，广州海运局与深圳市联营的深圳船务公司开辟了蛇口—珠海、桂山—珠海、湾仔—珠海等客运航线。1984年3月14日，广亚客货班轮航线开辟，“山茶”轮从广州首航三亚。自11月9日起，广汕线客班轮湾靠蛇口港，因进出蛇口港旅客季节性较强，经济效益不明显而中止。1985年7月18日，广州—上川岛旅游专线开辟，广州海运局“红棉”客滚轮首航。1986年6月，广州海运局“红菊”客滚轮投入湛琼线营运（1990年9月退出）。同年8月，广州—厦门—温州客班线开辟，由广州海运局“山茶”轮首航。1987年4月1日，广州—汕头客班线因客流量连年下降，亏损严重而暂停。1987年夏，广州—厦门和广州—下川岛夏季旅游线开辟，分别由“金莲”“红棉”轮首航。

第二节 旅客运输码头

中华人民共和国成立后，广州市内的客运码头逐渐规范发展起来，以大沙头客运码头、黄埔客运站和西堤客运分站、洲头咀客运码头为代表的一系列内河客运码头起到了促进广州港海外贸易的作用。

一、大沙头客运码头

1959—1960年，在大沙头新建长363米的客运码头，可同时靠泊500吨级船舶8艘，其间建成6200平方米的客运大楼1座，内有4509平方米的楼仓和东西2个面积共1400平方米、可容纳1000多旅客的候船室以及其他辅助设施。1960年10月，全部内河客运长航线搬迁到大沙头，设立客运工作管理机构——大沙头客运站，内设客运室、服务室、行李室、财务室、办公室等5个职能部门，担负珠江内河长航线的售票、行李托运、寄存、供应服务等工作。客运分站设在西堤，有一号和二号码头2座，码头岸线长39米，可靠泊"红星"客轮2艘，主要为一部分内河短航线旅客和湛江、海口等沿海航线旅客服务。1958年，为接送印度尼西亚华侨，黄埔港务管理局改建第8泊位为客货两用泊位，赶建2000平方米行李简易仓和1000平方米的接待厅、厨房等。1960—1961年建成黄埔客运站，主要担负新加坡和马来西亚航线的旅客进出口业务。新加坡太平洋船务公司每月有2个航次往来于新加坡—马来西亚槟城—黄埔之间。20世纪60年代，广州港每年旅客出口量均在200万人次以上。

随着经济的发展以及国内外交往的增加，20世纪70年代进出港口的旅客日益增多。1972年大沙头客运站已成为广东省内河旅客转运较集中的站点，共有36条沿海及内河主要航线和150多个沿途站点，沟通了省内水路内河沿线，衔接内河沿岸各县市。旅客年出口量308万多人次，平均每天出口约8000人次，节日每天达到1.5万~2万人次。1975年，旅客出口量上升到344.7万人次，比1965年的200.1万人次增长72.3%。其中沿海11.7万人次，澳门1.8万人次，分别比1965年增长3.1倍和1.1倍。1973年春节期间，每个泊位都要同时靠泊3~5艘客轮。

由于20世纪90年代中后期水路客运受陆路客运飞速发展的影响，大沙头客运站逐渐取消了各条航线，转型为以珠江游为主的旅游码头。如今的大沙头游船码头位于珠江广州河段的黄金水域，东接海印大桥，西临江湾大桥，地处广州市最大的滨水休闲广场——港湾广场，岸线长450米，拥有12个泊位，能同时停泊12艘珠江游游船，2011年游客接待量超过100万人次，占广州市珠江游游客接待量的一半以上。

二、黄埔客运站和西堤客运分站

黄埔客运站自1961年落成以来，长期发挥着重要旅客集散作用。1972年华侨到港5765人次，离港2527人次。黄埔客运站总面积只有1800平方米，其中候检室376平方米，最多只能容纳200人左右；餐厅98平方米；简单的行李检查仓4座共3000平方米。20世纪70年代中后期，黄埔客运配套设施不断改善。1973—1983年，黄埔客运站先后增建了4480平方米的行李仓库、2294平方米检查大厅、3500平方米的援外接待站大楼各1座和浮码头2个，占地面积达2万多平方米；还设有以靠泊客轮为主的万吨级客货码头1座。

西堤客运分站，长期以旧广州海关596平方米的半个仓库作为沿海、澳门以及内河12条短程航线的临时性客运服务设施。沿海客运班次有广州—海口航线。

三、洲头咀客运站

中华人民共和国成立后，在洲头咀重新建设一批仓库和钢筋混凝土楼房，作为后勤生活用品加工厂和仓库。1976 年，洲头咀划归广州港务（管理）局管理后，经过对原有设施的部分改建，次年春节前成为 1 个能靠泊 2 艘 3000 吨客货轮船的旅客和行李上落点。1981 年 4 月 1 日，投资 220 多万元的洲头咀客运站建成。其中用于港、澳线客运的占地面积 1. 3 万余平方米。内有进出口候检厅和海关联检厅 4640 多平方米，可容纳 1000 名旅客同时候检及办理进出口手续；新铺设了 5400 多平方米混凝土路面和 2. 1 万多平方米的停车场。用于沿海线客运的占地面积约 1 万平方米。内有房屋建筑面积 3000 平方米，新建的候船大厅可容纳 1200 名旅客候船及办理行李托运和提取手续。有码头岸线长 340 米，其中沿海线码头 198 米，港、澳线码头 142 米。可同时靠泊 3000 吨级客货轮船 3 艘，“红星”班船或飞翔船 2 艘。主要航线有香港、澳门、汕头、海口和三亚定期航班客运及广州—香港飞翔船快速航班客运。1980 年 1 月 26 日，4400 吨“星湖”客轮首航香港之后，澳门的“红星”轮和香港的飞翔船也相继驶抵该码头靠泊。1980 年 2 月 5 日，黄埔—香港航线的飞翔船也改泊该码头。1980 年 2 月 21 日，洲头咀客运站与香港油麻地小轮公司签订合同，正式开辟香港至洲头咀飞翔船航线，每天 3 班，每班载客量 67 人，恢复了中断 30 多年的广州至香港水上客运航线。是年广州港口旅客出口量 438 万多人次，为广州港口历史上旅客出口量之最。

从 20 世纪 80 年代初开始，广州港口各客运站根据客源情况，增加一批新航线，拓展了客运业务。大沙头客运站，根据客源调查中发现职工集体旅游增多的新情况，及时与航方合作开办旅游航线业务，开辟广州至清远飞霞、惠州汤泉、肇庆、桂林、封开、蛇口、珠海石景山等旅游航线；与航方合作对一些客源充沛而运力不足的航线，进行运力调剂和加班航行。

1983 年，经营客运航线 32 条，直达航线 29 条，每日发出“红星”型客运班船 45 艘次，旅客年通过量 680 万人次，日平均 1. 86 万人次。春节客运高峰期间，日最大通过量为 4 万人次以上。此外，还办理广州经江门至海口的水陆联运客票，设广州至上海班轮的旅客售票和乘降点。1987 年又新开辟了平沙、泌冲航线；1989 年再增加白藤湖、悦成、万顷沙、德庆、金沙度假村等航线。洲头咀客运站，1985 年 7 月至 1986 年 8 月先后开辟了厦门和上、下川岛以及途经厦门达温州等季节性旅游航线。黄埔客运站，1982 年 11 月 1 日复航黄埔—香港飞翔船客运班轮，每天进出口各 2 航次，每逢节日增加航班，方便华侨、港澳同胞、国外旅游团体、外宾等境外人士出入境。同时接纳国际旅游船来港，每年 15 ~ 20 个航次。

1983 年 11 月 30 日，广州开辟黄埔—厦门—上海客货班轮航线，使中断 35 年的北线海上客运得到恢复。由广州海运局的“紫罗兰”轮与上海海运局的“长柳”轮担负客货运输任务。黄埔客运站并与大沙头客运站合作，在大沙头售票，乘客可先在大沙头客运站乘“红星”轮到黄埔客运站浮码头靠泊，然后转乘“紫罗兰”轮或“长柳”轮；由上海返黄埔的旅客也可再从黄埔转乘“红星”轮抵大沙头客运站。1984 年，黄埔客运站又与大沙头客运站以及航方合作，开辟黄埔—青岛—大连这条全国最长的海上客运航线，每月 8 个航次。20 世纪 80 年代前期，开辟了一些新航线，拓展了客运业务，黄埔和洲头咀客运站旅客进出口量逐年上升，但广州港口旅客进出口量逐年下降。

20世纪80年代后期，由于陆路交通发展迅速，公路和桥梁不断新建，客运班车不断增开，很大部分旅客弃水从陆，内河航线旅客逐年减少，1987年大沙头客运站的大黄布、石龙航线因客源减少而停开。洲头咀客运站的沿海航线旅客出口量虽有所增加，但汕头线却因为客源减少于1987年10月停航。黄埔和洲头咀客运站的港澳航线旅客进出口量也在逐年下降，黄埔—香港航线1987年旅客进出口量只有2.9万人次，比1986年度减少29.6%。1988年，广九铁路每天增开3列直达客车，快速方便，较多旅客选择乘坐火车，加上1988年、1989年莲花山、石岐等地分别建立口岸，各自开辟了直达香港的飞翔船航线，客源被分流，水路旅客大大减少。1990年2月，洲头咀客运站的洲头咀—香港飞翔船航线停航。黄埔客运站的客运状况较为特殊，随着改革开放的深入，引进外资的“三资”企业和到中国大陆投资设厂及旅游的港、澳、台同胞不断增多，加上沿海南北航线的开辟以及位于黄埔区的广州经济技术开发区在1985年成立，进出黄埔的旅客数量却逐年迅速增长。1986年已从1981年的1722人次增至13.1万人次。1987年，旅客进出口量14.1万人次，比1986年增加7.6%，主要是因为走黄埔—厦门—上海和黄埔—青岛—大连沿海南北航线的旅客激增，分别为8万多人次和1.66万人次，比上年分别增加28.7%和38.7%。1988年，广州港口旅客进出口量为587.51万人次，其中旅客出口量282.43万人次，仅为1980年旅客出口量438.35万人次的64.43%。1989年1月5日，黄埔客运站与广州港客运服务公司合并，组成广州港客运服务总公司，经营内河、沿海、港澳各航线的旅客、货物水上运输和省内外各线路的旅游业务。直属单位有黄埔、洲头咀、大沙头客运站和西堤客运分站。共设海口、三亚、大连、上海、温州、厦门、南宁、梧州、柳州、香港、澳门等35条沿海、内河、港澳航线，为华南地区最大的水路客运枢纽。还设有大沙头客车站、贸易部、运输部、广告部以及商场、餐厅、旅社、车队及与港商合作经营的“海上乐园”游船和“龙门海鲜舫”等一系列配套服务设施。客运服务总公司成立以后，水陆路旅客运输竞争更加激烈，广州港口旅客进出口量逐年下降。1990年只有434.9万人次，比总公司成立前的1988年两港旅客进出口总量下降了26%。

第三节　旅客运输业务

一、内河客运

广州内河旅客运输在轮运出现前，全由木帆船承运。内河各港口间短途运输往往是客货混载。清道光二十六年（1846），英商有2艘轮船从事穗港的客货运输，接着陆续有英国太古、怡和等公司参加经营。至1948年共有100余家公司134艘船从事旅客运输，开设航线20条。中华人民共和国成立后，内河客运有了很大发展，开发的航线和投入的船舶不断增加，在1979年客运量达到724万人次的高峰后，由于道路桥梁建设迅猛发展，陆路运输畅顺，开始逐年下降。1990年共有客运航线22条，客运量342万多人次。2015年，广州市属水路运输企业完成港澳航线旅客运输61万人次。

（一）穗港澳线客运

起初，英国太古、怡和等公司经营内河客运业务，而清政府初期不准华商参与内河轮船运输，且木帆船在技术上无法和轮船竞争，故外商垄断了广州的内河客运市场。19世纪60年代中期开始，广州—香港、广州—澳门2条航线已逐步采用内河汽轮经营旅客运输。根据粤海关报告，清同治十一年（1872）广州港穗港、穗澳线（星期天不开航）由内河汽轮装载的中国旅客，平均每周进出口量为800人次。光绪七年（1881）为2090人次、光绪八年（1882）2204人次、光绪九年（1883）2179人次、光绪十年（1884）2079人次。从光绪十二年（1886）起，英国怡和洋行也插足省港澳客运。光绪十五年（1889），清廷才允许华商轮船拖渡和单行小轮在内港经营客货运输，此后华商客运业有所发展。光绪十六年至十九年（1890—1893），省港澳客流量增加，随之客运量猛增。光绪十六年，广州港穗港航线运输外国旅客5000多人次，中国旅客11.03万人次。光绪十九年，经由广州港往香港的旅客多达（1890）56.3万人次，往澳门的为4.4万人次；而由港、澳来广州的则分别为53万人次和4.7万人次。光绪二十年（1894）前后，华商轮船也经营省港澳线客运。但由于船小、设备落后，大部分没有专用码头，旅客上下不便，业务上与外轮相比一直处于劣势。

民国五年（1916）粤桂军阀混战，许多难民逃往港澳，港澳线客运量大增。民国七年（1918）后，时局稍宁，穗港澳旅客减少。民国十五年（1926）后，港英当局限制华商客货船搭客，甚至不发给搭客牌照，以致华商客轮经营困难，濒于破产，纷纷转卖或停航。日本侵略军占领广州初期，严密封锁珠江，不仅华商轮船，外国轮船也不准航行省港澳航线。民国二十八年（1939）3月，珠江局部开放，日本侵略军控制的广东内河营运组合即派出“白银丸”“广东丸”2轮行驶省港线，每3天来往1次。与此同时，英商太古轮船公司也派出“佛山”轮复航省港线，葡商也以“升昌”轮复航省澳线。为限制英国、葡萄牙轮船的营业，日本侵略军只准“佛山”“升昌”两轮载运旅客，不准载货。民国三十年（1941），日本侵略军占领香港，“佛山”轮被没收。此后日航商独占省港澳客运。抗日战争胜利后，英商卷土重来，恢复省港澳客运。华商轮船也投入营运，但由于分散经营，资金、设备不足，始终无法与外商竞争。1949年8月，省港澳客运中断。1914—1918年广州港内河客运情况见表4-3-2。

1914—1918年广州港内河客运情况表

表4-3-2　　单位：人次

年份	进口				出口				总计
	自香港、澳门来	自沿海通商口岸来	自西江口岸来	小计	往香港、澳门去	往沿海通商口岸去	往西江口岸去	小计	
1914	834085	7020	23863	864968	755381	5501	26648	787530	1652498
1915	699250	7020	23151	729421	686549	2721	23665	712935	1442356
1916	822915	5587	37386	865888	866912	4701	47249	918862	1784750
1917	577711	8079	21741	607531	587709	2238	19553	609500	1217031
1918	508456	4515	28740	541711	509309	—	28234	537543	1079254

注：据《民国七年通商海关华洋贸易全年总册》，1919年版，下卷，第1224页有关统计表改编。

中华人民共和国成立后，广州至澳门水上客运恢复。每日一班，175个客位。广州至香港线停开。1949—1978年，广州至澳门线最少年客运量3.13万人次，最高年客运量7.43万人次。1978年10月12日，香港油麻地小轮公司恢复港穗线客运航线，用气垫船，在广州靠泊黄埔港。开始是一天一班，1980年改泊市区洲头咀码头后，一天两班。1980年，广东省港澳航运公司恢复国营的穗港水上客运航线，于1月11日由“星湖”轮首航，一天一班，客位640人。1981年11月1日，增加“天湖”轮参加营运，客位865个。1982年又增加“流花湖”轮，系双体客轮，150个客位，广州至香港只需3个多小时。其间，穗澳线仍行驶“红星242”和“红星270”2轮，分别有170个客位、150个客位。从1985年起，穗澳线改用双体客轮“东山湖”和“香山湖”轮，共380个客位，仍为每天一班。1986年1月，广东省珠江航运公司成立港澳客运分公司，专门经营穗港澳线客运，拥有客轮4艘，1885个客位。1987年客运量穗港线33.69万人次，穗澳线4.46万人次。1990年客运量穗港线26.9万人次，穗澳线7.23万人次。（1980—1990年穗港线、穗澳线客运量统计见表4-3-3）1994年春节前后，加开广州—香港临时班轮。1998年4月，港澳航线因客源减少而停航。2004年，广州南沙客运港开通至香港尖沙咀客运航线。2010年，广州南沙客运港开通至澳门客运航线。2015年，广州市属水路运输企业完成港澳航线旅客运输61万人次。

1980—1990年穗港线、穗澳线客运量统计表

表4-3-3

年份	穗港线客运量/人次	穗澳线客运量/人次
1980	165908	63853
1981	227244	83274
1982	410258	78574
1983	500463	81125
1984	413259	72562
1985	401867	61427
1986	355739	51439
1987	336924	44622
1988	317555	91707
1989	249239	73001
1990	268974	72283

资料来源：《广州市志·内河航运志》。

（二）珠江水系各线客运

珠江水系各港口间的客运在轮船客运出现之前，全由木帆船运输，且多为客货混载。道光二十六年（1846）英国商人用轮船从事香港、广州间的客货运输业务，客运轮船从此出现在广州内河。光绪十五年（1889）以后，广州有了民间合法经营的一批轮船拖渡和个别单行小轮，以载客为主，行驶于珠江水系各港。光绪二十三年（1897）后，西江、北江等内河港口相继行轮，华商轮船的客运有了较大的发展，而且许多小轮有了固定的班期。光绪二十四年（1898），广州往三水、梧州的客轮均客满。光绪二十五年（1899），广州的轮拖及单行小轮生意皆旺，仅1—10月客运量佛山线达2.6万人次，陈村线2.4万人次，黄埔线1.2万人次，大良线1.2万人次，石岐线8000人次，石龙线1.8万人次。光绪二十九年（1903），广州往三水的轮拖与单行小轮均告客满，每日报关达13艘。光绪三十年（1904），广州往珠江沿线的客运量达100万人次。光绪三十四年（1908），华商为了竞争，创新轮渡，使用船宽平稳、无噪音、旅客活动余地大的花尾渡（客货船）投入内河客运。

民国时期，广州往珠江水系各线的客运受战事影响，客运量起伏不定。民国二年（1913）和民国七年（1918），粤航公司和粤海航运公司先后在广州成立，参加广州至珠江水系各线的旅客运输。民国二十四年（1935），广州往珠江水系各地客运航线共有35条，投入船舶69艘。民国二十七年（1938）10月，日本侵略军占领广州，内河客运一度停止。民国二十八年（1939），日本侵略军准许逐渐恢复广州往珠江水系各线客运，广州至佛山、西樵、容奇、平洲、大良、里水、三水、东莞、太平、市

桥、石岐、江门、石龙、惠州、黄埔等线先后恢复通航，但直到民国三十三年（1944）客运量增长不大。

民国三十四年（1945）抗日战争胜利，利源航业公司首先复航。接着有珠江、粤桂、两广、中兴等公司陆续复航。开设广州至梧州、江门、肇庆、三水、三埠、市桥、石岐、都城、鹤山、勒流等10余条航线。初期，珠江下游客货运量大，但大多数航业公司经战争浩劫，元气大损，无力购置大轮船，因此成本低、效益好的花尾渡的使用乘时发展，形成以广州为中心，至梧州、肇庆、江门、三埠、石歧等花尾渡运输的五大航线。民国三十七年（1948）下半年后，国民政府军队大量征用商船，致使许多商船纷纷逃避，内河客运因此萎缩。民国三十八年（1949）8月，广州已没有一艘客轮，内河客运全部停止。

中华人民共和国成立后，广州至珠江水系各线的客运船舶不断更新，客运量也相应增加。内河客运先是国营、私营多家经营，互相竞争，客运航线和客运量增加较快。1952年还开办广州—开平—湛江—海口水陆联运。经过合作化、公私合营后，广州内河客运于1955年全部过渡到国营，由珠江航运管理局独家经营。1958年广州至海口水陆联运接运点由开平县长沙移至江门，最初平均每天约200人，6班车在江门接运，以后陆续增加。从1958年起，在春节前后客运繁忙运力不足时就用货驳载客和一轮拖两渡，后又采取短程卧铺改座位、客轮通道增加临时定额和抽调企业船舶参加运输等办法，以满足节日旅客运输的需要。1960年，航行广州至珠江水系各城镇航线的客轮36艘，3616个客位；客货驳34艘，7945个客位。1960年后，1949年前遗留下来的形状各异的木质客船逐步被淘汰，由定型的钢质客轮所取代。1970—1975年，广州至珠江水系各线的客运量增减不大，保持在540万人次左右，投入的客轮60艘左右。1976—1979年，客运量增至650万人次左右，投入营运的以钢质客货轮为主，客货驳逐步减少。1979年后，内河客运得到较大发展。1979年，兴办水路旅游客运。从组织零星游客和正常旅客混舱运输，发展到组织华侨、港澳台同胞、外籍华人的旅游团队专舱、专船、专线旅游；从水路专线、水水联运发展到水陆联运旅游；从水路单干旅游发展到与社会旅游服务业横向联营。直达游区有：珠江口虎门、沙角、斗门白藤湖度假村、石门、金沙度假村、余荫山房。车船联运的旅游点有：上下川岛、闸坡渔港、阳朔、桂林。有水水联运至桂平西山、金田等共14条航线。1980年旅游客船有大型豪华客轮、高速双体客轮；客舱设备有普通客位、房间、餐厅，有空调设备；提供食、住、玩一条龙服务吸引游客。1982年，广州至海口水陆联运客运量平均每天400～500人。1982—1983年，先后开办广州至桂林和北海水陆联运。1983年后，由于公路客运发展快，广州至海口水陆联运旅客减少，1984年遂终止了这条营运32年的水陆联运航线。1980—1990年，广州至珠江水系各港客运量逐年减少。1980年为671万人次，1985年减为516万人次，1990年减至342万人次。

1991—1995年，随着公路、铁路、航空客运业的发展，水路客运开始萎缩，为提高广州港口的客运竞争力，广州市航运企业大力拓展客运新业务。1993年12月，广州港务局下属企业先后与梧州航运公司、兴达东莞小轮公司、顺达容奇小轮公司和广东高速客轮公司合作，经营高速快船（艇）客运业务，由船方出资从俄罗斯购进快速船（艇）66艘，其中48客位的36艘，60客位的30艘，时速约70千米。广州港务局提供码头泊位、服务设施、票务和服务人员，在西堤客运分站、大沙头客运站和沿江客运站开辟广州至太平、珠海、深圳、惠州、梧州、封开、江口、郁南、德庆、肇庆、石岐、小榄、容奇、白蕉、莲花山、平洲等16条航线。由于快速船（艇）方便、快捷、舒适，深受旅客欢迎，1994—1995年客运量达到91万人次，占客运进出口量的34.5%。1996年后，广州—珠海和广州—深圳高速公路全线开通，人们纷纷弃水路走陆路，加上广州周边平洲、南沙、中山、肇庆等口岸分流客源，进出广州港口旅客急剧下降，经营航线相应减少。1997年，旅客进出口量仅109.6万人次，经营航线27条。同年，广州市开始实施城市面貌“一年一小变、三年一中变”工程，全面整治珠江两岸，内港沿江30米宽地方辟为绿化带，沿江客运站被取消码头泊位，大沙头客运站也只保留2个桥位供旅客上下船用。1998年4月，港澳航线因客源减少而停航。1999年8月，快速船（艇）也因机件损坏严重、维修成本增大而全部停航。由于公路、铁路、航空客运发展迅速，加上港口客运设备落后，2000年2月，广州市内河客运定期班轮全部停航，原有的5个客运站仅剩下黄埔客运站经营广州—海口滚装航线和不定期、季节性旅游船航线以及节假日临时航线。是年，旅客进出口量14.9万人次，为1990年的3.55%。

二、沿海客运

道光二十五年（1845），有2艘蒸汽机船在粤港间从事旅客运输，受此影响，广州近代海上客运随之诞生，但发展缓慢。光绪元年（1875），广州到沿海各口岸、香港、南洋等地的客运量达2.16万人次，从各地进入广州的达2.19万人次。光绪十九年（1893），广州港往沿海各埠的旅客亦多达6.3万人次，而由沿海各埠来广州的则为5800人次，更多则由香港转口往返各地。抗日战争初期，大量流动人口南迁广东。民国二十五年（1936），经水路来往广州的旅客达18.7万人次，民国二十六年（1937）为11.6万人次。1912—1928年和1931—1947年广州口岸旅客情况见表4-3-4、表4-3-5。

1912—1928年广州口岸旅客出口统计表

表4-3-4　　单位：人次

年份	旅客前往								
	香港		澳门		沿海通商口岸		西江口岸		共计
	外籍	本国籍	外籍	本国籍	外籍	本国籍	外籍	本国籍	
1912	6323	1185733	819	73165	52	21171	228	22751	1310242
1913	5981	976228	761	113276	53	10960	146	22084	1129489

续表

年份	旅客前往								
	香港		澳门		沿海通商口岸		西江口岸		共计
	外籍	本国籍	外籍	本国籍	外籍	本国籍	外籍	本国籍	
1914	3900	645967	783	104641	43	5458	196	26452	787530①
1915	2504	583982	548	99515	13	2708	98	23567	712935
1916	3031	755833	435	107613	9	4692	86	47163	918862
1917	3021	500956	456	83276	—	2238	81	19472	609500
1918	3047	448604	219	57439	—	—	79	28155	537543
1919	4284	461351	9120	45005	—	—	72	24888	544720
1920	6964	479853	82	56778	—	—	45	24748	568470
1921	7229	438632	20	78346	—	—	51	25502	549780
1922	7176	356865	95	64283	—	—	40	19452	447911
1923	651658				2385		21832		675875
1924	11349	718740	317	79353	48	9934	47	29708	849496
1925	6811	353745	274	43640	67	10587	60	28315	443499
1926	6783	167284	83	17682	60	55342	53	20094	267381
1927	7770	676927	351	65920	23	26325	5	12483	789804
1928	7592	603188	546	65527	169	14828	3	18985	710838

资料来源：《近代广州口岸经济社会概况——粤海关报告汇集》，第 1152 ~ 1153 页。

①疑误。——本书编者注

1931—1947 年广州口岸旅客进出口统计表

表 4-3-5　　单位：人次

年份	旅客水路前往			旅客水路来自		
	港澳	沿海通商口岸	外洋	港澳	沿海通商口岸	外洋
1931	791721	—	—	906589	—	—
1932	812757	—	—	921932	—	—
1933	776694	—	—	752267	—	—
1934	699500	—	—	773599	—	—
1935	1293307	—	—	1378869	—	—
1936	828177	—	—	900434	—	—
1937	857394	—	—	806629	—	—
1938	535452	—	—	543936	—	—

续表

年份	旅客水路前往			旅客水路来自		
	港澳	沿海通商口岸	外洋	港澳	沿海通商口岸	外洋
1939	20062	—	—	31735	—	—
1942	52120	5815	8272	197392	3963	9307
1944	53301	—	—	121418	—	—
1945	19501	—	—	20809	—	—
1946	104183	2677	—	150280	5021	—
1947	117329	5884	—	163282	14760	—

资料来源：《近代广州口岸经济社会概况——粤海关报告汇集》，第1158页。

1951年底，私营“长江”轮临时开航，私营货轮同时搭客，恢复了华南海上客运。1967年，广琼线客运量9.06万人次。1970—1974年，广琼线客运量稳步增长。1979年，广汕线客班轮恢复后，广州海运局年度客运量53万人次，其中广琼线占63.8%，广（埔）汕线占17.3%。

改革开放后，随着公路和航空运输在竞争中渐渐处于优势，主要航线客运量下降，其中以广汕线最为突出，即使是在春运期间，客货班轮不加班运行，也未出现旅客滞留现象。1985年，首次开广州—上川岛旅游线，运送旅客1.43万人次。1987年夏，“旅游热”出现新高潮，广州海运局及时派船开通夏季旅游线（广州—下川岛和广州—厦门），7月完成客运量12万人次，超过历年春运量。

20世纪90年代，航空、铁路和公路的客运服务日趋完善，相比之下，海上旅客运输速度慢、成本高，缺乏竞争力。1992年5月，增开广州—下川岛旅游航班。1993年7月，开辟广州—北海海上旅游专线。尽管如此，也无法扭转客源萎缩、经营亏损的局面。广州海运局南北线客运量1991年7.7万人次，1992年8.1万人次，1993年锐减到4万人次，1994年3.4万人次，1995年只有0.8万人次。1993年9月，广州海运局停开海口—香港客运航线，开始从旅客运输市场撤出；到1995年12月，广州—海口班轮停航，广州海运局全部退出海上旅客运输市场。1999年10月，开通广州—海口航线，使用“椰香公主号”，载客800人。2012年2月，“椰香公主号”从广州返程后，广州—海口航线停航。

三、远洋客运

7世纪，中国南方沿海各地居民开始移民东南亚等地，广州是主要起点之一。15世纪时，受“郑和下西洋”的影响，移民高潮形成，出现了早期的远洋客运。鸦片战争爆发后，英国、美国、法国、荷兰、西班牙、葡萄牙等国商船在广东沿海掠夺人口，贩卖到南美洲各地当苦力。咸丰九年至同治五年（1859—1866），广州开往古巴和英属圭亚那的苦力船有30多艘，从广州运到美洲的苦力1.2万人。广州往来外洋及沿海口岸的客运，从光绪中叶以后才有大幅度的发展。往来外洋的客运都是外国商船，没有广州港籍的远洋客轮。出洋的旅客以广东人居多。光绪十九年（1893），从广州经香港转口往返于外洋和国内沿海口岸的人数达50余万人次。辛亥革命后，广东掀起了民营轮运业发展的浪潮，以货运和内河、沿海客运为主，广州远洋客运仍然主要由外国商船经营。抗日战争期间，日本侵略军劫船并封锁珠江，控制广州沿海及远洋运输。日本投降后，英国、美国等国先后在广东扩张航运势力，并大体控制了广东沿海和远洋的客货运输。

中华人民共和国成立初期，中国依靠与东欧国家之间的国际合作和租用港澳华侨航商的船舶来发展远洋运输。先后与波兰、捷克斯洛伐克等国合作，挂外国旗航运，开辟远洋航线通达欧洲、非洲、东亚等港口。此外，五福公司以曼谷为中心，航行华南各港，和到香港、新加坡、马来西亚、海防、红海地区等航线；捷顺公司、顺昌公司以香港为中心，航行华南各港、新加坡、马来西亚、金边、曼谷等航线。1959年2月至1960年底，为了接返印度尼西亚华侨，租用了华侨航商“海皇”“大宝康”“大宝安”“福安”“福英”“美上美”和苏联“俄罗斯”“亚库契亚”等轮，由交通部远洋运输局驻广州办事处指挥，开辟了广州—印度尼西亚客运航线，先后抵达印度尼西亚雅加达、棉兰、三宝垄、泗水、椰城、巨港等港口，每月5～6个航班。在开辟广州—印度尼西亚客运航线的同时，侨航五福公司开辟了黄埔、海口—新马客运航线。

从20世纪60年代开始，随着中国国际地位的提高和自行经营的远洋船队的创立发展，挂中国国旗的远洋国轮不断开辟新航线。1961年4月28日，“光华”轮首航印度尼西亚雅加达。开辟东南亚（广州—印度尼西亚）航线之后，同年5月20日、7月9日，“和平”轮先后开往仰光和海防，开辟了中国（广州）—缅甸、中国（广州）—越南航线；同年8月1日，“友谊”轮抵达科伦坡，开辟了中国（广州）—锡兰（斯里兰卡）航线。1961年，航线通达6个国家和地区（印度尼西亚、锡兰、缅甸、越南、新加坡，以及香港地区）的11个港口（雅加达、文岛、丹绒班丹、望加锡、棉兰、海防、香港、科伦坡、高尔、仰光、新加坡）。1962年“光华”轮开始以不定期客货班轮方式经营远洋客货运输业务。6月20日，“光华”轮从黄埔开出，载客317人、货287吨，经新加坡开往雅加达；返航载客438人、货297吨，7月15日安全返回黄埔。这是中华人民共和国成立以来首次航驶东南亚的客运班轮，首次经营远洋客货班轮业务。此后，“光华”轮作为唯一的远洋客轮主要承担指令性的远洋客运业务，包括1963年的印度接侨任务、运送赴印度尼西亚参赛的中外运动员，1966年赴印度尼西亚接侨等。

20世纪60年代末至70年代中期，广州远洋客运主要任务是运载援助坦桑尼亚—赞比亚铁路的大批工程技术人员。新增加的“耀华”“建华”“明华”以及原有的“光华”轮都先后投入此航线的客运，航线为黄埔—新加坡—达累斯萨拉姆—黄埔（或湛江）。主要运送援坦铁路、公路工程技术人员，还有部分华侨和莫桑比克、坦桑尼亚、摩洛哥等非洲国家的旅客，以及大批物资。1971—1978年，共接送中国援坦工程技术人员6.64万人次。从70年代末开始，广州远洋客运不再以接侨和运载访问团、援外人员等为主，改变运输性质和经营方式，将客轮租与外商，开展国际旅游业务。20 世纪 90 年代开始，广州远洋集团无远洋客船。广州港远洋客运以出境游船为主（详见本节“五、邮轮、游艇码头”）。

四、珠江游

靠泊珠江游船舶的码头主要有天字码头、大沙头游船码头、西堤轮渡码头、中大轮渡码头、总工会轮渡码头、黄沙轮渡码头、芳村轮渡码头以及广州塔码头。其中，大沙头游船码头属广州港集团有限公司所有，由广州港客运服务公司进行管理，供广东省珠江航运有限公司及广州市金航游轮有限公司的游船使用；其余码头属广州市客轮公司所有，供广州市客轮公司及广州之星游轮有限公司的游船使用。此外，广州珠控文化发展有限公司所属的“珠江红船”停靠海心沙临时码头。在广州市从事“珠江游”的游船企业共 5 家，分别为广东省珠江航运有限公司（现改名为：广州蓝海豚游船有限公司）、广州市客轮公司、广州之星游轮有限公司、广州市金航游轮有限公司（2016 年 8 月广州港集团游船有限公司与金航公司整合）及广州珠控文化发展有限公司。共有 32 艘珠江游游船，总客位达 8554 个。珠江游航线主要是西线（海印桥—白鹅潭）、东线（天字码头—猎德大桥）和东西线游 3 条线路，其中以东线为主，全程（往返）约为 15 千米。

五、邮轮、游艇码头

改革开放后，黄埔老港、黄埔新港均有过外国邮轮停靠过。进入 21 世纪，邮轮旅游业务逐渐成为广州港的新兴业务。

2013 年 1 月 12 日，歌诗达“维多利亚号”邮轮首次在广州港南沙港区始发，成为广东有史以来最大的出境邮轮。美国嘉年华歌诗达邮轮集团也是进入广州的第一家邮轮公司。

2015 年 11 月 6 日，中国第一家推广邮轮旅游的公司——云顶香港有限公司“处女星号”邮轮在南沙港区三期码头试航。

（一）大沙头游船码头

大沙头游船码头是广州最大的珠江游码头，是“中国第一架军用飞机”的诞生地，曾经辉煌的“水上白云机场”。2015 年，岸线长 450 米，拥有 12 个泊位，能同时停泊珠江游游船 12 艘，年游客接待量超过 100 万人次，占广州市珠江游游客接待量的一半以上。码头拥有现代、智能的售票大厅、综合候船大楼、有 250 个车位的大型停车场、1 层商业区、800 米长的景观堤岸及 3 万平方米江畔生态公园等配套设施，是广州整体配套设施最完备的珠江游游客集散中心和最大的珠江游船“母港”。

（二）太古仓码头

太古仓码头位于海珠区革新路 124 号，地处珠江后航道，靠近白鹅潭。整个码头区域占地约7.1万平方米，其中陆域面积约5.4万平方米，码头岸线长312米。太古仓码头原为广州港集团河南分公司内一装卸作业码头，由3座T字形码头、8座仓库和后方场地及建筑物构成。

太古仓码头由原英商太古洋行始建于清光绪三十年（1904）。建成后，由太古洋行代理的黑烟囱轮船公司经营远东、东南亚以及来往于广州至香港、上海、海防（越南）等航线，船只达30艘，其中26艘3000吨左右的货船游轮只在广州太古仓码头靠泊装卸货物。

1953年2月24日，广州市军事管制委员会奉命征用太古仓，太古仓码头收归国有，移交交通部广州港务管理局接管，后由广州港集团有限公司经营。1965年11月，经国务院批准，广州港成为对外开放港口，太古仓码头成为国家一类口岸，以进出口货物的装卸、储存功能为主，为广州市的对内对外贸易做出了重要贡献。

太古仓码头于2007年6月停止装卸作业，正式开始转型开发。在保留原有码头区完整性、真实性和历史内涵的基础上，项目通过注入新的内容，引进国际葡萄酒采购中心、展示库、创意设计工作室、电影院、唐苑酒家、南粤嘉宴大酒楼、游艇会、特色酒吧等业态，将太古仓码头转型打造成为一个集文化创意、展贸、观光旅游、休闲娱乐等功能于一体的广州新“城市客厅”。太古仓码头区域规划建设了20个游艇泊位，2012年12月25日全部投入使用。太古仓码头泊位由太古仓游艇会经营管理，游艇会主营业务包括会籍销售、游艇销售、游艇靠泊、游艇租赁、婚纱摄影、驾照培训及配套餐饮等。此外，前方1—8号仓及保税仓、码头前沿及1仓南广场露天经营区域和后方区域都陆续改建成以时尚餐饮、休闲消费内容为主的经营场所。

（三）南沙国际邮轮码头

南沙国际邮轮码头综合体项目位于广州市南沙新区东部，虎门大桥下游，北侧为南沙游艇会，南侧为南沙客运港，是集邮轮母港、航站楼、滨海酒店、免税商城、旅游娱乐及高端住宅于一体的综合体项目。南沙国际邮轮码头综合体一期项目用地面积约13万平方米，码头岸线总长770米。项目建设10万吨级和22.5万吨级邮轮泊位各1个，航站楼建筑面积3.5万平方米，设计年通过能力75万人，最大年通过能力118万人。

第四章　港航服务

发展港航服务是推进广州港成为国际强港的重要一环。随着时代发展，广州港在理货、拖轮、船舶供应、航运服务业、海事服务等方面都极具优势，广州港各类优质港航服务不断走向完善。

第一节　理　货

中华人民共和国成立初期，广州港的外轮理货，由中国外轮代理公司黄埔分公司兼管，理货人员由广州区港务管理局统一调配。1954 年，广州区港务管理局黄埔作业区成立理货组。次年又合并到仓库，由仓库统一管理。理货员既做外轮理货工作，又协助仓库工作。

1956 年广州港理货准确率仅达 79%。1961 年交通部指示，沿海对外贸易港口，外轮理货应另成立公司。1962 年 2 月 1 日，大连、秦皇岛、天津、青岛、上海、黄埔、湛江、八所等 8 个沿海港口同时成立外轮理货公司。“黄埔外轮理货公司”由黄埔港务管理局商务科的部分人员组成，一套班子两块牌子。对外称“黄埔外轮理货公司”接受船舶申请，代表船方办理货物交接业务；对内是黄埔港务管理局的一个职能部门——理货科，负责港口与船舶和物资单位间货物交接工作，受黄埔港务管理局和外轮理货公司双重领导，有职工 70 多人。是年理货船舶 489 艘次，理货 20. 38 万吨，货差率 0. 46%。1963 年 6 月 15 日，交通部颁布《中国外轮理货公司业务章程(试行草案)》。规定中国外轮理货公司统一承办外籍船舶在中国港口的理货业务。1969 年下半年，装卸一营、二营把分散的理货人员集中起来，分别成立了仓库理货连，由营直接领导，以后逐步充实人数，理货工作逐渐恢复了专业理货的性质。

1970 年 4 月，仓库理货连改为仓库理货营。1971 年 9 月 4 日，国务院副总理李先念指示“限期恢复理货”，1972 年 2 月 1 日恢复黄埔外轮理货公司，5 月以后改称“中国外轮理货公司黄埔分公司”，有职工 409 人，分别在黄埔老港、新港 2 个作业区设立理货站。1972 年 8 月 1 日，经修正补充后的《中国外轮理货公司业务章程（试行草案）》正式颁布施行。凡外籍船舶和航行于国外航线的中国船舶，在中国港口装、卸货物，统一由中国外轮理货公司设在各港的分公司代船方办理理货业务。1973 年将发竹筹四结合交接法改为发小票四结合凭票交接法。理货方法的改进，使理货品质得到较大的提高。1974 年，广州港务局在商务科内设中国外轮理货公司广州分公司（一套机构，两块牌子），理货人员由装卸作业区货运股统一调配，业务上受中国外轮理货公司广州分公司和装卸作业区双重领导。1975 年，理货船舶 455 艘次，理货283.09万吨，货差率下降到0.0279%。为适应国际海上集装箱和国内水路货物运输实行船港交接制的需要，交通部1976年7月1日和1979年9月1日先后试行了《中国外轮理货公司集装箱理货办法》和《中国外轮理货公司国内业务章程》。1979年5月，黄埔港务管理局开始集装箱装卸作业和增加对集装箱的理货业务。

1980年8月，“中国外轮理货公司”改称“中国外轮理货总公司”。9月1日，广州港务管理局成立的“中国外轮理货总公司广州分公司”正式挂牌，下设河南、芳村、黄沙3个理货队，共有职工180人。1982年3月1日，实行交通部新颁布的《中国外轮理货公司业务章程》和《中国外轮理货公司理货规程》。同时废止1972年8月1日实行的《中国外轮理货公司业务章程》和《外轮理货工作规程》，以及1976年7月1日实行的《中国外轮理货公司集装箱理货办法》。黄埔和广州外轮理货分公司的理货业务范围随之有所发展，逐步从代表船方理货向接受货方和各委托方理货；从对普通货物理货向对集装箱、载驳船以及航空货物理货；从在港口理货向在国内各地以及国外理货方面扩大。对运输全过程皆委托理货的船舶，承担货物件数差错的赔偿责任。1985年，理货船舶1869艘次，理货842万吨，艘差率为0.05%，货差率为0.0005‰。从1988年至1990年，艘差率、货差率均为零。

1990年1月1日，广州港的黄埔和广州外轮理货分公司合并，成立新的“中国外轮理货总公司广州分公司”，职工588人，办公地点在黄埔。下设黄埔、新港、集装箱3个理货站，各站均下辖3个理货队。广州设办事处，下辖：芳村、河南、新风3个理货队。整个20世纪90年代，随着市场经济的发展，广州港口货物吞吐量逐年上升，货类也发生了变化，尤其是集装箱运输发展迅速。为适应运输市场的变化，集装箱公司在理货过程中，根据货类特点，采取不同的理货方法。在集装箱交接方面，重点抓好对箱体、箱号、封志的检查与记录，以及装载位置的检查监督，防止错装、错卸。在集装箱装卸过程中发现残损不再使用“现场记录”，而统一使用新印制的“集装箱残损记录”。在集装箱运输电子数据交换（EDI）工作方面，与港务局有关处室、港务公司、广州港黄埔集装箱公司、海关等单位密切配合，不断改进和完善集装箱理货数据信息的传输速度和质量，缩短了船舶在港停时。对杂件货物认真分清单号、标志，点清货物件数，理清原残与工损，与仓库员做好交接。对一些特殊货类，如鱼粉、化肥、袋装糖、特钢等，则根据各航次货物装载情况，采取专人专船的模式工作，并以ISO9002质量体系的要求，使理货服务规范化、标准化，促进理货服务质量和交接质量的提高。1991—2000年，共理货船舶8.7万艘次，船舶理货到数率97.66%，其中，2000年理货船舶1.6万艘次，到数率99.56%。

2001—2006年，广州港集团在南沙港区一期、二期开展理货业务，组建了“广州恒太国际货运代理公司”来开展货代业务，同时合资组建“中国外轮理货总公司东莞分公司”，在东莞虎门港区开展理货业务。2001—2006年，共理货船舶15.7万艘次，船舶理货到数率平均达到99.70%，其中，2001年理货船舶1.6万艘次，到数率99.70%；2002年理货船舶1.6万艘次，到数率99.70%；2003年理货船舶2.2万艘次，到数率99.72%；2004年理货船舶2.7万艘次，到数率99.56%；2005年理货船舶3.6万艘次，到数率99.71%；2006年理货船舶3.5万艘次，到数率99.71%。

2007年10月，广州港集团顺利完成改制任务，广州外轮理货有限公司正式成立，按集团直属单位管理。2007年和2006年船舶理货情况对比见表4-4-1。

2007年和2006年船舶理货情况对比表

表4-4-1

经营指标	2007年	2006年	对比
接理船舶/艘次	35289	35804	减少515
理货量/万吨	5800	5080	增加720
理货数字准确率/%	100	100	持平
船舶综合到数率/%	99.83	99.71	提高
船舶意见良好率/%	100	100	持平
单证制单达标率/%	100	100	持平
安全生产事故	0	0	持平
理货责任事故	0	0	持平

2008—2014年，广州港外轮理货共46.4万艘次，理货量94327.5万吨。（见表4-4-2）2015年，广州港集团在南沙港集装箱三期码头作业现场举行集装箱智能视频理货系统项目正式启用仪式。集装箱智能理货以现代计算机系统替代传统人工，实现集装箱箱型、箱号、残损的自动识别。

2008—2014年广州港外轮理货业务情况表

表4-4-2

年份	理货船舶/万艘次	理货量/万吨
2008	7.6	9601.0
2009	3.9	8383.5
2010	4.4	9903.0
2011	5.6	12479.0
2012	5.1	12718.0
2013	9.6	20388.0
2014	10.2	20855.0

第二节 拖 轮

民国三十七年（1948），广州港有拖轮4艘。1949年后，广州港有拖轮5艘。1952年广州港新增拖轮8艘，共13艘。

中华人民共和国成立后，广州港对拖轮进行统一调配。1957 年有拖轮 10 艘。1958 年，成立驳运大队，统管港作船舶。1960 年，有拖轮 68 艘。1961 年，社营的船舶归广州市领导，拖轮减到 39 艘。1962—1964 年，报废了一批使用年久的铁拖轮和不适用的木质拖轮共 13 艘。1964 年底有拖轮 26 艘。“文化大革命”时期，广州港拖轮总数增幅不大。1980—1989 年，广州港所属拖轮总数总体呈上升趋势，主机功率和总吨位也有所增加，适应了新发展的需求。

1990 年，广州港的拖轮共 39 艘。1991 年后，进出广州港船舶日益增多且趋于大型化，为提高港口拖引能力，1992—1996 年购进拖轮 9 艘，分布于引航公司和船务公司。其间，报废、外调和改变用途 10 艘。

2000 年广州港有拖轮 29 艘。2003—2008 年，先后购置了 6 艘大马力拖轮，组成了华南地区拖轮艘数最多、功率最大、设备配置最先进、操作水平最专业的现代化拖轮团队。2008 年购进 2 艘全回转拖轮。2011—2012 年，新建拖轮 2 艘，第一艘 4000 马力，第二艘 6900 马力。2001—2015 年广州港拖轮变化基本情况见表 4-4-3。

2004 年后，广州港拖轮业务主要由广州港集团公司属下的拖轮分公司负责。拖轮分公司是华南地区最大的港口拖轮经营企业，主要从事港区及海上拖带服务，包括接送引航员、拖带船舶靠离码头的任务，同时担负抢险救灾的社会责任，参与超大型工程如“港珠澳大桥沉管浮运”、码头沉箱拖带、船厂特殊作业、近海大型船舶作业等海上拖带作业。2006 年拖轮分公司共完成拖轮作业 19161 艘次，安全接送引航员 10663 艘次，其中桂山接送引航员 8268 艘次，内港接送引航员 2395 艘次。2015 年拖轮分公司完成拖轮作业量超过 3 万艘次。

2001—2015 年广州港拖轮变化基本情况表

表 4-4-3

年份	拖轮总数/艘	主机功率/马力	总吨位/吨
2001	11	31980	3095
2002	12	31358	3377
2003	12	31358	3377
2004	11	29680	3155
2005	13	37080	3955
2006	13	37080	3955
2007	15	47480	4905
2008	17	57880	5885
2009	17	57880	5885
2010	19	65885	6665
2011	19	65885	6885
2012	21	76854	7666

续表

年份	拖轮总数/艘	主机功率/马力	总吨位/吨
2013	21	76854	7666
2014	21	76854	7666
2015	21	76854	7666

第三节 船舶供应

1960年以前，中国石油工业落后，中国各个港口都没有船舶燃油专业供应机构。20世纪60年代，随着外贸运输船舶进出港口数量的逐年增加和中国石油工业的发展，商业部在各港口设石油供应站负责船舶燃料油供应工作。由于设施不足，供应不及时，商业部、燃料化学工业部、外贸部和交通部于1971年11月联合召开所属有关部门会议，专门研究外轮燃油供应问题。后经国务院批准，交通部于1972年4月1日成立中国船舶燃料供应公司。根据交通部的指示，大连、秦皇岛、天津、上海、黄埔、湛江等港口也同时成立分公司，主要对外轮、中远和部属沿海船舶供油供水。中国船舶燃料供应公司黄埔分公司（以下简称“中燃黄埔分公司”）行政上隶属黄埔港务管理局，业务上受中国船舶燃料供应公司指导。下设政工、办事、生产3个组，职工55人。同年11月1日，根据国家外贸、商业、燃化、交通四部的指示，中燃黄埔分公司从广东省燃料公司（原省石油公司）接管对广州地区的外轮、中远轮供油业务，从广州市外轮供应公司接管供水业务。

由于广州地区历来没有专业机构从事船舶供油供水，中燃黄埔分公司接管业务初期，尚无供储油和运力等专业设备，对外轮的供油供水一直同省燃料、市外供两公司协作进行。油料供应，由外轮供应公司业务员登轮联系，落实供应时间、品种，然后通知省石油公司协助供送上船。燃油供应，仅有国产0号轻柴油、20号重柴油、20号锅炉油3个品种；润滑油供应，仅有11号、14号柴油机油2个品种。

1972年10月，中国机械进出口公司从英国购置一批废钢船。其中万吨级的“汉米尼亚号”，调给中燃湛江分公司；万吨级的“包特德尼尔号”，调给中燃黄埔分公司，经整修后改称“埔油一号”，次年停泊在大濠洲当作油库使用。1973年，交通部从天津调给中燃黄埔分公司500吨级津油驳2艘，改称“埔油驳一号”“埔油驳二号”；650马力的“津拖一号”，改称“埔拖一号”。同时，从香港购置2艘400吨级水船——“埔水一号”“埔水二号”。从此，中燃黄埔分公司的供油供水业务，逐步从依赖外单位协作向自主经营过渡。同年，中国船舶燃料供应总公司开始直接给中燃黄埔分公司下达油源指标。油料主要是从大连（辽宁省）用船海运，从湛江（茂名炼油厂）、长岭（湖南省）以铁路运输。油料大部分仍由省石油公司代装，小部分则存于中燃黄埔分公司新置做油库的废钢船上。当时，主要为中国远洋运输船舶、外贸期租船舶，中波、中捷、中亚、中坦等合营船舶，以及到港的越南、朝鲜、坦桑尼亚和东欧各社会主义国家的船舶服务。

1975年中燃黄埔分公司新造油库主体工程船用燃油储油罐6×3000立方米（1.8万立方米）、4×5000立方米（2万立方米），燃料油调和罐1000立方米，共3.9万立方米，以及5000吨级栈桥式架空码头一座（栈桥长190米）建成投产，不仅满足了中燃黄埔分公司的油料储存需求，新建的燃料油调和罐还可以调制出不同黏度的船用燃料油，并开始代储广州海运局的0号轻柴油和20号重柴油。原作油库用的“埔油一号”从中燃黄埔分公司调出，同时增加1000吨级的油轮“埔油二号”，900马力的拖轮“埔油拖二号”各1艘。从此，中燃黄埔分公司具备了一支有360名职工的专业服务队伍，船舶供应工作开始走上独立自主经营的道路。是年，燃油供应量达9.73万吨，淡水供应量达14.16万吨。

为加强燃料供应能力，1976年增加1艘1000吨级油轮。次年又增加1000吨级的“埔油三号”，以及200吨级的“埔油五号”和“埔油六号”，共3艘油轮。至此，大小油船增至6艘，并有拖轮2艘。油料供应品种方面：自1976年开始增加1个1000秒国产船用燃料油。润滑油方面，从甘肃省兰州炼油厂购进8号稠化柴油机油、150号高压齿轮油、3号开式齿轮油、20号和80号液压油；从上海炼油厂购进8号稠化机油、8号舵机液压油、11号增压柴油机油、20号和40号稠化液压油、30号和46号汽轮机油、52号蒸汽汽缸油等13个品种。1977年润滑油的供应品种上，已拥有国内60多个品种中的24种，并且数量越来越大。装运方式方面：从桶装运输发展到散装运输；中远广州分公司的油料，则从成批交货转为直接进该公司仓库储存备用。随着中国外贸和远洋运输业的发展，进港外轮的增多，船舶功能多样化，要求船用润滑油供应系列化，销售网络系统化。1979年中燃黄埔分公司经外贸部批准，船用润滑油特准免税进口。从7月10日开始，先后进口代销英国石油公司（BP）润滑油18个品种、美国美孚石油有限公司润滑油11个品种。同年，燃油供应量达17.34万吨，燃油供应量较高；但淡水供应量仅12.04万吨，比1975年降低了15%。

设备设施方面，1980年，黄埔港务管理局将蟹山3个各1000平方米的仓库拨给中燃黄埔分公司，作为承担经营代销、代储、代供、代运业务的储存桶装润滑油基地，并增加400吨级水船“埔水三号”和500吨级油轮“埔油一号”各1艘；1985年增加100吨级油轮“埔油四号”1艘；1987年引进一套先进的自动输油臂设备，同时在原来的基础上扩建了86米油轮停泊码头。为解决地方储油困难，1988年建成可储油1.25万吨的3个各5000立方米钢质油罐；1990年增加600吨级油轮“埔油八号”1艘，将“埔驳一号”更新改造，更名为“埔油九号”，并建造一座汽车装油平台。

供销经营方面，1980年，经海关总署批准，进口0号轻柴油和1500秒船用燃料油2个品种。而后，逐年进口代销英国、荷兰皇家壳牌（SHELL）石油公司润滑油27个品种；嘉实多（CASTROL）石油香港有限公司润滑油23个品种；法国埃尔夫（ELF）石油有限公司润滑油24个品种；埃索（ESSO）石油香港有限公司润滑油16个品种；香港东方（FEOSO）石油有限公司润滑油19个品种。

1980—1990 年，与中燃黄埔分公司签订代储、代运协议的油公司有 20 多家；签订供油协议的国外船公司 25 家，国内船公司 21 家。代供润滑油范围，包括广州地区、湛江港、防城港（广西）、汕头港、厦门港（福建）、蛇口港、赤湾港、妈湾港；代运燃油范围，包括海南、汕头、厦门、九洲（珠海）、蛇口、湛江、中山小榄等地。代销外国石油公司的润滑油品种除 138 个常规的外，还根据船方的需求，随时增加各种品种；国产润滑油的供应，仍以 11 号、14 号柴油机油为主。代销、代储、代供、代运总量达 171. 24 万吨。

20 世纪 80 年代船舶燃油供应量一直保持在 13 万吨以上，1987 年船舶燃油供应量达 18. 48 万吨，创中燃黄埔分公司成立以来船舶燃油供应量最高纪录。淡水供应方面，由于经济效益较好，多家经营，中燃黄埔分公司只能供应给黄埔港区的外轮和少数非海运局的沿海船舶，1987 年淡水供应量仅达 7. 5 万吨，是中燃黄埔分公司成立以来的淡水供应量最低水平。1988 年在蛇口港开辟供水业务后情况虽稍有好转，但淡水供应量的总趋势还是下降的。

与此同时，代销、代储、代供、代运业务有很大的发展。

设备设施建设方面：1991 年，中国船舶燃料供应广州分公司（简称“中燃广州公司”）在新造油库扩建 2 座各 5000 立方米的钢质拱顶立式油罐，使新造油库容量从 5. 4 万吨提高到 6. 4 万吨。1993—2000 年，新增供油船 4 艘，增加运力 7850 吨。2000 年，中燃广州公司有供油船 14 艘，运力 8750 吨，油库容量 6. 4 万吨。2006 年有供油船 10 艘，运力 2. 1 万吨，油库容量 6. 4 万吨。其中运力比 2001 年增加了 140%，供应航线延伸至东海和南海海域。

供销经营方面：1991—1995 年，供销经营业务较为正常，燃油和淡水供应总量年均分别为 14. 8 万吨和 8. 7 万吨。为扩大供应量，1996 年初，中燃广州公司实施“大油贸”策略，油品大进大出，1997 年，燃油总量激增到 71. 6 万吨，创公司历年最高纪录。1996—1999 年，燃油和淡水供应总量年均分别为 41. 3 万吨和 2. 7 万吨。2000 年，燃油和淡水供应量分别为 19. 3 万吨和 2. 2 万吨。1998 年 6 月，卸油站接卸广州恒运热电厂燃料油管道铺设主体工程完工。2001—2006 年，供销经营业务较为正常，燃油供应量逐年上升，2001 年燃油供应总量为 21. 3 万吨，2006 年燃油供应总量激增到 84. 6 万吨，燃油供应量比 2001 年增加了 297%。2001—2006 年燃油供应总量累计为 328. 7 万吨，燃油供应量年均达到 54. 8 万吨。

第四节　航运服务

一、水路运输

水路运输，是指始发港、挂靠港和目的港均在中华人民共和国管辖的通航水域内，使用船舶从事的经营性旅客运输和货物运输。按照经营区域分为沿海运输和内河运输，按照业务种类分为货物运输和旅客运输。

货物运输分为危险货物运输和普通货物运输。危险货物运输分为包装、散装固体和散装液体危险货物运输。散装液体危险货物运输包括液化气体船运输、化学品船运输、成品油船运输和原油船运输。普通货物运输包含拖航。

旅客运输包括普通客船运输、客货船运输和滚装客船运输。

2005—2015 年广州地区水路运输市场情况见表 4-4-4。

2005—2015 年广州地区水路运输市场情况表

表 4-4-4

年份	水路运输企业/家	货运船舶数/艘	货运船舶载重吨/万吨	平均载重吨/吨	货运量/万吨	货运周转量/亿吨千米	客运量/万人次	客运周转量/万人千米
2005	121	2062	436.60	2117	4180.24	138.00	111.00	13065.00
2006	125	1851	425.70	2300	4685.60	153.80	115.30	13366.00
2007	129	1740	359.10	2064	5102.40	172.20	120.54	14236.00
2008	147	1583	416.09	2628	8144.00	1808.38	90.45	11792.20
2009	143	1477	397.46	2691	8268.00	1461.03	77.71	9534.27
2010	148	1336	471.74	3531	9939.00	1569.62	79.18	9358.94
2011	143	1362	549.00	4031	11900.00	1929.27	80.13	8530.00
2012	151	1288	733.00	5691	16300.00	3971.24	74.89	7339.59
2013	153	1300	950.00	7308	22900.00	5869.89	76.45	7492.44
2014	152	1352	956.00	7071	24200.00	7616.22	70.82	6939.96
2015	150	1390	972.00	6993	23000.00	7978.00	60.01	5978.76

（一）“穿梭巴士”

2009 年，广州港集团“穿梭巴士”内河码头集装箱驳运支线航线主要有：广东省内的黄埔、肇庆、东莞、顺德、佛山、中山、珠海、江门、云浮，以及香港、广西壮族自治区的贵港等。截至 2009 年底，共开通“穿梭巴士”支线航线 20 条。2010 年，广州港集团“穿梭巴士”新开通四会港和珠海西域码头 2 条支线，共开通“穿梭巴士”支线航线 22 条。2010 年完成运输箱量 29.2 万标准箱。

为了满足市场的需求，广州港“穿梭巴士”不断完善驳船支线网络。2011 年，新开辟“穿梭巴士”顺德北滘码头、新塘、中山外运码头以及佛山高玥码头 4 条“穿梭巴士”支线。2011 年 7 月，广州港“穿梭巴士”承运集装箱量达 3.86 万标准箱，创下单月历史新高。广州港“穿梭巴士”共提供 21 条支线服务，以广州港南沙港区为中心，覆盖肇庆、佛山、中山、珠海、东莞、江门、黄埔、新塘等地区。

2012 年，“穿梭巴士”集装箱运输业务量单月最高箱量突破 6 万标准箱。2012 年上半年，广州港“穿梭巴士”业务增长迅速，1—6月承运集装箱量达26.1万标准箱。在业务量增长的同时，广州港“穿梭巴士”支线网络也进一步得到完善：2012年4月新增中山神湾码头支线，2012年下半年开通“穿梭巴士”另一条外三角支线——湛江码头支线，进一步促进广州港“穿梭巴士”业务快速发展。2012年完成集装箱驳运量60.4万标准箱。2013年，水路运输较快增长，广州地区水路货运量完成2.29亿吨，货运周转量完成5869.89亿吨千米。“穿梭巴士”航线26条，遍布珠三角及广西等港口，累计完成疏运量80.2万箱。此外，马士基、中远、中海、招商局等大型航运、物流企业亦直接投资参与港口建设经营。2013年广州地区新增水路运输企业7家，水路运输辅助企业6家。至2013年底，广州地区在册水路运输企业及辅助企业667家。

2006—2013年广州港集团“穿梭巴士”驳运量见表4-4-5。

2006—2013年广州港集团“穿梭巴士”驳运量统计表

表4-4-5　　单位：标准箱

年份	2006	2007	2008	2009	2010	2011	2012	2013
驳运量	5300	69700	211000	265000	298000	428000	610000	810000

2014年，广州港集团、中海五洲、中远泛亚、中外运广运船务、珠江船务等公司业已开通200多条水上支线，全年江海联运量超过400万标准箱。广州地区在册水路运输及辅助企业达到745家，比上年增加78家。开通集装箱“穿梭巴士”航线46条，完成货运量2.4亿吨；完成货运周转量7566亿吨千米。同年12月18日，广州港集团联合来自海南、广西、广东沿海和东江、西江、北江沿线的12家港航企业在当天发布《深化泛珠港航企业合作宣言》，推动枢纽港和支线港之间以及支线网络之间的互联互通，发展低碳智能的物流运输，为“21世纪海上丝绸之路”和“广东自贸区”建设增添新亮点。

至2015年，广州港集团全年新开辟5条“穿梭巴士”支线，新建内陆“无水港”和办事处10个，现有的51条支线实现了对珠三角中小码头业务全覆盖，集装箱运输发展基础和集疏运功能不断提升。

（二）驳船

民国三十七年（1948），广州港有驳船9艘，其中铁驳1艘，木驳8艘（小于150吨的6艘）。中华人民共和国成立前夕，大部分木驳船被破坏。

中华人民共和国成立后，驳船数量和吨位逐渐增加。1950年，只有驳船2艘，总载重量185吨。1952年，驳运船队成立后，有驳船17艘，其中13艘为铁驳（内有4艘从香港购来），4艘为木驳。1953年增加4艘，总数增加到21艘。在港区驳运运力有余时，曾经常支援沿海及香港运输。1956年，因报废，驳船减到16艘、5404吨，其中铁驳10艘，木驳6艘。1959年，因外调及报废，驳船减到8艘，载重量降到4610吨。1971年，增加驳船7艘。1972年，新增200吨驳船2艘（驳230、驳231），同时报废木驳船4艘。1973年又报废3艘。1975年，黄埔老港区使用驳船共38艘，总1.62万吨，其他各港区使用的有7艘，总1991吨。1976年，驳船增加12艘。

改革开放后，随着广州港各大港区的建设，驳船数量快速增长。1978年，黄埔新港区投产，新增驳船6艘。同时减少3艘旧驳船，驳船数实增3艘。1980年，广州港增加5艘1000吨级驳船（"驳1001"至"驳1005"），均为文冲船厂建造。这5艘驳船成为接驳的主要船舶。1990年，广州港有驳船类船只88艘，总载重量3.58万吨，其中：驳船84艘，载重3.53万吨；机驳船3艘，载重210吨；油驳船1艘，载重350吨。

为提高船务公司和港澳船务公司运力，1995—2000年广州港购进集装箱船6艘，载重量900吨。其间，报废、外调和改变用途37艘。2000年，广州港有自航及非自航（驳船）56艘，总吨位8160吨，载重量30680吨。2001年以后，驳船数量基本保持在8艘。2008—2012年，基本保留下5艘左右的机驳船，总吨位2845吨。

二、水路运输辅助业及国际海运辅助业

水路运输辅助业务，是指直接为水路运输提供服务的船舶管理、船舶代理、水路旅客运输代理和水路货物运输代理等经营活动。

国际海运辅助性经营活动，包括国际船舶代理、国际船舶管理、国际海运货物装卸、国际海运货物仓储、国际海运集装箱站和堆场等业务。

无船承运业务，是指无船承运业务经营者以承运人身份接受托运人的货载，签发自己的提单或者其他运输单证，向托运人收取运费，通过国际船舶运输经营者完成国际海上货物运输，承担承运人责任的国际海上运输经营活动。

2004—2015年水路运输辅助业及国际海运辅助业情况见表4-4-6。

2004—2015年水路运输辅助业及国际海运辅助业情况表

表4-4-6　　单位：家

年份	水路运输服务企业	国际船舶代理企业	国际船舶管理企业	无船承运企业
2004	136	51	5	72
2005	116	59	3	78
2006	116	62	5	92
2007	107	64	5	184
2008	107	70	7	210
2009	111	66	10	209
2010	120	74	14	225
2011	156	86	9	215
2012	160	87	13	242

续表

年份	水路运输服务企业	国际船舶代理企业	国际船舶管理企业	无船承运企业
2013	150	87	13	256
2014	167	90	11	307
2015	198	60	11	307

三、货物代理

20 世纪 90 年代，国内航运市场和代理市场逐渐放开。广州地区船舶代理企业除最早成立的中国外轮代理公司广州分公司（简称“广州外代”）及其后的广东外运船务代理公司（简称“外运船代”）外，还有一些外贸进出口公司和港航运输企业相继成立的船舶代理机构，船舶代理业竞争日趋激烈。广州外代是广州地区主要的国际运输船舶代理企业，其市场占有率在 70% 以上。

1991 年后，进出广州港口货物日益增多。1992 年 6 月和 11 月先后增设广州港货运有限公司新港分公司和广州港货运有限公司广州分公司，主营国内外货物代理业务，兼营水路、公路联运，代报关、报验、仓储等业务。随着新沙码头投入使用，1995 年 4 月成立广州港货运有限公司新沙分公司。为扩大业务，拓展多种经营，次年 5 月广州港港隆报关有限公司成立，在广州港各码头设办事机构，提供报关、报验、仓储、保税等服务。随着港口规模扩大和货物吞吐量持续增长，货运代理业务有了较大发展，1991—2000 年，货运代理量 8823. 8 万吨，其中港澳线 103. 3 万吨，完成国内 5 吨集装箱量 48214 个，受理报关业务 13473 宗，货物 164. 5 万吨。

2001—2006 年广州港货运代理量合计 18815 万吨，代理船舶合计 8560 艘次，受理报关业务合计 110. 8 万宗。（见表 4-4-7）

2001—2006 年广州港货运代理情况表

表 4-4-7

年份	货运代理量/万吨	代理船舶/艘次	受理报关业务/宗
2001	2925. 0	1672	399696
2002	2811. 9	1483	203984
2003	2981. 0	1385	338746
2004	3126. 0	1260	97228
2005	3178. 0	1340	33767
2006	3793. 0	1420	34091

2007—2014 年广州港下属货运物流公司的货物代理情况见表 4-4-8。

2007—2014 年广州港物流公司货物代理情况表

表 4-4-8

年份	内河船舶代理量/万吨	内贸船舶代理量/万吨	外贸船舶代理量/万吨	货运代理量/万吨	集装箱代理量/标准箱
2007	3539.0	4410.0	—	161.5	22590
2008	3084.0	4158.0	320.0	969.0	54608
2009	2918.0	3800.0	579.0	612.0	86145
2010	3001.1	3726.5	711.1	504.2	83963
2011	3396.0	4403.0	738.0	—	—
2012	3634.0	4388.0	639.0	663.0	226486
2013	3943.0	4517.0	770.0	626.2	278709
2014	3876.6	5175.1	1004.6	700.9	280772

四、船舶交易

广州市船舶交易市场为船舶买卖双方提供业务咨询、供求信息以及船舶评估服务，方便船舶运输经营者了解、掌握船舶交易状况。2006 年广州地区办理交易手续的船舶共 170 艘，为上年的 95%；总成交金额 17761 万元，为上年的 162.5%，总交易艘数比上年下降，但交易金额比上年增加，说明交易的船舶趋于大型化。其中本市内交易最多，交易艘数占 71.8%；交易 500 载重吨以下船舶 95 艘，500～1000 载重吨船舶 49 艘，1000 载重吨以上船舶 26 艘，分别占总交易艘数的 55.9%、28.8% 和 15.3%。

2007—2014 年广州地区船舶交易量见表 4-4-9。

2007—2014 年广州地区船舶交易量表

表 4-4-9

年份	2007	2008	2009	2010	2011	2012	2013	2014
船舶交易金额/亿元	7.86	3.10	1.45	3.00	2.00	5.00	10.01	15.29
船舶交易数量/艘	188	175	76	98	89	160	305	428

2015 年 4 月，广州航运交易所试点“单船单试”外汇结算，注册资金 1 亿元，重点开展航运交易、临港大宗商品交易、航运金融、支付与结算等业务。9 月 16 日，广州航运交易所成功挂牌竞价交易了“建粤荔”轮等 8 艘船舶，买方为希腊船东。在国家外汇管理局广东分局的支持下，广州航运交易所对 4.3 亿元人民币交易资金进行代收代付及结汇托管，首创国内航运交易所外汇结汇结算业务。

五、船舶检验

唐代，广州设有市舶使，是广州最早设立的具有港口航务管理性质的机构。康熙年间，清政府在广州成立粤海关管理广州港区航政事务。《天津条约》签订后，粤海关航政高级管理人员被规定由英国政府派员担任。光绪二十七年（1901），两广总督下令在粤海关内设立巡检司，专门负责检验小轮船，首任验船师为外国人阿布比。

民国期间，内河船舶登记、检查等管理工作始由中国航政机构掌握。民国五年（1916），广东省航政局设广州航政分局后，部分船舶登记转由广州航政分局办理，主要沿用粤海关的办法实施管理，对内河船舶进行登记。但大型船舶检验管理权仍由海关部门控制，实际由外国人掌握。广州缺乏正规的大型船坞和修船厂，也没有对外国籍船舶的检验业务，较大型的船舶只能驶往香港入坞修理检验发证。

中华人民共和国成立初期，广州地区沿海航行的多为小型船舶，修造船厂能力不足以修造大型船舶。国家颁布的丈量法规也少，检验工作有的仍沿用中华人民共和国成立前航政局的做法并参照发给船舶检验证书。

1951 年 2 月，在交通部广州区港务局内设立船舶检验科，专门负责对广州出海和行驶港澳机动船的检验发证工作。1953 年海南岛和雷州半岛等地需通过海上运送大批军工和民工，当时只有数艘原航行长江的客轮可供使用。为了保证这些江轮的出海安全，广州船检部门参加了江轮出海的研究，提出对这些客轮的薄弱部位给予加强，并适当增加救生设备及规定避风点等，从而开辟了穗琼、穗湛的客运航线。20 世纪 50 年代，广州船检着重对船舶水线上的主要安全项目进行检验和试验。

1953 年首次对广州渔轮厂监造的 4 艘 100 总吨出海木质渔轮进行审图、检验和发证。1955 年开始，对武昌 438 厂广州工地建造的 2 艘 368 千瓦拖轮进行检验。1955 年，广州造船厂的 5000 吨级船坞（1959 年扩建为万吨级）投入使用后，船舶轻水线下的船体情况得以查明，从而提高了船舶检验的质量。

1956 年广州船检局成立之初，除了陆续公布有关检验的规定外，还曾大量翻译苏联船舶登记局的各种规范和规则，供验船人员工作中参照使用。广州船检部门针对当时海船发生的机损和断轴事故，提高了对海船重要机件修理的材料试验要求。机轴修理检查时，普遍要求采用电磁无损探伤，以及早发现隐患。在此期间，广州地区沿海航行的大多数是蒸汽动力的老旧船只，其船体机构和锅炉均为铆接结构，在修理时已开始以焊接替代铆接工艺，为此广州船检就焊接工艺规程和焊工等级提出了要求。这一时期由于缺乏修船条件，广州船检部门对这些较大型的船舶尚无法结合修理开展正常的检验工作。

同年，广州船检制定《出海拖轮检验注意事项》，以加强对出海拖轮的检验。同时，针对不按船舶规定要求配备救生消防用品的现象，加强对定额配备的检查，并更换了不合要求的救生衣（圈）。此外，还结合船舶修理，对救生艇、救生筏或救生浮进行检验和试验，对救生艇吊艇架的强度和效能进行检验和试验。

1959 年检验广州造船厂的华南第一艘水产调查船“长征号”。此外，还对广州造船厂、广州船舶修造厂（文冲修船厂）建造的 1000 吨级、500 吨级、300 吨级等各型货驳，367 千瓦的港口拖轮和 110 千瓦的内河拖轮进行检验。广州船检部门还根据需要和要求，对主要船厂开始实行驻厂工作。从此，广州船检的检验业务走上了正轨。

1960 年底，船检局广州办事处为“光华”轮签发中国船级社第一张船级证书和第一套国际航行法定证书。除“光华”轮外，中国第一批远洋船舶“新华”轮、“和平”轮、“友谊”轮等，也是由广州办事处签发的法定证书和船级证书。

20 世纪 60 年代初期，广州地区的沿海航行船舶大部分是年久失修失养的老龄船只。为了保证船舶安全航行，广州船检与航运部门协商，对万吨级货船南海 142、145、146、148 等，派验船师随船去香港进行修理检验；其他海船除少数安排入坞修理检验外，大部分采用偏滩检验的办法。对锅炉、主机及电气设备方面存在的缺陷，也采取抓重点、逐年修复检验的办法来解决。

20 世纪 60 年代后期，广州地区造船工业开始发展，广州船检于 1969—1970 年对 14 艘 1200 载重吨货船进行建造检验，这是首次成批检验沿海航行货船，1969 年广州船检还对文冲船厂的广州地区首次建造的 1840 总吨沿海客货船进行建造检验。此后对广州船厂、文冲船厂、广州渔轮厂、新中国造船厂和哈尔滨船厂广州工地建造的 294 ~ 970 千瓦的一批拖轮进行检验。

20 世纪 70 年代，广州地区的造船工业发展迅速，广州船检对 9 艘 2700 总吨客货船进行建造检验。同时，对新中国造船厂建造的 10 艘 1000 吨级油轮，黄埔船厂建造的 1 艘 3690 载重吨货船、4 艘 970 ~ 2646 千瓦工作船、4 艘 1440 千瓦拖船和文冲船厂建造的 1 艘 3000 吨级货船、7 艘 1940 千瓦拖船进行建造检验。对广东的江门船厂、粤中船厂、西江船厂、珠海船厂和汕头船厂所建造的一批小型油船、货船、拖船、供应船和工作船，以及广西梧州船厂、桂江船厂的一批小型油船、供应船、工作船和救助拖船进行建造检验。

20 世纪 80 年代，广东、广西地区除大量建造出口船舶和远洋入级船舶以外，还建造不少的各类型沿海航行船舶。广州船检对广东的粤中船厂、文冲船厂、广州航道局船厂等建造的一批工作船、挖泥船、拖船进行检验。

1985 年 8 月 12 日，国务院批准成立中国船级社，与船检局实行“局社合一”体制，对外以船级社的名义开展工作。1992 年 9 月，船检局广州分局更名为中华人民共和国广州船舶检验局。1999 年 8 月 4 日，交通部决定，不再使用中华人民共和国广州船舶检验局名称，启用中国船级社广州分社名称。广州分社主要从事广州地区国际航行入级船舶、国家授权非入级船舶、海上设施、船用产品和集装箱的法定检验、入级检验、公证检验及经有关主管机构核准的其他业务。广州分社在船舶检验业务中占主体地位，是广州地区唯一从事国际航行船舶检验的专业机构。农业部广东渔业船舶检验局广州分局，则主要承担广州地区渔业船舶的检验与管理工作。

20 世纪 90 年代，随着市场经济体系的逐渐确立、政府管理职能的转变，检验责任已由公正性执法和鉴证，向分担安全与环保法律责任转化。

1991—2000 年，广州分社对在珠江三角洲地区建造的近 90 艘各类型船舶进行建造入级检验，有普通货船、集装箱船、油船、高速客船、化学品船、冷藏渔船、驳船、挖泥船等。整个 20 世纪 90 年代，每年广州分社检验发证的入级营运船舶都有 400 ~ 600 艘次。2000 年广州分社检验发证的入级营运船舶为 496 艘次，合计 558.35 万总吨。

2000 年，交通部在广州设立中华人民共和国广州海事局，负责广州地区大部分非入级船舶及部分船用产品的法定检验管理工作。

2004 年，广州港船舶检验内容逐渐扩展到安全技术研究、规范规则编制、技术文件审查、船舶安全管理认证、现场检验、证书签发。同时，检验对象扩展为船舶、海上设施、船用工业产品、集装箱及其生产厂商的生产条件和管理体系。

2005 年，广州分社完成入级船舶检验 650 艘次，其中建造船舶检验 20 艘次，合计 14 万总吨；非入级船舶检验 2000 余艘次，其中建造检验约 100 艘次，合计 1.4 万总吨。

2006 年，广州分社完成入级船舶检验 395 艘次，其中建造船舶检验 18 艘次，6.4 万总吨；非入级船检验 1035 艘次，其中建造船舶 43 艘次，1.2 万总吨。至 2006 年末，广州分社办理了 120 多艘船的初次国内入级检验。是年辖区内新造船、“条例船”均已全部办理国内船舶入级。

2007 年，广州分社完成国际航行入级船舶检验 702 艘次，其中建造船舶 25 艘，约 21 万总吨；国内航行入级船舶检验 193 艘次，其中建造船舶 16 艘，7375 总吨；非入级船舶检验 1195 艘次，其中建造船舶 53 艘，51665 总吨。

2008 年，广州分社完成国际航行入级船舶建造检验 27 艘，28 万总吨；国内航行船舶建造检验 46 艘，6780 总吨。在继续加强对目标船重点检验监控和管理的基础上，全年完成国际航行入级船舶的营运中检验 677 艘次，全年完成国内航行船舶的营运中检验 1648 艘次。

2009 年，广州分社验船师团队对华南地区最新最大的造船基地——龙穴造船基地建造的 4 艘 30.8 万吨 VLCC（超大型油船）、8 艘 23 万吨 VLOC（超大型矿砂船）、2 艘 5 万吨半潜船以及 4 艘 7.6 万吨散货船等大型船舶进行建造检验。

2011 年 2 月，广州分社技术骨干参与自主开发的“船舶检验技术支持系统”正式发布，该系统向中国船级社签约客户提供海事技术查询、检索服务，方便客户及时、准确、快捷地检索查询国际、国内的海事最新技术标准。

2013 年，广州港船舶检验工作继续推进改善，共开展 PSC（港口国监督）检查 424 艘次，FSC（船旗国监督）检查 3903 艘次，船舶检验 2501 艘次，审图 100 套；完成公司审核 32 家，船舶审核 22 艘次；举办船员考试 2.73 万人次，签发船员证 3.66 万本。2014 年，广州港共开展 PSC 检查 367 艘次，FSC 检查 3880 艘次，船舶检验 2280 艘次，签发船员证 2.16 万本。2015 年，广州分社组织召开钢制海船船用产品持证要求宣贯交流会，就 CCS（中国船级社）产品检验模式、CCS 产品证件类别、钢制海船持证要求等方面进行分享讨论。

第五节　海事服务

清光绪五年（1879），清政府与外国订立《内港江河行船免碰及救护赔偿审断专章》，其中有船舶碰撞纠纷赔偿条款，但一直没有施行。至中华人民共和国成立前，广州既没有专门的海事处理机构，也没有颁布任何海事处理的具体规定。

1984 年 6 月 1 日，广州海事法院成立，广州自此拥有了专门的海事处理机构，广州海事法院是中国最早成立的海事法院之一。1987 年，广州海事法院创办中国唯一公开出版的海事诉讼专业刊物《中国海事审判年刊》。随着广州港海事情况的日益复杂，2000 年 11 月 18 日，广州海事局挂牌成立，管辖范围为原交通部广州海上安全监督局和原广州市港务监督局的管辖水域，它是全国海事系统分支机构中辖区范围最大、最复杂、功能最齐全、业务量最大的分支局之一。

2000 年广州海事局辖区内发生列入统计范围的船舶交通事故共 86 宗，死亡（失踪）56 人，沉船 37 艘，经济损失达 1381.67 万元。

2001 年广州海事法院收案 1232 宗，结案 1214 宗。同年 2 月 8 日，广州海事局下属的广州黄埔、番禺、内港、沙角、新港、新沙、新塘、五和海事处等 8 个海事处正式挂牌成立。2001 年，广州海事局辖区水上交通安全四项指标全面下降。全年共发生列入统计范围的船舶交通事故 47 宗，死亡（失踪）22 人，沉船 28.5 艘，经济损失 2276.15 万元。

2002 年广州海事法院新收案件 1081 宗，广州海事局辖区共发生船舶交通事故 34 宗，死亡（失踪）15 人，沉船 19 艘，经济损失约 1690 万元。

2003 年广州海事法院新收案件 1306 宗，结案 1266 宗。2004 年 9 月 26 日，广州 VTS 为首艘大型集装箱船进靠南沙港码头实行监控护航。大型集装箱船舶“新扬州”船长 263.23 米，船宽 32.2 米，载重吨位 50188 吨，满载箱量 4051 标准箱，吃水 12.7 米。在 VTS 和现场海巡船的共同监控护航下，“新扬州”轮顺利靠妥南沙港码头。

2005 年 8 月，广州海事法院建成全国首个海事审判资料电子数据库。是年 1 月 10—13 日，广州船舶安全检查站开展对辖区高速客船、客滚船春运前专项检查。这次专项检查共对靠泊南沙、莲花山和黄埔客运码头的 8 艘高速客船和客滚船实施了检查，发现缺陷 43 项，平均单船缺陷数为 5.38 项。

2006 年 7—8 月，在桂山引航锚地的“哥德堡号”拔锚起航，开始访问广州的行程。广州海事局海事巡逻船为其全程实施清道护航，广州 VTS 开启专门监控台对其实施全程监控，保障了“哥德堡号”进港水上交通安全，并圆满完成“哥德堡号”内港庆典活动的水上交通管制和清道护航工作。

2007 年 11 月 23 日上午，广州市客轮公司所属“穗轮 218”渡轮在珠江南河道鹤洞大桥附近水域，与运沙船“南岐机 123”轮相撞。“穗轮 218”轮当场沉没，船上 34 人全部落水。经中国海上搜救中心协调广东海事局全力救助，26 人获救，7 人死亡，1 人失踪。

2008 年 7 月 23 日，广州海事局举办 2008 年广州南沙港区船舶保安联合演习行动。2008 年，广州海事局辖区共发生列入统计范围的水上交通事故 15 宗，沉船 8 艘，死亡 5 人，经济损失 2567.4 万元，四项指标同比分别下降 12%、27%、72%、53%。

2009 年 3 月 12 日，广州海事局在黄埔中码头举行了“海巡 1541”船的列编仪式，标志着广州海事局最先进的海巡船正式列编并投入使用。2009 年，广州海事法院瞄准“兑现”开展执行工作，到 12 月 25 日为止，同年新收案件的执结率已达到 76.1%，执行到位率达 72.79%。特别是 2007 年以前遗留下来的执行案件，执结率更是达到 100%，执行到位率达 81.7%。

2010 年 11 月 27 日，第 16 届亚洲运动会顺利闭幕。广州海事局圆满完成第 16 届亚运会水上交通安全管控与应急保障任务，实现了辖区“零事故、零污染、零伤亡”的最高目标。是年，辖区共发生水上交通事故 14 宗，死亡失踪 4 人，沉船 7 艘，直接经济损失 2213.3 万元，每万艘次船舶发生事故 0.216 宗、死亡失踪 0.06 人，事故发生率、死亡失踪率仍保持低位运行。此外，2010 年广州海事法院执结率达 95.93%，执行到位率高达 83.15%。

2011 年 10 月 1 日，广州海事局全面启动港口建设费的征收工作，采取海事直收、19 家代理代收、港口集团代收 3 种征收方式并存的征收模式。

2012 年，广州海事局辖区共发生列入统计范围的水上交通事故 16 宗，沉船 5 艘，死亡失踪 11 人，直接经济损失 8705 万元，没有发生有海事监管责任的水上交通事故，辖区安全形势保持稳定。

2013 年 8 月 28 日，广州海事局执法支队在南沙海事工作船基地举行挂牌仪式，标志着执法支队正式进驻南沙。同年 10 月 9 日，在广州港锚地中间水道，由于涉及海事纠纷，广州海事法院法官将扣押船舶命令贴到印度籍“凯兰”（KIRAN）轮驾驶舱内，该轮被中国法院依法扣押。

2014 年 5 月 22 日，广州市政府正式发文成立广州市海上搜救中心。广州市海上搜救中心主要负责组织、协调和指挥搜救责任区的船舶和设施，防热带气旋、防止船舶污染以及船舶和设施的海难搜寻救助工作（“两防一救”工作）。广州市海上搜救中心办公室设在广州海事局，具体承担市海上搜救中心的日常业务及海上搜救应急反应的组织、协调工作；成员单位根据各自职能，结合海上搜救应急反应行动实际需要，承担相应的海上搜救应急反应、抢险救灾、支持保障、善后处理等应急工作。

2015 年 2 月 10 日，根据《取消船舶进出港签证及海事监管模式改革实施方案》要求，全国自 2015 年起实施船舶进出港报告制度。是日起，按照交通运输部海事局印发的《中华人民共和国海事局关于在国内航行海船和珠江内河船舶全面实施电子签证的通知》，所有国内航行海船以及珠江内河船舶实施电子签证。

第六节 引航服务

来广州的商船因不熟悉珠江水道，又须乘潮入港，往往聘请熟悉航道的引航员引航。虽然早在唐代广州已设市舶使，但因文献缺失，清代以前广州港引航制度不详。

清乾隆九年（1744），《管理番船及澳夷章程》（又称《防夷七条》）经清廷批准施行，规定进入广州的外国船只必须在澳门由“海防衙门拨给引水之人[①]，引入虎门，湾泊黄埔”，并规范引航程序和引水人责任等。同时，对引水人的选任也有明确规定，要求“保甲亲邻结状，县丞加结申送”，海防衙门查验后登记在册，发给引水人腰牌。这是有文献记载的中国最早的引水章程，章程明确外国商船不能私自聘请引水员。

嘉庆十四年（1809），清廷颁布《民夷交易章程》，进一步规范引水，禁止外国人超出规定的范围活动，否则将追究引水人责任。道光十五年（1835），清廷颁布《防范夷人章程》（又称《防夷八条》），要求将引水人查明年龄、相貌、籍贯等，编号发印牌，造册报总督衙门与粤海关存案，并规范引水程序。清廷希望通过加强引水管理，建立起一套外国商船从澳门领牌经虎门进入黄埔的洋船管理制度，加强来华外国船只管理。

鸦片战争后，清廷与英国于道光二十三年（1843）签订《中英五口通商附粘善后条款》（又称《虎门条约》），条约单列“进出口雇用引水一款”，规定广州在内的五个通商口岸，英国商船来华“准令引水即行带进”，又明确引水工价由“英国派出管事官秉公议定酌给”。道光二十四年（1844），中美《望厦条约》、中法《黄埔条约》相继签订，其中均有类似条款，规定美法两国商人可自由雇佣引水员，工价自行协商。

同治七年（1868），海关总税务司颁布《引水章程专条》（又译为《各海口引水总章》）。该引水章程共十款，列明有关引航的主管机关、引航员考选、从业资格、培养机制、工作方式和日常管理，以及被引船只的规定。试图建立起一个以海关总税务司为核心，以理船厅为枢纽的全国性引航管理体制。在这一体制之下，引航业的行政管理大权都控制在外国势力手中。

《引水章程专条》公布后，广州港的引航业务归口粤海关理船厅管理。光绪三十年（1904），粤海关理船厅公布《广州口船只停泊起下货物章程》，规定船只如需迁移，引水人可代“船主或大副”报告理船厅。另外，明确船主如果不满意引水人，应向理船厅申诉。当时，如外国商船需要引水，粤海关理船厅会在白鹅潭上的小船悬挂旗号，通知有执照的引水员前往虎门应募。

抗日战争时期，日本侵略军占领广州后，实际控制引水管理权。民国二十八年

---

① 引航也被称为“引水”，引航员也被称为“引水人”“引水员”；广州话则将引航称作“带水”，将引航员称作“带水佬”。

(1939) 7月，英国、日本两国签订协议，英国轮船在虎门与广州之间航行必须雇佣日籍引水员，支付引水费。

抗日战争胜利后，民国三十四年（1945）9月国民党政府颁布《引水法》，引航事业交由航政机关管理。民国三十五年（1946），广州航政局接管引水管理职责。这一时期，广州港的引航服务主要由联盛引水公司提供，该公司由把头李坤明、李晃东控制，为家族式的把持机构，采取自由雇用制。民国时期，引入黄埔的船舶最大吨位为5000吨。

中华人民共和国成立后，经过民主改革，铲除把头，建立引航机构，实行引水员职务制。1950年6月，广州区航务局接管广州海关港务科，同时颁布《广州区引水管理暂行规则》，规定“凡外国籍商船出入港口，不论吨位大小；国内船舶则200总吨以上，必须申请引水”“各港引水员必须是在中国各港口工作27年，熟悉该引水区内港道情况，并曾在中国航海商船充任船长职务三年以上的人，才能充任。持有一港或一段引水员证书，仅能限于该港段内引水”。9月，广州区航务局改称广州区港务局，引水业务由广州区港务局所属的港务监督长领导下的引水科负责。引水区域包括：汕头、湛江、海口、北海、榆林、汕尾、黄埔等地港口。广州区港务局在大铲设引水站，引水业务由中国海员工会广州引水委员会开办，申请登记的引水员54人。引水工作采取轮流制，人员由广州区港务局统一指派。抗美援朝战争爆发后，西方国家对中国实行禁运，由香港经大铲湾进出广州港口的船舶多受香港方面清查。

1950年香港招商局起义，中共中央华南分局第一书记叶剑英指示将13艘起义轮船驶回广州。以李伙为首的老一辈引航员，对珠江口航道非常熟悉，引领轮船从密集的水雷中穿过，将13艘轮船全部安全带回广州。

1951年伶仃航道开辟后，引水区域从大铲湾扩展到港澳边境，并在桂山岛设立引水站，船舶由桂山岛经伶仃水道进出广州港口，避开西方禁运，伶仃航道从此成为大船进出广州港口的主要航道。这一时期引领进广州港区的船舶，最大吨位为1700吨，引入黄埔港区的最大吨位为8000吨。

1953年，中华人民共和国广州港务监督成立，党、政、人事由广州区港务局管理，业务受交通部领导。从此，引水工作一直由港务监督部门所属的引水机构负责。1955年，引领船舶共344艘次。1956年，在黄埔成立中华人民共和国广州港务监督黄埔监督站，由中华人民共和国广州港务监督直接领导。广州港口的引水业务归黄埔港务监督站管理，引水员集中在黄埔。1958年3月，因广州、黄埔两港管理机构合并，珠江航道管理局广州港务局港航监督科并入中华人民共和国广州港务监督。同年，广州港务监督引水科兼并黄埔港务监督站，主管广州港口引水业务。1960年引领船舶724艘次，创下广州港口有史以来引航船舶数量最高纪录。

1960年，中国从希腊轮船公司买进2万吨级的“光华”轮。当时，珠江航道和港口的各种设施还难以适应这种大吨位的轮船进广州，引航员们凭着经验将船顺利引回广州改装。1961年印度尼西亚排华，这艘中华人民共和国第一艘远洋客货轮，在引航员引领下13次安全进出广州，到印度尼西亚接运多批华侨返回祖国，实现周恩来总理提出的“旗开得胜，万无一失”的要求。

1961年5月，中华人民共和国广州港务监督黄埔监督站改为中华人民共和国黄埔港务监督，内设引水科管理黄埔港的引水业务，有引水员20人；广州港则由中华人民共和国广州港务监督直接管理。是年引领入黄埔港的最大船舶为1.377万吨，船长170.69米，宽21.9米，吃水9.8米。1963年，由于香港派水船到珠江运水，引领船舶达到918艘次。

1969年1月6日，广州和黄埔的港监机构随着两港港口管理机构合并而合并；1973年3月，又随着港口管理机构的分开而分开。港监机构分开后，黄埔港务监督保留引水科，广州港务监督则增设外检引水科，分别负责黄埔、广州两港的引水工作。

20世纪70年代，广州港口的航道经历年疏浚整治，伶仃航道水深已达7.3米，莲花山航道水深6.7米，3万吨级船舶可乘潮引入黄埔港港池区；广州港港池区可乘潮引入4882吨级船舶。1975年，对讲机应用于引航通信，对提高引航效率、确保引航安全起着重要的作用。1976年引领船舶达2110艘次。其中，引领一艘10万吨级非生产性船舶（油轮）“丹湖号”，进出文冲远洋航修站，和从桂山引航锚地将一艘2.5万吨级浮船坞“白云山号”，引入文冲远洋航修站码头，再移出大濠洲浮船坞泊位的整个拖带过程，为典型的安全引航范例。

20世纪80年代，伶仃航道和莲花山航道，经浚深已达8米以上，加上较先进的雷达导航设备的广泛应用，导航通信网络的不断健全和完善，引航员对航道水底充分利用，吃水6.5米的5000吨级轮船，均可乘潮引领入广州港港池区。1985年引领超过168米长的大型船舶263艘次。

1987年底，港监机构从港务局分出，广州港口的引航业务由1988年1月广州港务局成立的引航站负责。1988年10月，将17万吨级、长293米、宽47米、吃水5.2米的“塔维斯托”轮引入中山拆船厂；11月，又将25万吨级的“阿答里斯”轮引入东莞沙田拆船厂，是珠江水域历史上引入的最大船舶。是年，引领船舶达4596艘次，比1960年增加5倍多。1989年以后，因国际气候的影响，外轮来港减少，1990年仅引领船舶3576艘次。

20世纪90年代，到港船舶增多，且趋大型化。为适应引航业务发展，广州港加强引航管理和对引航新技术的研究，更新部分引航设备。1991年8月，开始应用电子计算机排班，这一新技术为当时国内引航工作首次采用，大大提高排班效率。同年开辟了大屿山锚地。为提高拖带能力，1994年新增5艘大马力拖轮（4200马力2艘、3400马力3艘）。同时，提出控制好船速以提高利用航道水深的科学方法，使伶仃及莲花山水道的使用提高0.3～0.5米，使2.5万吨级大型船舶可直接靠泊黄埔、新港、新沙、西基码头。2000年2月，为使航道水深、宽度满足船舶大型化的需要，制定《关于广州港航道水深利用及船舶进入黄埔老港区的暂行规定》。

1990—2000年，共引领中外船舶6.22万艘次。其中，1999年1月，引领巴拿马籍货轮“豪迈号”，船长263米，宽42米，吃水15.90米，载重13万吨，在大屿山锚地减载后引靠新港码头；5 月，引领满载 15 万吨南非矿石的“金刚海”轮，船长 283 米，宽 42.5 米，吃水 16.78 米，在三门岛减载后引靠新沙码头；7 月，引领巴拿马籍油轮“约翰斯顿号”，船长 330 米，宽 58 米，吃水 17.80 米，载重 31 万吨，安全引靠三门岛锚地。这 3 艘船舶均刷新广州港引航史吨位纪录。

2001—2005 年，广州港引航公司共安全引领中外籍船舶 5.45 万艘次。其中，2001 年引领中外籍船舶 6438 艘次，2002 年引领中外籍船舶 7524 艘次，2003 年引领中外籍船舶 8718 艘次，2004 年引领中外籍船舶 9858 艘次，2005 年引领中外籍船舶 1.01 万艘次（首次突破广州港引航公司成立 18 年来年引航 1 万艘次的纪录）。其间，因适应引航体制改革需要，2005 年 4 月拖轮业务从原引航站（广州港务局属）分离出来，组建了拖轮分公司。广州港港口作业拖轮服务主要由拖轮分公司承担。该公司是华南地区最大的港口拖轮经营企业，公司配备船舶 21 艘，拥有当时世界先进水平的全回转拖轮 20 艘，其中 4000 马力以上大功率全回转拖轮 10 艘、消拖两用拖轮 6 艘，拖轮最大功率 5200 马力。

2006 年，广州港引航管理体制改革完成，广州港引航站整体移交给广州港务局管理，成为广州港水域为各码头靠泊船舶提供引航服务的机构。同年，广州港引航站共引领各类船舶 1.19 万艘次，其中外轮 8520 艘次；船长 250 米以上的船舶 1018 艘次，船长 200 米以上的船舶为 2803 艘次；引领吃水 12 米以上的船舶 849 艘次。同年 3 月 16 日，广州港引航站引领经减载的 17 万吨矿砂船“航海家”轮安全进出靠离新沙码头；4 月 19 日，引领 9500 标准箱集装箱船“中远广州”轮安全进出靠离南沙集装箱码头；7—8 月“哥德堡号”仿古商船访问广州期间，广州港引航站共 10 次安全引航；8 月 29 日，引领 9572 标准箱集装箱船“新洛杉矶”轮安全进出靠离南沙集装箱码头。

2008 年广州港引航站有引航人员 112 人。其中，高级引航员 28 人，一级引航员 20 人。引领中外船舶 12501 艘次，船长 250 米以上船舶 2034 艘次。总引航人次 15356 人次。同年，第一艘引航船“广州港引航壹号”建成投入使用。

2001—2008 年广州港引航站引航统计表

表 4-4-10

年份	2001	2002	2003	2004	2005	2006	2007	2008
引领船舶总船次/次	6438	7524	8718	9858	10113	11880	12099	12501
引领外轮艘次/次	3538	5300	6000	6833	6909	8520	8804	9092
船长 250 米以上/艘	73	119	93	205	526	1018	1487	2034
船长 200 米以上/艘	760	1252	1372	1970	2101	2803	3228	3685

2009 年，广州港全年共引领中外船舶 1.38 万艘次，总引航 1.68 万人次。调度指挥中心立足服务，积极维护出海航道的正常通航秩序，强化航道、引航、锚地、通信调度的“四统一”管理，全年共调度进出港船舶 1.83 万艘次。

2010 年，广州港全年引领船舶总船次 1.44 万次，其中外轮 1.11 万艘次，其中船长 250 米以上的 2187 艘次。是年，港航基础业务支撑平台建设基本成形，支撑港航行政管理的 10 多个业务应用系统相继建成，甚高频通信、船舶自动识别、船舶智能引航等引航调度信息系统投入使用，实现了在港船舶和港区作业的实时动态监控。

2011 年，广州港全年共引领中外船舶 1.50 万艘次，其中船长 250 米以上船舶 2833 艘次，外轮 1.19 万艘次，集装箱船 5248 艘次。总引航人次 1.86 万次，比上年增长 5.44%。

2012 年，广州港集团重新与广州港引航站签订船舶管理承包合同，努力提高引航管理水平。是年，广州港引航站共引领中外船舶 1.47 万艘次，其中船长 250 米以上船舶 3318 艘次，外轮 1.20 万艘次，集装箱船 5451 艘次，总引航人次 1.82 万次，人均月引航 14.7 艘次。

2013 年，广州港全年共引领中外船舶 1.37 万艘次，其中 250 米以上船舶 3368 艘次，外轮 1.18 万艘次，集装箱船 5244 艘次，人均月引航量 15.5 艘次。同时，广州港积极推进“阳光调度”，维护船舶进出港秩序，完善出海航道、锚地、引航和通信调度统一管理，全年共调度进出港船舶 4.02 万艘次。到港大型化船舶明显增加，5 万吨级及以上船舶比上年增加 5.8%。

2014 年，船舶调度、引航服务水平进一步提升。同年，经广州港出海航道的 3000 吨级及以上船舶和外籍船舶总艘数达到 4.10 万艘次。全年共引领中外籍船舶进出港 1.37 万艘次，其中船长 300 米以上的 1185 艘次，比上年减少 15.47%，250 米以上的 3344 艘次，比上年减少 0.71%，引航安全率达 99.96%。

2015 年，广州港引航服务水平不断提升。拖带海上浮式生产储油船（FPSO）吨位最大、难度最大的“玛丽卡号”在广州港引航员引航下安全出港，开赴巴西。因主机发生故障丧失动力的“马士基勒布号”集装箱船成功靠泊到南沙港区二期 6 号泊位，最后顺利拖到中船澄西远航船舶（广州）有限公司船坞进行修理。

引航从存在之日起，就是港航安全生产的一个重要环节，属高风险行业。航道狭长、通航密度大、通航环境复杂、航道通航能力不足、船舶大型化等因素给引航工作带来各种安全隐患。仅 2006—2015 年，广州港就发生上等级的大小引航事故 87 宗（其中重大事故 4 宗，大事故 4 宗，一般事故 6 宗，小事故 73 宗），死亡 2 人，失踪 10 人。

第五章　对外交流合作

自古以来，广州就是中国对外贸易的重要港口，海外各国商船长期云集广州，各种文化在广州交流频繁。2000多年来的对外交流合作推动着广州港不断地向前发展。海上丝绸之路自秦汉时期开通以来，一直是沟通东西方经济文化交流的重要桥梁。改革开放以来，广州港这一中国门户见证着世界各地民众与中国人民的友好往来，广州港再一次成为海上丝绸之路的重要节点。

第一节　重要事件

一、“光华”轮与印度尼西亚撤侨

“光华”轮于1961年首航广州至印度尼西亚雅加达，是中华人民共和国第一艘自营远洋轮船。“光华”轮是英国皇家邮船公司于1930年1月建造的远洋客货轮，原名“高原公主”，后称“斯拉贝”。该船长166米，型宽21米，型深13.3米，14202总吨，使用大型低速柴油机作动力，在20世纪30年代曾是风光一时的现代化邮轮，1959年停航报废。

1960年国际风云变幻，印度尼西亚发生反华排华浪潮，大批受迫害的华侨急需回国。1960年1月31日，经周恩来总理批准拨26万英镑（当时约合人民币90万元），通过捷克斯洛伐克公司从希腊轮船公司买进了“光华”轮。当时参加接船的有中方人员21人、捷方船员21人、波兰船员5人。中方人员于1960年7月从北京乘飞机经莫斯科到布加勒斯特，再从那里转乘火车到康斯坦萨，“光华”轮就停在那里等待交接。办完手续后“光华”轮开往香港修船。轮船在香港修好后，交由刚成立的中华人民共和国首个国家远洋运输企业——中国远洋运输公司广州分公司管理，并改名为“光华”，意为“光我中华”，成为中华人民共和国远洋运输事业的第一艘自营远洋轮船。为进行远航前练兵，检查设备技术状况，临时安排“光华”轮进行沿海客运，从广州到汕头来回跑了6趟，并着手办理远航的相关事宜。

1961年4月28日，“光华”轮首航典礼在广州黄埔港举行。首航仪式由中国远洋运输公司广州分公司首任经理郭玉骏主持，交通部部长王首道，广东省省长陈郁、副省长林锵云，广州市市长曾生以及知名人士红线女、常香玉等出席了开航典礼。由中国航海界老前辈陈宏泽担任第一任船长的“光华”轮，承载着祖国人民的重托，在锣鼓鞭炮和欢呼声中徐徐离开码头，驶往印度尼西亚雅加达。5月3日，“光华”轮到达雅加达港，印度尼西亚难侨在中国驻印度尼西亚使馆和侨团组织下依次登船。

5月17日“光华”轮将第一批1500多名难侨安全运送到广州黄埔港，达到了周恩来总理“旗开得胜，万无一失”的要求。

此后，“光华”轮又先后12次往返印度尼西亚接运难侨，并多次承担重大国际远航任务，直至45岁“高龄”才“退役”。

二、“苏哈尔号”远航广州

为纪念阿曼航海家艾布·阿比达·阿卜杜拉于8世纪到访广州的航海旅程，并考证《一千零一夜》中《辛伯达航海历险记》描述的阿拉伯通往中国古航道，在阿曼苏丹卡布斯·本·赛义德的倡议和资助下，阿曼苏丹国民族遗产和文化部决定仿造一艘古式阿拉伯商船重走“海上丝绸之路”来华。这艘帆船被命名为“苏哈尔号”。1979年，开始筹备工作。同年4月，经过各方面的精心筹备，在阿曼历史古城苏哈尔正式开始建造这艘仿古木帆船。“苏哈尔号”古船仿自8世纪的双桅三帆木船。木船长22米，高3米，完全不用一根铁钉，船板用椰棕搓成的绳子连接起来，缝隙间涂以树胶以防渗透。

1980年11月23日，在阿曼首都马斯喀特附近的素勒团·本·艾哈迈德海军基地，举行欢送“苏哈尔号”启航典礼。阿曼苏丹卡布斯·本·赛义德特派私人顾问苏维尼，阿曼2位副首相，11位大臣，海军司令和各国驻阿曼使节一同出席典礼。中国文化部副部长司徒慧敏率领代表团应邀参加。

这艘未安装任何现代航海设备的仿古帆船沿着海上丝绸之路，航程6000海里，历时7个半月，于1981年7月11日抵达广州港，受到中国人民的热烈欢迎。

1991年7月，为纪念“苏哈尔号”抵达广州一周年，阿曼派出文化艺术团参加在广州举行的“阿曼文化周”活动，并表示希望今后每隔10年都举行一次纪念活动。阿曼苏丹国还特别资助联合国定做“和平方舟号”豪华游船并提供燃料、船员，鼎力支持联合国教科文组织的海上丝绸之路国际考察研究活动，受到国际上的好评。

1995年12月，阿曼苏丹国民族遗产和文化部在中国文化部协助下，在洲头咀公园竖立纪念碑，再现“苏哈尔号”双桅木帆船的航行图。

三、“和平方舟号”重走海上丝绸之路

为了实施1988—1997年的十年世界文化发展计划，联合国教科文组织分别在1990年和1991年对陆上丝绸之路和海上丝绸之路进行系列考察研究。其中海上丝绸之路考察团有30个国家的50位学者和新闻记者参加，于1990年10月23日乘坐由阿曼苏丹国提供的“和平方舟号”考察船，从意大利马可·波罗的故乡威尼斯港出发，沿着古代海上丝绸之路从西方向东方进行实地考察，经过地中海，红海，印度洋，中国南海、东海，途经16个国家，在各主要海港举行了19次学术研讨会，1991年2月9日到达广州港时，受到热烈欢迎，并在东方宾馆举行学术座谈会。有关部门专门为此编辑出版《广州与海上丝绸之路》《南海丝绸之路文物图集》《论广州与海

上丝绸之路》等书。

四、"哥德堡号" 到访广州

"哥德堡号"（East Indiaman Gotheborg）是 19 世纪瑞典东印度公司最重要的商船，自 1731 年开启中国与瑞典的海运航线后，往返共 2 次。1745 年第三次满载而归的"哥德堡号"在回程途中搁浅沉没，时至 1984 年，残骸才在瑞典被发现。

"哥德堡号"沿着古代海上丝绸之路来往于中国与瑞典之间，是中欧贸易和中瑞文化经贸的使者。1993—2003 年，瑞典政府耗资 3.5 亿瑞典克朗，用近 10 年时间重新建造了"哥德堡号"，并制定开往中国广州的计划。

2005 年 10 月 2 日，"哥德堡号"仿古商船从瑞典启航，沿着海上丝绸之路来到广州。2006 年 7 月 17 日，瑞典仿古帆船"哥德堡号"经过 9 个多月的远洋航行，在广州港南沙港区正式靠泊中国港口。7 月 18 日上午，瑞典国王卡尔十六世·古斯塔夫和王后西尔维娅从广州港南沙港区登上"哥德堡号"，参加有关方面举行的一系列欢迎仪式。瑞典国王和王后一行从南沙港区启程，经过约 2 个小时的航行，于中午抵达广州港南沙客运码头。中国对外友好协会会长陈昊苏，中国驻瑞典大使吕凤鼎及省市领导迎接瑞典国王和王后一行。"哥德堡号"先后停靠了广州港集团的新沙、黄埔、河南、洲头咀等多个码头。其间，中瑞双方举办了一系列的经贸、文化、旅游、民间交流活动，推动两国之间各方面的交流与合作。广州市民和海内外游客共 60 多万人参观了这艘仿古木船和珍贵文物展览。

五、"阔阔真公主号" 落户海心沙

"阔阔真公主号"也被称为"福船"，是仿元世祖忽必烈时期阔阔真公主远嫁波斯时乘坐的古船建造而成。据马可·波罗的《东方见闻录》，马可·波罗乘坐该船护送阔阔真公主从福建泉州出发，历时 2 年多终于抵达波斯。

20 世纪 80 年代，中国航海史学者、担任澳门海事博物馆顾问的英国人韦恩·莫伦策划建造一艘仿古中国式帆船，重走海上丝绸之路航线，取名"阔阔真公主号"。此船在香港建造，历时 18 个月，于 1987 年完工。"阔阔真公主号"船长 23.17 米，虽然全船以木料建造，但建造方法采用了"船肋优先"的西式造船法而非中国传统的"船壳优先"方法，这是近代广式帆船采纳西式造船技术的一种典型应用。

2009 年 3 月 11 日，"阔阔真公主号"成为广州亚组委"亚洲之路"活动海上路线的大使。当年 3 月，它从科威特启航，沿着波斯湾和东南亚近海造访了亚洲 10 多个国家和地区、40 多个港口城市，在澳门短暂停留后，在广州亚运会开幕前，"阔阔真公主号"历经 3 个多月的航行，最终抵达广州，结束亚洲之行。在距离广州亚运会开幕 100 天的日子，广州社会各界人士纷纷踏上了停在广州南沙港的"阔阔真公主号"，目睹其风采，并举办了一系列的活动。"阔阔真公主号"作为一个品牌，先后推出以其为题材的油画、话剧、图书、礼品以及海选"阔阔真公主亚运新娘"等创意活动。

2010年10月26日下午，在广州洲头咀码头，广州亚运会形象大使——“阔阔真公主号”仿古木帆船被正式捐赠给广州亚组委。广州亚运会、残运会结束后，2011年，“阔阔真公主号”仿古船落户广州海心沙，正式入港。

六、建设广州国际航运中心圆桌会议

2015年6月24日，广州举行建设国际航运中心圆桌会议，广州市市长陈建华与中央驻穗口岸的有关领导、40多家国际班轮公司和物流企业负责人，一起为建设广州国际航运中心出谋划策。对于下一步广州国际航运中心建设，陈建华表示将重点抓好加强基础设施建设、发展港口航运物流、优化营商环境、提高港口航运的信息化水平等6个方面的工作。

广州将通过出台各种扶持政策营造投资贸易便利化政务环境，推进口岸便利化，建立与国际接轨的税费环境。会上，广州港务局提出在2015年下半年减少挂靠在南沙港区的集装箱班轮15%的引航费。为鼓励班轮公司增加挂靠南沙港区的班轮航线，2009年以来，广州市给予班轮公司奖励累计达4680万元，今后将继续对新开航线给予奖励，并适时适度调整奖励金额。同时，进一步加大班轮进出港调度、引航服务等保障力度，提高船舶进出港作业效率。

为做好货源组织，广州港务局将全力建设多式联运体系，重点推进支线喂给港口和内陆无水港建设。实施启运港退税政策，争取国家支持，协调推动省内佛山、肇庆、云浮、清远、江门等，以及广西钦州、梧州、贵港等港口实施以南沙保税港区为离境港的启运港退税政策。

会上，广州港集团表示将按照建设广州国际航运中心三年行动计划纲要，重点抓好码头建设、港区综合物流信息平台建设等4个方面工作。南沙三期确保当年内全面建成，南沙四期力争下一年内动工建设，全面提升港口综合物流服务功能。在加快推进南沙港区一体化运作方面，将配合推进国际贸易“单一窗口”建设，确保港区资源最大化利用，手续办理最简化，进一步稳定和提高装卸效率，保障航线准班率。广州港集团已经推出了南沙港区十项促发展措施，力争年内新增15条外贸航线，以进一步扩大南沙港区业务和航线覆盖面，为广大客户提供更多便捷的业务发展渠道和空间。

此外，广州港集团还将加快集疏运网络体系建设，协调加快南沙疏港铁路建设，力争到2017年底“穿梭巴士”网点超过60个，建成20个内陆港和办事处，建成有竞争力的南沙拖车营运平台，使南沙港区真正建成联通珠三角江海联运、海铁联运最便捷的港口。

第二节　交流硕果

一、物流基地

广州港集团与新加坡港务集团合资的鼎胜物流有限公司于2004年10月28日正式营运。该基地位于广州经济技术开发区，总投资2500万美元，占地面积20万平方米，有近10万平方米的集装箱堆场，约1.2万平方米的汽车装拆箱库，7300平方米的火车装拆箱库，以及相关的信息网络系统、装卸运输等设备。

二、国际（境外）航线

2006年4月6日，世界第一大船公司——马士基“马士基查福特”轮靠泊南沙港区，标志着马士基在南沙港区开通的第一条欧洲航线“意大利—南沙”航线首航成功。该航线为周班服务。马士基是继同年南沙港区引进高丽海运、商船三井、川崎汽船、日本邮轮、达飞海运之后的第6家外资班轮公司。马士基这条欧洲航线，也是南沙公司同年新开辟的第3条外贸航线，至此，该公司开通的国际航线已达到12条。

2008年12月19日上午10时许，一艘从台湾高雄港直航到广州的“远河”轮靠泊南沙港区7号泊位，这是首条台湾直航广州港货轮靠泊南沙港区，标志着台湾至广州的水上货运直航正式开通。

2009年2月12日，海峡两岸集装箱班轮航线开通仪式在广州集装箱码头有限公司新港码头举行。广州港海上直航台湾，是由中诚联合航运公司在广州集装箱码头有限公司新开辟的一条台湾航线。“广州（黄埔老港）—台湾（高雄港）”全程约30小时。该航线的开通，结束了以往两地生产企业物流运输需要经过异地中转的历史，降低了两地生产企业物流成本，压缩了运输时间，提高了两地生产企业的竞争力。

至2011年底，广州港开通班轮航线97条，其中外贸航线36条、内贸航线61条。其中，南沙港区开通班轮航线46条（外贸航线33条、内贸航线13条），外贸航线比2010年增加8条。世界前十大集装箱班轮公司均在广州港开辟班轮航线。

至2015年底，广州港开通集装箱航线150条，其中外贸航线67条，比2014年增加15条。

三、缔结友好港

1982年4月12日，广州港与美国巴尔的摩港举行了缔结友好港签约仪式，巴尔的摩港是广州港缔结的第一个国际友好港口。

此后至2015年，与广州港先后缔结为友好港口的有洛杉矶港（1984年）、悉尼港（1993年）、温哥华港（1996年）、圣地亚哥港（1997年）、那不勒斯港（1999年）、德班港（2003年）、马尼拉-达沃港（2004年）、奥克兰港（2005年）、福冈博多港（2005年）、哥德堡港（2005年）、高雄港（2005年）、仁川港（2007年）、苏阿比港（2007年）、瓦尔帕莱索港（2009年）、塔林港（2008年）、奥古斯塔港（2010年）、泗水丹戎佩拉港（2011年）、巴塞罗那港（2011年）、塔拉戈纳港（2014年）、科威特港（2015年）、伊兹密尔港（2015年）、蒙德拉港（2015年）、巴生港（2015年）、巴里斯托尔港（2015年）、达喀尔港（2015年）、波尔多港（2015年）、林查班港（2015年）、圣彼得堡港（2015年）、安特卫普港（2015年）。截至2015年12月31日，与广州港缔结成为友好港口的共计29个，其中仅2015年与广州港缔结为友好港口的就达10个。

2015年12月11日，广州港与比利时安特卫普港缔结友好港暨广州安特卫普港口培训咨询有限公司合作项目签约仪式在港口中心举行。广州港务局、安特卫普港务局、广州港集团、中交第四航务工程勘察设计院有限公司等单位负责同志参加了签约仪式。安特卫普港是比利时最大的海港，欧洲第二大港口，世界大港之一，是广州港缔结的第30个国际友好港。

第五编　港口管理

第一章 港政管理

港口在国民经济和社会发展中具有重要作用，广州港是中国的主要港口，华南地区枢纽港。2001 年，全国进行中华人民共和国成立以来最大规模的港口体制改革。2004 年，广州港下放广州市实行“政企分开”，基本确立了广州港口行政管理体系，港口的经营和管理关系得到理顺。2004 年以来，广州港以广州港务局和广州港集团为管理主体，不断深化改革，加强区域合作，实现扩大开放。

第一节 岸线管理

中华人民共和国成立前，广州港的岸线管理权主要由外国人控制的海关辖下的港务课掌握。清光绪三十年（1904），在粤海关制定的《广州口船只停泊起下货物章程》中，规定港内建筑码头、填筑堤池，或是安置浮桩、浮标，都须经理船厅批准。理船厅有权随时抽拔浮桩查验，随时径行拆迁有碍船只行驶的浮桩、浮标。这是广州港口最早的港区岸线管理法规条文。

中华人民共和国成立后，广州港岸线管理逐步收归国家。1950 年 6—9 月，广州航务局（后改称港务局）正式接管广州海关的港务课和港务航政管理业务，统一港口的航政管理。1953 年 6 月 18 日，中央人民政府交通部广州区港务局在黄埔设置广州港务监督黄埔监督站，负责联合检查港口秩序、船舶签证、岸线审批、指泊、管理信号台及巡逻船等。从此，广州港口的岸线由广州港务监督管理。

1955 年 5 月 1 日，经交通部审定，广州区港务管理局发布施行的《广州港港章》规定，凡在广州港区内停泊固定趸船、浮坞，打桩入水，修建码头、浮码头，填筑河岸，填滩，敷设水底电线、油管水管及港区内建筑仓库、船厂、油池、危险品仓库及装拆其他有占水底水上岸线及影响航行等项工程，均须事先详具说明，绘制精确图样缴送该局，经审定核准后方得进行，否则港务局得勒令停工或拆除。1957 年 8 月 19 日，广州市人民委员会发布施行的《广州港保护水底管线及架空电线暂行规定》，对在广州港区内敷设水底管线或过江架空电线的申报审批手续、施工要求、安全标志的设置与船舶航行、发生事故的处理等做了具体的规定。1965 年 2 月 6 日，广州市人民委员会发布施行的《广州市区内珠江堤岸管理办法》规定，珠江北岸自二沙头起至黄沙码头止，珠江南岸自中山大学码头起至洲头咀止，沿江堤岸除规定的码头范围和停泊区域外，一律不得停泊船只和木排、竹排；现有码头停泊船只，亦不得超越广州港务监管规定的码头停泊区范围，除指定的货运码头外，其余客运码头、公用交通码头，一律不得装卸货物，停航检修亦不得利用公用交通码头岸线湾泊船只。除客运站及码头装卸作业区外，沿岸码头一律不得改作办公室、仓库、车间、宿舍、礼堂或其他用途。禁止在长堤岸边打捞、撒网、钓鱼、捕虾、游泳和漂洗东西。未经批准，不得在堤边装设广告及其他有碍市容的标志，不得在堤岸平台及现有码头上任意盖搭临时建筑物。1967 年 1 月 17 日，广东省人民委员会、省军区，发布《关于加强保护海底通信电缆的通知》《广东省港口管理条例》，进一步规定无论任何船只，都不得在设有禁止抛锚标志的海域停泊或进行捕捞作业。

整个 20 世纪 70 年代，港口不少单位在兴建码头时，将码头伸到自然水线兴建，水域日益缩小。1982 年，广州市人民政府为贯彻《国家建设征用土地条例》《广东省城市建设管理暂行条例》，制止一些单位和个人以各种非法手段和途径，进行租赁、买卖、转让、调换、擅自占用土地和违章乱搭乱建，发布《广州市人民政府关于制止非法占地和违章建筑的通告》。1983 年 8 月 9 日，广州港务监督为整顿非法占用广州港港区水域及违章临河建筑的混乱状况，制定并颁布施行《广州港对非法占用水域及违章临河建筑的处理办法》，对违章填河造地、违章临河建筑、违章非生产性船舶（居民住宿船除外）、违章竹木排以及特殊、大宗的非法占用水域及违章临河建筑等的处理，做出具体规定。1987 年 1 月 3 日，交通部印发《关于交通部广州海上安全监督局组建方案的通知》，确定广州、黄埔港务监督的引航科、港内岸线的审批工作划给港务局。同年 4 月 21 日，经广州市人民政府批准颁布施行的《黄埔港港口管理章程》规定，港区水、陆域和岸线的开发和利用，由港务局统一管理，任何单位和个人未经申请批准，不得在港区内占用或挖掘土地，不得取土取沙，不得围填水域，不得以任何方式改变原有岸线的自然状态。凡在港区内进行的工程建设项目（包括新建、扩建和改建），均需符合广州市城市总体规划和港口规划，并应报经港务局审查同意后方可立项筹建。项目的设计审查和竣工验收，应有港务局参加。同年底，两港港区港务管理机构合并后，广州港务局港政办设立港区岸线管理组，负责广州全港的岸线管理工作。

1991—1995 年，国家提倡“经济发展，交通先行”，鼓励投资建港，珠江沿岸许多单位纷纷规划建港，搞大而全或小而全的港口建设。1993—1999 年，广州港务局共审批临岸建设项目 67 宗，处罚违规建设项目 20 宗，维护广州港口的完整性和统一性。

2000 年，广州港务局管辖岸线 423. 5 千米，其中由广州内港区至黄埔港区岸线长 182. 08 千米；港口占用岸线 13 千米，工业占用岸线 24 千米，生活居住占用岸线 15 千米；不能占用的岸线 7 千米。黄埔港区至虎门外港区岸线长 243. 42 千米，已开发利用的有黄埔、新港、新沙、沙角和南沙岸线建设深水泊位，江鸥沙、万顷沙和伶仃、凡石开辟为疏浚土的填泥区，交椅湾至马湾之间的滩涂围垦作农业养殖基地，其余岸线有待开发利用。

2004 年《中华人民共和国港口法》出台，交通部同年发布《关于发布港口深水岸线标准的公告》，广州港务局依据法律和公告内容对港口工程进行管理和审批审核。2005 年 10 月，广州港务局制定发布了《广州港口水运工程建设管理办法》，对广州港口工程项目使用岸线的审批审核，工程可行性研究报告及初步设计文件的审查，港口工程招投标的行政监督管理，参与水运工程项目的咨询、设计、施工、监理等单位是否符合国家有关规定的资质要求审查以及港口工程竣工验收的管理等进行了规定。2007 年《港口建设管理规定》《广东省港口管理条例》的颁布实施，《广州港口水运工程建设管理办法》废止。2012 年交通运输部、国家发展和改革委员会公布实施《港口岸线使用审批管理办法》，广州港务局遵照执行。

至 2015 年，广州港自然岸线长 325.1 千米，实际港口岸线约 138 千米，其中深水岸线总长约 101 千米；已利用港口岸线约 88 千米，未利用港口岸线约 50 千米。广州内河港口岸线规划长度为 40.9 千米，其中已开发岸线 9.7 千米。重点码头工程岸线情况：南沙港区一期工程码头岸线长 1400 米，南沙港区二期工程码头岸线长 2100 米，南沙港区三期工程码头岸线长 2218 米，广州港发石油化工码头工程码头岸线长 315 米，南沙港区沙仔岛多用途码头工程码头岸线长 623 米，广州华凯石油燃气有限公司 3000 吨级液化气码头工程码头岸线长 130 米，广州华润南沙热电“上大压小”新建工程配套码头工程码头岸线长 230 米，广州港鸿业石化码头工程码头岸线长 1069 米，广州港南沙港区粮食及通用码头工程码头岸线长 1048 米。

第二节　码头管理

清末，广州地区的大部分码头为朝廷所有，私人码头只能是靠近河旁店馆的小埠头。一般的埠头仅建有平台和石级，供来往渡船上落，官船湾泊则专设官渡码头。天字码头是当时第一个最大的官渡码头，所有官船都在此上落。

民国初期，水上交通日渐发达，轮渡来往日众，原有的埠头已不敷应用。民国十七年（1928），广州市在建筑新堤的同时，市财政局把码头堤边的公地进行投标建设码头，新堤岸边的码头因此发展起来。此后，码头成交通要冲，货物经此装卸有利可图，商人以此作为营私图利的场所，不法官吏则或与商人勾结，或与政府投标承买，明争暗斗，割据地盘，辗转把码头变为私人所有，造成码头管理复杂的局面。当时，有国民党中央财政部，广东省财政厅，广东省军路处、公路处，广州市财政局等机关核发的码头管理执照、土地局发的确定证、地政局核发的所有权证。全市码头分别在这些机构中辗转投承分割变卖，业权未能统一。日本军队侵占广州时期，码头的业权变化最为复杂，有些较大的码头被汉奸、特务、流氓、恶霸强占割据。

抗日战争胜利后，国民政府通过广州航政局、广州材料储运处、黄埔港兴业股份有限公司等机构对广州港进行控制和管理，对广州港进行一定的重建与修复，但因权责不明，各部门之间争权夺利，加之不久内战再起，使得这一时期，广州港的发展几乎陷入停滞之中。

中华人民共和国成立初期，广州市堤岸码头长 12.5 千米，分东堤、南堤、西堤、新堤和黄沙五段。海珠桥以东到大沙头段，基本没有像样的码头建筑。长堤码头建筑结构比较坚固，全为私人所有。南石头以南为英、美、日、葡的外资建筑码头。只有新堤段能停泊大船。当时，广州港码头区一带建设混乱，经营管理复杂，交通拥挤，治安较差。广州市码头轮渡管理处成立于1949年12月底，开始接管和整治全堤公私码头，接管财政局移交的市属公有码头45座，代管码头13座。1950年5月8日，广州市政府颁布施行《广州市人民政府公有码头暨代管码头租赁暂行办法》，明确规定公有码头的范围是：地权公有而一切建筑物为公有或私有的；敌伪官僚资产，经没收由市府管理的；民有码头经营非法事业，经市府没收管理的；已经市府代管二年，经催告仍没有异议，并未提出业权证件的。1951年4月，广州市政府颁布施行《广州市码头管理暂行办法》，对市内码头进一步加强管理。至同年10月底止，各码头上摆设的摊贩，除有3间因情况较特殊尚未搬迁外，其余均已迁完。1952年5月2日，广州市码头轮渡管理处颁布实施的《广州市码头轮渡统一公营方案具体实施步骤（修订本）》确定，除专用码头外，一律由码头管理处管理、收费。同年11月1日，全市过江轮渡航线，交由市轮渡公司管理。广州市码头轮渡管理处同时更名为广州市人民政府码头管理处。1956年10月，广州市属码头及码头装卸工人，移交珠江航运管理局广州港务局管理。而后，广州市码头管理处改为珠江航运管理局广州港务局码头管理处。从此，广州港口的经营管理及建设，由港务管理机构管理。

1961年9月6日，广东省航运厅颁布施行的《广东省水运码头管理暂行办法（草案）》规定，凡在广东省境内为水运服务有码头建筑物与设备、浮筒和泊位用以供给船舶停靠上落货及竹木排的（军用码头除外），均由所在的港务局，港务所、站和航管所、站管理；无设立机构的，由当地主管部门依照本办法统一管理使用和收取码头使用费。

1979年11月1日，《交通部黄埔港务管理局码头库场管理规则》颁布试行，对码头区内库场设备的拆与建，库场的具体规划、维修保养、管理使用以及对外租借业务，库场的专业化及其标志、码头区内的清洁卫生等都有具体规定。

1984年2月1日，交通部颁布施行《企业专用码头建设和管理试行办法》，明确沿海、沿江的企业，凡具备通航条件的，应充分利用水运。根据“谁建、谁管、谁受益”和“深水深用，浅水浅用”的原则，建设专用码头。同年5—6月，根据国务院颁布的《工商业登记管理条例》以及广东省商业交通运输企业普查登记办公室印发的相关文件，广州港务管理局与广州市工商行政管理局、广州港务监督共同发布关于《广州港区内企业码头作业点进行普查登记》联合通知，着手对地方的国营企事业单位、农村社队、城镇集体等单位，在港区内停靠船舶进行装卸作业的码头、埠级、趸船、浮排、堤岸、自然线及其附属设施，进行普查登记。广州港和黄埔港合并后，在港政办公室（后改为港政环保办公室）内设货主码头管理组，配备专业管理人员，对港口货主码头实行监督管理。此外，20世纪80年代后，交通运输单一的公有制经济结构逐步改变为多家经营、相互竞争的运输格局，港区内的一些专用码头，也随之改变了原有的经营性质。

1990年1月3日，广州港港口码头运输市场整顿治理工作组成立。对港区内的国营、集体、中外合资企业经营的码头搬运装卸、货物堆存仓储、码头库场出租、货物配载等进行整顿治理。全港企业专用码头单位，领取登记表的有415个，除5个因河道淤塞自动取消登记外，交回登记表的374个，特送回登记表的36个。符合规定标准的给予签发“经营许可证”。在此基础上，1991年着手对企业专用码头经营行为的整治工作。同年，经广州市政府批准，《广州港港口专用码头管理暂行办法》颁布，同时，广州港务局港政管理办公室的码头管理组改为码头管理科，对港区的码头依法进行港政管理。1991年，广州港主要兴建、修建新沙一期工程以及淡水河危险品码头、石油化工码头等。新沙一期工程为广州港新建的一个港区。工程包括建设3.5万吨级码头泊位10个以及7.9千米港外铁路，6.7千米港外公路、铁路和公路大桥4座，供水、供电等配套工程18类141项。设计年通过能力1060万吨，总投资21.11亿元。1~5号泊位分别是煤炭、矿石、化肥、杂货、通用泊位；码头岸线长1000米，库场5万平方米，增加吞吐能力910万吨。6~7号泊位为杂货泊位，8~10号泊位为集装箱专用泊位；码头岸线长1002米，库场15万平方米，设计年吞吐能力150万吨。10个泊位主体码头在国内首次采用板桩围堰结构，使新沙一期工程达到国际一流水平。淡水河危险品码头位于东莞市淡水河与珠江交汇处上游1.8千米淡水河右岸。工程于1992年7月动工，2001年3月竣工，总投资约5000万元。码头岸线长160米，码头泊位为高桩梁板结构，前沿水深-4~-5米，可靠泊2艘千吨级货轮（航道浚深后可靠泊5000吨级货轮），库场面积8.2万平方米，年通过能力25万吨，为当时华南地区规模最大的危险品专用码头。石油化工码头位于番禺区沙溪三角洲，由原汾水头码头改造而成。工程于1992年3月动工，1993年3月完工。码头岸线长148米，码头泊位为重力式岸壁结构，前沿水深-4~-5米，可同时靠泊2艘千吨级货轮。建有千立方米球罐4个，充气车间和储瓶库各1处以及管道、气泵、门阀等设施。库场面积2.5万平方米，年设计通过能力6万吨，为当时广州地区最大的液化气专用码头。

1991—2000年，由于广州港调整生产布局及从1998年起广州市实施城市面貌“一年一小变、三年一中变”工程，内港一部分码头岸线30米范围内辟为绿化带，全港共取消码头泊位70个。至2000年，广州港有码头泊位643个，其中万吨级以上泊位46个，库场总面积122.7万平方米，总容量220万吨，其中仓库总面积31.4万平方米，总容量36.7万吨，堆场总面积91.3万平方米，总容量183.3万吨。

1991年3月，广州市政府颁布《广州港港口专用码头管理暂行办法》，明确广州港务局是广州港口区域内专用码头的行业主管机关，规定凡属非经营性专用码头必须到广州港港政部门登记，接受管理；凡属半经营性、经营性专用码头须领取“码头经营许可证”。1992年1月，广东省颁布《广东省搬运装卸业管理办法》；10月，广州港务局制定《广州港港口专用码头货物装卸费管理办法（试行）》；11月，制定《广州港港口专用码头经营许可证管理规定》。1991—2000年，广州港口新增企业专用码头30家，注销70家，审核发放“码头经营许可证”87家，2000年复核后持证经营76家，注销11家。

1998—1999年，106家纳入市航务局行业管理的各类港口码头实行基础管理。

1999 年，广州市航务局开展港口普查，完成对辖区港口码头建设的长远规划，绘制了辖区港口码头位置图。

为加强港口管理，维护港口安全与经营秩序，保护当事人的合法权益，促进港口的建设与发展，《中华人民共和国港口法》于 2004 年 1 月 1 日起施行。

2004—2006 年，广州港集团为配合国家、省经济发展和广州建设国际大都市的需要，加大新港区开发建设的力度，港口固定资产投资约 100 亿元。其间，新建码头 3 座，泊位 16 个。南沙二期工程于 2005 年 2 月正式动工，项目总概算近 48 亿元，建设规模为 6 个集装箱深水泊位以及相应配套设施，码头水工结构按靠泊 10 万吨级集装箱船舶设计，设计年吞吐能力 240 万标准箱，岸线总长 2100 米，港区陆域纵深 1178 米，库场面积 92.3 万平方米，其中万吨级以上码头泊位 50 个。2006 年 12 月，南沙二期工程 5、6 号 2 个泊位试投产。2007 年 9 月，南沙二期工程 7、8、9、10 号 4 个泊位全部建成投产。至 2007 年底，生产用码头泊位 109 个（其中万吨级以上泊位 50 个），码头泊位长 1.82 千米，生产用锚地 39 个，其中装卸锚地最大锚泊能力 30 万吨。

至 2008 年底，广州港口拥有各类码头泊位 792 个（其中万吨级以上泊位 59 个，由于东莞的部分码头从 2008 年开始不纳入广州港的统计范畴，故万吨级泊位比 2007 年少 4 个），码头总长度 5.88 万米。其中生产用泊位 621 个，码头总长度 48246 米，泊位年综合通过能力 1.53 亿吨，集装箱吞吐能力 565 万标准箱，旅客吞吐能力 999 万人次，滚装汽车吞吐能力 33 万辆；非生产用泊位 171 个，码头总长度 1.06 万米。

2008 年广州港口新建投产码头泊位 7 个，其中，新建万吨级以上泊位 2 个，新增吞吐能力 470 万吨。新建码头包括广州市番禺华鸿油品有限公司 2000 吨级油码头工程，泊位 1 个，设计年通过能力 80 万吨；东方国际集装箱（广州）有限公司配套码头，泊位 1 个，设计年通过能力 10.3 万吨 13.6 万标准箱；广东物资集团广州开发区公司码头扩建工程，泊位 1 个，设计年通过能力 50 万吨；中石化广东石油分公司小虎岛成品油储备库配套码头工程，泊位 2 个，设计年通过能力 470 万吨；广州华凯石油燃气有限公司 3000 吨级液化气码头工程，泊位 1 个，设计年通过能力 30 万吨；广州市骏宝饲料有限公司配套码头，泊位 1 个，设计年通过能力 8 万吨。2008 年广州港口主要专业码头情况见表 5-1-1。

2008 年广州港口主要专业码头情况表

表 5-1-1

码头使用性质	码头总长度/米	泊位数/个	年通过能力
集装箱码头	8951	62	522 万标准箱
石油化工码头	8488	80	3989 万吨
煤炭码头	2607	26	2981 万吨
粮食码头	1683	21	745 万吨
滚装汽车码头	416	2	33 万辆

2008 年，广州港集团对太古仓码头正式实施转型改造，对作为历史保留工业建筑的 3 个丁字型码头、8 座英式仓库以及外环境，以“修旧如旧”的方式进行外观修缮、结构加固和内部功能置换；对后方保税仓、办公楼进行保留改造，使改造项目于 2010 年初逐步完成并投入使用。改造后，太古仓码头引进葡萄酒采购中心（1、2 号仓）、展示库（3 号仓）、创意设计工作室（4、5 号仓）、电影院（6、7 号仓）、中式酒楼（8 号仓和保税仓）、游艇会等业态。

2009 年底，广州港集团生产用码头泊位增至 132 个。2010 年，广州港集团共有生产用码头泊位 132 个。其中万吨级以上码头泊位 49 个，浮筒泊位 13 个，万吨级装卸锚地 19 个（其中最大锚泊能力 30 万吨），码头泊位总长度 18179 米。2011 年，拥有生产性泊位 145 个，其中万吨级以上泊位 55 个，生产性锚地 21 个（其中最大锚泊能力 30 万吨），泊位总长度 20464 米。2012 年，拥有生产性泊位 146 个，其中万吨级以上泊位 56 个，生产性锚地 21 个（其中最大锚泊能力 30 万吨），泊位总长度 20714 米。2013 年，拥有各类码头泊位 849 个（其中万吨级以上泊位 68 个）、锚地 88 个（其中最大锚泊能力 30 万吨）、浮筒 23 个。

2014 年，广州港完成广州出海航道三期工程的竣工验收，新建投产 12 个生产性码头泊位，3 个水上巴士码头泊位（客运），2 个舾装码头泊位和 4 个工作船泊位，完成 2 个沿海码头结构加固改造项目，新增年通过能力 2700 万吨和 120 万标准箱。

第三节　港口安全

20 世纪 40—50 年代，广州港装卸作业以体力劳动为主，安全质量事故时有发生。1952—1955 年，工亡 6 人，重伤 5 人，即每通过 132. 17 万吨货物吞吐量工亡 1 人，每通过 158. 6 万吨货物吞吐量重伤 1 人。工亡率和重伤率（占年末在册职工平均人数比例）分别为 0. 41‰和 0. 34‰。1953—1955 年，货损货差事故共 311 宗，每年平均 103. 67 宗，其中以装卸不当造成的事故占第一位。为使装卸作业有章可循，确保安全质量，1956 年 12 月，黄埔港务管理局制定并施行《装卸作业安全技术操作规程》，对一般作业、船舶作业、码头仓库作业、火车作业、出海（河面）锚地作业和超长金属器材、一般五金器材、大箱头、危险化学物品，捆扎、袋、桶、散装，木材、烟胶等各种货类作业的安全技术操作规程，以及准备工作和防护用具使用保管等作出了明确规定。自此至 20 世纪 50 年代末，安全质量状况有明显好转。1956 年至 1959 年上半年，工亡 3 人，没有重伤，即每通过 547. 67 万吨货物吞吐量工亡 1 人。工亡率下降到 0. 06‰。货损货差事故 292 宗，年平均 83. 43 宗，比 20 世纪 50 年代前期年平均减少 20. 24 宗。“大跃进”后期，安全质量事故的发生率又有所回升。1960 年，工亡 4 人，重伤 4 人，即每通过 124. 75 万吨货物吞吐量工亡和重伤各 1 人，工亡率和重伤率均为 0. 27‰；一至三季度，外轮进口 95 艘次，其中化肥船 45 艘次，五金杂货船 50 艘次，货物数量均只有一艘次准确，差错率达 98% 。

20 世纪 60 年代，广州和黄埔两个港务管理局均设置科级职能部门负责安全质量管理工作，同时开始注意建立健全安全质量管理方面的一些规制。广州港务管理局建立起一周一次的安全活动日制度，通过各种方式开展以确保安全，提高以装卸作业质量为主要内容的宣传教育。1960—1966 年，工亡 18 人，重伤 39 人，即每通过 263.13 万吨货物吞吐量工亡 1 人，每通过 108.18 万吨货物吞吐量重伤 1 人。工亡率和重伤率分别为 0.21‰和 0.46‰。

1972 年 11 月 1 日起，广东省港务管理局试行《港口装卸安全规则》，除对共同安全守则做出规定外，还制定装卸作业和装卸机械安全技术操作规程。1973 年 3 月 28 日，交通部黄埔港务管理局颁布试行《港口安全管理规则》，对进出码头的一切人员、车辆、装卸机械、船舶货物（物品）及交通、防火等方面的管理做出规定。自此，装卸作业的安全质量稍有好转。1967—1976 年，工亡 22 人，重伤 72 人，即每通过 501.86 万吨货物吞吐量工亡 1 人，每通过 153.34 万吨货物吞吐量重伤 1 人。工亡和重伤率分别为 0.140‰和 0.451‰；1973—1976 年，黄埔港务管理局辖下港区的货损率和货差率分别为 0.107‰和 1.015‰。

1978 年 5 月，黄埔港务管理局贯彻“安全质量必须第一”的方针，推行码头装卸作业“四个标准化”——标准码、标准车（机）、标准堆、标准船（驳）。1980 年，广州和黄埔两个港务管理局均分别成立安全委员会，以加强对安全质量工作的领导。1982 年，黄埔港务管理局将 1972 年试行的《港口装卸安全规则》和 1973 年颁发的《港口安全管理规则》修改归并，于 6 月 1 日颁发施行修并后的《港口安全规则》。1983 年 8 月，广州港务管理局制定了《广州港务管理局港口装卸运输安全规则》。从此，广州港口货物装卸运输的安全质量管理逐步向标准化、制度化推进，生产秩序和库场布局得到改善。1977—1987 年，货损率、货差率均逐年下降。黄埔港务管理局的货损率下降至 0.004‰，货差率下降至 0；广州港务（管理）局的货损率下降至 0.003‰，货差率下降至 0.001‰。

1988—1990 年，广州港务局继续完善安全质量管理规制。1989 年 7 月和 1990 年 7 月，分别制定了《关于穿着救生衣的暂行规定》和《关于装卸原木必须采用木材抓斗的规定》（暂行）。3 年间，工亡 18 人，即每通过 504.67 万吨货物吞吐量工亡 1 人，重伤 44 人，即每通过 206.41 万吨货物吞吐量重伤 1 人，工亡率和重伤率分别为 0.22‰和 0.54‰。

1991—1995 年，广州港贯彻《广东省劳动安全卫生条例》，逐步规范安全质量管理工作。先后制定《广州港务局生产性建设工程项目职业安全“三同时”实施办法》和《广州港务局职工伤亡事故报告、统计、调查和处理试行规定》等规章制度。1991—1995 年，广州港年平均货运赔偿率为 0.64‰，大大低于部颁标准。但工亡和重伤事故仍未得到有效控制，1991—1995 年，工亡 6 人、重伤 41 人。1996—2000 年，根据交通部《水上交通安全工作纲要》，制定《广州港务局“九五”安全生产目标》。同时，进一步完善各项安全规章制度，健全各工种、设备的安全技术操作规程和各货类装卸工艺规程，编制装卸工艺规程 100 多项。1998 年 2 月，广州港务局参照《交通部直属企业事业单位领导干部安全管理责任处理规定》，制定《广州港务局安全管理领导干部责任处理规定》。1998 年 11 月，印发《关于限期整改事故隐患的通知》，清晰界定事故隐患 30 条，自此实施后，港口安全生产形势明显好转，现场作业违规操作行为大幅降低，事故隐患数明显减少。1999 年 5 月，又制定《广州港务局安全生产检查规定》，并将生产过程的安全质量管理纳入 ISO 9002 管理体系中。1996—2000 年，共工亡 3 人、重伤 22 人，其中 1996—1998 年连续 3 年没有发生工亡事故。1996—2000 年，年货运赔偿率为 0.1‰，仅是 1990 年的九分之一。

2001—2005 年，广州港千人重伤率均保持控制在 0.36‰内，安全生产形势总体较为平稳。2004 年新广州港务局成立，通过理顺监管关系，明确监管职责，避免多头管理。广州港务局印发《广州港务局安全监督管理工作制度》《广州港务局港口危险货物监督管理制度》《关于做好事故统计、事故快报等工作的通知》《广州港务局港口安全事故应急预案》《广州港务局内部安全监督管理制度》等 5 项内部安全工作制度和《广州港口安全生产监督管理规定》规范性文件，提升监管法治水平。政企分开后，广州港集团认真践行“以人为本，安全发展”理念，与时俱进，建立健全安全生产长效机制，以“平安港口、平安船舶、平安工地、平安渔业和平安旅游”建设为目标，以推动安全生产标准化工作为着力点，以基础、基层、基本功为重点，不断夯实基础工作，完善安全生产工作体制机制，2004 年颁布了《广州港集团有限公司安全生产责任人及有关部门安全职责》《广州港集团有限公司重大生产安全事故应急救援预案》，2005 年制定了《广州港集团有限公司安全规则》《广州港集团有限公司安全生产检查规定》《广州港集团有限公司对装卸承包公司生产安全事故考核规定》。2005 年，发生属广州港务局统计的企业职工伤亡事故 1 宗，重伤 1 人，辖区营运船舶发生水上交通事故 8 宗，造成 6 人伤亡（其中死亡 1 人、失踪 1 人、轻伤 4 人）。

2006—2010 年，广州港务局督促落实企业安全生产主体责任，每年 3 月召开行业安全生产大会，会上各参会企业签订责任书，年底广州港务局按照《广州港口企业安全生产目标管理考核评分标准》考核。规范危险货物港口作业行为，推进网上申报系统建设，2010 年完成危险货物港口作业申报系统升级改造。组织安全督查 40 次，开展安全生产隐患排查治理、防船舶碰撞防泄漏专项整治行动、港口风险源普查、安全生产百日督查专项行动、水运交通设施安全隐患排查等多项专项整治行动。通过下发倡议书、举办论坛、开展宣讲等活动推进日常安全生产教育活动，每年开展的安全生产月活动成为安全生产工作的重要抓手。2009 年广州港务局选取广州港珠江防污有限公司等 11 家港口企业为首批广州港务局港口突发事件应急救援基地，以此形成了应急救援队伍。2010 年《广州港口突发公共事件应急预案》由广州市政府正式发布。2006 年广州港集团实施了《广州港集团有限公司职业健康监护管理暂行办法》。2007 年制定了《广州港集团有限公司劳动防护用品管理规定》，2009 年发布《广州港集团有限公司安全管理体系建设指引》，明确把“生命至上，安全发展；安全就是生产力，安全就是竞争力；你我携手，共创平安港口”作为集团公司安全理念，提出了“创港口行业一流的安全绩效，为成为世界级综合性港口经营人保驾护航”的安全愿景和“管生产必须管安全；安全要从最高领导做起；各级管理层必须对各级的安全负责；树立‘狠抓、严管、落实’的六字方针；各级管理人员必须把安全管理转化为日常工作的自觉行为；员工必须接受安全教育，必须自觉遵守安全生产规章制度和安全操作规程，必须规范穿戴劳动防护用品，发现隐患和事故必须及时报告；安全是合作的前提，安全是上岗的条件；事故源于隐患止于遵章，违章必须得到纠正，隐患必须得到整改”的安全管理观念。2010 年制定了《劳务承包公司安全管理工作基本要求》。2006—2010 年，广州港口共发生死亡事故 5 宗，死亡 6 人；重伤事故 8 宗，重伤 8 人。

2011—2015 年，广州港务局继续落实安全监督责任和督促企业落实安全生产主体责任，贯彻“党政同责，一岗双责，失职追责”的要求，形成党政领导对安全工作负总责，副职领导各司其职、各负其责，各部门主动落实安全生产监督执法责任制，形成齐抓共管的良好局面。“十二五”期间，广州港务局共组织各类全局性安全生产专项督查 40 多次，开展打非治违、三打两建、危险货物集装箱瞒漏报专项整治、安全生产百日行动、油气管线专项整治、粉尘作业场所专项整治、安全生产大排查等多项专项整治行动，及时排查整治一大批安全隐患，切实加强现场监管。2015 年 8 月 12 日天津发生重大安全事故后，广州港务局全面梳理和强化港航安全生产工作，对港口危险货物作业企业开展地毯式反复督查检查和严厉整顿，立即暂停所有危险货物作业资质申请及临时作业申请，坚决要求不符合现行最高国家标准的企业自行退出市场。危险货物集装箱企业中，注销危险货物全部作业资质的 4 家，关停 8 家危险货物堆场，危险货物堆存企业由 17 家减少到 9 家；液体化工企业中，注销作业资质的 1 家；暂停危险货物作业的 6 家；减少作业品种的 7 家，有效保障“十二五”时期广州港口安全。2012 年，西基港务分公司成为广州市安全文化建设示范企业。2013 年出台了《单位主要负责人和领导班子成员现场带班指导意见》，新港港务分公司成为广州市安全文化建设示范企业。2014 年实施了《广州港集团有限公司生产安全事故领导责任追究规定》。2015 年天津港发生重大安全事故后，广州港集团有限公司迅速出台了《广州港集团有限公司危险货物安全监督工作机制》。2011—2015 年，广州港口共发生死亡事故 2 宗，死亡 2 人；重伤事故 5 宗，重伤 5 人。

2006—2015 年广州港口生产安全事故情况见表 5-1-2。

2006—2015 年广州港口生产安全事故情况表

表 5-1-2

年份	死亡宗数/宗	死亡人数/人	重伤宗数/宗	重伤人数/人
2006	4	5	2	2
2007	1	1	2	2
2008	0	0	3	3
2009	0	0	1	1

续表

年份	死亡宗数/宗	死亡人数/人	重伤宗数/宗	重伤人数/人
2010	0	0	0	0
2011	0	0	3	3
2012	0	0	0	0
2013	0	0	0	0
2014	1	1	2	2
2015	1	1	0	0

第二章　航道管理

为保证航道畅通无阻，广州港相关航道管理部门实时对珠江出入口及其他支流进行有效航道维护和航道管理，确保出入港口船只安全顺利通过。

第一节　航道维护

交通部广州航道局于 1973 年 4 月成立，是隶属交通部的国家预算外事业单位。其职责范围主要是担负华南沿海地区（由福建省诏安湾至广西防城港）各港口航道的规划、建设和维护，以及负责各港口航道的航标设置与维护。

1987 年 1 月 3 日，广州航道局将航标测量处业务划给交通部广州海上安全监督局管理。自此，广州航道局成为交通部下属的一个大型一级航道施工企业，对华南沿海港口航道不再承担管理职能。

2004 年后，新组建的广州港务局认真贯彻执行《中华人民共和国港口法》《港口危险货物管理规定》和《港口经营管理规定》等有关法律法规。在行业管理中，建立健全一个窗口对外制度、行政许可公示制度、一次性告知补正制度、听证制度、作出不予许可决定说明理由制度、办事指南制度、限时办事制、首问首办责任制等制度。

2005 年广州港务局受理批复与通航有关的建筑物设施 20 项，其中桥梁 4 项、水管 3 项。

2006 年广州港务局共下发 13 项安全检查和专项整治的通知，组织了 7 次全局性的安全检查和专项整治行动，2 次安全督查行动，针对重点部位、重点作业场所以及薄弱环节进行检查。据统计，全年广州港务局共发出检查意见书 429 份，提出需改进和加强管理的检查意见 790 项。

2007 年国务院先后批准实施《全国内河航道与港口布局规划》《国家水上交通安全监管和救助系统布局规划》。是年，广州港务局加快推进航道管理有关制度和规范性文件的制定，开展内河港、航道、锚地等规划研究工作，认真编制《广州市内河港口岸线利用规划》《广州港港区航道详细规划》和《广州港锚地规划》。

2008 年经广东省人民政府批准，由广州港务局和广州航道局联合组建的广州水上交通检查站于 7 月 30 日挂牌成立。水上交通检查站主要行使水路运政、航道行政、规费稽查等职能。全年出动执法船艇执行流动检查 27 航次，出动执法人员 135 人次；检查船舶 101 艘次 94095 吨。航道部门通过视频监控系统检查过往船舶 126 艘次 108415 吨。同年，为加强港区航道法规制度建设，《广州港港区航道管理办法》正式发布，初步建立港区航道监管工作机制。

2009 年水上检查站全年出动执法船只 51 航次，执法人员 255 人次，检查船舶 295 艘次。同年 12 月 1 日省港航三期业务网上办公系统正式启用，水路运输审批事项实现网上申报审批。核查水路运输企业 121 家，核查通过率 90.1%。核查营运船舶 1214 艘，核查通过率 88.5%。核查水路运输服务企业 106 家，核查通过率 89.6%，未通过核查的企业和船舶做后续处理。

2010 年会签审批通过船舶 1870 艘次，核对船员身份信息 12351 人次，现场检查船舶 525 艘次。

2011 年广州港务局全年出动执法船（车）431 艘次，出动执法人员 1262 人次，巡查航道里程 6516 千米，确保了广州港区航道畅通、船舶航行安全。《广州港出海航道水域调度管理规则》的颁布实施，进一步加强广州港出海航道水域管理。

2012 年广州港务局初步完成了由广州港务局牵头开展的交通运输部《港口安全生产事故应急预案管理办法》研究。

2013 年广州港实施《广东省水路运输企业行政监管试行办法》和《广东省水路运输行业诚信管理试行办法》，修改完善《广州港口经营监督管理办法》和《广州港口企业信用体系建设实施办法》，行政效率和服务水平不断提高。同年，广州港港航协会珠江游专业委员会成立。

2014 年广州港务局共检查港航企业 694 家次，查出生产安全隐患 354 条，出具责令整改通知书 58 份，做出行政处罚 16 项。全年共组织开展 3 期港航企业安全法规和环保培训，17 期免费送教上门活动。

2015 年《中华人民共和国航道法》正式实施。同年，交通运输部通过并公布《内河运输船舶标准化管理规定》《中华人民共和国防治船舶污染内河水域环境管理规定》等法律法规，广州港的航道航运管理工作得到进一步细化和保障。

第二节　航标管理

一、古代塔类航标建筑

古代，广州港的航标大多是塔类建筑，主要有怀圣寺、莲花塔、琶洲塔、赤岗塔等。

怀圣寺又名狮子寺，俗称光塔寺，位于广州越秀区光塔路，是中国南方四大古代清真寺之一。此塔建于唐贞观年间，具有阿拉伯风格，高 36 米，青砖砌筑，底为圆形，表面涂有灰沙，塔身上开有长方形小孔用来采光。塔内有二螺旋形楼梯，绕塔心直通塔顶。因教徒在诵经时常在塔顶用阿拉伯语呼喊“邦卡（呼唤之意）”，也被称为“邦卡楼”。粤语里“邦”与“光”谐音，另外塔位于珠江边，唐时入夜后塔顶悬灯来为来往的船只导航，故人称“光塔”或“番塔”。塔顶部用砖牙叠砌出线脚，原有金鸡立在上面，可随风旋转以示风向，明初被飓风吹落，1934 年重修时改砌成尖顶。

莲花塔为明代砖塔。该塔坐落在番禺莲花山，是在明万历四十年（1612）由番禺举人李惟凤等建成，原名“文禺塔”；因莲花山多砺石，又名“石砺塔”；又因其东山坡有一块天然狮形岩石，故又称“狮子塔”。由于它是从水路进入广州见到的第一座塔，又有“省会华表”之称。莲花塔属楼阁式砖塔，平面八角形，外观9级，内连暗层共11层，层层铺设木楼板。粉墙红柱，绿琉璃瓦，八角攒尖顶。塔总高约50米。各级以砖牙挑出瓦檐，平座，八面设门、窗或龛。平座狭窄，不便行走，另在塔壁内砌砖级，盘旋而上顶层。1981年，莲花塔由港澳名人捐资重修。现为省级文物保护单位。

琶洲塔建于明万历二十八年（1600），塔为八角形楼阁式砖塔。内撑为八角直井式，外观9层，内分17层，高50余米。屹立在琶洲的山岗上，充当着导航标的作用。琶洲原称“琵琶洲”，位于东南珠江的南岸，原为江中沙洲，现已和南岸相连，因古时沙洲轮廓颇似琵琶而得名，因其地处珠江要道，故又被称为“会城水口”。琶洲塔耸立在琶洲上，一开始是作为风水塔而建立的。

赤岗塔位于广州大桥东南面的新市头，是广州市现存的古塔之一。地处赤岗，故名。兴建于明万历四十七年（1619），是继琶洲塔、莲花塔之后修建的第三座“风水宝塔”。琶洲塔、莲花塔、赤岗塔是古代外国商船进入广州的主要航标，被称为“广州三塔”。

二、粤海关航标设置与维护

清同治七年（1868）三月，粤海关海务科管理沿海及内河灯塔、灯桩、浮标、雾号和其他各项航行标志。建设航行标志和灯塔事宜由港务长管理，巡视灯塔及辅导航行事宜由海务科巡工司管理。清光绪七年（1881）以后，港务科一切事务改由海务科总工程师及巡工司分别管理。到民国元年（1912），海务科总工程师事务被划出，另外成立工程局（后改为工程科），余下事务均由海务科巡工司负责。至光绪七年，通往广州港的广东沿海三段水道设置了航标49座。东部沿海至珠江口有：东澎岛、鹿屿、表角、石碑山、遮浪角、横栏及马尾洲等7座灯塔；南部沿海至珠江口有：临高、关涺尾、海口角3座灯塔及海口炮台灯桩和木栏头灯浮；黄埔港至广州内港设置了警船灯塔、浮标、灯桩共37座。

晚清期间，粤海关在华南沿海、江河水域设置了助航设施，建造了部分灯塔。自清朝以后，南海海区及内河航道逐步建造了灯塔、灯桩、浮标、雾号等航标。早期通常采用废旧沉船悬挂灯器作为航行指南。专门建造的灯塔、灯桩，开始使用普通石头、生铁等作材料。咸丰九年（1859）建造的海珠炮台灯桩使用石桩。同治十三年（1874）建造的南澎高岛灯桩、光绪六年（1880）建造的表角灯塔，均用生铁铸成。后来出现了锻铁和花岗岩灯塔，光绪元年至六年（1875—1880）建造的石碑山灯塔使用锻铁；光绪十六年（1890）建造的马尾洲灯塔由花岗岩石砌成。光绪三十年（1904）建造的南亭石碑灯桩为黑色圆形木桩。此后，航标体材料多采用混凝土和砖建造，成本低且不易锈蚀。光绪三十二年（1906）建造的金锁排灯塔为白色方形砖塔，宣统三年（1911）建造的大濠洲灯桩为方形混凝土结构。航标体的形状有方柱体、圆柱体，还有碉堡状等其他形状。民国五年（1916）建造的海口炮台灯桩体为一白色铁杆，民国十二年（1923）建造的奇岙灯塔为钢铁矮圆柱形。

警船灯塔：粤海关在黄埔外港至广州内港，共建警船灯塔21座。这21座灯塔，按当时报外交部的统一编号为第四至第二十四号。其中第四、第五号分别设于海珠炮台航路之北的大浪石和三浪石上，置灯各一盏。第六号设于海珠炮台航路之南的二浪石上，置灯一盏。道光二十四年（1844），有一艘叫“伶仃号”的美国鸦片趸船行驶至海珠炮台附近时，触礁沉没，深陷泥中。当时，人们在拆卸该船的过程中，鉴于一段高出舱面约2.1米的前桅甚难起出，便将其留下，权为灯杆，用来悬灯。第七、第八号设于猎德拦河闸上，置灯共二盏。第九至第十二号分别设于鱼珠炮台拦河闸南北两口，置灯共四盏，南北口各两盏。第十三号设于新造水东裕园大尾沙地方，置灯一盏。第十四、第十五号设于新造水大石杉北，置灯共二盏。第十六号设于海心岗北角，置灯一盏。第十七至第二十号分别设于长洲木桥南北两口，置灯共四盏，南北口各两盏。第二十一至第二十四号分别设于龙船沙南边铁桩拦河闸南北两口，置灯共四盏，南北口各两盏。

金锁排灯塔：金锁排又名亚娘鞋，位于东经113°37′20″，北纬22°47′26″，在虎门最狭处水道中间，是一浅水暗礁，仅有10平方米的礁石露出水面，像一把金锁锁住了珠江进出口水道。船只夜间经此航行非常危险，随时有触礁之虞。光绪三十二年，在礁石顶上，建造了两层红色方砖灯塔一座，灯塔高11米，灯质闪白光2.5秒，光线射程10海里。1931年5月曾遭雷击，后被修复。此灯塔建筑规模不大，但对船只安全航行极为重要。

黄沙礁石灯浮：1912年4月20日，在港口西段黄沙与石围塘之间的礁石浅滩北，建立了一个表面涂黑的助航灯浮。该灯浮夜间闪耀绿色灯光，被称为“黄沙礁石灯浮”。

舢舨洲灯塔：舢舨洲在虎门下流约8千米处，位于东经113°36′7″，北纬22°43′25″，为一露出海面约13.7米的小岛。1913年，粤海关计划在此岛建筑一座有红、绿、白三种颜色的灯塔，在施工过程中，改为单一白质灯。该灯塔于1914年建成，灯塔高31米，为六角形白砖结构，明灭周期5秒，射程15千米。该灯塔于1915年3月30日首次闪光。

新洲角灯桩：1914年，夜晚能发出红光的新洲角灯桩于黄埔港建立。此灯桩是为了给那些绕过沙煲沙东南端突出的小沙嘴的航海者提供指引而建立的，1914年4月10日首次放光。

1914年6月2日，在花地江岸建立了一个黑色小灯浮，用以标明芳村礁北部边沿的位置。该灯浮在日落和日出之间发放绿色灯光。

汾水头信号灯标：1914年7月，夜间发红光的汾水头信号灯标于草头沙通道的北岸建立，面对曼恩角，满足了从海心岗向西航行的航行者的需要。该灯标在7月31日首次发光。

1914 年，3 个海珠灯塔的灯由平面玻璃定光汽油灯改换成了电石折射闪光灯。这些新灯于 1914 年 11 月 27 日夜间启用。

沙涌礁浮筒：1920 年 1 月 12 日，一个黑色助航浮筒在港口的后航道设立，以表明怡和洋行码头外存在的礁石，该浮筒夜间显示绿光，被称为沙涌礁浮筒。

横门灯桩：设于光绪三十一年（1905）。横门位于珠江伶仃洋进口之左内侧，为往返广州、江门及梧州的船舶所必经的交通要道。此处共设两座灯桩：其建筑共分两层，底部地基以五根螺旋铁柱打入沙滩；上层用作寝室；最顶树以灯杆。建桩之初，采用的是六等单芯燃油明灭相间灯，烛力 114 支。1920 年，方改置六等电石闪光灯，烛力 400 支。灯高出水面约 12. 2 米。

警船灯桩：7 座警船灯桩，编号为第一至第七号。其中第一、第二号分别设于海珠炮台大浪石和小浪石上航路北，置灯各一盏。第三号设于海珠炮台二浪石上航路南，置灯一盏。第四号设于新造水东裕园大尾沙，置灯一盏。第五至第七号设于新造水大石杉北所有大石闸地方北，置灯共三盏。

警船灯浮：9 座警船灯浮，编号为第一至第九号。其中第一号设于海珠炮台濠口礁，置灯一盏。第二号设于海珠炮台海心沙，置灯一盏。第三号设于大黄滘炮台横生石东北角，置灯一盏。第四号设于南石头西南角，置灯一盏。第五号设于白蚬壳水道凤凰冈石西南角，置灯一盏。第六号设于珠江白鹅潭横矶石乱礁北角，置灯一盏。第七号设于花地礁北角，置灯一盏。第八号设于新造沙烙村对面水道中，置灯一盏。第九号设于马骝洲海道中向南三十余丈处，置灯一盏。

1922—1931 年，广州地区的助航设备变化不大，没有建立新的灯塔。1927 年，在黄埔鱼珠闸原来标明民船通道的两个灯标已经移去，不再照明。近 1929 年底，海心岗灯塔周围筑了一堵挡护墙，以防冲蚀。1931 年 5 月，金锁排灯塔遭雷击，部分石阶和灯塔入口的栏杆被毁坏。港口内的助航设备，如系泊浮筒、礁石标志等，一直受到精心的管理，但也经常被经过的小船和木筏子冲撞而受到损毁。1922 年在前后航道处建了许多向河岸凸出的栈桥。在白蚬壳的海关浮标厂建了一个钢筋混凝土的小型栈桥。1929 年一座跨越珠江两岸的大桥在前航道开始兴建，1933 年建成，称为“珠江大铁桥”（后称为“海珠桥”），该桥是钢结构，属活动型，长 180 米，宽 18. 3 米，连接广州市珠江两岸，标志着广州口岸发展进入一个崭新的时代。

三、广州航道局航标设置与维护

中华人民共和国建立后，航标管理逐步规范。广州内河共设助航标志 2 类 8 种。广州航道局根据广州区内每一条航道的通航状况及货运量情况，对航标配布设置进行论证，依照国家内河助航标志及广东省航道局有关航标设置规定进行配布设计。广州辖区航道航标设置分为航行标志和专用标志 2 类 8 种：过河标、沿岸标、侧面标（浮标、灯桩、灯船）、示位标、泛滥标、桥涵标、管线标、专用标。有航标设置的航道为 15 条，设标里程 246 千米，设置发光标志 108 座、不发光标志 55 座，代管桥涵标

380 座、管线标 72 座、专用标 13 座。

广州航道局维护的助航标志共 629 座，其中岸标 103 座、水标 6 座、代维护桥涵标 380 座、管线标 72 座、专用标 13 座。

1994 年，广州航道所与市机电工业研究所合作研制出发光二极管光源航标灯，同年将发光二极管光源航标灯安装白坭水道航标上试用。1997 年，广州辖区航标全面应用发光二极管光源航标灯。该光源航标灯具有高效、节能、寿命长、光色鲜明、识别性强、技术性能稳定可靠的优点，并可降低工人的劳动强度，是一种较理想的新型航标灯光源。

1994 年，白坭水道、流溪河航标应用太阳能电池配套阀控式铅酸蓄电池替代太阳能配套镉镍蓄电池及其他蓄电池作为航标灯电源。

1997 年 12 月，建成白坭水道赤坭水位站远程水位实时监测、遥测系统，1998 年 5 月通过验收投入使用。该遥测系统集传感器、计算机和网络通信等技术于一体，系统计算机可连续保存 6 个月内的水位数据，可随时掌握航道变化情况，及时向社会发布航道信息。

1998 年，在市桥水道、西樵水道、小虎西水道的 17 座航标上应用反光膜材料，即在镀锌钢管航标杆上贴上反光膜替代以往航标杆上的油漆颜色。至 2015 年，反光膜材料在全省航标上推广应用。

1991—2000 年广州市内河航标维护工程量统计见表 5-2-1。

1991—2000 年广州市内河航标维护工程量统计表

表 5-2-1

年份	维护里程/千米	维护正常率/%	年份	维护里程/千米	维护正常率/%
1991	57	100	1996	271	100
1992	57	100	1997	271	100
1993	63	100	1998	271	100
1994	64	100	1999	416	100
1995	64	100	2000	570	100

1987 年，广州港实行航标制式改革，调整更换不符合国家标准的助航标志。1996 年，在白坭水道航道建设工程中，对全线航标进行更新改造，改造航标 41 座，增设航标 3 座，全部采用新型航标灯及新能源：使用发光二极管做光源，采用 3 瓦太阳能充电器配两个 6 伏、10 安时免维护电池供电。

2000 年，广州市航道局设有一类航标和重点航标两类等。广州区内有 4 条航道按一类航标配设，设标里程 85 千米。广州区内共有 11 条航道设置重点航标，设标里程 161 千米。

进入 21 世纪后，广州港航标逐步完成改造，至 2015 年，广州辖区内航标灯全部采用发光二极管作光源。

第三章　口岸管理

广州港不仅是物流中心、贸易中心，还是国际航运中心，每天处理进出口流通货物量巨大，口岸管理的工作至关重要。口岸管理又主要分为海关管理、卫生检疫、商品检验。口岸管理工作属于广州港的安全保障工作，为广州港平安稳定发展保驾护航。

第一节　海关管理

1949年10月25日，广州市军事管制委员会正式接管粤海关，自此旧海关变为独立自主的人民新海关。广州海关的基本任务是：监督管理进出广州港的货物、运输工具、旅客行李及邮递物品，征收关税和其他法定由海关征收的税费，查禁走私以及编制海关统计。1950年1月31日，粤海关改称“中华人民共和国广州海关”，直属海关总署。

1955—1956年，广州港的对外贸易已由多种经济成分逐步转为单一的全民所有制经济，广州市内的外贸部下属专业进出口公司已能控制全部进出口货物。

20世纪50年代中期，广州口岸进出境邮递物品逐年增多，东南亚国家邮寄进口小包尤甚，为全国海关监管数量之冠。广州海关从各方面提高验包效率，按照“自用合理数量”的原则，合法合理地掌握不同对象的征免验放尺度。

1959—1961年，从国外和港澳地区邮寄进口粮油、副食品大量增加，仅1961年自广州进口邮包即超过900万件。广州海关集中人力，优化组合，针对当时进口邮包小的特点，改进检查技术，简化验征程序，加快验放。

1967年下半年始，停征对国营外贸专业公司进出口货物的关税，中断海关统计的编制工作。因1968年底大批干部下放劳动，1969—1970年广州海关仅有200余人维持工作，并曾一度停止对进出口货物的实际监管。1971年，执行全国海关关长会议决定，将工作方针从“经济政治保卫”改为“政治经济保卫”，导致工作中对非贸易性的物品监管过严偏紧。

改革开放后，黄埔分关改为直属海关总署的独立海关，广州港进出口业务由广州海关和黄埔海关共同监管。1980年，广州口岸海关恢复编制统计。为使海关统计更好地为国民经济、社会公众服务，广州海关引入先进科技设备，开发统计业务系统，来保障统计数据准确性并提高工作效率。1983年率先以数据磁带报送方式代替统计原始资料邮寄，1990年以计算机网络方式代替磁带报送，大大提高海关统计的时效。1999年，黄埔海关配合全国的打击走私行动，针对国内主要进口商品进行专项分析，通过提供数据分析，该关调查部门查获新闻纸走私大案，补税1000万元。

广州港南沙港区内海关监管的货物总值从2006年55亿9000万美元上升至2008年的109亿1000万美元；海关监管货运量从2006年的604万吨上升至2008年的1025万吨，海关征收税收入库从2006年的35亿4000万元人民币上升至2008年的57亿7000万元人民币。其良好的物流环境和地理优势，造就了区域内海关特殊监管区域的多样性发展。

2005年6月，黄埔海关全面启动来往港澳小型船舶快速通关系统，加强对来往港澳小型船舶的监管。2007年8月20日，黄埔海关与广州海关共同推出的措施如下：一是支持启动“珠江驳运快线”，提供多种通关方式和优质服务；二是实施“舱单互认、就地报关”，实现货物在两个港区之间更有效率地配置和流动；三是开展“监管互助、数据共享”；四是支持白云机场在东莞地区设立并开展“航空异地货站”业务；五是全面推广“属地申报、口岸验放”。同年10月，广州港黄埔海关和广州海关制定共同支持广州海港发展措施，联手推出“舱单互认”业务。2008年，在广州口岸查验与船舶进出港签证当中，办理国际航行船舶进出口查验60760艘次（含港澳航线），比上年增长1.3%；办理中国籍船舶进出港签证604918艘次，比上年减少12.1%；办理定期签证7912艘次，比上年减少15.4%；办理国际航行船舶进口岸审批手续6689艘次，比上年减少18%；办理国际航行船舶临时靠泊非开放口岸码头1655艘次，比上年增长21.9%。2009年1月，台湾地区首艘直航珠三角地区集装箱货轮顺利抵达广州黄埔港，华南地区台湾集装箱直航快线正式开通。2009年3月25日，广州港南沙海关正式挂牌开关，南沙海关开始正式对外办理海关业务。

2010年，广州海关在南沙保税港区推广“属地申报、口岸验放”通关模式，与南宁、长沙、武汉、贵阳、南昌、乌鲁木齐、黄埔、青岛等海关签订合作备忘录，在现场设立“属地申报、口岸验放”专窗，确保货到即报即查，提升货物通关效率。据海关统计，2010年南沙新港共办理“属地申报、口岸验放”报关单511票。同时，南沙海关在南沙海港设立了亚运物资服务专窗，畅通通关“绿色通道”。

南沙保税港区2009年8月31日正式封关运作至2011年的18个月间，进出口货运量为388万吨，同比增长56%，货值47亿美元，同比增长62%。广州海关在南沙保税港实行周末无休的“5+2”工作制，货物卡口验放作业7×24小时进行，对国际大货轮接驳货物实行“一次申报、一次查验、一次放行”。2011年7月，广州海关与马士基（中国）航运有限公司广州分公司签署合作备忘录，双方在信息沟通、数据交换、法律宣传、业务咨询、贸易安全维护、通关便利、优化管理等方面进行合作。

2012年，广州港集团在口岸工作方面实行南沙港区七天常态工作制、内外贸隔离、“三个一”（一次申报、一次查验、一次放行）通关模式、FS6000集装箱检测设备安装、进口舱单分拨等业务。

2013年，广州港集团重点推进沙特基础工业公司南沙DIT项目，与广州海关沟通操作模式，并取得海关书面确认，协作美国总统轮船公司取得国际中转操作模式的书面答复。是年客户、代理、船东、港口签订四方协议，于12月宣布项目启动。此外，广州港集团还跟进海关“绿篱”行动、无纸化报关、新舱单管理系统切换、智能海运系统、查验中心流程优化等工作。

2014年5月，黄埔海关全面上线运输工具监管系统和新舱单管理系统，加强对进出境运输工具和载运货物的监管。同年，广州港集团加快推行无纸化通关、分类监管、跨境电子商务网络监管等创新措施，实施24小时预约通关、“5+2”工作制度、“全关通”、“区域通关一体化”等改革措施。广州口岸通关申报时间减少约30%，查验时间及费用均节省约50%。2014年，保税港区实现进出区货值56.03亿美元，比上年增长47%，区内企业进出口66.92亿美元，比上年增长1.47倍。

2015年7月8日，广州海关下属南沙海关率先试点口岸查验配套服务费用改革，使货物查验没有问题的企业不再需要像以往一样向码头经营单位支付查验服务费用，改为由政府支付。是年，南沙港有国际航线63条，逐步成为连接内河、贯通海上丝绸之路的航运新枢纽。2015年，南沙汽车码头共进口整车1632辆，申报金额6456.3万美元，涉及税款（包括保函）3.29亿元。推进海工装备发展，助力全球海工装备最先进、工程量最大的项目“玛丽卡号”和“萨卡里玛号”顺利完工交付。同时，广州海关还创新监管模式，支持保税展示、保税维修等业务落户南沙。同年8月10日，广州海关在南沙率先将口岸部门管理“信息互换、监管互认、执法互助”的理念延伸至地方商事“一照一码”改革，实现企业统一社会信用代码在进出口监管环节的实际应用，属国内海关系统首创。创新企业管理模式落地实施“企业协调员”“海关AEO互认”“企业注册登记改革”“企业信用信息公开”“引入中介机构核查”等5项制度。

第二节　卫生检疫

鸦片战争后，外国兵舰、商船在中国领海、内河横冲直撞，迅速发展的海运给疾病传播创造条件。但当时外国商船入境，广州港的卫生检疫由帝国主义直接控制的粤海关兼办，即粤海关下属的理船厅办理检疫工作。检疫官是英国领事馆的英国医生，卫生检疫权掌握在外国人手中。

直至1925年，在省港大罢工反帝爱国热潮的影响下，广东省政府决定筹备建立自己的海港卫生检疫机构广州海港检疫所，由中国人自己创办和管理，将船舶商品卫生检疫权从帝国主义手中夺回来。海港检疫所所址原计划设于虎门，后因经费太大，改设于南石头和黄埔两处，作为检疫站。南石头主要负责内港的检疫工作，黄埔主要负责外港的检疫工作。由于当时国民政府没有设立卫生部，广东省政府也没有卫生厅，因此检疫所总部就设在广州市卫生局内。至1926年5月，各项筹备工作已经就绪，由国民政府外交部正式通知驻穗各国领事馆，所有外国船只进入黄埔港和广州内港，均需由广州海港检疫所施行卫生检疫。同年8月，广州海港检疫所正式取得国际上的承认。此后，广州海港检疫所担负着港口卫生检疫的任务。据检疫所记录统计，黄埔和南石头这两个检疫站，1933年检疫的船舶达1090艘，乘客45185人，共63702航次（见表5-3-1）。

1933年广州海港检疫所卫生检疫船只及乘客统计表

表5-3-1

项目	中国船只数量/艘	英国船只数量/艘	荷兰船只数量/艘	法国船只数量/艘	挪威船只数量/艘	智利船只数量/艘	丹麦船只数量/艘	日本船只数量/艘	船只数量/艘	乘客数量/人次	航次/次
黄埔	273	79	27	11	47	1	2	0	440	15374	24221
南石头	145	358	4	8	75	1	0	59	650	29811	39481
合计	418	437	31	19	122	2	2	59	1090	45185	63702

中华人民共和国成立后，广州海港检疫所改称广州交通检疫所，主要业务是船舶检疫、发布港口疫情通告、蒸熏除鼠、除虫消毒、预防接种和门诊等工作。1953年，根据卫生部通知，该所改称中华人民共和国广州检疫所，1985年改称中华人民共和国广州卫生检疫所，1992年又改称中华人民共和国广州卫生检疫局，隶属卫生部领导。

1960—1965年，印度尼西亚政府大肆排华，大批华侨从印度尼西亚的天花、霍乱流行疫区回国。广州检疫所派出医师在珠江口桂山引水锚地登轮，对乘船经广州入境的旅客进行沿途检疫，对近十万名未接种天花疫苗者进行接种。

1978年，随着粤港经济发展，广州与香港开通飞翔船客运后，在广州设置检疫所。1979年，根据原卫生部、交通部《国际航行船舶试行电讯卫生检疫规定》，开始对国际航行船舶实施电讯卫生检疫，无须在锚地抛锚候检，方便了运输。1986年，随着世界各国的艾滋病患者日益增多，广州卫生检疫所开始对艾滋病、性病进行监测。1989年7月6日，对民主德国货轮“桑格豪森号”入境时不悬检疫信号，未实施入境卫生检疫，根据中国的检疫法处以罚款1500元。

1999年11月，广州进出口商品检验局、广州卫生检疫局和广州动植物检疫局“三检合一”组建成广州出入境检验检疫局，隶属广东出入境检验检疫局，为副厅级行政单位，并有独特的驻邮局、会展业务。

2013年7月，广州港口岸顺利通过口岸核心能力建设验收。2014年，《质检总局关于规范进境粮食指定口岸措施的公告》中正式公布首批进境粮食指定口岸，南沙粮食通用码头名列其中，顺利获取进境粮食的许可资质。2015年底，广州港南沙口岸大通关机制正式建立，南沙检验检疫局已与南沙海事处、广州港务局海港分局联合签署南沙区口岸单位三方“三互”（信息互换、监管互认、执法互助）合作备忘录。

第三节 商品检验

在正式成立广州商品检验局之前，广州已成立农矿物检查所，办理人造肥田料的进口检验和水产品的进口及出口检验；由隶属于广东省政府建设厅的广东生丝检查所办理生丝出口检验。这两个检查所的业务性质同于商检局。1930年6月，广州商品检验局正式成立，负责粤、桂、闽三省的商检工作，下辖江门、汕头、福州、厦门四个分处。当时商品检验还没有制定组织规章，一切组织和人员配置只能遵照成立较先的上海等局酌量办理。广州商品检验局设置秘书室、事务处及化验处，后增设牲畜正副产品检验处及农作物检验处。

1931年工商部和农矿部改组合并为实业部，广州商品检验局奉令接并广州农矿物检查所，遂改称为实业部广州商品检验局。胡弘成为改组后的新局局长。合并后，原有的事务处和两个检验处依旧；新接并过来的水产品检验组、植物病虫检验组均改称为检验处；化验处改组为化学工业产品检验处，有化肥、食糖、面粉、油类、罐头等项检验。

1934年陈济棠在西南政务会议上提议撤销广州商品检验局，议案获得通过。但不久西南政府解体，实业部稍后也改为经济部，广州商品检验局又筹复办。刘厚为复办后的广州商品检验局局长。局址设在泰康路华安楼。后来，也将一直想接收而未得到的广东省建设厅生丝检查所接收过来，改为蚕丝检验组。该局依照组织规定，分设事务、检验两处。事务处下分报检、文书、财务、庶务各股；检验处按开检商品类别分为各检验组和一个采样股。

1949年10月25日，广州商品检验局被中国人民解放军广州军事管制委员会接管，改名为广州市人民政府工商局商品检验处，并核定编制25人。分设总务、报验两课及检验、会计两室。1950年6月，广州市人民政府工商局商品检验处改名为中央贸易部广州商品检验局。根据国家对外贸易实行统治政策，结合广州地区具体情况临时制订了《广州商品检验暂行条例》作为开展工作的依据。随着国家社会主义建设和商检事业的发展，根据对外贸易政策和机构调整、体制改革，以及适应改革开放、加强进出口商品质量把关服务等需要，至1987年底广州商品检验局的名称及隶属关系先后变更了11次。

1950年以前，包括广州港在内的全国沿海港口只有传统的法定检验及委托检验两种。经过开发，至1987年先后增加了公证鉴定、地方法定检验、签发普惠制产地证、出口食品的船舱或集装箱检验、包装检验、食品卫生检验、国外委托检验、出国检验等8项新业务。自1984年后，一切进出口商品都必须经过检验，同时对进出口商品进行全面的监督管理。

1950年只施检出口商品25类203种、进口商品4类17种，至1987年增至施检出口商品42类307种、进口商品18类68种。从1954年起，经检“合同规定须商检”的进出口商品逐年增多，到1987年经检此类出口商品递增至435种。法定检验工作，分进口商品检验及出口商品检验两部分。检验每种商品，除依规定抽取代表性样品外，根据商检机构人员、设备、技术条件及商品的具体情况或有关规定，分别采取不同的检验方式方法。采用任何一种检验方式方法，都以把好质量关、促进生产为目的。

1955 年，采取抽样和检验两项工作“一竿子到底”的做法，目的是使检验人员能够了解商品结构、抽样方法和抽取样品数（重）量、样品处理方法及货物仓储等全过程，以利于进行检验。据此，广州商品检验局改革陈规，将原设在报验部门的拣样组撤销，把全部拣样人员分别调配到各个检验室，由各主管检验人员领导、指导、协助进行取样。

20 世纪 50—60 年代，广州商品检验局对证书格式、内容、用语、装潢等方面做过多次革新。特别是对公证鉴定向外索赔证书，借鉴国外较先进的经验，改进检验证书的形式、格局，提高证书质量，为索赔争议提供了优质有效的凭证。1978 年 2 月 7 日，外贸部商检总局强调“商检证书是进出口商品品质、数量、包装等方面的交接凭证，是商检政策和技术水平的全面反映，证书的优劣，直接关系到国家政治经济利益”。据此，广州商品检验局总结多年的实践经验，制定了《报验、审签、出证规定》，对每个签证工作环节和工作流程都提出了具体要求。同时，实行了岗位责任制，严格执行审签制度，使证书质量进一步提高。

20 世纪 80 年代，检务工作采用了更科学的管理方法。1984 年，国务院发布的《中华人民共和国进出口商品检验条例》规定，一切进口商品检验合格后，始准安装投产、销售及使用；检验不合格者，发证由订货部门向外索赔或作退货、换货、降价等处理。1988 年，广州口岸商品检验机构完成进出口商品检验 4.9 万批，商品总值达 119.36 亿元（包括部分本省各市局处送交广州商品检验机构检验部分，下同），比上年增长 16.93%。其中：检验出口商品 4.03 万批，总值达 35.07 亿元；发现不符合出口要求的有 1614 批，占 4.01%。检验进口商品 8695 批，总值达 84.29 亿元；发现不合格的有 1716 批，占 19.74%。据不完全统计，对外提赔金额达 572 万美元，对部分不合格到货作了换货、退货、补货处理。全年共完成水尺计重、货载衡量、验舱、集装箱检验、出口危险商品包装检验、出口一般商品包装检验以及国外委托检验共 2.35 万批，较好地发挥了公证鉴定业务在涉外经贸活动中的作用。共签发普惠制产地证 5.12 万批，签证金额 8.62 亿美元（包括部分地市出口签证），为出口商品取得进口给惠国减免关税的优待、提高竞争能力提供了条件。

20 世纪 90 年代，商品检验的相关法律法规逐步完善。按照国家规定，列入《商检机构实施检验的进出口商品种类表》（简称《种类表》）的和对外贸易合同约定须经商检机构检验出证的进出口商品为商检机构法定检验的商品。1995 年 9 月 16 日，广州进出口商品检验局正式成立。在 1995 年 4 月 26 日起执行的《种类表》中，进口的法定检验商品为 18 类 2011 种。对法定检验以外的进口商品，按照“先验收后商检”的原则办理，即首先由收用货单位自行验收，发现问题需对外索赔时，才向商检机构申请复验；经商检机构复验判定，确实存在质量问题或者残损、短缺的，则签发商检证书，给予向外方提出索赔的证明。因此，商检机构对非法定检验进口商品的监督管理，主要是督促收用货单位自行验收。

1991—2000 年广州口岸进口商品检验情况见表 5-3-2。

1991—2000 年广州口岸进口商品检验情况表

表 5-3-2

年份	检验批次/次	商品总价值/亿美元	不合格批数/次	应索赔金额/万美元
1991	6674	97.54	1540	500
1992	6249	107.78	1555	1300
1993	5906	154.09	578	900
1994	7329	34.10	515	2191
1995	8669	31.00	920	3583
1996	17548	39.10	908	50
1997	20281	16.81	378	2000
1998	21940	22.68	368	—
1999	31101	31.98	406	—
2000	54914	44.10	394	1150

另外，对出口商品质量及其检验工作实施监督管理，是商检机构监督管理工作的重点。1987 年 4 月 29 日，国务院办公厅转发国家经委、经贸部、国家商检局《关于加强出口商品质量管理工作的意见》，提出了一系列加强监督管理的措施：一、清理和整顿出口商品生产厂点。凡不具备质量保证的企业不准生产出口商品；加强出口商品生产企业的质量管理和检验工作。二、在生产企业中，厂长（经理）对出口商品质量全面负责。出口专业厂可设总质量师，协助厂长（经理）全面负责产品质量的检验和管理工作，有权代表厂长（经理）停止不合格出口商品的生产和出厂；推行全面质量管理。三、加强出口商品质量的监督和检验。一切出口商品都必须经过检验，不合格的商品（包括包装不合格）不准出厂，外贸公司不得收购，商检机构不予出证放行；商检机构要充实力量，完善检验手段，向部分重要出口商品生产企业派驻质量监督员，对产品出厂前的质量检验工作进行指导、监督；对重要出口商品实行质量许可制度，对大宗出口商品以及涉及安全、卫生的出口商品质量，加强监督管理工作。四、要把提高出口商品质量作为企业技术进步工作的重点。五、明确出口商品的质量责任。六、改善出口商品包装。七、加强出口商品的标准化工作，改善口岸的计量条件。

至 2000 年，广州商检部门从质量检查和监督，出口生产企业登记，出口食品厂、库的卫生注册、登记制度，出口商品质量许可制度，驻厂监督检验、认可检验制度，批次管理和封识管理等方面对出口商品进行质量监管。

1991—2000年广州口岸出口商品检验情况见表5-3-3。

1991—2000年广州口岸出口商品检验情况表

表5-3-3

年份	工作批次/万次	商品总值/亿美元	不合格批数/次
1991	7.52	73.04	1299
1992	8.83	87.70	925
1993	7.05	75.73	317
1994	10.18	24.20	2715
1995	9.53	33.00	1673
1996	8.03	18.41	315
1997	10.77	33.98	308
1998	11.98	30.68	250
1999	14.70	36.12	426
2000	9.53	32.85	338

2002年4月，为减轻企业负担，加快通关速度，广州检验检疫局经过专题调研后，出台实施《出口商品生产企业分类管理办法（试行）》及其配套的《对出口生产企业监督管理工作细则（试行）》和《出口商品生产企业档案管理规定（试行）》。同年7月，广州检验检疫局制定了《广州局出境货物直通式电子报检操作程序》，方便了广州港外贸企业的出口报检，提高了通关效率。2004年8月起，进口废物原料、出口食品、进口大豆、出口工业品、口岸视频监管等电子监管工作小组相继成立。到11月底，试点企业"电子监管"系统的运行将正式开通。2007年6月，为进一步提高通关效率，广州检验检疫局经过一年多的实践摸索，在吸收借鉴其他汽车口岸管理经验基础上，立足新沙港实际，推出了分批验、优先放、预约制等新措施，为进口汽车通关再提速。2008年5月，广州新沙汽车检测站正式建成并投入使用。

2010年1月11日，南沙出入境商品检验检疫局为广州中船龙穴造船有限公司首制的30.8万载重吨原油轮"新浦洋"颁发检验检疫证书。南沙出入境商品检验检疫局、南沙区口岸工作办公室、广州中船龙穴造船有限公司的有关领导出席了颁证仪式。

2012年6月19日，广东检验检疫局与广州海关在广东检验检疫局召开关检"三个一"试点推广首次联席会议。"三个一"是海关和检验检疫部门在不改变各自现有业务管理系统的前提下，搭建关检公共信息平台，以信息化手段对关检双方的作业流程进行整合和互动，简化通关手续，提高通关效率。同年11月，广东检验检疫局与黄埔海关"三个一"扩大试点工作会议召开。

2013年7月，广州港口岸顺利通过世界卫生组织口岸核心能力建设考核验收，符合《国际卫生条例（2005）》要求。

2014年7月11日，广东检验检疫局、广东海关分署召开“三个一”通关模式改革推广工作座谈会，双方就加强关检合作，加快“三个一”模式推广工作步伐等事宜进行深入、务实的讨论，并取得一致意见。同年12月，广州市市长陈建华率有关部门到南沙口岸调研。

2015年广州国际贸易“单一窗口”正式上线，在南沙自由贸易试验区、广州白云国际机场和广州黄埔老港试运行，首期上线业务包括进出口货物申报、进出境运输工具申报、跨境电商和信息查询等4项业务，涵盖海关、检验检疫、海事、边检、港务等多个部门。

第四节　边防检查

1950年4月，广州港黄埔公安检查站成立。1950年10月15日，黄埔港正式开港。10月16日，黄埔公安检查站正式行使出入境管理职权，对外称广东省公安厅边防局第六分局。1953年1月2日，黄埔公安检查站改称“中华人民共和国黄埔边防检查站”。1955年10月，拱北边检站在芳村码头建立“随船监护组”，负责对广州开往澳门的“新胜利”“新联泰”“新民星”客轮的监护任务，此为广州边检站前身。1958年，黄埔港兴建客运大厅，通航新加坡、马来西亚等国，黄埔边检站开始开展旅检业务。黄埔港、广州港合并。1959年1月，边防检查列入人民武装警察序列，黄埔边检站隶属中国人民武装警察部队广东省总队领导。同年12月，原拱北边检站驻广州检查组（芳村）归黄埔边检站代管，称“黄埔边防检查站驻广州检查组”。1958年至1962年期间，由于部分东南亚国家发生排华高潮，该组还负责在天河机场、华侨补习学校（现暨南大学）建立检查点，方便华侨入境检查。

20世纪60年代，广州港边防检查工作范围日益扩大。1961年，黄埔港、广州港分家。当年广州远洋运输公司“光华号”从黄埔起航赴印度尼西亚撤侨，黄埔边检站增加中国籍国际航行船舶检查业务。1962年1月，黄埔边检站隶属中国人民公安部队广东省总队领导。1974年12月5日，边防检查工作列入人民武装警察序列，黄埔、广州、白云边检站隶属广东省公安厅边防处领导。

1980年7月1日，深圳、拱北、黄埔、白云、湛江、海口等边检站抽调52人，正式建立洲头咀分站，隶属广州边检站领导。1983年6月，内卫、消防、边防三警合并，黄埔、广州、白云等边检站隶属中国人民武装警察部队广东省总队（对外仍称广东省公安厅边防局）领导。1985年12月6日，黄埔边检站组建莲花山分站，负责香港至番禺莲花山客船旅客检查任务。1986年10月18日，黄埔边检站承担英国女王伊丽莎白二世及其座舰“不列颠尼亚号”出境检查工作。

1988年7月20日，广州市口岸办试点进出口船舶直进直出，莲花山分站在番禺市桥装卸点对中食67、68、69、70、82号船舶进行检查，实现国内航行港澳船舶首次不经大铲岛中途检查，直进直出、就地联检验放。同年10月31日，黄埔边检站芳村分站与广州边检站洲头咀分站合并，合并后的洲头咀分站隶属黄埔边检站领导。

1992 年 2 月 20 日，广东省边防局批准成立“中华人民共和国南沙港边防检查站筹建办公室”，2 月 24 日黄埔边检站派员筹建南沙港边检站（番禺边检站前身）。同年 12 月 8 日，南沙港客运口岸正式通航，由南沙港边检站筹建组负责检查。1994 年 10 月 1 日，南沙港边检站正式成立。1997 年 7 月，各边检站圆满完成香港回归期间口岸出入境安全保卫任务。1998 年 6 月 28 日，广州出入境边防检查总站（副厅级）正式成立，隶属公安部垂直领导。广州出入境边防检查总站下辖天河、白云、黄埔、洲头咀、番禺、新塘、南沙 7 个正处级出入境边防检查站及广州经济技术开发区、新港、新沙、莲花山等 4 个副处级分站，担负着广州行政区域内天河铁路客运口岸、新白云国际机场、广州港、南沙港、广州经济开发区、莲花山港、新塘客运码头等国家一类口岸以及其他二类口岸、对外船舶修造厂等共 96 个执勤点的出入境人员、交通运输工具的边防检查和监护、管理任务。

2006 年 7 月 17 日—8 月 19 日，瑞典“哥德堡号”仿古商船访问广州，洲头咀、黄埔、番禺边检站共同完成商船出入境边防检查任务。2008 年 8 月，南沙出入境边防检查站成立。2010 年 10 月 12 日至 11 月 25 日，广州出入境边防检查总站圆满完成广州亚运会边检安保工作任务。2011 年 10 月 28 日，广州边检总站升格为正厅级，下辖白云、天河、黄埔、番禺、南沙、洲头咀、新塘边检站。2013 年 12 月 11 日，广州边检总站与广州海事局出入境航行船舶监管协作机制开始建立。2014 年 3 月 27 日，中船龙穴造船基地国际航行船舶维修专用码头正式开放。南沙边检站对该码头出入境国际航行船舶实施边防检查。2015 年 1 月 30 日，黄埔边检站召开 2014 年度港口边检管理和执法服务工作情况通报会。同年 12 月 28 日，黄埔边检站邀请辖区内 4 家船厂的负责人在广东中远船务有限公司举办简化在厂维修外轮边检管理措施责任签订仪式。

第五节　动植物检疫

中国最早出现动植物检疫是清光绪二十九年（1903）。光绪二十二年（1896），清政府允许沙俄在中国东北修建中东铁路。为解决修路人员的供给，清光绪二十九年在中东铁路管理局建立了铁路兽医检疫处，检疫来自沙俄的各种肉类食品。1913 年，英国为了防止牛羊疫病的传入，禁止病畜皮毛进口，上海的英国商人为了出口的需要，聘请了英国兽医派克在上海做出口肉类检验，并签发兽医证书。1927 年 12 月 19 日，农工部制定并公布了《毛革肉类出口检查条例》及实施细则，这是中国官方最早的动物检疫法规。1928 年 12 月，农矿部制定并公布的《农产物检查条例》，并在上海、广州、天津先后成立农产物检查所，成为中国官方最早的植物检疫机构。1929 年开始，因棉花检验机构素为外国商人所把持垄断，为了维护出口商品信誉，防止有毒有害商品进口，中国在广州、上海、青岛、汉口、天津等地设立商品检验局，实施《商品检验暂行条例》将进出口农畜产品列为有害危险的商品应执行病虫害检验之列。1930 年，广州商品检验局接管了农产物检查所和肉类检查所，分别设置了蚕丝、农产品和畜产品检验处，负责进出口农产品的品质检验和植物病虫害检验，由于当时畜产品检验处缺乏兽医技术人员与检验食品设备，只对出口火腿、猪油、罐头肉类食品放行检验。因抗日战争，1938 年 10 月广州商品检验局停办，动植物检疫工作基本上处于停顿状态，直至 1946 年 4 月恢复工作。随后，国民经济日趋衰落和崩溃，1949 年前动植检疫工作发展缓慢。

中华人民共和国成立后，中央人民政府接管了商品检验机构。1949 年在广州等地恢复设立了商品检验局，制定了一个包括进出口植物检疫等 2 类 12 种商品在内的《实施检验商品种类表》，列入种类表的商品不经商品检验局检验并领取证书的，不得输出或输入。此后动植物检疫工作不断发展，20 世纪 60 年代初期，随着农产品的大量进口，动植物检疫工作重点从过去侧重于出口检疫逐渐转向进口检疫。1963 年 9 月，广州动植物检疫人员在阿尔巴尼亚进口烟叶中发现烟草霜霉病菌，是国内没有发现的危险病虫害，在进口检疫中第一次发现，按规定不准进口，作销毁处理。1963 年后，广州等在水路、船运码头等处，成立了家禽运输检疫站，对防止和控制疫情的发展发挥了很好的作用。1965 年 2 月，国务院批准在经常有进出口动植物检疫任务的广州等口岸设立动植物检疫所。1966 年 12 月，经广东省人民委员会批准成立广州动植物检疫所，并以广州动植物检疫所为中心所，统管广东动植物检疫的行政、业务工作。

1978 年，随着改革开放国策的确立，全国各口岸均设立动植物检疫机构。广州动植物检疫机构建设得到了广州港相关机构的大力支持。1980 年，国家确定口岸动植物检疫工作归口农业部统一领导，广州各港口口岸动植物检疫工作更顺利开展，多次发现并及时处理了多种危险病虫害。1982 年 6 月，国务院发布《中华人民共和国进出口动植物检疫条例》，这是中国历史上第一部综合性的进出口动植物检疫法规。1991 年，广州动植物检疫所更名为广州动植物检疫局。1992 年 4 月 1 日，中国第一部动植物检疫法律《中华人民共和国进出境动植物检疫法》正式施行。1993 年到 1997 年，广州动植物检疫局 3 次检出地中海实蝇，从进口烟草中检出烟草霜霉病菌，从进境木包装中检出美国白蛾。1995 年 7 月 30 日经广州动植物检疫局处理并检疫合格的首批中国鲜荔枝装船出口日本。1996 年 12 月 2 日国务院第 206 号令发布《中华人民共和国进出境动植物检疫法实施条例》，自 1997 年 1 月 1 日起施行。1999 年 8 月，广东进出境商品检验局、广东动植物检疫局和广东卫生检疫局合并组建广东出入境检验检疫局。广州港各口岸均成立了相应的出入境检验检疫机构，承接进出境动植物检疫、国境卫生检疫和进出口商品检验工作。

随着改革开放的不断深入，广州港植物检疫业务量迅速增加，业务种类也愈加广泛，尤以大宗商品如粮食、木材、油料、烟草为亘。成立于 1999 年的广州出入境检验检疫局多年来从中截获有害生物批次和检疫性有害生物批次在全国位居前列，在保障粮谷等植物产品质量安全方面起了积极作用，也为当时的国家质检总局对外交涉谈判提供了宝贵的依据。以大豆为例，2004—2015 年进口批次和重量呈逐年增长趋势，从 2004 年的 255 万吨到 2015 年的 780 万吨，10 余年间增长了 2 倍，进口量约占全国

10%。进口大豆主要来自巴西、美国、阿根廷、乌拉圭等多个国家，主要从新沙、黄埔口岸进口。2003—2015年从进口大豆中截获有害生物共计928种8.39万次，其中检疫性有害生物65种9765次。进口小麦和大麦是广州港外贸中的大宗商品之一，主要从黄埔、新沙等口岸进口，其中黄埔口岸占广东进口量的58.5%。小麦从2004年进口62万多吨到2012年进口210多万吨，增加了2.4倍，主要来源于美国、加拿大、澳大利亚等多个国家。2003—2015年从进口小麦中截获有害生物共计602种2.85万种次，截获检疫性有害生物33种1372种次。重要的检疫性有害生物有小麦矮腥黑穗病菌、红火蚁、假高粱（及其杂交种）、南方三棘果等。大麦则从2004年的26万吨到2015年的244.8万吨，10余年间增长了8.4倍，主要来源于澳大利亚、加拿大、法国、阿根廷、乌克兰、丹麦等国家。2003—2015年共计从进口大麦中截获有害生物550种3.29万种次，截获检疫性有害生物22种2625种次。

第四章　环境保护

随着广州城市的发展、广州港业务的增加和人们环境保护意识的增强，广州港相关企业、单位不断提高环保意识，加强污染防治，提升港口污水处理能力，降低港口粉尘污染。2001 年开始建设绿色港口，结合广州市创建文明城市要求，建设绿色港区。

第一节　制度建设

清光绪三十年（1904），粤海关公布的《广州口船只停泊起下货物章程》规定进出广州港船只上的压舱物、煤炭、泥土、污秽物均不准抛弃江内。

1951 年 1 月，广州区港务局公布的《广州黄埔两港口管理船舶暂行章程草案》，专设“保护航道”章，明确规定压舱物、煤炭、垃圾、废弃物件、沙土均不得抛入河内；煤灰由专门的运灰船免费运出；油类及含油物品一律不得倾倒入港内；不准在港内冲洗油桶、油柜所积废油。1955 年《广州港港章》同样规定压舱物、煤炭、垃圾、废弃物件、沙土均不得抛入河内；煤灰由专门的运灰船免费运出。

1975 年，交通部发布《关于试行〈对外轮在港区违章排污的处理意见〉的通知》，规定凡在港区水域违章排放或漏出油类、油性混合物以及其他有害的污染物质和废弃物的外轮，根据肇事原因、情节及其认错态度，分别给予批评教育、消除污染、赔偿损失和罚款处分；排放或漏出带油质或其他有毒性的污水（生活污水除外，下同），数量不超过 0.25 吨，或含油质不超过 0.10 吨，而认错态度较好者，经批评教育责令检讨后可不罚款，但消除污染的全部费用应由船方负担；排放、漏出带油质或其他有毒性的污水，数量超过 0.25 吨，或含油质超过 0.10 吨，除批评教育外，应予以罚款。

1984 年 4 月 1 日，黄埔港务管理局制定颁布《船舶清倒垃圾规定》，对船舶在港区水域倾倒垃圾问题作出了具体的规定。又于 1984 年 7 月 24 日制定颁布《港区陆域环境保护管理暂行办法》，具体规定直属各单位在制定生产计划的同时，必须对环境的保护和改善统筹安排，认真组织实施。

1987 年，《黄埔港港口管理章程》专设“港口环境保护管理”章，包括第二十四、二十五、二十六条。规定“港区内所有机关、团体、企事业单位和个人以及车辆、船舶、机具等，均须严格执行国家有关港口环境保护和卫生防疫的规定，保护港口环境卫生和生态平衡。港区内禁止倾倒垃圾、杂物、废物、废水、废油、废料和腐蚀物、有毒物及其他污染环境、妨害人身健康的物质。禁止施放有毒气体或产生超过规定标准的噪音。凡在港区内新建、扩建和改建的工程项目，均须符合国家环境保护的有关规定；已建项目如不符合国家环境保护规定的，由港务局按规定权限，责令限期治理或停业整顿”。

1988年广州、黄埔两港合并，广州港务局印发《广州港港口管理章程》有关环境保护规定与1987年的《黄埔港港口管理章程》一致。

1990年6月22日，广州港务局印发《广州港务局环境保护管理办法（试行）》，对实施试行办法的任务和目的及其适用范围，环境保护机构和有关部门职责，环保监督管理，环境监测，现有污染治理，新污染的防治、惩罚等作了具体明确的规定。

1996年8月，广州港务局印发《广州港务局建设项目环境管理办法》，规定在进行港口基本建设项目时，对有污染的项目必须执行防治污染及其他保护环境的设施与主体工程项目同时设计、同时施工、同时投入使用的“三同时”制度。

1999年3月，广州市政府颁布《广州港港区船舶垃圾接收处理管理规定》，对广州港区域内船舶垃圾的管理和处罚做了明确规定。广州港在建章立制的同时，进一步加强环境设施建设。

自2005年起，广州港集团陆续出台了《低碳港口建设管理办法》《港口能源和碳排放核算统计制度》等一批环保规章制度。

2006年，新的《广州港口章程》公布，设“港口安全与环境保护”章，包括第三十五至三十八条。要求港口经营人应当依照有关环境保护的法律、法规的规定，采取有效措施，防治对环境的污染和危害。港口工程项目建设应当依法进行环境影响评价。港口建设项目的安全设施和环境保护设施，必须与主体工程同时设计、同时施工、同时投入使用。在本港建设危险货物作业场所、实施卫生除害处理的专用场所，应当事先申请取得广州港务局批准。也明确船舶污染物排放的控制、船舶及相关作业的防污染控制、船舶垃圾接收处理等需申报相关部门批准等内容。

2010年广州港集团发布《广州港集团有限公司发展低碳物流创建绿色港区规划方案（2010—2020年）》。

2011年，修订后的《广州港港口管理章程》公布，同样设“港口安全与环境保护”章，包括第三十三至三十七条。明确“港口经营人应当依照有关环境保护的法律、法规的规定，采取有效措施，防治对环境的污染和危害。港口工程建设项目应当依法进行环境影响评价。港口建设项目的环境保护设施，必须与主体工程同时设计、同时施工、同时投入使用”。也明确船舶污染物排放的控制、船舶及相关作业的防污染控制、船舶垃圾接收处理等需申报相关部门批准等内容。

2015年交通运输部发布《珠三角、长三角、环渤海（京津冀）水域船舶排放控制区实施方案》。

第二节　污染防治

1949年后，随着工业、航运业和港口建设的发展，工厂、船舶以及各种库场排放和泄漏出来的工业废水和污油流入港区逐年增多。20世纪70年代初，港区环境污染严重，当时的主要污染源有：港区沿岸的氮肥厂、化工厂、造纸厂、自行车厂、电镀厂、漂染厂、电化厂、钢铁厂、制药厂和市内各工厂常年排出大量含有重金属砷、铁、铬、镉、钨、锡、铝、铋和放射性元素铀、钍、镭、锶等混合物的工业废水、废液、废渣；轮船在港区排放的压舱水，洗舱水及油库、油轮装卸时跑、冒、漏、溢的油料；港区装卸各种危险物品、硫铁矿、磷粉、镍矿、硫黄、化肥、铬矿、纯碱、氧化铝、六六粉等含毒物品及煤、水泥等各种货类；港口所属的修理厂、船厂、保养站等单位因洗车、修机、洗船排放的含油污水、电石废渣、废水等。港区沿岸有19个规模较大的厂社，排放入珠江未经处理的有害废水3027米^3/时，使下游一带河水发黑发臭，鱼虾绝迹。

为防止和逐步消除环境污染，1974年9月在黄埔港务监督属下设一个科级环保组（环境保护办公室），配备专职人员4名，负责黄埔港港区水陆域的环保工作，并以港监名义执行关于防止沿海水域污染的有关规定，监督沿岸工厂和进港的中外船舶，处理有关违章事件。广州港港区的环境保护工作，陆域由广州港务局所属的安全科兼管；水域由广州港务监督管理。环保机构成立后，立即开展港口环境污染源调查，按国家有关环保规定，对港口污染源的有关方面进行监督，并敦请其自觉遵守有关环保规定，采取措施防止或消除污染。1977—1978年，着手筹建环境监测站，购置监测仪器，培训人员，参与市监测站、中山大学、广州医学院等单位对珠江水系的监测和大中型企业污染源的联合调查等工作。

20世纪80年代，广州港口的环保工作有了明显改善。1986年广州、黄埔两港管理机构合并后，环保工作划归广州港务局港政办公室负责；次年12月5日，港政办公室改称港政环保办公室。

20世纪90年代，由于广州市和珠江干流沿岸区域内城市建设和经济发展迅速及进出港口船舶增多，废水、废渣、废气、粉尘和油污对广州港口水域、陆域的污染日益严重。1991年9月，广州港成立环境监测站，隶属港政环保办公室。1996年2月，卫生防疫处与港政环保办公室合并组建卫生环保处。1991—2000年，共利用全球环保基金会赠款、世界银行贷款和自筹资金8906万元，完成环保设施建设项目37项，购置环保设备70台（套）。2000年，广州港污染源达标率和建设项目“三同时”合格执行率均为100%，港区可绿化率98%，工业废水排放达标率98.6%，港区降尘量每平方公里月平均值5.7吨，低于广州市8.0吨的标准。

广州港务局从2008年4月开始每年与市政府签订广州市环境保护目标任务书，将每年环保目标下达给各分局，通过加强责任制，提升污染防治力度。2009年6月19日，广州港口行业环保工作会议召开，以加强港口企业环保意识。2010—2016

年，广州港集团共投入13亿多元用于绿色循环低碳港口项目建设，包括节能减排及环保基础设施建设与改造、绿色低碳装备研发应用、智能物流信息系统研发应用、工艺流程优化等，实现了节能、降耗、减污、增效的良性循环。此外，广州港建立防治船舶污染海洋环境联防联控机制，成立小虎港区、南沙龙穴港区、黄埔港区3个防治船舶污染海洋环境的联防体，提升广州港水域船舶污染海洋环境防治能力。

一、污水治理

2003年，广州港西基污水处理场环保示范项目通过市的验收。广州港西基污水处理场工程总投资3451万元，包括含油污水处理设施（设计处理能力为500吨/日）和生活污水处理设施（设计处理能力为3000吨/日）。该项目是国家计委、国家环保局联合下达的第二批国家环境污染限期治理项目、交通部“六港”环保设施项目、《广东省碧水工程计划》重点工业污染源废水治理项目以及广州市1999年度环保示范性工程项目。

2006年，投入49万元建造黄沙水产品市场污水处理设施。

新沙公司的洗车水、煤雨水、煤污水全部处理后循环利用于煤堆喷洒降尘，实现了废水的“零排放”。

二、粉尘污染防治

针对20世纪90年代以来港口的粉尘污染，按照广州市“天更蓝”项目建设要求，广州港开展散货码头的扬尘治理，研发固定式水雾抑尘装置，实现对装驳、装卡等作业点的雾化降尘。

2010年以来，在散货专业码头——西基码头建设挡风抑尘墙、装卡楼等工程，配备了多辆洒水车，对所有单机、转接房、堆场安装了喷淋设施。2012年，在西基码头建造高18米、长630米的挡风抑尘墙，起到较好的降尘效果。

散粮作业控尘问题一直是环保工作的难题。因此，广州港集团投入3300多万元，对散粮装船机除尘器、移动大漏斗、散粮输送系统、汽车发放平台等进行环保技术改造，采用密闭和吸风除尘相结合的方法，安装双层漏斗抑尘器、设置粮食缓冲装置、加装密闭罩及设置清理胶带黏附粉尘的机器。改造后控尘效率达到80%以上，散粮作业扬尘治理取得明显成效。

新沙公司是“国家煤炭应急储备基地”，负担华南地区电煤运输以及煤炭进口的任务。为有效控制煤炭扬尘，新沙公司投资3000余万元建成1000米长的防尘网，用挡风抑尘墙围闭煤炭堆场。

2014年9月，在广州港新港车站建设“装卡系统环保改造工程项目”，该项目将煤炭从西基码头直接通过全密闭廊道输送，经过装卡楼传送至火车卡进行装卡作业，因全程封闭，有效避免煤尘产生。该项目于2015年7月投入使用。

为了更好地履行环保社会责任，黄埔老港码头于2015年7月起停止煤炭卸船业务。

至2015年，广州港集团在西基、新沙码头建设高18米、长约2000米的挡风抑尘墙，并结合堆场循环喷洒、装卸作业点喷淋、出港车辆清洗、堆场和道路喷洒、运煤车辆限制性防尘等环保措施，有效控制粉尘扬尘。

第三节　绿色港口建设

广州港集团坚持生产发展和环境保护一起抓的原则，根据广州市创建文明城市的工作要求和结合集团公司的实际，自2001年起长期落实“创建文明城市、建设绿色港区”的工作。

一、环保管理

2001年开始，广州港集团制定《广州港集团有限公司环境保护管理暂行办法》，集团下属基层单位先后制订各种环保管理规定共40项，同时按照ISO9001质量管理体系的要求，根据实际工作需要制定广州港集团有限公司污染源排放口和环保设施一览表、广州港集团有限公司环保工作检查表、广州港集团有限公司环保设施（备）运行检查表、广州港集团有限公司环保工作检查整改意见书等，确保环保监督检查工作的展开。明确季度环保工作例会和季度工作检查制度等。广州港集团推进责任制建设，与新港分公司等16个单位签订年度环保目标责任状，每年对签状的单位进行年中和年终检查考评，而直属单位特别是有污染源的单位还自行坚持环保月检、周检和日检制度。广州港集团对有船舶的单位按有关规定认真做好船舶油污水、生活污水、垃圾的排放监督；对有危险品作业的单位建立了环境污染应急计划，要求备有相应的应急物资，并进行适当的演练，以及对有餐饮的单位严格按环保部门的要求开展餐饮污染防治工作。

2007年，广州港集团制定《关于进一步加强环境保护工作的意见》，各单位结合自身的实际情况也修改完善相应的规章制度和管理措施。2009年，广州港集团每季度召开一次集团环保工作例会，协调解决工作重点、难点和疑点问题。

2010年年初，为迎接亚运会，广州港集团修改完善环保目标责任考评内容和考评办法，在作业现场、污染源、环保设施、危险废物、船舶排污、危险货物事故应急管理等11方面分解环保目标责任，增加低碳绿色港区建设和迎亚运的考评内容。同年6月，广州港集团制定《广州港集团有限公司发展低碳物流创建绿色港区规划方案（2010—2020年）》。该方案作为集团公司环保工作的纲领性文件，提出集团公司十年内的低碳发展和绿色港区建设的目标与指标、任务、措施等。同年11月9日，2010国际海运（中国）年会“广州港之夜”在广州香格里拉酒店举行，鹿特丹港、安特卫普港、汉堡港、长滩港、温哥华港以及上海港、宁波港、天津港、青岛港、广州港等世界港口界巨头齐聚一堂，共同发布《广州宣言》，倡议大力建设智能港口、绿色港口，发展低碳物流，为推动港航业及世界经济健康发展，减小经济发展对自然与环境的影响做出积极贡献。

2013 年，广州港集团制定《广州港口环境空气重污染应急预案》，通过编制《港口堆料扬尘控制管理实施方案》，明确对从事煤炭、矿砂、粮食等易产生扬尘污染的散货装卸、堆存作业的企业实施重点监控。

2014 年，广州港集团制定并印发《广州港绿色港口行动实施方案（2014—2020年）》《广州港绿色港口建设指导意见（2014—2020 年）》。建立干散货码头环保工作管理台账；加强对集装箱企业“油改电”技术改造项目、水上执法船的行政部门执法船舶使用岸电、中小干散货码头落实扬尘控制措施等的督查落实。

2015 年，广州港集团落实广州市“天更蓝”工作要求，围绕《广州港绿色港口行动实施方案（2014—2020 年）》《广州港绿色港口建设指导意见（2014—2020 年）》和“广州港环境保护目标任务书”的要求，加强低碳环保工作，构架绿色生态港口。

二、项目建设

为建设绿色港口，广州港集团不断加大资金投入，建设环保项目，购买环保设备，保障环保设施运行。2004 年，环保设施运行费共 300 多万元，环保设施改造和环保设备购置费 153.6 万元。2005 年，环保支出 426 万元，其中工业污染防治 278 万元，污染治理设施运行费 133 万元（不包括人工费用），环保宣传教育等管理能力建设投入 15 万元。2006 年，投入资金 285 万元，其中投入 49 万元对黄沙水产品市场重新建造了污水处理设施等。

广州港集团在大搞码头建设及项目开发的同时，严格落实建设项目的环评和环保“三同时”制度，先后完成广州市重点污染源治理项目——环保 3 号船改造（投资 280 万元）检查和验收，西基煤炭系统改造工程建设项目的环评申报，西基污水处理厂改造项目和新东江海鲜渔港的环评和验收，新沙 804 号、805 号危险品集装箱堆场和散粮系统改造，新港港务分公司 5 号泊位增加装卸液体货船等项目的环评和报批、黄埔分公司危险品仓库环保设施建设报建，南沙一期工程环保专项验收，黄沙水产品市场等 3 个建设项目环保专项验收，南沙二期码头工程等 8 个建设项目报批建设（获省环保局同意试运行的批复），新沙煤矿系统改造四期工程等 5 个建设项目的环评，新沙 804 号、805 号危险品堆场项目，西基煤炭码头改造项目，洪圣沙码头改造项目和黄埔港危险货物中转仓库项目环保专项验收。

2008 年，广州港许多相关单位为减少煤尘等各种扬尘污染，采取勤洒水、防撒漏、低抓低放等措施，并对装卸工艺、设施和堆场环境进行技术改造，提高煤矿粉尘的治理效果。如新沙公司绿化港区环境和平整港区路面，防止二次扬尘污染，制作 10 支简易移动喷洒架，补充喷洒固定喷枪不能喷洒的范围；西基分公司自主研制码头清洗出港车辆设施，安装卸船机喷洒自吸泵。为实现西基煤码头废水零排放，广州港集团共投入 190 多万元改造西基码头污水循环系统和污水处理厂管线系统。

2009年，西基分公司煤炭装车点使用移动雾化喷淋水炮，控制煤装车时的扬尘，同时增加夜间道路喷洒水的作业；新沙公司对码头道路进行全面水泥硬底化，使煤码头环境得到持续改善。珠江防污公司作为广州市突发环境应急事故救援队伍之一。西基污水处理厂与西基码头环保改造项目验收投入使用。

2010年，广州港集团公司以“绿色亚运”为契机，扬尘控制为重点，以空前的决心和投入力度做好环保工作。全年集团投入6042万元（其中直属单位占2885万元），实施了黄埔等单位污水接入市政管网项目、西基码头出港道路环保改造和喷洒系统改造项目、铁路新港站场扬尘治理工程、新沙码头出港汽车清洗装置建设和煤码头防尘喷洒系统功能恢复、南沙场桥“油改电”节能减排改造项目、港湾广场二期工程绿化、油罐车油气回收、老旧车辆技术改造、太阳能等新能源在宿舍区的应用及其他码头环保设施的配备和改造等项目，环保硬件得到了提升。

2011年，广州着力打造资源节约型、环境友好型绿色港口。珠江防污公司投入350万元充实应急设备和物资，小虎石化区域溢油化救基地建设得到完善，获得交通运输部船舶污染清除单位一级资质。结合大运会和广州市“天更蓝”方案的要求，广州港集团以散货扬尘控制和“油改电”项目为重点，全年共投入约1 75亿元建设低碳绿色港区项目，主要项目包括西基码头挡风抑尘墙及其他扬尘控制项目的建设和铁路新港站场、新沙码头、洪圣沙码头等散货作业场所的环境整治，南沙集装箱码头轮胎龙门吊“油改电”节能减排改造项目等。南沙“油改电”项目全年节约生产成本超过3500万元，减排二氧化碳约1.2万吨，可减少产生废机油约1万升。西基码头挡风抑尘墙项目的建成，使扬尘控制技术达到国内先进水平。同年，南沙港务公司被评为南沙区环境友好型企业。

2014年，南沙海港公司对公司的9个变电站内的100多个高压开关柜进行了节能改造，于2014年8月完成，变电站开关柜的每月电能消耗从原来2.59万千瓦·时降到6473千瓦·时，降幅达75%。

三、建设成果

广州港危险固体废物以及污染物的排放得到有效控制，环境污染因素逐渐减少。2004年以来，广州港集团公司固体废物综合治理率为100%，废水处理率达到97%，废水排放达标率为98%，高于广州市创模的指标。同时，广州港集团拥有船舶的下属单位均能按规定处置船舶垃圾、船舱废油和油污水，并100%按规定收集处理。

2006年，广州港污染源达标率和建设项目“三同时”合格执行率均达100%，港区可绿化率98%，工业废水排放达标率98.6%，港区降尘量每平方千米月平均值5.70吨，低于广州市8吨的标准。2007—2010年，共处理工业废水198.33万吨，生活废水438.6万吨，废机油100.32吨。

2010年的93.4万吨工业废水、26.5万吨生活污水处理后回用于码头，回用率分别达到82.1%、34.4%，降低了能耗，减少废水的排放量，提高清洁生产的程度。

2010 年，广州港南沙深水港区被世界卫生组织评为国内首批国际卫生港口。2013 年，港区生产现场扬尘得到根本控制，粉尘浓度监测值已符合二级空气标准。

广州港集团应用新能源和清洁能源，在新沙公司、粮食码头以及“珠江水晶号”游船建设光伏发电项目，其中新沙公司利用屋顶投影面积共约 2.95 万平方米设计安装了两套分布式光伏发电系统。

得益于节能减排工作的成效，广州港集团港口生产综合单耗、港口生产碳排放强度持续多年下降，2014 年和 2015 年分别下降至 3.209 吨标煤/万吨吞吐量、3.0881 吨标煤/万吨吞吐量，降幅均达到 5% 以上，一直处于全国沿海港口节能减排的领先地位。至 2015 年底，广州港集团在节能减排技术方面已获得中国港口协会科技进步奖 4 项，国家专利 6 项，其中获得发明专利的港口滚装船（RO－RO）汽车智能理货图形化技术研发与应用项目（专利号 201310325947.5），填补世界港口汽车装卸理货领域的技术空白。

第六编　人　物

第一章 人物传

陆贾（约前240—前170） 汉朝楚国人，早年追随刘邦，因能言善辩，多任使职。陆贾曾两次出使南越，说服赵佗臣服汉朝，促进汉代岭南、岭北的经济文化交流，为岭南文化发展做出重要贡献。其首次出使南越国，初抵广州港最古老的码头——泥城码头（今广州市东风西路、西场一带）。据《元和郡县志》载："贾之来也，佗不即前，贾故为城以待之。"陆贾的不懈努力终于打动赵佗，两人会晤后，赵佗接受南越王印绶，归附称臣，使岭南免遭战火。陆贾出使南越时曾在番禺筑土城，作驻节之地，后人称此为"泥城"或"陆贾城"，此处之码头便被称为泥城码头。泥城码头是古代广州西侧一重要码头，一直沿用到清代，经过多次修复，到鸦片战争时仍不失为一道极佳的防御工事。

萧劢（生卒时间不详） 南朝梁宗室，祖籍南兰陵（今江苏武进西北），后徙居郢州（治今湖北武昌）、樊城（今湖北襄阳）。梁天监初年（502年以后）袭爵吴平侯，官至广州刺史。当时广州对外贸易已相当繁盛，但官吏贪婪，对外国商舶侵凌。《南史·萧劢传》记载："广州边海，旧饶，外国舶至，多为刺史所侵，每年舶至不过三数。"萧劢任职广州刺史期间，清廉勤政，热心广州港对外贸易事业，促进中外经济文化交流。经过其努力，外舶每年十余至。时岭南土著（俚獠人）不服约束，多为海盗。萧劢进行征讨，维护海上丝绸之路的通畅。

艾布·阿比达·阿卜杜拉（生卒时间不详） 阿拉伯著名探险家、航海家、宗教学者，《一千零一夜》故事著名航海人物辛伯达的原型。8世纪中叶阿拉伯帝国阿巴斯王朝人，其航行足迹遍布印度洋沿岸各个国家和广州港。艾布·阿比达·阿卜杜拉航行足迹见证了中国唐朝同阿拉伯帝国阿巴斯王朝通过海上丝绸之路贸易往来的实际情况。

梁廷枏（1791—1861） 字章冉，号藤花主人，广东顺德人。他精研史学，清道光十八年（1838）被聘总修《粤海关志》，1839年编修成。他留心时务，推许西方国家民主制。林则徐任两广总督时，他应邀成为幕宾，对禁烟抗英多有襄助。道光二十九年（1849）在广州人民抗英斗争中，曾参与倡议和制订章程。《粤海关志》分为前代史实、口岸、设官、税则、禁令、兵卫、贡舶、市舶、行商、夷商等十四类，是研究广州港史和鸦片战争前夕中外关系的重要著作。

徐润（1838—1911） 又名以璋，字润立，号雨之，别号愚斋，广东香山县北岭（今属珠海）人。晚清著名的商人、洋务买办、企业家。清末最早设立的大型轮船航运企业招商局（简称"轮船招商局"）因资金筹措困难，从官办改为官督商办，唐廷枢任总办，徐润任会办。在轮船招商局新一轮召集股金中，经过徐润努力，充实运行资本，保证轮船招商局运作。因唐廷枢兼办开平煤矿等其他诸务，轮船招商局实际上由徐润主持。在主持局务期间，徐润采用先进的经营管理方法，明确规定招商局的经营以揽载为主，漕运为次；并开办保险公司，承担营运风险。轮船招商局这家中国最早的股份制企业，在它的草创时期，不仅经受住来势汹汹的外商联合抵制与压价竞争，而且不失时机地收购了当时东亚最大的商业船队——美商旗昌轮船公司，使轮船招商局的规模和实力大增，从而控制长江航运、沿海航运的大部分经营权，奠定中国近代航运业的基础。同时，徐润在任期间，辅助唐廷枢，对广州分局的业务进行整顿，使广州分局的面貌焕然一新，并于光绪十六年（1890）在广州购置产业。不久又陆续在广州港添建码头，构筑栈房，为晚清广州港的发展做出一定贡献。

唐廷枢（1832—1892）　号景星，亦作镜心，广东香山县唐家村（今珠海市唐家湾镇）人。唐廷枢是中国近代历史上著名的洋行买办，又是洋务运动的积极参加者。对创办近代民族实业，推动民族经济发展，有重要的贡献。同治十二年（1873），为了挽回国家利益，他辞去已经驾轻就熟、待遇极为丰厚的怡和洋行买办职务，就任成立不久、没有任何起色的上海轮船招商局总办。他负责轮船招商局之后，努力引进西方先进的企业管理制度，增强轮船招商局的商办比重，扩大资本，加强管理，改善经营，使得业务大为扩展，经过10年努力，轮船招商局已拥有江海轮船26艘，为国家节省白银超过数千万两。他主持开采开平煤矿，开创华商保险业，大获成功。唐廷枢在担任上海轮船招商局总办时，对广州分局的业务进行整顿，很快便扭转了广州分局原本被动的局面。嗣后又陆续在广州港添建码头，构筑栈房。此外，唐廷枢50岁之后，经常返回家乡热衷公益。他曾对唐家湾修筑码头进行尝试，以小火轮开辟通往广州与香港的航线，对广州近代的航运事业做出杰出的贡献。

温子绍（1834—1907）　字飏园，广东顺德人。晚清机械名师，广东近代军事机械工业创始人之一。因发明蚊子船，而被誉为“蚊子船之父”。同治十二年，广州机器局兴工建厂，次年即投产，广东军装机器局正式创办，温子绍任首任总办。他亲赴香港购买机器设备，仿照西洋造法，试制枪炮火药和修造轮船。光绪七年（1881），成功仿造浅水炮艇，名“海东雄号”，俗称蚊子船。船身底板全用柚木，方木密排为骨、铁条为筋、弯木为横梁，内外要处包固厚铁，既可避免锈蚀又可省料节约经费。排水量与“镇北”相同，为430吨，舰长一致为38.1米，船宽略增为9.14米、吃水2.14米，动力系统采用复制式蒸汽机，功率350马力、航速7.5节，前膛炮改为后膛炮，另多配备2门副炮，不仅装填方便，还可降低发射时后坐力。更为难得的是，所需料费只为向外国购买船价的四分之一。温子绍不但在造船发明方面功绩突出，还对积极培养近代造船人才，对广州造船业发展贡献较大。

陈启源（1834—1903）　广东南海（今佛山市南海区）简村人，他是中国近代民族工业的先行者，广东新式缫丝厂的创始人。同治十三年（1874）在南海县西樵简村创办中国第一家民族资本的蒸汽缫丝厂“继昌隆”。为解决国内资金不足，陈启源通过其兄陈启枢自安南汇回的白银作为启动资本，还克服地方种种阻挠。他仿制在安南看到的法国式缫丝机器，亲手设计绘制两套机器图样。全部设备包括蒸汽锅炉、缫丝车和丝釜都由当地制造，其中丝车改为木制，丝釜改用陶制，仿制法国式（共拈式）的缫丝机。光绪二年（1876），由于欧洲气候不佳，意、法等国蚕茧严重歉收，洋商争先恐后来华采购生丝，一时丝价狂涨，“继昌隆”也在这一年获得厚利。

张之洞（1837—1909） 字孝达，号香涛，直隶南皮（今属河北）人。晚清政坛中举足轻重的人物，他一生跨越道光、咸丰、同治、光绪、宣统五朝，历任教习、侍读、侍讲、内阁学士、山西巡抚、两广总督、湖广总督、两江总督（多次署理，从未实授）、军机大臣等职，在晚清政治变革、实业振兴、思想嬗变、教育鼎革、军队改制及外交格局转变中均发挥重要作用。光绪十年至光绪十五年（1884—1889），张之洞担任两广总督。在任职期间，他对广州近代城市发展建设做出巨大贡献。张之洞上任后即大力推进广州的洋务建设，包括整顿广州机器局，兴建石井枪弹厂，创办广东钱局，兴办广东水陆师学堂，以及筹建枪炮厂、炼铁厂、织布局等，使广州在19世纪80年代呈中兴之势。于光绪十四年（1888）接受建业堂等商户意见提出了修筑珠江堤岸（长堤马路）的设想，并付诸实践。长堤马路是广州最早的自办马路，在光绪十五年（1889）底张之洞离任前筑成了约120丈（1丈合3.33米），并在随后的20余年，逐渐拓长至1000余丈，逐渐形成连续的“铺廊”空间，对推动广州城市经济发展起到一定的作用。光绪十五年，张之洞批准民间用小轮船拖带木驳船经营内河客货运输的要求（但需缴纳“轮拖渡饷”），该举措有利于广东轮船业的发展。

孙中山（1866—1925） 名文，字载之，号逸仙，生于广东香山县翠亨村（今中山市翠亨村）。是中国近代伟大的民主革命家。鸦片战争以后，西方列强争相强迫清政府签订一系列不平等条约，中国沿海和内河所有重要港口城市，诸如大连、天津、烟台、上海、南京、武汉、厦门、广州等，均被帝国主义列强所控制。帝国主义国家利用他们所控制的港口城市，将中国资源财富源源不断地运回本国。辛亥革命前后，中国民主主义者目睹此情此景，无不痛心疾首，强烈要求摆脱帝国主义的掠夺与控制，发展自己的实业，建设自己的港口与交通。1918年，孙中山制定《建国方略之二·实业计划》，有六个“实业计划”，发展交通计划即占四个，“南方大港”计划为第三个“实业计划”。他提出应“改良广州为一世界港”，又预言“广州不久必复其昔日为大制造中心之繁盛都会矣”，提出要把广州这一港口城市建成航运、商业、工业中心。“南方大港”选址于黄埔深水湾一带，并建设一个由黄埔到佛山，包括沙面水路在内的新广州市。新广州市的商业区计划在河南岛，工业区在花地至佛山之间，码头建设在后航道至黄埔一带。他提出以广州为中心的交通中心的措施，浚深黄埔航道使远洋货轮进出畅通；改良水路系统沟通广州与省内其他地方及桂、滇、黔、湘的联系；建设以广州为起点的大西南铁路系统。孙中山为广州设计的这一规划，虽未来得及全面实施，但为后续的城市规划和交通建设指明方向。

程天固（1889—1974） 广东香山县（今中山、珠海一带）人。1921—1923年、1929—1936年两次担任广州市工务局局长，1931年6月任广州市市长，在其担任工务局局长和市长期间，对广州进行较为全面的市政规划和建设，极大地推动了广州城市的近代化进程，是广州市政建设的一位重要开拓者。1921年2月，广州正式设市，成立市政厅，孙科首任市政厅长（即市长），程天固出任广州市工务局首任局长。程天固受孙科委托，主持广州市政建设规划。其参照孙中山《建国方略》“建设广州为世界大港”的构想，起草《广州市城市设计概要草案》。该草案内容涉及城市面积、界线规划，人口增值规划，道路系统及林荫道和公园地点规划，市郊公路规划，路面设计和铁路车站规划，公用事业地点选择，飞机场及学校设置地点，港口规划以及市内分区和排水渠规划大要等 10 项。其中对河南港口的规划建设尤为详尽。

陈济棠（1890—1954）　字伯南，广东防城县（今属广西壮族自治区）人。1929—1936 年，在陈济棠主粤时期，比较重视地方工业和交通的发展，广州港口的建设取得了不少进展。1933 年 1 月颁布了《广东三年施政建设计划》，该计划规划河南修建工业区，疏浚河道，影响了广州港河南港区的建设和发展。其中有《航政建设三年计划书》提出大力发展水路运输，接收粤海关理船厅，设立广东全省港务管理局，筹办航海讲习所，颁布《公海渔船检验规则》《船舶检验规则》，奖励造船造机等系列措施，对整个广州口岸的发展都有重要意义。陈济棠在广东主政时期，对广州港口贡献巨大，一度促进了广州港经济发展。

李文邦（生卒时间不详，活动时间在民国）　留美技士，研习土木工程。求学时立志实现孙中山先生关于兴筑南方大港的夙愿，留学美国期间尤其注意考察西方城市海港建设。回国之后，任职于广东治河委员会，专门从事黄埔港设计工作。用了 5 年时间设计出《黄埔港计划》，终被政府采纳。该书第三编第二章为核心部分，拟建内港及外港两部分。黄埔深水湾为内港，为黄埔港主要部分，西起长洲西端之桥，东讫鲨鱼洲之尖，长 7750 米，宽 350 ~ 700 米，码头仓库拟建于深水湾北岸。沙路湾为外港，西起深井涌口，东讫铜鼓沙东端之涌口，以长洲、洪圣沙、鲨鱼洲等与内港相隔，长约 7600 米，宽 650 ~ 950 米，码头仓库拟建于铜鼓沙南岸。因 1938 年 10 月广州沦陷，该计划半途而废。

梁墨缘（1893—1976）　广东佛山人。1915 年集资开办航业联商公司，任经理。1918 年，梁墨缘与薛广森合作，集资 10 万银元，成立粤海公司。经营勒流—西南及广州—三水—清远两航线客、货运输业务，形成了一个跨行业的自造机器、自装船舶、自运客货的一体化组合的航运集团。1918—1919 年，该公司装配 10 艘柴油机船，最大的 160 马力，最小的 45 马力，成为当时广东航运界的一股新兴力量。广州港内使用本地自行建造的柴油机船，由此首开其端（至于本地自行建造的蒸汽机船，早在洋务运动时期即已在广州港普遍使用）。柴油机船是当时最新式、最先进的水上交通运输工具，与同吨位蒸汽机船相比具有马力大、航速快、燃料省、成本低等优点。到 1922 年，该公司已拥有 20 余艘柴油机船，比初创时增加了一倍多。粤海公司的创办，标志着旧中国广州港民用新型航运力量的产生，同时也标志着在广州港内国产柴油机船航运时代的开始。

谭礼庭（1876—1966）　广东新会人。青少年时协助其父辈经营航运、商业。成年后，专事商业。谭礼庭于民国三年（1914）在广州白鹅潭芳村对面大黄滘创办广南船坞。该船坞有坞两座，一座坞长 250 英尺，宽 60 英尺，深 14 英尺；另一座长

180英尺，宽40英尺，深14英尺。该船坞自装第一艘1000吨级（时速7海里）的“南和号”轮船，于1915年冬季下水，不久，“北合号”（1800吨级，时速8海里）、“东成号”及“西就号”（均为1200吨级，时速7海里）也建成下水，分别往返于广州至天津、青岛、上海、海口及河内、西贡等地。后又陆续建造30～40吨级小轮4艘，50～60吨级的5艘，100～250吨级的3艘，分别航行于小北江、西江、东江、两邑及北海等处。自1915—1917年，不到三年间，该坞先后建造大小轮船16艘，成为广州近代著名的航运业和造船业企业家。为扩展航运业务，谭礼庭又于1917年增设广兴轮船公司，在广州白蚬壳修筑轮船公司仓库和码头，颇具规模。1925年秋，国民政府在广州觅地修理、停泊海军舰艇。谭礼庭便将广南船坞连同全部设备和部分船只，折价售给政府，供海军使用。

第二章　人物表

一、国家级先进个人

1979—2014 年，广州港集团、广州港引航站、广州港公安局干部职工共 41 人次获国家级先进个人荣誉。（见表 6-2-1）

1979—2014 年广州港集团、广州港引航站、广州港公安局干部职工获国家级先进个人荣誉表

表 6-2-1

姓名	荣誉名称	授荣年份	授奖单位	工作单位
梁建伟	全国新长征突击手	1979	中华全国总工会	新港港务分公司
苏绍兰	全国优秀教育工作者	1989	教育部	广州港公安局幼儿园
王文华	全国交通系统科技进步先进成果奖（《充分利用伶仃航道水深的探讨》）	1990	交通部	广州港引航站
王文华	全国十佳引航员	1991	中国航海学会	广州港引航站
王文华	为发展国家工程技术事业做出突出贡献的政府特殊津贴奖	1992	国务院	广州港引航站
梁润焯	全国交通系统劳动模范	1992	交通部	新港港务分公司
周锦泰	全国劳动模范	1994	中华全国总工会	黄埔港务分公司
黄明坤	全国劳动模范	1999	中华全国总工会	黄埔港务分公司
陈文志	金锚奖	2001	中国海员工会	广州港引航站
傅广源	金锚奖	2001	中国海员工会	河南港务公司
莫东成	金锚奖	2002	中国海员工会	广州港集团
傅广源	交通部劳动模范	2002	交通部	河南港务公司
陈洪先	交通青年科技英才	2003	中华全国总工会	广州港集团
洪　涛	金锚奖	2003	中国海员工会	广州港集团
冯绮明	全国优秀人民警察	2005	公安部	广州港公安局
吴裕昆	全国劳动模范	2005	中华全国总工会	广州港集团
蔡南树	金锚奖	2005	中国海员工会	广州港集团
何世嵩	全国五一劳动奖章	2006	中华全国总工会	新港港务分公司

续表

姓名	荣誉名称	授荣年份	授奖单位	工作单位
陈洪先	金锚奖	2006	中国海员工会	广州港集团
罗春民	金锚奖	2006	中国海员工会	西基港务分公司
陈国钧	优秀奖（《思维模式与船舶航驾驶安全的关系》）	2006	中国航海学会	广州港引航站
江常开	金锚奖	2008	中国海员工会	广州港集团
许仲辉	金锚奖	2008	中国海员工会	新沙港务分公司
陈洪先	全国五一劳动奖章	2009	中华全国总工会	广州港集团
陈文志	全国十佳引航员、全国优秀引航员	2009	中国引航协会	广州港引航站
卢　沙	全国优秀引航员	2009	中国引航协会	广州港引航站
李　力	全国优秀引航员	2009	中国引航协会	广州港引航站
陈洪先	全国交通系统交通战备先进工作者	2012	交通运输部	广州港集团
卢　沙	2010—2011 年度全国交通运输行业文明职工标兵	2012	交通运输部	广州港引航站
江常开	全国质量管理小组活动卓越领导者	2012	中国质量协会、中华全国总工会、全国妇联、中国科协	广州港集团
卢　沙	第二届全国十佳引航员	2012	中国引航协会、《工人日报》、《中国水运报》	广州港引航站
周文宏	全国优秀引航员	2012	中国引航协会、《工人日报》、《中国水运报》	广州港引航站
林世阳	全国优秀引航员	2012	中国引航协会、《工人日报》、《中国水运报》	广州港引航站
曹志溪	全国交通技术能手	2013	交通运输部	新港港务公司
何启成	全国交通技术能手	2013	交通运输部	新港港务公司
卢伯辉	全国交通技术能手	2013	交通运输部	南沙港务公司
伍时浣	全国交通技术能手	2013	交通运输部	新沙港务公司
李武飞	全国交通技术能手	2014	交通运输部	新港港务分公司

续表

姓名	荣誉名称	授荣年份	授奖单位	工作单位
李祖荣	全国交通技术能手	2014	交通运输部	南沙海港有限公司
麦子荣	全国交通技术能手	2014	交通运输部	南沙海港有限公司
麦子荣	全国青年岗位能手	2014	共青团中央、人力资源和社会保障部	南沙海港有限公司

注：本表排名按照获奖时间为序。

二、省级先进个人

1985—2015年，广州港务局、广州港集团干部职工共29人次获省级先进个人荣誉。（见表6-2-2）

1985—2015年广州港务局、广州港集团干部职工获省级先进个人荣誉表

表6-2-2

姓名	荣誉名称	授荣年份	授奖单位	工作单位
黄　谷	广东省劳动模范	1985	广东省委、省政府	新港港务分公司
傅而英	广东省劳动模范	1985	广东省委、省政府	新港港务分公司
李流仓	广东省先进生产（工作）者	1988	广东省委、省政府	黄埔港务分公司
梁　荣	广东省先进生产（工作）者	1988	广东省委、省政府	船务公司
梁润焯	广东省劳动模范	1991	广东省委、省政府	新港港务分公司
郭沃伟	广东省优秀教师	1991	广东省政府	港湾中学
周锦泰	广东省五一劳动奖章	1993	广东省总工会	黄埔港务分公司
周锦泰	广东省先进生产（工作）者	1994	广东省委、省政府	黄埔港务分公司
汪　伟	1995—1996年广东省交通系统先进（工作）者	1997	广东省交通厅	广州港引航站
黄国胜	广东省五一劳动奖章	1999	广东省委、省政府	广州港务局
黄明坤	广东省劳动模范	1999	广东省委、省政府	黄埔港务分公司
梁泽庆	广东省技术能手	2001	广东省劳动和保障厅	黄埔港务分公司
陈文志	广东省五一劳动奖章	2001	广东省总工会	广州港引航站
何世嵩	广东省五一劳动奖章	2004	广东省总工会	新港港务分公司
杨　权	广东省优秀共青团员	2006	共青团广东省委	广州港引航站

续表

姓名	荣誉名称	授荣年份	授奖单位	工作单位
梁泽庆	广东省劳动模范	2009	广东省委、省政府	黄埔港务分公司
曹志溪	广东省技术能手	2011	广东省总工会	新港港务公司
梁乃壬	广东省技术能手	2011	广东省总工会	新港港务公司
苏惠海	广东省技术能手	2011	广东省总工会	广州港技工学校
何启成	广东省技术能手	2011	广东省总工会	新港港务公司
周　冲	广东五四青年奖章	2012	共青团广东省委	黄埔港务分公司
周　冲	广东省劳动模范	2014	广东省委、省政府	黄埔港务分公司
苏兴旺	广东省劳动模范	2014	广东省委、省政府	广州港股份有限公司
林世阳	2015 年广东地区十佳引航员	2015	广东海事局、广东省海员工会	广州港引航站
周文宏	2015 年广东地区十佳引航员	2015	广东海事局、广东省海员工会	广州港引航站
李　力	2015 年广东地区优秀引航员	2015	广东海事局、广东省海员工会	广州港引航站
陈　开	2015 年广东地区优秀引航员	2015	广东海事局、广东省海员工会	广州港引航站
刘四明	2015 年广东地区优秀引航员	2015	广东海事局、广东省海员工会	广州港引航站
陈翰飞	2015 年广东地区优秀引航员	2015	广东海事局、广东省海员工会	广州港引航站

注：本表排名按照获奖时间为序。

三、市级先进个人

1987—2013 年，广州港务局、广州港集团干部职工共 30 人次获市级先进个人荣誉。（见表 6-2-3）

1987—2013 年广州港务局、广州港集团干部职工获市级先进个人荣誉表

表 6-2-3

姓名	荣誉名称	授荣年份	授奖单位	工作单位
何炳祥	广州市劳动模范	1987	广州市委、市政府	新港港务分公司
郭家平	广州市劳动模范	1987	广州市委、市政府	河南港务分公司
王文华	广州市科学技术突出贡献金鼎奖	1990	广州市政府	广州港引航站
赵伟东	广州市优秀教师	1991	广州市政府	教培中心

续表

姓名	荣誉名称	授荣年份	授奖单位	工作单位
李去虹	广州市优秀教师	1991	广州市政府	技校
汤芝英	广州市优秀教师	1991	广州市政府	新港学校
张秀芝	广州市“三八红旗手”	1992	广州市政府	广州港务局
梁群娣	广州市“三八红旗手”	1993	广州市政府	新港港务分公司
周锦泰	广州市先进生产（工作）者	1994	广州市委、市政府	黄埔港务分公司
王文华	广州市优秀专家	1994	广州市政府	广州港引航站
黄国胜	广州市劳动模范	2000	广州市委、市政府	广州港务局
陈国钧	（杨宜良学术教育奖励金）三等奖	2001	广州航海学会	广州港引航站
严厚铭	广州市劳动模范	2003	广州市委、市政府	黄埔港务分公司
何世嵩	广州市劳动模范	2003	广州市委、市政府	新港港务分公司
陈建军	广州市“十佳”青年	2005	广州市委、市政府	南沙港务公司
杨　权	2004 年度广州市优秀共青团员	2005	共青团广州市委	广州港引航站
陈洪先	广州市劳动模范	2006	广州市委、市政府	广州港集团
梁泽庆	广州市劳动模范	2006	广州市委、市政府	黄埔港务分公司
李益波	广州市劳动模范	2009	广州市委、市政府	广州港集团
李志煜	广州市劳动模范	2009	广州市委、市政府	西基港务公司
卢　沙	广州市劳动模范	2009	广州市委、市政府	广州港引航站
杨　权	2009 年度广州市青年岗位能手称号	2010	共青团广州市委	广州港引航站
陈文志	广州市优秀共产党员	2011	广州市委	广州港引航站
曹志溪	广州市劳动模范	2012	广州市委、市政府	新港港务公司
梁乃壬	广州市劳动模范	2012	广州市委、市政府	新港港务公司
蔡木德	广州市劳动模范	2012	广州市委、市政府	拖轮公司
莫东成	2011 年度广州市青年良师益友	2012	共青团广州市委、市青年联合会	广州港集团
江常开	2012 年度广州市青年良师益友	2013	共青团广州市委	广州港集团
陈洪先	2011—2012 年度广州市优秀企业家	2013	广州市工业经济联合会、市企业联合会、市企业家协会等六家协会	广州港集团

续表

姓名	荣誉名称	授荣年份	授奖单位	工作单位
张　华	2011—2012 年度广州市优秀企业家	2013	广州市工业经济联合会、市企业联合会、市企业家协会等六家协会	广州港集团

注：本表排名按照获奖时间为序。

专　　记

海上丝绸之路文化地理坐标——广州十三行

清代广州十三行皆为官商。官商参与对外贸易自古就有，元政府为把持对外贸易利润，曾以船为官有、本为官出、选取经营代理人的方式开展对外贸易，得益七成归官，三成归商，元人著作称这种官本商办的形式为“官本船”。明代，实行“官设牙行，与民贸易”的制度，最初牙行为半官半商性质，后来逐渐演变成官营牙行。清代开海禁后，设粤海关专门管理进出口贸易和关税征缴，粤海关作为官僚体系的一部分，主要负责行政管理，并不参与对外贸易，具体贸易事务由官商负责。海禁未开时，平南王尚可喜便任命沈上达等人组织船队对外贸易，“打造海船，私通外洋，一次可得利银四五万两。一年之中，千船往回，可得利银四五十万两，其获利甚大”，这些以平南王为后台的外贸商人称为“王商”。除“王商”外，还有“总督商人”（以两广总督为后台）、“将军商人”（以广州将军为后台）和“府院商人”（以广东巡抚为后台），甚至有以皇储为后台的“皇商”。官商之间存在竞争，“皇商”以外的官商曾联合起来打击“皇商”并取得胜利，《东印度公司对华贸易编年史》认为这次激烈的竞争使得众官商认识到了联合的重要性，这种联合实际上是广州公行制度的先驱。官商是官僚政府与外国商人进行沟通与贸易的媒介，以官商为对外贸易桥梁的外贸管理形式，既保证了官僚集团的政治经济利益，又为商人从事经济活动提供便利，为官僚群体和商人所接受。清代广州官商经过发展演变，形成了以十三行为代表的垄断对外行商制度，虽然仍属官营牙行的性质，但与以往牙行相比又有很多不同：官府不再直接经营对外贸易，不再制定物价，也不规定进出口商品的流向，不再规定进出口贸易的规模，所有外贸经营权都归官商负责。官府通过让渡对外贸易权，换取官商的责任：贸易税收，商船进出口的管理服务，贯彻官府有关法令，办理中外交涉，从而达到“以官制商，以商制夷”的目的。行商由于是“官营牙行”，故行主持者名号中往往带有“官”字之号，例如怡和行当家伍绍荣被称为“伍浩官”，同文行的潘文岩称为“潘启官”，广利行的卢继光被称为“卢茂官”，天宝行的梁承禧称为“梁经官”。另外，“官”字明号具有继承性，潘启官去世后，其儿子潘绍光称为“潘启官二世”。

一、康熙、雍正年间广州十三行的兴起

清康熙二十四年（1685）开南洋禁，蕃舶来粤，清政府沿袭明代前例，用牙行商人主持经营对外贸易。《粤海关志》载：“设关之初，蕃舶入市者，仅二十余柁，至则劳以牛酒，令牙行主之，沿明之习，命曰十三行。”康熙二十五年（1686）国内外运到广东海口的商货很多，行商却很少，造成货物“壅滞”。为了加强管理，适应

开关后发展的对外贸易的需要，保证关税的征收，广东巡抚李士桢会同两广总督和粤海关监督（关长）商酌决定，用广东巡抚的名义以法令形式发布《分别住行货税》的文告，把从事国内沿海贸易的商人和从事对外进出口贸易商人的活动范围及其性质划分开来，设立金丝行、洋货行。李士桢《分别住行货税》记载："来广省本地兴贩，一切落地货物，分别住税报单，皆投金丝行，赴税课司纳税。其外洋贩来货物及出海贸易货物，分为行税报单，皆投洋货行，候出海时，洋商自赴（粤海）关部纳税。"从事国内外贸易的商行被区分为"金丝行"和"洋货行"两类不同性质的商行，明确规定"洋货行"是专门经营对外进出口贸易的机构。该文告还鼓励有钱人承充洋货行商，同时为保障行商的地位，规定承充行商者必须是"身家殷实"之人，并须经地方官府核准，发给证明（行帖），才能承充。即使一人兼营二行，也应分别设行，各立招牌。经营对外贸易就成了一种专门行业，从事该项贸易的行商就具有官商性质，从而形成了垄断对外贸易的特殊制度——行商制度。

根据广东巡抚李士桢《分别住行货税》的文告，初期广东行商制度的主要内容和特点有：其一，充当经营对外贸易的洋行商人要身家殷实，而又以自愿承充为条件。承商的办法，是经商人自愿呈明广东地方官府批准，并领取官府发给的行帖，方能开业。其二，在广州和佛山原来经营商业的"商民牙行人等"，有自愿转业承充洋商的，可以自由选择，"或呈明地方官承充，或改换招牌"。其三，洋货行商人对粤海关承担的义务，是负责把外洋进出口货税在洋船出口时亲自赴海关缴纳。禁止税收人员从中勒索。

康熙五十九年（1720）行商发展到十六家，该年行商们在神像前盟誓，并共同认定《公行行规十三条》，成立了垄断性质的"公行"。《公行行规十三条》内容如下：

（一）华夷商民，同属食毛践土，应一体仰戴皇仁，誓图报称。

（二）为使公私利益界划清楚起见，爰立行规，共同遵守。

（三）华夷商民一视同仁，倘夷商得买贱卖贵，则行商必致亏折，且恐发生鱼目混珠之弊，故各行商应与夷商聚一堂，共同议价，其有单独行为者应受处罚。

（四）他处或他省商人来省与夷商交易时，本行应与之协定货价，俾得卖价公道；有自行订定货价或暗中购入货物者罚。

（五）货价既经协议妥贴［帖］以后，货物应力求道地，有以劣货欺瞒夷商者应受处罚。

（六）为防止私贩起见，凡落货夷船时均须填册；有故意规避或手续不清者应受惩罚。

（七）手工业品如扇、漆器、刺绣、图画之类，得由普通商家任意经营贩卖之。

（八）瓷器有待特别鉴定者（按似指古瓷），任何人不得自行贩卖，但卖者无论赢亏，均须以卖价百分之三十纳交本行。

（九）绿茶净量应从实呈报，违者处罚。

（十）自夷船卸货及缔订装货合同时，均须先期交款，以后并须将余款交清，违者处罚。

（十一）夷船欲专择某商交易时，该商得承受此船货物之一半，但其他一半须归本行同仁摊分之，有独揽全船货物者处罚。

（十二）行商中对于公行负责最重及担经费最大者，许其在外洋贸易占一全股，次者占半股，其余则占一股之四分之一。

（十三）头等行，即占一全股者，凡五，二等者五，三等者六；新入公行者，应纳银一千两作为公共开支经费，并列入三等行内。

对华夷商民一视同仁，力求买卖公道、货物地道等行规体现了中国传统文化中的仁义、公平、诚信等道德准则。从十三条行规中可看出，公行是一个防止行商内部倾轧排挤的组织，对公行内部商人有利，但对公行外部的商人极为不利。这时候的公行还未得到官府的正式批准，其组织也相当松散，既没有共同的领袖，在实际行动上也未采取统一步骤。外商多次要求取消公行，并以停止贸易相要挟，在收受英国东印度公司一万两白银贿赂的行商潘振成斡旋下，公行成立第二年即被解散。但公行的存散，并不影响十三行的继续存在。公行成立时虽未能得到正式批准，但广东官府对公行还是支持的。粤海关监督命令，除几种商品在行商加保条件下（交货价百分之三十左右予公行）允许行外散商与外商交易外，其他商品仍然完全归行商垄断经营，一切进出口税饷仍然由行商负责缴纳。行商垄断广州进出口业务，进口货物由其承销，内地出口货物由其代购，并且负责划定进出口货物的价格及向海关保证缴纳进出口关税。

雍正即位后，延续康熙帝的开海政策。雍正本人对海事并不擅长，雍正三年（1725）九月雍正对时任两广总督孔毓珣谕曰："朕实不达海洋情形，所以总无主见，有人条奏，朕观之皆似有理，所以摇惑而不定，全在你代朕博访广询，详慎斟酌，其至当奏闻，若亦不能洞悉，宁迟日月不妨也。可与（巡抚）杨文乾、（提督）万际瑞、（碣石总兵）陈良弼、（琼州总兵）黄助等，平心和衷详议奏闻。钦此。"孔毓珣奉旨将英船来广州情况上奏，是年有六艘英商船来广州贸易。雍正六年（1728）有四艘英国商船来广州贸易、雍正八年（1730）有五艘英国商船来广州。总体上看，来广州贸易的船只数量、规模相对稳定。但雍正十二年（1734）福建水师提督王郡奏文提到，英船在厦门停泊太久，因为厦门的行商也未准备好货物，所以只得从福建外的湖广、江西购入，并没有准备同外国进行常年的贸易。雍正时期朝贡体制下作为互市口岸的广州、厦门都没有同海外长期贸易的准备。在通关方面，由于清政府并不看重海外贸易，官府制定的海关税平均不过百分之四，比前朝要大为降低，但地方管理往往会制定许多陋规，一般实际缴纳税款要占到货款的百分之二十。

二、乾隆时期广州十三行的繁荣

因为广州行商承接并垄断了广州港的进出口业务，并且负责划定进出口货物的价格及向海关保证缴纳进出口关税，故行商又称"保商"。最初行商仅是保证向海关缴纳他所接纳的外商应付的进出口税，但此政策使某些"资本微薄"者"纳课不前"，于是从乾隆十年（1745）起，清政府在行商中选择资本殷实者作为“保商”，令其统纳进口税款。乾隆十九年（1754），清政府更令以后凡船之船税、出口货税、贡银，清廷搜罗之珍品（采办官用品物），俱由行商一二人负责保证。并规定不但外商拖欠税款由行商负连带责任，而且十三行内有一行倒闭，各行要负责分摊清偿债务。这就形成了“保商制度”。乾隆二十年（1755），清廷又重申行商承揽茶叶、生丝、布匹、绸缎、糖、大黄、白铅等大宗出口货的贸易，只有扇、刺绣、皮靴、瓷器、牙雕等八种手工业品允许行外散商、铺商在行商加保的条件下与外商交易，违禁者要受惩罚。

清朝时西方殖民者的殖民活动比明朝更激烈，从雍正年间开始，以英国为首的西方殖民者便在中国沿海大肆活动，与沿海奸商勾结，威胁中国沿海。乾隆二十二年（1757），清政府实行严格限制对外贸易的政策，关闭了江、浙、闽海关，仅留粤海关，广州成为全国唯一的通商口岸，广州十三行一跃成为垄断全国对外贸易的组织。

乾隆二十二年后，清朝对外贸易只限于广州一地，全国进出口货物一下子汇集到广州，在广州旧城西城外的十三行商馆区建起了一栋栋供外国商人居住和存放货物的夷馆，广州的贸易繁荣起来。此时的广州，外国人熙熙攘攘，各国语言、风俗习惯迥异，内外事物十分复杂，加之行商内部竞争特别激烈，极需一个统领的组织。于是，乾隆二十五年（1760）潘振成等九家行商为了统一价格，避免竞争，以及为了承保税饷、应付官差、备办贡品等方便起见，呈请设立公行，获得清政府批准。这是公行正式为官方批准作为经营对外贸易机构的开始。当时，参加公行的各行商选出首倡组织公行的同文行行商潘振成为首领以处理公行的内部事务。这种公行的首领称为“总商”。至此，十三行成清政府正式认可的专门负责对外贸易的垄断机构，这种垄断权延续到道光二十二年（1842）。

一口通商后，广州港对外贸易额迅速增长。据清宫档案，乾隆四十一年（1776）来粤贸易洋船共计三十九只，通关各口收银约58.8万两；乾隆五十年（1785）共到洋船三十五只，通关各口共收银74.8万两；乾隆五十一年（1786）到船四十六只，由闽省顺风入粤本港船共七只，通计征收课税共银约87.2万两。据《东印度公司对华贸易编年史》记载，到19世纪，来粤洋船多达200艘，各口税银突破180万两，占广州地区财政收入的60%，清政府年关税收的40%。如此规模庞大的对外贸易，使国内不缺西洋新奇之物，甚至清宫贵族的生活也长期仰赖十三行采办的洋货。

18世纪80年代以后，就中西贸易而言，中国外贸的主要对象是英国及其殖民地。早在18世纪初，以开拓毛纺织市场为主要职责的英国东印度公司商船，每年都往返于中国东南沿海口岸。广州被认定为一口通商窗口之初，英国东印度公司每年来华船只有十多艘，逐渐增加到一百艘左右。经广州港出口的产品也丰富多样，以普通农产品为主，种类达80多种。其中，茶、生丝、绸缎、土布、糖为出口大宗产品。中国饮茶之风传到欧洲，引起茶叶出口量的猛增，至19世纪20年代，茶叶已经取代传统丝绸、瓷器等出口货物地位，成为贸易额最大的单项。若以对英国贸易来看，土布、糖的贸易额也非常大，成为中国出口英国的主要货物。据徐德志等人所著《广东对外贸易经济史》记载，至1833年，糖占贸易总额的近四分之一。

当时，各国用来与中国交换的产品主要是棉花，尤其是英属印度产的棉花。除此之外还有英国的毛织品和其他工业产品。18世纪，广州贸易处于出超，各国的补偿物是白银。这有助于扩展国际的金融市场。可以说乾隆时期整个世界贸易的中心就在广州。

三、嘉庆、道光时期广州十三行的衰落

十三行的商务在嘉庆、道光年间出现了重大的转折，由极其繁盛走向衰落。

世界形势于19世纪发生重大变化，西方资本主义国家相继完成工业革命，资本家财雄势大，到处钻营。以英国为首的西方资本主义国家在与中国贸易中长期处于逆差地位，心有不甘，一直对清政府的外商管理体系进行打击瓦解。18世纪中叶，鸦片贸易日益增长，且迅速扩展，各国来船尤其英船，往往夹带鸦片毒品来广州贩卖，19世纪后，数量剧增。据嘉庆二十三年至道光七年（1818—1827）的统计，运进的鸦片已达6927箱，价值银元7822.5万元。这使清政府的对外管理面临重大挑战。为维护政权，有效控制外商，清廷在调整自己的外商管理政策时偏向僵化，只求管住，不出问题，其管理的天平开始倾向于以“管”为主，所谓管是指按照预定计划和标准把人财物管控在一定范围内，着眼于控制，着眼于静态。管比较简单，靠行政命令就可见效。但这是以抹杀事物发展规律为代价所取得的短暂的效果。

清政府在这一时期相继出台了《防范外夷规条》（1759年）、《民夷交易章程》（1809年）、《互市章程》（1815年）、《防范夷人章程》（1831年）、《防范贸易夷人新规》（1834年）等管理章程，对外商在广州的活动有诸多限制。根据萧一山的《清代通史》研究，对于外商之管控，随时增补其条项，最终形成以下十二条主要内容：

（一）外国军舰，不准驶至虎门以内，即其保护商船之军舰，亦须停舶［泊］于江口以外，与商船之解缆，当同时拔锚。

（二）妇人不得混入商馆，铳炮枪及其他武器，均不得持入。

（三）所有航路引水人员及买办等，概须中国澳门同知之特许登陆。非受买办之直接监视，不许外国船泊［舶］与其他商民之交通。

（四）各商馆不得使用八人以上之华人（准用看门人二名，挑水夫四名，看货夫一名），并不得雇佣仆妇。

（五）外人不能与中国官吏直接交涉，遇必要时，必须经过公行之手续。

（六）外人不许泛舟江上，惟每月初八、十八、二十八三日，得游览花地海幢寺一次，每次不得过十人，不准赴别处村落墟市游荡。

（七）外国人不准用轿，或在省城澳门通信，只准用无篷小船，不得用插旗舢板船只。

（八）外国人买卖，须经公行行商之手，即居住商馆者，亦不许随意出入，防其与奸商有秘密交易之行为。

（九）通商时期已过（大约五六月进口，九十月出口，禁止夷商住冬），外人不

得在广州居住。即在通商时期内，货物购齐，亦须装载而归，否则，可往澳门。

（十）外国船舶，得直接航行黄埔，徘徊河外，不能寄泊他所。

（十一）不准购买中国书籍，学习中国语言文字。

（十二）公行行商不准有负欠外人之债务。

这些规则在公行贸易末期，执行得更为严厉，并将管理重点落实在了一些非商业性的条规上，例如二、四、六、七、十一等项。道光十年（1830），有妇人进入英国商馆，被中国官方驱逐。是年十月，又有美国妇人进入商馆，亦惹起纠纷。但这些条规并没有影响外商在华商业活动及享有的各项优惠和保障，面对资本主义的冲击这种"厉行"有点色厉内荏。而外商则凭借他们多年来在中国的活动、了解、侦察，已经看清楚了中国管理体制中的弱点"上有政策，下有对策"，根本不把中国政府的限令放在眼里，不时投机取巧，有的甚至公然违法。

行商在管理外商的过程中由于在贸易上有求于外商，故对外商提出之要求时常尽力照顾，随着外商了解透中国的人情世故之时，找到了行商的弱点。虽然防夷章程由五条渐渐演变成十二条，反映中外贸易交涉过程中，外商日久不服管束，违法行为的增多导致法规细化，但是这些细化的条规在执行中渐成一纸空文。官吏和行商被外商通过贿赂的方式收买到了自己一边，甚至被控制。管理体系被架空。

18 世纪末 19 世纪初的世界形势有如风云变幻。随着西方各国自由资本主义抬头，以英国为首的西方国家撤销东印度公司对华贸易的垄断，俄国也取消国家商队来华贸易，要求对华进行所谓的自由贸易。客观形势要求中国也应进行相应的改革，取消国家垄断干预。在当时世界范围内，自由商人对政府垄断经营形式的冲击是显而易见的。据萧一山《清代通史》，道光元年（1821），英国东印度公司有"近年来，公司毛织品面对着可怕的竞争，是美国输入的不列颠产品，它逐渐增加，但它有害效果可能从未有如当前的严重"的记载，道光十三年（1833），英国政府不得不取消公司对华贸易垄断权。此时清政府已经失去外商管理直接交涉对象，但仍希望维持原有管理体制，据阮元《广东通志》记载，时任两广总督李鸿宾等"恐事无统摄"，"饬商传谕大班，寄信回国，若公司散局，仍酌派晓事大班来粤，总理贸易"，并未在新的贸易形势下做出调整。此时行商失去英国东印度公司的扶助，又遭到自由商人全面包围，加之新任处理中英商务、外交事务的英国官员拒不承认行商是"同中国高级官员交往的沟渠"，行商制度进入最艰难的时期。道光二十年（1840）清朝国势已衰，清政府为治理鸦片输入，曾下令禁绝中英贸易，一三行因此失去主要交易对象。皇帝下令对西洋物品"不必多方购求"。道光二十二年（1842），在鸦片战争中战败的清政府，被迫与英国政府签订了不平等的《南京条约》，其中规定英商可赴中国沿海五口自由贸易，取消广州洋行垄断外贸的特权。从此，洋行商人各奔东西，以广州十三行为依托的宫廷洋货热潮，遂成为历史，国际贸易的物流中心逐渐被香港、上海所取代。

四、十三行的终结

十三行这个国际性的商品贸易地，东西方文化交流地，不可避免地也是多种制度矛盾碰撞的集中地。每当矛盾激化时，十三夷馆及其附近商业街区常不幸被纵火烧毁。由于自身客观上具有进步生命力，在第一、二次大火焚毁之后，很快又奇迹般地在原址上恢复起来。基本格局变化不大，建筑质量却不断提高，风格进一步西化。第一次大火是乾隆年间，当时的损失现在已经没有可查记载。第二次大火是道光年间，十三行附近一家饼店失火，波及十三行，大火连续烧了两天，夷馆、洋行多间被烧毁，损失惨重。据后统计，11 家洋行未被烧的只有 5 家。外商的货物全部烧毁，所有行商房屋货栈变成了灰烬，牵连附近的房屋店铺千余家。

在亨特的《旧中国杂记》中有详细的记载："1836 年 1 月 24 日清晨两时，我们都被一场大火惊醒起来……。来到荷兰馆屋顶的平台上，风从东北方向猛烈地刮来，景象看起来非常可怕……有五个中国人被踩死。"这场大火造成了 100 多家店铺连物资在内，总共损失估计超过了银元 20 万元，这在当时是一笔数目巨大的款项。

最严重的一次烧毁是在咸丰六年（1856），第二次鸦片战争期间。驻扎在十三行地区的英军，拆毁了十三行地区周围大片民居，留下一片空地以防止中国军民的偷袭。12 月 14 日深夜，痛恨侵略者的广州民众从被拆毁的铺屋残址上点火，火势瞬间即蔓延至十三行外国商馆区。15 日凌晨烧及美法商馆，下午 2 时延至英国商馆，到下午 5 时，十三行地区除一栋房子幸存外，全部化为灰烬。据当时南海知县华延杰在《触藩始末》一书描写"夜间遥望火光，五颜六色，光芒闪耀，据说是珠宝烧烈所至"。英军失去据点，被迫撤回泊于珠江上的军舰。

咸丰八年（1858）焚烧再次发生，其废墟上甚至找不到两块叠在一起的石头。以下是其详细情况：100 多名英军士兵在洋行前中国人开的水果店抢水果吃，还用刀将店主划伤，激起了广州民众的愤慨。半夜，广州民众火烧英国商馆，官兵前往救火，被群众掷来的密集石头阻截，使之不能前进。大火一直烧到第二天才熄灭。而这场大火所造成的损失是无法估算的，据美国人亨特《旧中国杂记》记载，火灾烧毁了沙面的江边的几间大仓，连货物在内价值为银元 75 万至 80 万元。十三行商馆区从此结束了它的历史。

五、十三行与十三行夷馆

广州十三行是靠海外贸易发展起来的，并逐渐上升到垄断地位的庞大商业集团，在清代对外贸易中占有很重要的地位。十三行早期的贸易对象有荷兰、英国、丹麦、西班牙等西欧国家和东南亚诸国，其中和暹罗（泰国）交易最多。18 世纪中叶以后，十三行的贸易对象主要是英国、美国、法国、荷兰、西班牙等欧美国家，贸易量较大。十三行商人主要通过向这些国家出售茶叶、生丝、丝绸和土布，换取棉毛织品、金属品、奢侈品、棉花和大量白银。18 世纪 80 年代英国东印度公司取得英国对华贸易垄断权后，十三行的贸易对象主要是英国。福建、徽州（今安徽黄山一带）等地的茶叶是行商们向英国东印度公司和英国散商出售的最大量商品。由于英国货物在中国销路不广，英国商人主要用白银和行商贸易。

与十三行商的营业所相适应的，还有十三夷馆。它是由行商专设的接待外商住宿、储货和交易场所（每所租金，乾隆年间每年约六百两银），实际上是洋行的一部分。“夷馆”是“夷人寓馆”的简称，设在十三行街附近，即今广州十三行路以南、人民南路以西、珠江河以北的地方，也即广州文化公园一带。商馆数目通常为十三，这与十三行的“十三”相同纯属巧合。这些商馆被许多街巷分隔开。据外国书籍记载，外商与十三行互市之初，外舶至广东时，每舶俱“占”有“夷馆”一所，每舶俱有一“行”为其主顾。外商和行商的交易一般在商馆进行，外商又把这种贸易称为“商馆贸易”。清政府对外国人在广州的活动是严加限制的。乾隆二十四年（1759）两广总督李侍尧奏定：“嗣后各夷商到粤，饬令行商将伊等带来货物，速行销售，归还原本，令其置货，依限随同原船回国。即间有因洋货一时难以变卖，未能收清原本，不得已留住粤东者，亦令该夷商前往澳门居住，将货交行商代为变售清楚，归还价银，下年务令顺搭该国洋船归棹。”“夷人到粤，务令于现充行商各馆内，听其选择投寓。如行馆房屋不敷，亦责成该行自行租赁房屋，拨人看守，以专责成。夷商携带番厮，不得过五名，一切凶械火器，不许携带赴省。责成行商、通事……勤加管束，毋许汉奸出入夷馆，结交引诱。即买卖货物，亦必令行商经手，方许交易。……其前后行门，务拨诚实行丁加紧把守，遇晚锁锢，毋得令番厮人等出外闲行，如夷商有买卖货物等事必须出行，该通事、行商亦必亲身随行。如（行商、通事）敢放纵出入，滋生事端，以及作奸犯科，酌其情事轻重，分别究拟斥革。”尽管这些规定有不合理的地方，但行商除允许外商留人在商馆料理来不及销售的货物外，当时是基本执行的。外商进入商馆后，行动上完全受行商约束。乾隆末年，始准每月三次到隔海的陈家花园（后改往花地）和海幢寺二处游玩，但要洋行的通事随行约束。通事的主要职责是向外商宣示朝廷法令，外商外出时随时随行管束，为外商书写禀帖，通关报税，领取船舶出入口许可证乃至装货、卸货、检验货物、招雇驳船及搬运工人，等等。虽地位低于行商，但通事也有稽查外商违法行为、防止“民夷勾串”的政治责任。

商馆中有一种为外商服务的仆役头目——“买办”，他们必须由行商、通事结保，并向粤海关领取牌照才能充当。当时寓居商馆的美国商人亨特的《广州番鬼录》一书写道：“在商馆中，最重要的中国人是‘买办’。他是行商作保，保证他的行为与能力。凡商馆中所雇用的一切其他中国人，他自己的会计，以至仆役、厨役、苦力，都是买办自己的人。”买办“由助手们帮助管理公司（指外商在商馆的机构）及职员们的账目，他监督，并侍候公司代理（原注：外商公司的主任称大班，即总管的意思）及账房们”。毫无疑问，这些买办是执行着官府交予的管束外国人的政治任务。但是，由于这些买办有为外商驱使奔走的职能，同外商接触最密切，因而也最容易为外商所支配。他们中的许多人，后来逐渐沦为外商的代理人。据《中国丛报》（英文版）卷六记载，1926 年“一个深受信任的商馆买办，在广州照管着一大笔活动资金，并按照要求将利润交给雇主”。这一部分买办从清政府管束外商的工具变为外商进行商业扩张的工具，这是近代买办的前身。

商馆的建筑是相当讲究的，每所都有横列的几排房屋。据亨特《广州番鬼录》记载，商馆的房屋“第一层为账房、仓库、堆房、买办室及其助理、仆役、苦力的房屋，及具有铁门、石墙的钱库……第二层为饭客厅，（第）三层为卧房。每楼都有宽阔的走廊”。一百多年来，商馆区“这块地方曾是广大的，中国唯一给外国人居住的地方，在这里所进行的交易，其数量之大，是不可估计的”。当时在十三行租赁商馆的，除英国、美国外，还有法国、荷兰、普鲁士、瑞典、吕宋（即西班牙，因当时菲律宾为西班牙所占）、丹麦等国。这些夷馆后来便发展为各国商人的办事处，如道光十三年（1833）英国驻华贸易首席监督律劳卑的住所就设在英国商馆内。在鸦片战争前后一段时间内，实际上成了外国殖民者策划侵华阴谋的重要据点。

新时代改革开放新高地上的枢纽港——南沙港

一、建港背景

改革开放以来，广州港作为华南地区的主枢纽港，其发展与深水泊位的开发建设密切相关。“七五”计划至“九五”计划期间，随着广州港新沙港区一批3.5万吨级的深水泊位陆续建成投产，广州港的货物吞吐量逐年增加。1999年广州港货物吞吐量突破1亿吨，是全国第二个货物吞吐量超亿吨的港口。

1997年，广州市提出“南拓、北优、东进、西联”的城市发展战略，重点“南拓”建设广州南沙经济技术开发区，并确立“以港口为中心，交通运输、工业加工和旅游服务齐发展，功能齐全、布局合理、环境优美、文明发达、面向世界的综合性的现代化滨海新城”的南沙开发建设目标。港口作为南沙的引擎，其开发建设对于南沙的发展至关重要。

而在当时，随着船舶大型化的发展趋势不断加快，广州港的核心港区——新沙港区受航道水深以及虎门大桥限高的影响，在虎门以内的新沙港区、黄埔港区在内的珠江干流沿线，已很难找到适合建设5万吨级以上泊位群的深水岸线，广州市经济社会发展以及广州港的发展对高等级泊位的需求日益迫切。

二、建设历程

为满足南沙开发建设的需要，解决广州港深水岸线短缺，改变珠江西岸无大型深水化集装箱码头的现状，同时为完善广州港码头岸线布局，广州市开始开展广州港南沙港区深水岸线的选址工作，因虎门以内受航道和虎门大桥限高的影响，无法满足5万吨级以及更大吨级船舶进港的要求，因此，广州市只能在虎门口外伶仃洋西岸一带寻找南沙港区深水岸线的选址。1999年，在广州市市长林树森的领导下，同时在交通部、水利部珠江水利委员会及有关单位的支持下，广州市启动南沙新港区选址的相关研究和论证工作。

根据专家研究和论证，广州港南沙港区南沙作业区（龙穴岛）规划用地53.1平方千米，港口深水岸线长35.4千米，其中龙穴岛东侧顺岸岸线长16千米，陆域纵深700至1300米；北部挖入式港池内港口岸线长9.9千米，两侧岸线陆域纵深1000至1400米；中部挖入式港池两侧深水码头岸线长9.5千米，两侧岸线陆域纵深800至1000米。规划龙穴岛西侧17千米岸线发展中级泊位及江海联运的小船泊位，陆域纵深350米。

在上述工作的基础上，广州市开始启动在龙穴岛上建设南沙港区深水泊位码头的开发建设工作。2001年底，南沙港区一期工程的试挖和吹填造陆开工，之后陆续推进南沙港区二期工程、南沙港区粮食及通用码头工程、南沙港区三期工程等深水港口建设工作，主要工程建设情况：

（一）南沙港区一期工程

广州港南沙港区一期工程是广东省、广州市重点建设项目之一，是广州市“南拓”战略和南沙大开发的起步工程。广州港南沙港区一期工程建设规模为4个5万吨级多用途泊位和5个3000吨级驳船泊位，其中4个5万吨级集装箱泊位岸线长度1400米，5个3000吨级集装箱驳船泊位长度520米，大码头前沿水深－14.5米，驳船码头前沿水深－6.7米，陆域纵深1245米，陆域总面积为173万平方米。工程总投资37亿元。工程于2001年12月开工建设，2004年9月验收并投产。

（二）南沙港区二期工程

工程建设6个10万～15万吨级集装箱泊位。工程于2007年9月建成投产，总投资54.5亿元。岸线长度2100米，码头前沿水深－15.5米，陆域总面积230万平方米。

（三）南沙港区粮食及通用码头工程

工程建设1个10万吨级和1个7万吨级粮食专用泊位，4个5万～7万吨级通用泊位，配套建设5个200吨级粮食驳船泊位。工程于2011年建成，2012年11月投产，总投资29.2亿元。大码头岸线长1618米，驳船码头岸线长587米。大码头前沿水深－15.1米，驳船码头前沿水深－4.7米。陆域总面积为96.5万平方米。

（四）南沙港区三期工程

工程建设6个10万～15万吨级集装箱泊位，24个3000吨级集装箱驳船泊位及工作船泊位。岸线长度为4178米，其中大码头岸线长2218米，驳船泊位岸线长1660米，工作船泊位岸线长300米。大码头前沿水深－16.0米，驳船码头和工作船泊位前沿水深－5.7米。陆域面积为276.6万平方米。

三、发展情况

南沙港区龙穴岛深水岸线的开发，使得广州实现临江城市向临海城市的蜕变。抓住南沙新区开发的重大机遇，推进南沙深水港区建设，除南沙港区一期、二期、三期集装箱码头以及南沙粮食及通用码头外，也陆续推进了包括沙仔岛汽车码头、小虎石化码头、港发石化码头、建滔石化码头等码头工程。仅广州港集团就在南沙港拥有万吨级以上深水泊位30个，其中10万吨级集装箱专用泊位16个；新增通过能力超过2.5亿吨，其中集装箱通过能力1600万标准箱，改变了广州港缺乏大型集装箱、粮食、汽车滚装和油品专业深水泊位的历史，实现了由河口港向海港的跨越式发展。

自南沙港区一期工程投产以来，南沙港吞吐量持续快速增长，集装箱吞吐量年均增长15%以上，成为广州港的主力港区和主要增长点。2005年南沙港区集装箱吞吐量突破100万标准箱，2013年突破1000万标准箱。随着马士基、中远、中海等世界航运巨头的战略性进驻，南沙港区集装箱班轮航线数、航线密度不断提高，排名世界前二十大的班轮公司全部进驻开辟业务。硬件上，全球最大的2万标准箱、1.9万标准箱、1.8万标准箱集装箱船均在南沙港区靠泊，凸显了南沙港应对大船时代的雄厚实力，将进一步增强南沙港在国际航运市场的竞争力和影响力。

2015年，南沙港区开辟班轮航线88条（其中外贸航线62条、内贸航线26条）；开通“穿梭巴士”支线51条（外贸支线35条、内贸支线16条）。全年完成集装箱吞吐量1167.3万标准箱。南沙港的区位优势正逐渐凸显，集聚效应正在逐步形成，南沙港正由过去的集装箱喂给港、支线港向干线港、枢纽港快速发展。

附　　录

广州港口章程

（2011 年 7 月 1 日印发）

第一章　港口概况

第一条　港口位置

广州港口（以下简称本港）位于华南沿海的珠江入海口（23°06′N，113°26′E），由海港和内河港组成（本港平面示意图见附件一）。

第二条　港口自然条件

本港地处北回归线之南、亚热带海洋性气候区，6 月至 10 月为热带低压和台风活动季节，年平均降水量为 1702. 5 毫米，年平均气温 21. 8℃，冬季盛行东北季风，春末和夏季盛行西南和东南季风。

本港水域受不正规半日混合型潮汐影响，水流动力表现为不规则往复流，平均潮差小于 2 米。

第三条　港口范围

本港分布在珠江口水域及沿岸的广州市、东莞市等行政区域范围。

第四条　港口水域

（一）海港水域

海港水域由以下水域边界范围内的珠江干流及相关支流形成的水域组成：

1. 东边界：

东江口以铁路桥为界；

麻涌河口以四航局预制厂码头与新沙驳船码头连线为界；

淡水河口以北岸转角与南岸河口水闸连线为界；

东莞江口以坭洲头灯桩与华润水泥厂码头连线为界；

仙屋涌口以虎门轮渡码头与虎门电厂码头连线为界；

川鼻河口以沙角码头内侧至亚娘鞋岛的上围角连线为界。

2. 西边界：

黄岐水道以黄岐沙溪涌口与罗冲涌口的连线为界；

陈村水道以三山口为界。

3. 北边界：

流溪河以白坭河大桥为界；

石井河以槎龙排洪站为界；

增埗河以狮头围公路桥为界。

4. 南边界：

以大坦尾引航锚地为界，包括桂山引航检疫防台锚地、三门岛装卸锚地、大坦尾引航锚地及其附近相关水域。南边界具体控制点坐标为：

S31（22°33′46″ N，113°38′02″ E）；

S32（22°26′08″ N，113°39′33″ E）；

S33（22°10′00″ N，113°43′18″ E）；

S34（21°55′00″ N，113°50′00″ E）；

S35（21°55′00″ N，114°05′00″ E）；

S36（22°04′00″ N，114°05′00″ E）；

S37（22°08′33.1″ N，113°53′47.6″ E）；

S38（22°11′01.9″ N，113°49′56.6″ E）；

S39（22°13′01.4″ N，113°49′01.6″ E）；

S40（22°14′38″ N，113°49′38″ E）；

S41（22°25′00″ N，113°46′55″ E）；

S42（22°44′17.7″ N，113°44′17.8″ E）。

（二）内河港水域

内河港水域是广州市行政区内海港水域范围以外的内河通航水域。

第五条　港口陆域

（一）海港陆域

海港陆域由内港港区陆域、黄埔港区陆域、新沙港区陆域和南沙港区陆域组成。

1. 内港港区陆域

由位于西河道、南河道、东河道两岸码头陆域组成。

2. 黄埔港区陆域

由位于黄埔鱼珠至东江口沿岸的黄埔老港作业区和黄埔新港作业区组成。

3. 新沙港区陆域

由位于麻涌口至破流水闸沿岸的新沙港作业区组成。

4. 南沙港区陆域

由位于南沙的沙仔岛、小虎岛、龙穴岛沿岸的沙仔岛作业区、小虎作业区、芦湾作业区、南沙作业区组成。

（二）内河港陆域

内河港陆域由广州市行政区内海港范围以外的内河通航水道两岸码头陆域组成。

第六条　港口岸线

本港港口岸线由沿海港口岸线和内河港口岸线组成。

珠江黄埔以下河段及各入海口门、入海河流感潮河段等水域内的港口岸线为沿海港口岸线，其他为内河港口岸线。

第七条　港口码头设施

本港码头设施由沿海港口和内河港口的码头设施组成。

截至2010年年底，本港共有各类码头泊位823个（其中万吨级以上泊位64个），泊位总长度63666米；其中生产用泊位652个（生产用万吨级以上泊位62个），泊位总长度53073米，泊位年通过能力28723万吨，其中集装箱通过能力740万TEU，旅客通过能力3131万人次，滚装商品汽车通过能力63万辆；非生产用泊位171个，泊位总长度10593米。

本港主要专业泊位有：

集装箱专业泊位65个（其中万吨级以上泊位19个），泊位长度9046米，设计通过能力650万TEU。

石油化工专业泊位86个（其中万吨级以上泊位13个），泊位长度9977米，设计通过能力5331万吨。

煤炭专业泊位30个（其中万吨级以上泊位7个），泊位长度3095米，设计通过能力4882万吨。

粮食专业泊位18个（其中万吨级以上泊位3个），泊位长度2197米，设计通过能力1178万吨。

商品汽车滚装泊位4个（均为万吨级以上泊位），泊位长度769米，设计通过能力63万辆。

第二章　港口管理机构

第八条　港口行政管理部门

广州港务局是由广州市人民政府确定的港口行政管理部门，依法对广州港口、广州市水路运输行业、广州港港区航道行使管理权，对广州港航道、引航、锚地和通讯调度实行统一管理。

派出机构有海港分局、黄埔分局、内港分局、番禺分局、五和分局、新塘分局；直属单位有广州港引航站、广州港通讯调度指挥中心（以下简称调度指挥中心）、广州港建设工程质量监督站、广州市船舶交易管理所、广州港务局教育培训中心等。

第九条　水上交通安全监督管理部门

中华人民共和国广州海事局（以下简称广州海事局）是本港行使水上交通安全

监督、防止船舶污染、船舶和水上设施检验以及航海保障等职能的管理机构。

派出机构有黄埔海事处、番禺海事处、内港海事处、沙角海事处、南沙海事处、新港海事处、新沙海事处、新塘海事处、花都海事处及执法支队。

第十条　国家设在广州港口口岸的其他监督管理机关

广州海关、黄埔海关、广州出入境边防检查总站、广州出入境检验检疫局负责对人员、船舶、货物和物品进出广州港口口岸实施监督、管理以及检查、查验和检验检疫等工作。

（一）广州海关、黄埔海关依照《中华人民共和国海关法》和其他有关法律、行政法规，分别对各自关区经广州港口口岸进出境的运输工具、货物、行李物品、邮递物品和其他物品实施监管，征收关税和其他税费，查缉走私并编制海关统计和办理其他海关业务。

广州海关在本港下设番禺海关、南沙海关、驻内港办事处；黄埔海关在本港下设黄埔老港海关、黄埔新港海关、驻广州经济技术开发区办事处（广州保税区海关）、新塘海关、新沙海关。

珠江河道以新造为界，新造上游港区（包括新造）属广州海关管辖，新造下游港区属黄埔海关管辖；北河道以东圃河口为界，以西河面属广州海关管辖，以东河面（包括黄埔港区、新沙港区、广州港出海航道东侧的虎门港）属黄埔海关管辖；

（二）广州出入境边防检查总站依照《中华人民共和国公民出境入境管理法》《中华人民共和国外国人入境出境管理法》《中华人民共和国出境入境边防检查条例》以及其他有关法律、行政法规，负责对出境、入境的人员及其行李物品、交通运输工具及其载运的货物实施边防检查，对出境、入境的交通运输工具进行监护，对口岸的限定区域进行警戒，维护出境、入境秩序，执行主管机关赋予的和其他法律、行政法规规定的任务。

在本港下设的分支机构有黄埔出入境边防检查站、番禺出入境边防检查站、南沙出入境边防检查站、洲头咀出入境边防检查站、新塘出入境边防检查站、新港出入境边防检查站、广州经济技术开发区出入境边防检查站、新沙出入境边防检查站和莲花山出入境边防检查站；

（三）广州出入境检验检疫局依照《中华人民共和国进出口商品检验法》《中华人民共和国进出境动植物检疫法》《中华人民共和国国境卫生检疫法》和《中华人民共和国食品卫生法》等法律法规，负责广州地区（番禺、南沙、花都、增城、从化除外）的出入境卫生检疫、动植物检疫，以及进出口商品检验、鉴定、认证和监督管理工作。

在本港下设的分支机构有黄埔出入境检验检疫局、新沙办事处、洲头咀办事处、新风港办事处和河南港办事处。

第三章　港口公用设施及管理

第十一条　主要港口公用设施

（一）港口航道

本港航道由出海主航道和其他航道组成。

出海主航道自珠江口桂山锚地至黄埔港区，全长约153公里，包括大濠水道、榕树头水道、伶仃航道、川鼻水道、大虎水道、坭洲头航道、莲花山东航道、莲花山西航道、新沙航道、赤沙航道、大濠洲航道、黄埔航道。其中黄埔港区西基调头区至南沙港区段出海航道底标高为－13.0米，有效宽度160米；南沙港区至珠江口桂山锚地段出海航道底标高为－15.5米，有效宽度230米。

其他航道主要包括西河道、东河道、白沙河、沙贝海、南河道、沥滘航道、东洛围水道、小洲水道、官洲水道、仑头水道、三枝香水道、员岗南水道、新造水道、海心岗水道、汾水头水道、铁桩水道、浮莲岗水道、小虎沥水道、龙穴南水道、凫洲水道等。

（二）港口锚地

本港现有主要锚地88个（主要锚地情况见附件二），浮筒23个，最大锚泊能力30万吨，主要功能为船舶候潮、联检、待泊、避风、船舶调头和过驳作业等。其中桂山锚地为一般引航、检疫、防台锚地，蜘洲岛以南锚地和大担尾锚地为大型引航锚地，三门岛锚地为主要候泊、检疫、防台和过驳锚地。

（三）港区航标

本港出海主航道共有105座灯浮标采用同步闪光灯器，其他航道灯浮标采用LED灯器。小船推荐航路标志采用蓝光，小船横越区设置专用标志。出海航道所有导标使用LED光带。

第十二条　港口公用设施管理

广州港务局负责港区航道、锚地等公用设施的建设、维护和管理工作。

在本港海港水域修建或者设置与通航有关的设施，必须符合国家规定的通航标准和技术规范要求，设计文件中有关航道事项应当事先征得广州港务局同意。

港区锚地的划分、设置和调整，由广州港务局会同海事管理机构征求有关部门意见后确定。

第四章　港口经营

第十三条　港口经营资格申请

在本港从事港口经营，应当向广州港务局书面申请取得港口经营许可，并依法办理工商登记。

从事港口理货经营，应当按照规定向中华人民共和国交通运输部申请并取得许可。

第十四条　港口经营人基本义务

港口经营人应当按照核定功能使用和维护港口经营设施、设备，配备与经营业务相适应的人员、机械、设备、工具、库场等，并使其处于良好状态。

港口经营人应当优先安排抢险、救灾和国防建设急需物资的港口作业。

港口经营人应当在其经营场所公布经营服务收费项目和收费标准，使用国家规定的港口经营票据。

第十五条　危险货物港口作业

港口经营人从事危险货物港口作业的，应当向广州港务局申请取得《危险货物港口作业认可证》，并在核定的范围内开展作业。

从事危险货物港口作业的港口经营人，应当在危险货物港口装卸、过驳、储存、包装、集装箱装拆箱等作业开始24小时前，将作业委托人以及危险货物品名、数量、理化性质、作业地点和时间、安全防范措施等事项报告广州港务局。广州港务局在接到报告后24小时内作出是否同意作业的决定，通知报告人，并通报广州海事局。

发生下列情况，从事危险货物港口作业的港口经营人应当及时处理并报告广州港务局或其位于当地的派出机构：

（一）发现未申报或者申报不实、申报有误的危险货物；

（二）在普通货物或集装箱中发现性质相抵触的危险货物。

第十六条　锚地作业

有锚地作业资质的港口经营人需利用港区锚地进行港口作业的，应当向调度指挥中心提出申请，并在作业期间及时报告作业动态。

第十七条　港口客运经营

从事港口旅客运输服务的经营人，应当采取有效措施保证旅客安全，向旅客提供快捷、便利的服务，具备良好的候船环境、上下船设施、安全设备和应急救援体系。

客运滚装运输作业时，港口经营人应当提供适合滚装运输候船待运的停泊场所、上下船和进出港的专用通道，并保证作业场所照明良好、有关标识齐全清晰。

旅客与滚装运输单元上下船和进出港的通道应当分开。

第五章　船舶进出港

第十八条　船舶进出港报告与签证

船舶进出本港应当按照相关规定向海事管理机构报告并办理船舶签证。

第十九条　船舶载运污染危险性货物进出港口的监管

船舶载运污染危险性货物进、出本港，应当按照以下规定向广州海事局申报：

（一）船舶载运污染危险性货物进、出本港，或者在本港过境停留，应当在进、出港 24 小时之前，直接或者通过代理人向广州海事局办理申报手续。国际航行船舶，还应当按照规定提前预报告；

（二）定船舶、定航线、定货种的船舶可以办理定期申报手续。定期申报期限不超过一个月；

（三）核能（动力）船舶和装载放射性物质的船舶，应当向广州海事局提出书面申请，并接受特别检查和管理。

第二十条　外国籍船舶航行指引

根据《关于禁止外国籍船舶在万山、佳蓬、担杆诸岛连线以内的海区航行的通知》要求，除下列指定航线外，禁止外轮在万山、佳蓬、担杆诸岛连线以内的海区航行：

（一）由香港以外的其他港口驶往本港的外国籍船舶，应当从外海驶至 21°47′45″ N、113°49′32″ E 处转向 013°，经佳蓬列岛蚊尾洲灯塔与大万山岛之间的水道，驶至竹洲东面 22°00′00″ N、113°52′34″ E 处转向 334°，经竹洲与溢洲列岛之间的水道，驶至蜘洲列岛西面 22°05′36″ N、113°49′36″ E 处转向 319°直驶桂山锚地（2 万吨以下或吃水 9 米以下）或珠江口大型船舶引航锚地（2 万吨以上或吃水 9 米以上）等候引航。离港船舶在引航员于引航锚地下船后，沿相反航向驶出；

（二）由香港驶往本港的外国籍船舶，沿博寮西水道驶至榕树头西北面转向南下，进入桂山锚地（2 万吨以下或吃水 9 米以下）或珠江口大型船舶引航锚地（2 万吨以上或吃水 9 米以上）等候引航。从本港驶往香港的外国籍船舶，在引航员于引航锚地下船后，沿相反航向行驶。

第二十一条　船舶引航

（一）引航区域

包括本港海港范围的内港港区、黄埔港区、新沙港区、南沙港区、虎门外水域及三门岛、桂山、大屿山、伶仃航道、矾石水道、川鼻水道、虎门、坭洲头航道、莲花山航道、赤沙航道、大濠洲航道、菠萝庙水道、黄埔航道、铁桩航道及西河道等水域和内河港水域。

（二）引航申请

外国籍船舶在本港引航区域内航行或者靠泊、离泊、移泊必须申请引航；其他船舶在引航区内外航行或者靠泊、离泊、移泊，可以根据需要申请引航。

引航申请由船舶或其代理人在船舶抵港 48 小时前向广州港引航站书面提出。

（三）引航申请资料

1. 船公司、船名（包括中、英文名）、国籍、船舶呼号；

2. 船舶的种类、总长度、宽度、吃水、水面以上最大高度、载重吨、总吨、净吨、主机及侧推器的种类、功率和航速；

3. 装载货物种类、数量；

4. 预计抵、离港或者移泊的时间和地点；

5. 其他需要说明的事项。

（四）引航锚地

1. 桂山引航锚地（即 18GS 锚地）为下列四点连线水域：

22°07′20″ N 113°45′48″ E

22°07′20″ N 113°47′54″ E

22°08′30″ N 113°47′54″ E

22°08′30″ N 113°45′48″ E

2. 大蜘洲南引航锚地（即 13ZH 锚地）为下列四点连线水域（大型船舶使用）：

22°06′30″ N 113°52′00″ E

22°06′30″ N 113°55′00″ E

22°03′30″ N 113°52′00″ E

22°03′30″ N 113°55′00″ E

3. 大担尾引航锚地（即 4DT 锚地，超大型船舶使用）：

21°57′36″ N 113°59′06″ E

（五）地点确认

在珠江口需申请引航的船舶，应当在前项规定的引航锚地等候引航员上船，并与广州港引航站保持甚高频联系，确认引航员具体登轮地点及时间。

引航员在本港的登（离）轮点包括：

1. 桂山引航锚地引航员登（离）船点：

22°08′00″ N 113°47′88″ E

2. 大蜘洲南引航锚地引航员登（离）船点：

22°05′00″ N 113°51′00″ E

3. 大担尾引航锚地引航员登（离）船点：

21°57′60″ N 113°59′10″ E

（六）拒绝、暂停或者终止引航

遇有下列情况之一的，引航员有权拒绝、暂停或者终止引航，并及时向广州海事局报告：

1. 恶劣的气象、海况；

2. 被引船舶不适航；

3. 没有足够的水深；

4. 被引船舶的引航梯和照明不符合安全规定；

5. 引航员身体不适，不能继续引领船舶；

6. 其他不适于引航的原因。

引航员在作出上述决定之前，应当明确告知被引船舶的船长，并对被引船舶当时的安全作出妥善安排，包括将船舶引领至安全和不妨碍其他船舶正常航行、停泊或者作业的地点。

第六章　港口服务

第二十二条　港口装卸服务

本港从事港口装卸服务的企业可以为委托人提供货物装卸（含过驳）、仓储，港内驳运，集装箱装卸、堆存及装拆箱，对货物及其包装进行简单加工处理等相关服务。

第二十三条　港口理货服务

本港取得港口理货经营资质的企业可以为委托人提供货物交接过程中的点数、计量、丈量、监装、监卸及货损、箱损检定等服务。

第二十四条　船舶拖带和水上特种装卸服务

船舶拖带服务企业可以为船舶进出港、靠离码头、移泊提供顶推、拖带或护航服务，以及为船舶靠离浮筒提供系解缆服务。

水上特种装卸服务企业可以提供超长重大件货物的水上吊装、绑扎、驳运、海上拖带等服务。

第二十五条　船舶供应服务

本港取得国际、国内航行船舶油料、物料、生活品供应资质的企业，可以 24 小时为进出本港的国内外船舶供应燃油、润滑油、淡水、食品、烟酒饮料、生活用品、船用物料、垫舱物料、船舶配件、化工产品和国外免税商品，并代办海员个人需要的各类商品。依法取得船舶油料供受作业资质的单位，应当向海事管理机构备案。

第二十六条　船舶修造服务

本港现有 5 万吨级以上（含 5 万吨级）的船台 2 座，5 万吨级以上（含 5 万吨级）的船坞 10 个，其中最大船坞为 30 万吨级。在建船舶最大为 30 万吨级。

第二十七条　船舶污染物接收处理服务

本港依法取得相应资质的船舶污染物接收单位可以接收处理的船舶污染物包括：残油、油泥、含油污水、垃圾、化学品洗舱水。

第二十八条　打捞服务

交通运输部广州打捞局是海（水）上沉船（物）打捞、公共水域、港口及航道清障、海上财产救助和大型海难、环境救助的专业单位。

拥有大型应急救助与抢险打捞工程船、大功率救助拖轮和半潜驳等各类船舶40多艘：其中“华天龙”“南天龙”等4000～300吨吊力的起重救捞工程船5艘；“德跃”等主机功率为15300千瓦～440千瓦的救助拖轮13艘；载重能力为30000～15000吨的半潜驳3艘；14000～2000吨的甲板运输船3艘；同时还拥有水下机器人ROV以及潜水作业、溢油应急处置等一系列专业救捞配套设备。

广州打捞局局调度室常年实行全天候值班制度。

24小时值班电话：020－34062151 34062155

传真：34062524　E－mail：salvage126@126. com

第二十九条　船舶代理服务

本港国际、港澳、国内船舶代理企业[①]可以接受承运人委托，代办其经营范围内的国际、港澳或国内航线船舶进出港口、承揽货源客源、船舶装卸、货物中转、船舶补给修理等事项。

第三十条　货物运输代理服务

本港港澳、国内货物运输代理企业可以接受旅客或托运人、收货人委托，代办其经营范围内的订舱、货物装卸、提取交付等事项。

第三十一条　水上交通服务

广州VTS中心负责对本VTS区域船舶实施交通组织管理，提供交通服务，支持联合行动。应船舶请求，广州VTS中心可以向其提供他船动态、助航标志、水文气象、航行警（通）告和其他有关信息服务。

广州VTS中心的呼叫/守听频道为VHF08和VHF09。

24小时值班联系电话：020－82272372 82280556。

海上搜救中心24小时值班，电话专线12395。

第三十二条　海上救助

交通运输部南海救助局是我国南海海上专业救助单位。

拥有各类救助船舶33艘，其中14000千瓦救助拖轮1艘，8000千瓦救助拖轮5艘，6000千瓦救助拖轮1艘，双体穿浪快速救助船1艘，近海救助拖轮8艘，其他船

① “国际、港澳、国内船舶代理企业”是根据服务范围划分的，实际指“国际、中国港澳地区、中国内地船舶代理企业”。——本书编者注

舶17艘。

南海救助局常年实行全天候值班制度。

值班电话：020－84265700 84265701 84265702（南海救助局值班室）

020－84650093（广州基地救助值班室）。

第七章　港口安全与环境保护

第三十三条　港口设施保安

为航行国际航线的客船、500总吨及以上的货船、500总吨及以上的特种用途船和移动式海上钻井平台服务的港口设施，适用《中华人民共和国港口设施保安规则》（本港已取得《港口设施保安符合证书》的港口设施名单见附件三）。

第三十四条　港口环境保护

港口经营人应当依照有关环境保护的法律、法规的规定，采取有效措施，防治对环境的污染和危害。

港口工程建设项目应当依法进行环境影响评价。港口建设项目的环境保护设施，必须与主体工程同时设计、同时施工、同时投入使用。

第三十五条　船舶污染物排放的控制

船舶在本港水域向海洋排放的船舶垃圾、生活污水、含油污水、含有毒有害物质污水、废气等污染物以及压载水，应当符合法律、行政法规、中华人民共和国缔结或者参加的国际条约以及相关标准的要求。

船舶应当将不符合前款规定的排放要求的污染物排入港口接收设施或者由船舶污染物接收单位接收。船舶污染物接收单位从事船舶垃圾、残油、含油污水、含有毒有害物质污水接收作业，应当依法经海事管理机构批准。

船舶不得向依法划定的海洋自然保护区、海滨风景名胜区、重要渔业水域以及其他需要特别保护的海域排放船舶污染物。

第三十六条　船舶及相关作业的防污染控制

从事船舶清舱、洗舱、油料供受、装卸、过驳、修造、打捞、拆解，污染危害性货物装箱、充罐，污染清除作业以及利用船舶进行水上水下施工等作业活动的，应当遵守相关操作规程，并采取必要的安全和防治污染的措施。

从事前款规定的作业活动的人员，应当具备相关安全和防治污染的专业知识和技能。

第三十七条　船舶垃圾接收处理

船舶垃圾接收单位应当依法取得相应的作业资质。

船舶垃圾接收单位接收船舶垃圾，应当向船舶出具垃圾接收单证，并由船长签字确认。

船舶凭垃圾接收单证向广州海事局办理垃圾接收证明，并将垃圾接收证明保存在相应的记录簿中。

船舶垃圾接收单位应当按照国家有关污染物处理的规定处理接收的船舶垃圾，并每月将船舶垃圾的接收和处理情况报广州海事局备案。

来自疫区船舶产生的船舶垃圾，应当经有关检疫部门检疫处理后方可进行接收和处理。

第八章　港口应急事件处理

第三十八条　事故与灾害应急救援

广州港务局负责制定可能危及社会公共利益的港口危险货物事故应急预案、港口引航事件应急预案、港口保安事件应急预案、港口重大生产安全事故的旅客紧急疏散和救援预案以及预防自然灾害预案，建立健全港口重大生产安全事故的应急救援体系。

港口经营人应当组织制定本单位的生产安全事故应急预案、危险货物事故应急预案、重大生产安全事故的旅客紧急疏散和救援预案以及预防自然灾害预案，并配备应急队伍、应急设备、设施，定期开展演练，保障组织实施。

港口经营人应当将本单位的生产安全事故应急预案报广州港务局备案。

第三十九条　船舶事故应急处理

船舶应当制定保障水上人命、财产安全和防止船舶污染环境的措施，编制应对水上交通事故、泄漏事故的应急预案以及船舶溢油应急计划，并配备必要的救援器材设备。

船舶在本港发生事故后，船方、港口经营人或知情者应当将事故发生地点、时间等情况和信息立即报告广州 VTS 中心和调度指挥中心。

第四十条　公共卫生突发事件处理

各相关部门应当配合卫生防疫、检验检疫等部门，做好港口救灾防病、紧急疫情和突发公共卫生事件处理等应急救援工作。

发生公共卫生突发事件时，事发单位应当立即采取有效措施，并通知卫生防疫、检验检疫等部门。

第九章　禁止与限制性规定

第四十一条　港口经营禁止与限制

港口经营人不得超过核定能力和许可范围使用港口设施、设备。

港口理货经营人不得兼营港口货物装卸和仓储经营业务，从事港口装卸和仓储业务的经营人不得兼营港口理货业务。

第四十二条　航道管理禁止与限制

禁止在本港航道及其附近滩地、岸坡进行不利于航道维护或者有碍航行安全的堆填、挖掘、养殖、种植、构筑建筑物等活动，禁止向本港水域倾倒泥土、砂石。

不得在本港进行可能危及港口安全的采掘、爆破等活动；因工程建设等确需进行的，必须采取相应的安全保护措施，并报经广州港务局批准；依照有关水上交通安全的法律、行政法规的规定须经海事管理机构批准的，还应当报经海事管理机构批准。

禁止一切危害本港航标安全和损害航标工作效能的行为。

第四十三条　船舶进出港禁止与限制

未获特别许可，任何船舶不得进入本港军事禁区及控制区域。

禁止船舶、设施在水下电缆、管线、隧道等专用标志标示的本港水域抛锚（本港出海航道跨河电缆、桥梁和水底管线情况见附件四）。

禁止船舶在各航道转弯处、虎门大桥以内的所有桥梁下、水上水下施工作业范围附近水域追越或者在单线航段会船、追越。

禁止船舶在禁锚区锚泊。

禁止船舶在本港航道锚泊。紧急情况下确需锚泊的，应当征得海事管理机构同意。

第四十四条　危险货物港口作业禁止与限制

禁止在本港装卸、储存国家禁止通过水路运输的危险货物。

第四十五条　环境保护禁止与限制

任何船舶不得向本港水域排放残油、废油、货物残渣、船舶垃圾、建筑泥浆以及违反有关环境保护的法律、法规的规定、排放超过规定标准的有毒、有害物质。

禁止任何船舶在珠江广州河段东河道人民桥至华南大桥河段及饮用水源保护区内排放《中华人民共和国防治船舶污染内河水域环境管理规定》所指生活污水以及任何形式的厨房、厨房排水口的排出物和其他废物。

港口、码头、装卸站和从事船舶修造作业的单位应当按照国家有关标准配备相应的污染监视设施和污染物接收设施。

第十章　附　则

第四十六条　备案

本章程报中华人民共和国交通运输部和广东省交通运输厅备案。

第四十七条　施行日期及有效期

本章程自发布之日起施行，广州港务局《关于发布〈广州港口章程〉的公告》（穗港局〔2006〕99 号）及其所附的原《广州港口章程》同时废止。

本章程有效期 5 年。有关法律政策依据变化或者有效期届满，根据实施情况依法评估修订。

附件一　本港平面示意图（略）

附件二　本港主要锚地情况表

名称	锚地编号	海图水深（m）
黄埔锚地	P2 锚地	9
	P3 锚地	9
	P4 锚地	9
	P5 锚地	9
	黄埔 F1 浮筒	5.8
	舢舺洲 1—7 号浮筒	9
大濠洲锚地	89DH 锚地	9
	D5 锚地	9
	D6 锚地	9
	D7 锚地	9
	D8 锚地	3.8
	D9 锚地	4
	D10 锚地	5
	新港 3—9 号浮筒	9.5
莲花山锚地	84LH 锚地	5.7
	85LH 锚地	7.6
坭洲头锚地	坭洲 75NZ—78NZ 锚地	7～7.8
	坭洲 80NZ 锚地	6
	坭洲 81NZ 锚地	7.4
	坭洲 79NZ 锚地	6
	坭洲 82NZ 锚地	6
	坭洲 83NZ 锚地	4.1
	坭洲头 5 万吨级浮筒锚地	13

续表

名称	锚地编号	海图水深（m）
大虎锚地	大虎 66DH—69DH 锚地	
	72BT 锚地	
舢舨洲沙角锚地	沙角 53SJ 锚地	11
	沙角 52SJ 锚地	11. 2
	沙角 51SJ—45SJ 锚地	9 ~ 10. 3
	沙角 44SJ 锚地	13
	沙角 43SJ 锚地	14
	沙角 42SJ 锚地	13. 7
	沙角 41SJ 锚地	13. 7
	沙角 40SJ 锚地	10. 5
	沙角 39SJ 锚地	10. 7 ~ 11. 6
	沙角 38SJ 锚地	
	沙角 37SJ 锚地	
	沙角 36SJ 锚地	
	沙角 35SJ 锚地	16
	沙角 34SJ 锚地	7. 9
	58SQ 锚地	6
	59SQ 锚地	3 ~ 11
	57SQ 锚地	6
	63SQ 锚地	5. 6
	62SQ 锚地	6. 7
	61SQ 锚地	6. 4
	60SQ 锚地	4. 8
	56SQ 锚地	6. 3
	55SQ 锚地	5. 5
	54SQ 锚地	6. 5
伶仃锚地	横沥、桂洲液化气船清道护航 31LD 锚地	0. 8 ~ 2. 4
	万顷沙、横门液化气船清道护航 27LD 锚地	2. 4 ~ 4. 8
	内伶仃 29LD 锚地	7
	内伶仃 28LD 锚地	5. 3
大屿山锚地	大屿山 Y3 锚地（23DY）	10 ~ 14. 5
	大屿山 Y2 锚地（22DY）	22. 6 ~ 23. 5
	大屿山 Y1 锚地（21DY）	24. 9

续表

名称	锚地编号	海图水深（m）
桂山锚地	桂山 18GS 锚地	9.6～13
三门岛锚地	珠江口 13ZH 锚地	14～28
	三门岛以南 11SM 锚地	27
	三门岛 7SM 锚地	22.5
	三门岛 8SM 锚地	22.5
大担尾锚地	4DT 锚地	30

附件三　本港已取得《港口设施保安符合证书》的港口设施名单

序号	企业名称		港口设施名称	证书编号
1	广州港集团有限公司	广州港集团	1. 广州港沙角二虎装卸作业锚地、浮筒	Z09010101 –2009 –0170
			2. 广州港大屿山装卸作业锚地	Z09010101 –2009 –0171
			3. 广州港三门岛装卸作业锚地	Z09010101 –2009 –0172
		广州港集团有限公司黄埔港务分公司	4. 广州港集团有限公司黄埔港务分公司黄埔集装箱码头	Z09010101 –2009 –0154
			5. 广州港集团有限公司黄埔港务分公司黄埔散杂货码头	Z09010101 –2009 –0167
			6. 广州港集团有限公司黄埔港务分公司洪圣沙散杂货码头	Z09010101 –2009 –0168
		广州港集团有限公司新港港务分公司	7. 广州港集团有限公司新港港务分公司散杂货码头	Z09010101 –2009 –0165
		广州港集团有限公司石油化工港务分公司	8. 广州港集团有限公司石油化工港务分公司石油化工码头	Z09010101 –2009 –0157
		广州港集团有限公司西基港务分公司	9. 广州港集团有限公司西基港务分公司煤码头	Z09010101 –2009 –0169
		广州港集团新沙港务有限公司	10. 广州港新沙集装箱码头	Z09010101 –2009 –0152
			11. 广州港集团新沙港务有限公司通用码头	Z09010101 –2009 –0163
			12. 汽车滚装码头	Z09010404 –2009 –0272
		广州港集团有限公司河南港务分公司	13. 广州港集团有限公司河南港务分公司内三散杂货码头	Z09010101 –2009 –0166
			14. 广州港集团有限公司河南港务分公司海心沙多用途码头	Z09010101 –2009 –0164
			15. 广州港汾水头危险品码头	Z09010101 –2009 –0159
2	广州集装箱码头有限公司		16. 广州港新港集装箱码头	Z09010101 –2009 –0153
3	广州港南沙港务有限公司		17. 广州港南沙一期集装箱码头	Z09010101 –2009 –0155
4	广州港发石油化工码头有限公司		18. 广州港发石油化工码头	Z09010101 –2009 –0160
5	中国船舶燃料供应广州公司		19. 中国船舶燃料供应广州公司新造油库码头及供油船	Z09010101 –2009 –0161

6	中国石油化工股份有限公司广东石油分公司黄埔油库	20. 中国石化广东石油分公司黄埔油库码头	Z09010101－2009－0156
7	粤海（番禺）石油化工储运开发有限公司	21. 粤海（番禺）石油化工储运开发有限公司码头	Z09010101－2009－0158
8	广州南沙经济技术开发区港口开发总公司	22. 广州南沙港南伟码头件杂货泊位	Z09010101－2009－0162
9	广东中远船务工程有限公司广州分公司	23. 广东中远船务工程有限公司广州分公司码头	Z09010101－2009－0177
10	中海工业有限公司菠萝庙船厂	24. 中海工业有限公司菠萝庙船厂（黄埔厂区）码头	Z09010101－2009－0174
		25. 中海工业有限公司菠萝庙船厂（海珠厂区）码头	Z09010101－2009－0175
11	广州中船黄埔造船有限公司	26. 广州中船黄埔造船有限公司码头	Z09010101－2009－0178
12	广州广船国际股份有限公司	27. 广州广船国际股份有限公司码头	Z09010101－2009－0176
13	广州中船远航船坞有限公司	28. 广州中船远航船坞有限公司龙穴岛码头	Z09010101－2009－0173
14	中国石油化工股份有限公司广东石油分公司	29. 小虎岛油库码头	Z09010207－2009－0260
15	广州港南沙汽车码头有限公司	30. 广州港南沙汽车码头有限公司码头	Z09010404－2009－0272
16	广州南沙海港集装箱码头有限公司	31. 广州南沙海港集装箱码头	Z09010105－2009－0298
17	益海（广州）码头有限公司	32. 益海（广州）码头有限公司码头	Z09010512－0780
18	广州小虎石化码头有限公司	33. 广州小虎石化码头	Z09020208－0687
19	广州珠钢码头有限公司	34. 广州珠钢码头有限公司散杂货码头	Z09010506－2009－0254
20	广州文冲船厂有限责任公司	35. 广州文冲船厂有限责任公司码头	Z09010707－2009－0255
21	广州珠江电力燃料公司珠江电厂	36. 广州珠江电厂煤码头	Z09010511－0163
22	广州番禺南沙货运实业有限公司	37. 广州南沙货运码头 9000 吨多用途泊位	Z09010507－2009－0476
23	广州港建滔国际石油化工码头有限公司	38. 广州港建滔国际石油化工码头	Z0910208－2010－00006
24	广州港鸿业石化码头有限公司	39. 广州港鸿业石化码头	Z09010209－2010－0075

附件四 本港出海航道跨河电缆、桥梁和水底管线情况表

一、跨河电缆

跨越航（水）道	跨河地点	种类	高度（m）
坭洲头航道	沙仔围—坭洲拦江沙	高压电线	60

二、桥梁（桥梁净空高度从珠江统一基面107米起计）

桥梁名称	跨（穿）越航（水）道	通航孔尺度			备注
		净高（m）	净宽（m）	跨度（m）	
虎门大桥	川鼻水道	60	300	888	主孔
	蒲洲水道	40		270	副孔
珠江黄埔大桥	菠萝庙水道	55	280		副孔
	大濠洲航道	60	469		主孔
港珠澳大桥（隧道段）	伶仃西航道	隧道埋深至设计最低通航水位以下29米	2810	4100	隧道

三、水底管线（管线上下游各100米范围内为禁锚区）

名称	种类	穿越航（水）道、水域	珠江口水域段路由	埋 深
崖13－1气管	天然气管	青州水道、伶仃航道	海南—香港	伶仃航道范围内埋至理论深度基准面以下18米
联通珠深光缆	通信光纤	伶仃洋	珠海—深圳宝安	主航道范围内埋至理论深度基准面以下17米，其余范围在河床下1.5～2.5米
坭洲电缆	电缆	坭洲头航道	江鸥沙—沙仔围	

广州市人民政府关于印发《建设广州国际航运中心三年行动计划（2015—2017年）》的通知

穗府〔2015〕23号

各区人民政府，市政府各部门、各直属机构：

《建设广州国际航运中心三年行动计划（2015—2017年）》已经市委、市政府同意，现印发给你们，请认真组织实施。实施中遇到的问题，请径向建设广州国际航运中心领导小组办公室（设在广州港务局）反映。

广州市人民政府

二〇一五年八月三十一日

附件：

建设广州国际航运中心三年行动计划（2015—2017年）

建设国际航运中心是广州发挥国家中心城市功能的重要平台，是广州争当建设"21世纪海上丝绸之路"排头兵的重大举措，是广州深化改革开放、增强经济可持续发展能力，建立与国际接轨营商规则的重要支撑，也是南沙自贸试验区建设的重要抓手。为加快建设广州国际航运中心，制定本行动计划。

一、发展现状

（一）建设广州国际航运中心的有利条件。

1. 中心城市功能突出。广州地处珠三角中心地区，衔接港澳，辐射泛珠三角地区，面向世界，具有国家级新区和自由贸易试验区双重政策叠加优势。2014年广州GDP（地区生产总值）达1.67万亿元，经济总量连续26年居全国大城市第三位。综合交通枢纽功能突出，水路、铁路、公路、航空、通信、管道网络发达，广州港与世界100多个国家和地区的400多个港口有海运贸易往来，白云国际机场是全国三大枢纽机场之一，开通国内外航线200多条，广州是全国电信核心节点城市和三大国际互联网出口枢纽之一。广州拥有较为完备的制造业、发达的商贸业、金融业等产业体系，国家中心城市、综合性门户城市地位不断增强。

2. 商业贸易发达。广州有“千年商都”之称，是从未关闭过的对外通商口岸、泛珠三角地区外贸进出口重要通道、国内最重要的商品批发中心和专业市场集聚地。拥有广交会等知名会展品牌，形成了广塑交易平台、鱼珠木材交易中心、华南金属材料交易平台、华南煤炭交易中心、华南粮食交易中心等交易市场。2014 年全市批发和零售业商品销售总额 4.87 万亿元，商品进出口总值 1306 亿美元，第 4 次荣登福布斯中国大陆最佳商业城市第一名，是人流、物流、资金流、信息流的交汇中枢。

3. 航运发展基础较好。广州港是国家综合运输体系的重要枢纽，2014 年完成货物吞吐量超 5 亿吨，集装箱 1663 万 TEU（标准箱），分别位居世界港口第五、第八位。注册营运船舶 1300 艘，950 万载重吨，占全省总运力的 48%。南沙港区至珠江出海口航道水深 -17 米，可满足世界最大集装箱船进出港要求。广州港已开通集装箱班轮航线 123 条，江海联运支线 200 多条，世界前二十位集装箱班轮公司均在广州港开展业务。聚集了港口航运、港口设计建设、航道疏浚、海上救助打捞、金融保险、海事法律仲裁、口岸通关等机构以及相关联产业。临港工业、物流产业快速发展，已成为全国三大造船基地之一、国家汽车及零部件出口基地、珠三角装备制造业基地。广州白云国际机场是国内三大航空枢纽之一，为中国南方航空、海南航空、深圳航空、联邦快递的枢纽机场及中国国际航空的重点机场。

4. 腹地经济持续快速发展。珠三角地区汇聚了最具活力的城市群，是世界日用消费品重要制造基地，是我国经济最为发达的地区之一；泛珠三角地区经济总量占全国比例超 28%，近年经济增长速度均高于全国平均增长速度，腹地产业发展迅速，经济充满活力，经济总量大，为建设广州国际航运中心提供了重要支撑。

5. 航运文化底蕴深厚。广州港是千年古港，是古代海上丝绸之路的起点之一，具有深厚的航海历史文化底蕴，黄埔古港、南海神庙是我国海上对外贸易交往的历史见证。广州汇集了多所具有航运相关专业及研发能力的高等院校和科研机构。广州海事法律服务体系较为完善，海事司法和海事仲裁能力在全国居领先位置。

（二）建设广州国际航运中心的差距和不足。

1. 港口基础设施不足，能力不强，集疏运体系尚需完善，多式联运发展不平衡，物流园区和通道建设需进一步完善，物流服务能力有待提升。

2. 航运服务要素集聚建设发展滞后，航运交易、航运金融保险、总部经济等现代航运服务业不够发达，国际化程度较低，现代航运服务体系不完善。

3. 营商环境有待优化，与国际商事规则接轨不够紧密，现代信息技术与航运产业融合度不高，政务、口岸、投资贸易便利化等服务水平亟待提高。

二、指导思想与发展目标

（一）指导思想。

深入贯彻落实党的十八大精神和市委十届六次全会精神，紧紧抓住国家“一带一路”和自贸试验区战略机遇，围绕广州国家中心城市建设，发挥国家级新区、开发区、保税区、高新技术开发区、南沙自贸试验区的政策优势和毗邻港澳的区位优势，对标世界先进国际航运中心，主动适应经济发展新常态，将建设智慧型国际航运物流枢纽和“互联网＋航运＋金融”新业态发展作为建设广州国际航运中心的两大战略支点，全面发展现代航运服务业，做到统筹规划、远近结合、重点推进、夯实基础，以珠三角城市群为依托，以泛珠三角地区为腹地，加强海港、空港联动发展研究，发挥“海港”和“空港”枢纽双引擎叠加优势，举全市之力建设广州国际航运中心，实现国际航运中心、物流中心、贸易中心以及金融服务体系相互融合的格局。

（二）发展目标。

经过三年的努力，进一步夯实航运基础设施，完善集疏运体系，促进航运要素集聚，建设航运功能区，推动临港产业发展，加快现代航运物流和服务业发展，促进航运金融保险、法律服务创新发展，建设智慧、绿色、平安航运，深化交流合作，改善营商环境。到2017年，广州港货物吞吐量达到5.5亿吨，集装箱吞吐量达到2000万标准箱；完成固定资产投资150亿元，新增港口通过能力8000万吨；新增国际班轮航线20条，新增喂给港、内陆港20个；海洋工程装备制造实现年产值300亿元，船舶修造年产值200亿元；与航运产业相关联的企业注册数达到8000家以上，船舶注册拥有量1500万载重吨；航运及关联产业增加值占全市GDP比重提高0.5个百分点，初步形成广州国际航运中心的基本框架，奠定发展的坚实基础。

三、主要任务

（一）继续加强基础设施建设，完善集疏运体系。

1. 提升港口综合通过能力。2015年底基本建成南沙港区三期工程；抓紧推进前期工作，争取2015年底开工建设南沙港区近洋码头工程，2016年开工建设南沙港区四期工程、南沙国际邮轮码头工程、新沙港区二期工程11—12#泊位、南沙国际汽车物流产业园配套码头工程、番禺龙沙码头二期工程、南沙江海联运码头工程；争取2017年开工建设南沙港区国际通用码头工程。推进新沙港区和黄埔港区升级改造。开展在珠江口建设大型浮式LNG（液化天然气）接收站的可行性研究。

2. 提高航道锚地适应能力。广州港深水航道拓宽工程力争2015年底开工建设。为配合深水航道拓宽工程纳泥需要，龙穴岛北部海域围堰工程力争2016年开工建设。抓紧开展广州港出海航道进一步拓宽浚深研究工作，中期满足20万吨级集装箱船双向通航，远期满足30万吨级集装箱船双向通航。抓紧推进小虎作业区航道工程、桂山锚地（18GS）扩建工程、三牙排南锚地新建工程前期工作。配合省推进南沙港区至西江干线主通道建设和北江、龙穴南水道浚深升级。

3. 拓宽港口建设投融资渠道。积极争取国家和省对航道、锚地建设维护工程的资金投入，吸引多元化主体参与港口基础设施建设，支持港口企业通过融资租赁、上市、发行企业债券、中期票据、跨境融资和PPP（政府与社会资本合作）等模式筹资。

4. 完善江海联运。实施珠江战略，布局建设内河航线网络，强化南沙港区江海联运枢纽功能。构建珠江—西江流域江海联运网络，形成粤桂水上物流通道。打造南沙驳运中心，发展江海直达。整合江海联运资源，组建驳船联盟，推动支线驳船网络航线共享、舱位互换。

5. 完善公（路）水（路）联运。加快疏港高快速道路建设，打通港口与广州中心城区和周边区域的货运通道。加快推进广明高速公路广州段建设。加快建设南沙连接周边地区的快速通道，包括广中江高速（放马互通立交收费站末端至桂格大道连接线）、番莞高速（虎门二桥段）、黄榄干线、江中高速东延线、深茂公路通道（即深茂铁路跨珠江公铁两用大桥公路连接线）。加快黄埔港区疏港道路建设，推进实施港前路东延线、港前路改造、姬火路改造、开发区西区东出口、港前路与广深沿江高速联络线、大沙东路四期工程，优化老港区疏港道路网络。

6. 发展铁（路）水（路）联运。加快建设广州铁路大田集装箱中心站，利用广州铁路花都货运站、白云集装箱站场、下元货运站、中外运石龙铁路货场等场站优势，发展黄埔港区、新沙港区、新塘港区、花都港区铁（路）水（路）联运。积极推进南沙疏港铁路及其配套站场建设，构建南沙集装箱海铁联运枢纽。研究海铁联运集装箱快运模式，争取铁路部门支持出台集装箱铁路运价下浮和补贴措施。重点推进省内以及泛珠三角腹地的内陆港建设，形成以广州为枢纽的粤桂、粤湘赣、粤黔滇川渝 3 条铁（路）水（路）联运物流通道。

7. 发展海空联运。依托南沙港区集装箱干线网络，探索建立快件海空联运通道。结合南沙跨境保税物流项目，开通香港机场—南沙保税物流园区海空快运通道。依托白云国际机场、白云空港综合保税区构建航空货运枢纽，逐步推进发展海空联运中转业务。

8. 努力增加外贸集装箱班轮航线。积极拓展海向腹地，重点增加东南亚、南亚、中东、非洲、澳新、欧洲及美洲航线，提升广州港的集聚和辐射能力。加强与国际班轮公司、航运联盟的经营合作，吸引国内外主要班轮公司投资参与南沙集装箱码头建设经营。推动国际中转、中转集拼、甩挂运输业务发展，开展中资航运公司非五星旗国际航行船舶先行先试外贸集装箱在国内开放港口与南沙港区的捎带业务。鼓励外资班轮公司在南沙保税港区发展国际中转业务。支持外商以独资形式从事国际海运货物装卸、国际海运集装箱站和堆场业务。调整港口收费和船舶使费，降低码头经营管理成本。争取国家支持在 2018 年前对在南沙港区开通的国际班轮航线按标准的 85% 收取引航费。

9. 争取启运港退税政策试点。争取国家有关部委支持，协调推动省内佛山、肇庆、云浮、清远、江门等港口以及广西钦州、梧州、贵港等实施以南沙保税港区为离境港的启运港退税政策试点。对适用启运港退税出口企业，提供便捷的结汇、退税手续，吸引外贸货物从南沙港区出口。

10. 改善船舶进出港监管和服务。开展广州 VTS（船舶交通管理系统）升级改造，实施船舶进出港电子签证。发挥广州海事局 VTS 中心、广州港通讯调度指挥中心船舶进出港调度作用，加强出海航道水域通讯调度“四统一”管理，充分体现安全绿色和公平公正。实施“阳光引航”工程，提供优质引航服务。加强港口船舶防污染应急体系和海上应急搜救能力建设，提升出海航道安全水平和通航保障度。

11. 提高港区绿色环保水平。加强港区大气污染防治和生态环境保护，推进散货码头环保系统、污水接收及循环利用处理系统建设，实现船舶废弃物综合回收处理，推进成品油码头油气回收治理。推动节能技术创新应用，加快物流装备和生产运营的绿色化改造，推进岸电设施建设以及港口机械设备“油改电”和“油改气”。实现2017年港口综合单位能耗比2014年下降5%，单位二氧化碳排放下降5%，把广州港建成“环境友好型”的生态文明港口。

12. 大力发展低碳航运。推进设立粤港污染减排控制区，要求到港船舶使用低硫燃油，鼓励推广船舶使用LNG等清洁能源和新能源。引导企业优化运力结构，利用国家老旧船舶报废更新补贴资金，加快老旧船舶提前报废和更新，重点发展节能安全环保型船舶，提升船舶标准，控制船舶污染排放。

（二）推进航运功能区建设和临港产业发展。

1. 加快建设南沙国际航运要素集聚核心区。依托南沙新区和自贸试验区政策优势，加快建设港口物流园区和航运服务集聚区。以集装箱、汽车滚装、海洋工程装备、临港工业、大宗散货和冷链物流为主，发挥南沙保税港区功能，建设集装箱处理中心和大型物流园区。建设航运企业总部高端集聚区，依托南沙明珠湾区核心区，大力引进航运企业总部聚集，打造世界级的高端航运总部集聚区。加快在南沙建设广州国际航运中心服务大厦和珠江船务大厦，积极吸引航运交易、金融、保险、法律、仲裁等各类企业和机构落户南沙，推动航运服务业集聚发展。完善南沙新区的生活、医疗、教育配套以及联系市中心的公共交通系统。

2. 进一步推进天河—黄埔航运综合服务区建设。在珠江新城、国际金融城区域集聚发展航运服务、金融保险等功能。依托黄埔临港经济区建设，加快黄埔老港转型升级，保留必要的集装箱、件杂货等码头，以华南国际港航服务中心、中交港湾大厦和中远集团华南区域中心等项目为抓手，重点发展航运物流、船代货代、海事服务、航运技术、引航、船舶供应、航运咨询、经纪、商务等服务。依托广州航海学院发展航运高等教育，培养航运人才。

3. 建设沿江路—滨江路—琶洲航运总部集聚区。发挥该区域现有优势，引导航运企业、高端航运服务企业进一步集聚。支持中交集团、中海集团等建设南方总部基地，继续发挥政府机关、口岸管理、海事服务、企业总部、法律仲裁、船级社、航运资讯、航运教育、航运交易、行业协会等集聚功能。研究建设琶洲客运口岸项目，开通穗港澳水上客运快线。

4. 建设番禺、花都、增城内河港物流功能区。番禺化龙片区重点发展商贸物流、汽车物流、件杂货运输。花都片区依托花都港和花都铁路货运站、集装箱货运站、花都物流园区和空港物流园区，发挥集水路、公路、铁路和航空于一体的集疏运网络优势，为多式联运发展提供中转、仓储、装卸、配送及信息处理等物流服务，延伸服务清远、韶关，湖南、贵州等地。增城新塘片区发挥水路、公路、铁路联运优势，以增城开发区建设带动物流发展，逐步辐射博罗、龙门、河源、梅州，江西等地。

5. 发展临港工业。依托南沙港区、黄埔港区，重点发展汽车、石油化工、电子信息、新材料、钢材深加工、核电装备、高压输变电设备、隧道机械、数控机床、环保家电等产业。支持南沙国际汽车产业基地、龙穴产业基地和大岗装备制造基地加快发展。

6. 做大做强海洋工程和船舶产业。支持中船集团大力发展海洋工程装备、船舶修造业，拓展 FPSO（海上浮式生产储油船）、海上钻井平台和深水工程船等高附加值项目。支持广州船舶及海洋工程设计研究院（605 院）和广东粤新海洋工程装备股份有限公司开展海洋工程船舶研制和智能化制造等创新项目。

（三）大力发展现代航运物流。

1. 促进保税物流发展。依托南沙自贸试验区、南沙保税港区、白云空港综合保税区、广州保税区、广州出口加工区，大力发展国际中转、国际采购、国际配送、国际分拨以及国际转口贸易，加快建设保税物流基地、保税期货交割基地、出口采购配送基地和保税离岸货物基地，形成与国际市场接轨的保税物流网络体系。

2. 发展集装箱物流。依托南沙港区大型集装箱专业化泊位，建立“港口作业区＋临港物流园区（集装箱处理中心）＋喂给港”的集装箱物流网络发展模式，开展集装箱运输配送、仓储、拆拼箱、加工及物流信息等服务，同时提供相关的口岸、交易、结算、金融、保险等配套业务，实现集装箱物流功能的“一站式”服务，构建与国际接轨的专业化、规模化、信息化的集装箱物流。

3. 发展冷链物流。引进世界先进冷链技术，在南沙、黄埔、番禺建设一批高标准的现代化冷链物流基础设施。在南沙自贸试验区、黄埔港区建立集口岸查验监管功能的冷链分拨中心。推进山姆冷链 1 号库、农产品物流有限公司冷库和交易中心项目，积极引进普菲斯等专业冷链物流企业，建设专业化冷链配送基地。支持冷链物流、海产养殖、冻品加工企业走出去，开拓海外冷链物流新商机，为广州港开通冷链物流班轮航线提供支撑。

4. 发展商品汽车物流。建设广州南沙国际汽车物流产业园，打造集汽车整车滚装、零部件、仓储配送、检测、改装、贸易、展示的汽车增值服务产业和商品汽车集散物流基地，做大做强整车进口和保税转口业务，在南沙自贸试验区积极开展平行进口汽车业务，加快建设沙仔岛综合性汽车枢纽港，支持在沙仔岛建设展示交易中心，开展汽车展示交易，争取“进口整车出自贸区征税”等政策。推动江海联运物流运输方式，使广州港成为泛珠三角地区商品汽车滚装运输和进出口基地。

5. 发展粮食物流。依托南沙港区和黄埔港区，以“粮油专业码头＋粮油加工＋粮油物流中心”模式，拓展和提升粮油交易、运输、仓储、加工、包装、配送等港口粮食物流功能，并逐步实现粮食供应链管理，使广州在国际粮食供应链中发挥重要作用。

6. 发展大宗生产资料物流。加快建设鞍钢、宝钢华南钢材物流中心，为泛珠三角地区提供便捷的仓储、物流配送服务。以新沙港区、黄埔港区新港作业区为主形成煤炭物流基地，通过水水、铁水运输方式，为华南地区提供煤炭中转、仓储、交易、配送及增值服务。以黄埔、小虎石油化工作业区为基础，形成以水路中转和管道运输为主要物流方式的石油化工存储、配送基地。以黄埔、南沙为主建设木材物流基地，打造国内最具影响力的木材交易和价格指数发布中心。

7. 大力发展第三方、第四方物流。鼓励运输、仓储、代理等传统物流企业通过参股、控股、兼并、合资、合作等方式整合资源，培育创新型物流企业。积极引进美国 ADM（阿彻丹尼尔斯米德兰公司）、邦吉、法国路易达孚、中国智能物流骨干网等国内外大型物流企业在广州设立地区总部或营运中心。引导大型制造企业的自营物流机构向社会化、专业化的第三方、第四方物流企业转型发展。

8. 大力发展跨境电子商务。依托政策优势和港口区位优势，加快"国家电子商务示范城市"跨境贸易电子商务服务试点，建设南沙跨境电子商务服务试点园区、黄埔状元谷电子商务示范区、广州保税区、出口加工区跨境电子商务产业园，支持唯品会等本地电商做大做强，逐步在自贸试验区、保税港区、保税物流园区内形成跨境电子商务集聚区，以电子交易为核心、金融服务为支撑，积极推广现代交易方式，形成展示、贸易、物流配送相结合的集散中心。

（四）加快发展航运服务业。

1. 促进航运代理业做强做优。培育船舶代理、客货代理品牌企业，放宽外资股比限制，吸引外商及港澳企业在南沙自贸试验区登记注册，从事公共国际船舶代理业务，提升国际化水平。进一步扩大船舶代理业对外开放，鼓励符合条件的企业开展船代业务。推动黄埔的航运代理业优化提升和集聚发展。

2. 大力发展船舶管理业。加强与国际性船舶管理公司的合作交流，吸引香港华林船舶管理公司和英国东方集团等世界知名的船舶管理公司在广州设立区域总部或分支机构，逐步形成专业化第三方船舶管理市场。支持外商在南沙自贸试验区独资经营国际船舶管理业务，开展航行国际航线的五星旗船舶管理，争取国家支持开展中国籍船员外派业务。培育 1 至 2 家具有国际竞争力的本地船舶管理企业。

3. 培育船舶供应市场。发挥市场机制作用，加快船舶供应市场开放，鼓励社会资金投入船舶供应服务业，放开船供企业注册地发展限制，促进资源整合，通过政府推优、诚信评级以及用户满意度评定等方式，支持服务质量好、信誉高的企业扩大市场份额，形成船舶供应主渠道，鼓励骨干企业向船舶综合服务商转型。

4. 建设华南国际船舶保税油供应基地。发挥现有保税库功能，引入国际船用保税油定价机制，增强市场调节功能，探索建立国际通用的质量认证体系以及保税船供油市场的监督和管理模式，打造集燃料油采购、储存、分拨、贸易、加工、加注和港口服务等功能于一体的华南保税油中转基地和综合服务中心，提高对国际性船舶加油补给服务能力。充分利用自贸试验区优势，争取国家支持在保税库区内开展燃料油调和业务。支持骨干船舶供油企业开展国际船舶保税油供应业务，提供低硫燃料油等系列油品。优化口岸监管流程，简化审批手续，实施保税油供应企业信用管理制度。

5. 建设粤港澳航运服务示范区。依托南沙自贸试验区建设，全面深化粤港澳港航业的合作与交流，鼓励港澳服务提供者在自贸试验区设立独资国际船舶运输企业经营国际海上船舶运输服务。将香港的自由港政策优势、高端航运产业优势与内地的资源优势有机整合，推进粤港澳航运服务行业管理标准和规则相衔接，将南沙打造为粤港澳航运服务示范区。争取港澳航线船舶按国内航线管理、粤港澳船员实行免签等粤港澳航运市场一体化政策。推进粤港澳航运服务业人员职业资格互认。推动粤港澳物流与会展、旅游等港航专业领域合作。

6. 争取开展保税船舶注册业务。争取在南沙保税港区设立保税船舶登记机构，鼓励中资方便旗船舶回归登记注册，争取中资国际航运船舶特案免税登记政策。争取第二船籍港制度试点，允许加挂五星红旗的中资方便旗船在南沙港区经营中国沿海内支线及内外贸同船运输业务。开展国际船舶登记制度改革，创新船舶注册模式和管理制度，在落实国际船舶登记制度相关配套政策基础上，自贸试验区海关特殊监管区域内中方投资人持有船公司的股权比例可低于50%，争取南沙自贸试验区船舶登记主体的外商出资比例突破50%的政策限制。简化注册程序，根据现行税收法律法规落实税费优惠。促进船舶检验机构发展，吸引外资船检机构入驻南沙。对迁入南沙区注册登记的船舶，其船舶检验证书在有效期内不重复进行检验。

7. 大力发展航运经纪业务。建立与国际接轨的航运经纪规则，支持南沙自贸试验区新增“航运经纪”注册类别，发展专业航运经纪公司。支持在南沙自贸试验区内从事国际航运服务的经纪公司开设外汇账户，在外汇管理局授权限额范围内自由支付。鼓励成立航运经纪协会，规范航运经纪市场行为和行业标准，建立航运经纪人佣金制度。吸引国际著名的航运经纪人机构到广州开展业务。

8. 大力发展船员劳务市场。创新船员劳务注册模式，设立国家级船员考试评估和劳务管理中心，加强与香港、新加坡在航运教育与培训、国际船员劳务市场供求信息等方面的合作。大力拓展国际船员劳务输出市场，积极培育一批国际船员劳务企业，吸引有实力的国际船员外派劳务服务公司在广州落户，建立国际化船员评估和劳务输出管理体系，完善船员劳务纠纷仲裁机制，初步形成向世界航运市场输送高素质船员的专业平台。

9. 发展邮轮游艇旅游产业。在南沙新区集聚邮轮游艇旅游要素资源，加快建设南沙国际邮轮码头，支持南沙游艇基地、长洲岛游艇公共服务基地（一期）建设，抓紧研究黄埔、番禺邮轮码头建设，初步具备国际邮轮游艇综合服务功能。允许在自贸试验区内注册的内地资本邮轮企业所属方便旗邮轮，经批准从事两岸四地邮轮运输和其他国内运输。鼓励港澳和国际邮轮公司在南沙自贸试验区内设立中外合资或独资邮轮公司，吸引皇家加勒比、歌诗达、丽星等国际知名邮轮公司在广州开辟国际航线始发和挂靠，对境外入境邮轮乘客实行“72小时过境免签”政策，支持国家邮轮旅游发展实验区和邮轮配送中心建设，支持境外商品保税船供业务发展。实施“144小时便利签证”措施，实施离境退税，争取离港免税政策，丰富免税商品供应，发展邮轮经济。建设区域性国际游艇博览交易中心，大力发展生产、维修、保养、展览、信息服务、培训等游艇产业，完善游艇产业体系，简化游艇入籍手续，推动粤港澳游艇驾照互认，允许港澳游艇自由进入南沙水域，对来往港澳地区的游艇实行检疫登记备案制度。深度开发“珠江夜游”，以大沙头码头、电视塔码头、天字码头、太古仓码头为重点发展游船游艇、休闲娱乐和商贸餐饮，构建富有特色的滨水休闲景观带。

（五）加快航运金融保险创新发展。

1. 争取航运金融服务政策试点。落实南沙金融创新 15 条，开展航运金融市场准入和外汇政策试点。支持在南沙自贸试验区发展离岸金融业务，与港澳地区开展双向人民币融资，跨境人民币的借款等业务，鼓励自贸区内的金融机构和企业从港澳及国外借用人民币资金。

2. 创新航运金融服务产品。培育航运金融服务市场，引导国内外金融、保险、融资、中介等服务机构落户广州，设立航运融资专营机构、分支机构，发展航运融资、信托、担保、投资、资金管理、商业保理、信用评级等服务业务。支持广州航运交易所探索开展航运交易、港航资产交易、航运保险交易、船舶融资租赁资产（产权）交易、航运资金结算、海损理算、航运信贷转让、航运运价指数场外衍生品开发与交易等业务，为航运物流企业提供融资安排和专业化的融资服务。支持和鼓励国内外企业在南沙自贸试验区内设立航运金融、保险服务外包公司，培育和发展票据分配、信息安全处理、IT（信息技术）服务管理、外汇管理服务等第三方金融外包服务。

3. 大力拓展航运融资渠道。借鉴国外航运基金和信托模式，由政府出资引导，吸纳港航企业、金融机构以及社会资本等参与，设立广州航运产业基金和航运担保基金。支持社会资本设立航运产业私募基金、信托基金、投资基金、并购基金等商业基金。探索通过众筹模式筹建航运发展基金，积极引进各类私募基金落户广州。鼓励大型船舶制造企业、港航企业和物流企业设立集团财务公司、担保、小额贷款、租赁等金融机构，拓宽民营中小航运企业融资渠道。

4. 加快发展船舶融资租赁业务。鼓励国内外企业在广州设立船舶融资租赁公司。支持融资租赁公司设立单船（单机）项目子公司，推动单船（单机）融资租赁以及跨境租赁、出口租赁等离岸业务创新。试点企业在南沙自贸试验区内设立项目子公司进行船舶离岸融资，在南沙新建造和购买二手船舶从事跨境运输。支持在南沙自贸试验区进行融资租赁业务创新试点，鼓励广州航运交易有限公司研究探索与港澳地区和 21 世纪海上丝绸之路沿线国家开展跨境融资租赁资产交易业务，促进金融交易市场的发展。

5. 加快发展航运保险业务。在南沙自贸试验区探索开展航运保险创新业务试点，支持阳光保险等国内外保险机构、企业在广州设立区域性航运保险中心、分支机构或公司，发展船舶保险、海上货运险、保赔保险等业务；鼓励保险机构针对中小航运企业和服务业等开发保险产品；支持在南沙自贸试验区开展航运保险、海损理算等业务，并试点开展港澳再保险业务。支持保险中介服务机构、保险经纪人积极开展海上保险相关业务，提供专业技术配套服务。支持成立航运保险协会、船东互保协会，吸引国内外船东互保协会在广州设立分支机构，发起船东互保，发展保赔保险，增强航运企业抗风险能力。

（六）大力培育各类企业创新发展。

1. 培育航运总部经济。落实我市加快发展总部经济实施意见及配套政策，重点吸引各类航运企业设立总部或区域总部。对经认定的航运总部企业，加强发展用地保障，在符合规定的情况下实施灵活用地年限和土地出让金收取方式。支持拓宽航运总部企业融资渠道，引导金融机构加大对总部企业的信贷投放，协调组织银团贷款，鼓励金融机构开展产品和服务创新，探索对航运总部企业实行收费权及大宗商品仓单质押等融资。奖励航运总部企业落户，新迁入广州或在广州新注册设立且经认定为航运总部企业的，认定当年给予一次性资金补助。根据总部企业上一年度对地方经济社会发展贡献情况给予奖励。对航运总部企业办公用房给予补贴。同时积极培育本地航运企业发展，全面提高航运企业竞争力。

2. 做大做强龙头企业。支持广州港集团做大做强，加快广州港股份有限公司挂牌上市，推进资产证券化，拓宽直接融资渠道，支持广州港集团下属二、三级企业在新三板挂牌。支持广州港集团发挥港口发展航运金融保险的产业优势和平台作用，加快组建财务公司和融资性担保公司。支持广州港集团利用“三旧”改造政策，加快结构调整和转型升级。支持广州港集团申请办理跨境直贷、跨外发债业务。2017 年前，广州港集团上缴的国有资本收益全额安排用于支持其相关发展项目，并按要求纳入市本级国有资本经营预算。广州港集团要主动承担港口基础设施建设任务，全力推进港口主业发展。支持中海散货、中远航运、中交集团、中船集团、中外运长航、省航运集团、广州发展集团、粤新海工等企业在广州发展，在用地、融资、人才引进等政策方面给予倾斜。

3. 做大做强广州航运交易所。出台《关于做大做强广州航运交易所的若干意见》，争取交通运输部支持，加快省市共建，加大扶持力度，将广州航运交易所打造成立足广州、服务全省、辐射东南亚及海丝沿线的航运交易平台、航运信息备案中心和大数据中心，成为大力发展现代航运物流和服务业的重要平台。在南沙自贸试验区设立广州航运交易有限公司，牵头抓紧建设航运服务中心（大厦），全面开展航运交易、航运金融、临港大宗商品交易、支付与结算、航运经纪以及航运信息等业务，加快推进广州现代航运服务业的发展。广州航运交易有限公司享受南沙新区航运企业注册优惠政策。做大船舶交易市场，完善航运交易服务网点布局和船舶评估、竞拍等功能，与广西合作发展航运交易业务，提升航运交易辐射能力。

4. 组建广州远洋集装箱运输公司。加大招商引资力度，鼓励国内外港航企业及相关企业利用南沙自贸试验区政策，采用融资租赁等多种投资方式，组建广州远洋集装箱运输公司，按市战略性主导产业专项资金申请补助，重点在南沙港区开辟国际班轮航线，填补广州没有远洋集装箱运输船队的空白。

（七）加快智慧航运建设。

1. 建立航运大数据。依托国家超级计算广州中心、广州市电子政务云服务中心和广州市政府信息共享平台，建立数据交换共享机制和数据标准体系，整合政务、物流、通关、交易、金融等领域数据，建设港航企业、船舶、车辆、从业人员、货物、通航环境、空间地理信息、电子海图等港航基础数据库。建立港航企业、港航服务机构、船舶、车辆、从业人员诚信数据库。

2. 完善基础通信网络。加快推进“光纤到户”“无线城市”、TD－LTE/FDD－LTE（分时长期演进/频分双工长期演进）等新一代宽带网络建设，推进 IPv6（第6代互联网协议）网络规模化商用，实现珠江口水域无线宽带网络全覆盖，为船舶、监管部门、航运企业提供接入服务，深化电子政务网络建设，提升电子政务云应用水平。

3. 建设智能感知体系。运用北斗/GPS（全球定位系统）卫星导航、AIS（船舶自动识别系统）、雷达探测监控、光电识别与跟踪、RFID（无线射频识别）等相关感知技术，实现港口、船舶、车辆、货物的智能感知，推广“智能闸口”和“一卡通”系统，促进多源信息共享和融合。按照国家标准建设港口作业综合视频监控网络，实现码头与监管部门视频资源共享。在港口推进自动化装卸设备、智能化流程优化与控制、管控一体化等应用，开展自动化码头应用试点。

4. 推进“单一窗口”建设。建成广州国际贸易“单一窗口”，实现企业通过“单一窗口”平台一点接入、一次申报，监管部门“信息互换、监管互认、执法互助”，促进贸易便利化。

5. 建设航运物流信息平台。整合物流信息资源，推动信息互联互通，提供舱位、货源、代理、通航信息、口岸通关、运输和物流状态等信息服务，提升航运物流“一站式”信息服务水平。逐步实现海运、公路、铁路、航空、内河水运等运输方式信息资源的共享和全程业务联动。

6. 建设航运交易信息平台。发展航运运力、临港大宗商品、航运产权、船舶、航运人才、航运保险等交易，提供航运物流信息、交易、经纪、金融、保险、支付结算的综合服务。

7. 发展航运电子商务。以“互联网＋”思维，探索和建立航运电子商务新商业模式，鼓励扶持企业大力发展航运电子商务。

（八）提高航运法律服务水平。

1. 完善航运司法服务。依托广州海事法院和航运仲裁机构，发挥南沙自贸试验区优势，广州海事法院在南沙设立审判机构，按照有关国际公约和双边协定的规定，依法做好外国法院判决和外国仲裁裁决的承认、执行工作，提高司法公信力，提供公平公正的航运法律服务。

2. 拓展国际航运仲裁服务。不断完善广州仲裁委的国际仲裁机制，创新商事争议解决方式，提高仲裁公信力。深入开展国际仲裁交流与合作，结合航运仲裁法律法规及国际仲裁公约，研究制定开放的仲裁规则，建设国际航运专业仲裁员队伍。在南沙自贸试验区组建广州国际航运仲裁院，按照国际惯例，提供多种语言、“三种法系”审理模式选择，提高广州解决国际商事争端的仲裁公信力，为航运物流、金融保险、航运服务等国际商事纠纷提供公平公正的国际仲裁服务。

3. 发展律师、会计审计、咨询等服务。为更好地提供法律仲裁服务，落实 CEPA

（内地与港澳关于建立更紧密经贸关系的安排）及其补充协议，加强与港澳航运律师、会计审计、咨询等服务业合作与交流，在南沙自贸试验区开展与港澳律师事务所合伙联营试点工作，支持外国会计审计、咨询等服务机构与中国会计审计、咨询等服务机构在南沙自贸试验区内实行联营。支持取得内地执业资格的香港、澳门航运律师、会计师、审计师、咨询顾问等在广州执业。

（九）加大交流与合作。

1. 加强国际港口城市间交流合作。借鉴广州、洛杉矶、奥克兰三城经济联盟的经验，在友好城市和友好港口的基础上，推进创设21世纪海上丝绸之路国际港口城市联盟，开展航运、物流、投资、贸易、信息、科技、文化、教育等全方位合作，加强人员往来，增进友谊，形成双边推进、多边共建、互联互通、互利合作的发展机制。

2. 加强与国际港口的交流合作。密切与海上丝绸之路沿线国家港口的往来，密切与国内外各航运中心的协作，建立与各类世界级航运机构的合作关系。到2017年广州港新增10个友好港。支持港口间设立办事处，举办港口商贸推介活动，开展交流培训。支持广州港集团在北美、欧洲设立境外办事机构。

3. 加强区域合作。发挥广州国家中心城市的辐射带动作用，推进航运资源整合集聚。密切与港澳协作，加强与前海、横琴自贸试验片区合作，推动航运要素在粤港澳大湾区整合发展。依托泛珠三角经济腹地，密切与“珠江—西江经济带”沿线港口城市合作，支持市属港口企业参股、控股珠三角大型专业化码头，积极参与当地码头项目建设。落实穗莞战略合作机制，合作建设新沙港区二期工程，协作推进公共航道、锚地建设。落实广佛肇、云浮经济圈和广清一体化，推进西江、北江流域航运物流服务合作。积极推进和湛江港战略合作，在港口航线、航运物流和航运服务等方面优势互补，共同做大做强。

4. 鼓励企业“走出去”。拓展境外投资融资渠道，积极利用国开行、亚投行、东盟基金、海丝基金等资金，鼓励企业在“海上丝绸之路”沿线国家港口城市投资港口基础设施、物流园区和临港产业，实现产业链延伸发展。

5. 提升国际影响力。组织召开国际航运论坛和研讨活动，从2016年起每年举办一次建设广州国际航运中心论坛暨招商引资大会。举办21世纪海上丝绸之路沿线国家港口城市论坛，积极争取国际海运年会、泛太平洋海运会议年会主办权。积极吸引国际港口协会、国际航运协会等世界著名航运组织在广州设立分支机构。

四、保障措施

（一）加强组织领导。

1. 成立建设广州国际航运中心领导小组。市成立领导小组，各相关部门、各区及口岸单位、港航企业为成员单位，统筹推进建设广州国际航运中心工作，研究制定广州国际航运中心发展中长期规划和年度工作计划，统筹解决广州国际航运中心建设和招商引资过程中遇到的重大问题。领导小组办公室设在广州港务局。各有关区成立相应领导机构，落实推进本区建设广州国际航运中心各项工作。

2. 建立协调落实机制。领导小组办公室每年年初制定工作计划，定期组织召开领导小组会议，推进落实各项工作的开展。每年编制《广州国际航运中心发展报告》，每季度编制航运中心建设专报，及时反映航运中心建设工作推进情况。各有关区、市相关部门和单位负责有关工作的组织落实。

（二）优化营商环境。

1. 加强法制保障。营造市场化国际化法治化营商环境。对照国际通行规则，制定地方性法规、地方政府规章、行政规范性文件，加快《广州国际航运中心建设条例》制定，废止或修改不利于市场竞争、阻碍航运发展的各项地方法规，建设统一、公开、公平的营商环境，保障各类市场主体的合法权益。

2. 深化行政审批制度改革。简政放权，精简行政许可事项，坚持“宽进严管”的原则，取消非行政许可审批，全面落实行政许可公开制度，制定并公布企业投资负面清单、政府权责清单和监管清单。推进电子政务系统建设，实行跨部门行政审批事项并联办理，推行“一键式”服务。在南沙自贸试验区和航运服务大楼港航服务集聚区实行“前台综合受理、后台分类审批、统一窗口出件”的“一窗式”服务。

3. 深化商事制度改革。2015 年在南沙自贸试验区完成“一照三号”登记制度改革，2016 年起在全市推广“一照一码”登记制度。全面推进外商投资企业登记“多证联办”工作，推进企业注册全程电子化，推进企业投资项目备案（涉密事项除外）网上全程办。

4. 深化事中事后监管。转变政府职能，依托商事主体信息管理和信息公示平台，建设统一的市场主体信用体系和市场监管信息平台，建立企业信用评价规则和定期回访机制，实施强制淘汰，确保具有资质的经营主体公平参与市场竞争，组织建立行业协会进行自律性监管。

5. 推进口岸“大通关”建设。借力粤闽桂琼区域通关一体化改革，推行“联合查验、一次放行”等通关新模式，推进口岸管理相关部门建立和完善“信息互换、监管互认、执法互助”合作机制。推进海关“全关通”与检验检疫“直通放行”的深度融合，以南沙、黄埔为试点口岸，扩大进口货物直通放行试点企业和商品范围。加强与腹地城市、内陆港的通关合作，实现口岸服务的高效对接和进出口货物无障碍流动。

6. 推行高效口岸通关模式。完善口岸快速验放机制和国际转运货物自助通关模式，综合运用 FS6000、H986 等高科技查验设备和智能化信息管理系统，实施提前申报、货到验放通关模式，建立“进口提前申报、船边分流验放”和“出口提前申报、卡口分流验放”的海关快速验放模式。在南沙港区试点以政府购买服务方式承担部分企业的海关查验费用。推进检验检疫“智检口岸”平台建设，优化检验检疫监管服务，提升通关便利化水平，分步推进与境外政府及境内外检验检测认证认可机构信息互换互认工作。简化船舶进出口岸查验手续，改进国际船舶保税油供应监管方式。

7. 推动粤港澳口岸通关合作。积极推动南沙新区、自贸试验区通关改革，协调中央驻穗查验单位，争取国家部委给予粤港澳通关合作示范区政策创新支持。

8. 推动广州港口岸扩大开放。尽快划定广州港口岸整体开放范围，积极推动南沙港区集装箱三期、中船海洋与防务装备股份有限公司南沙厂区造船码头、黄埔港区西基码头等重点口岸建设和对外开放。

（三）加强规划和用地保障。

1. 做好规划衔接引导。围绕国际航运中心建设，做好城市规划、用地规划、用海规划、产业规划、交通规划、港航规划的编制修订和衔接工作，保障港口建设项目顺利推进。港口规划岸线及后方土地的规划、建设事项应充分征询港口管理部门意见。启动编制建设广州国际航运中心中远期规划，加强海港、空港联动发展研究，全面提高广州国际航运中心的国际竞争力。

2. 保障港口岸线和土地利用。集约使用港口岸线和港区用地，保证港区预留用地及疏港铁路、公路、临港物流园区用地。在南沙新区新增 60 平方公里建设用地规模中，优先满足航运建设项目用地，龙穴岛土地优先用于港口、航运物流园区项目建设。航运服务集聚区内建设港口物流、航运服务、金融保险等项目用地优先纳入近期建设规划年度实施计划、年度土地供应计划，土地出让金在符合规定的情况下给予分期缴交优惠。

（四）加大资金支持力度。

加大对建设国际航运中心的资金支持，市财政每年安排 1 亿元，重点用于增加集装箱班轮航线、集装箱货源组织、喂给港和内陆港建设、航运业务创新、航运交易平台建设、航运人才引进培养、对外交流及其他相关项目。有关经费由建设广州国际航运中心领导小组办公室根据实际需要，按规定向市财政申请，用于支持相关行业发展。

（五）加强人力资源开发。

1. 加快引进航运高层次人才。制定《广州市引进航运高层次人才实施细则》及《人才引进目录》，将航运高层次人才纳入新制定的人才政策中予以重点保障，引进港口航运管理、航运物流、航运服务、航运法律仲裁、航运金融保险、航运经纪、航运电商、邮轮游艇旅游服务等航运高层次人才。落实省市引进航运高层次人才的政策支持和优惠措施，在住房、户籍、子女入学、津贴补贴等方面对高层次航运人才给予政策支持。

2. 完善航运人才培养体系。通过政策和资金支持，鼓励高等院校、培训机构培养各类航运人才。支持广州航海学院筹建广州海事大学，推进有关院校增设航运相关专业。争取国家在广州设立国家级船员评估中心，建设广州航运人才培训基地。与国际航运机构合作举办航运培训项目，培养国际化航运人才。支持符合条件的企事业单位申报设立博士后创新实践基地和博士后科研工作站，通过项目合作、项目研发来吸引和历练人才。

（六）加强航运发展及创新研究。

争取国家和省支持在广州成立国家级航运发展创新研究中心。吸引国内外航运研究机构在广州设立分支机构。成立广州国际航运研究中心，与广州港务局港航发展研究中心合署办公，适当增加编制，增强我市航运研究能力。

后　记

地方志是中华传统文化的重要组成部分和特有载体，是具有权威性的资料文献，港志是地方志的重要组成部分。习近平总书记2014年2月25日在考察首都博物馆时强调：搞历史博物展览，为的是见证历史、以史鉴今、启迪后人。要在展览的同时高度重视修史修志，让文物说话、把历史智慧告诉人们，激发我们的民族自豪感和自信心，坚定全体人民振兴中华、实现中国梦的信心和决心。李克强总理对地方志工作作出重要批示：地方志是传承中华文明、发掘历史智慧的重要载体，存史、育人、资政，做好编修工作十分重要。修志问道，以启未来。

编纂《广州港志》，利用地方志这一中华传统文化特有的载体将广州港的历史和现状完整、系统、真实、准确地记载下来，具有重要的现实意义和深远的历史意义。一方面可以传承和发扬广州港厚重的历史文化，推动企业文化建设，为广州港转型升级和科学发展注入新的活力，并进一步推进广州作为港口城市的发展；另一方面可以实现广州经济、文化、社会全面、协调、可持续发展，推动国家中心城市和世界文化名城建设，促进广州文化大发展、大繁荣。以高度的文化自信和文化自觉编写港志，传承和发扬优秀的港口文化，是当代广州市地方志工作者和广州港人义不容辞的责任和使命。

编纂《广州港志》也是广州市委、市政府的殷切希望。2012年7月18日，广州市市长陈建华在黄埔区现场办公会上首次提出编纂《黄埔港志》的指示。广州港务局和广州港集团领导高度重视该项工作。广州港集团董事长陈洪先第一时间组织召开党委会扩大会议，对陈建华市长的指示精神进行了传达和学习，并对照会议精神和工作要求逐一抓落实。确定港志的编纂工作由集团党委工作部牵头负责。在广州市地方志办公室的指导和帮助下，2012年8月14日，对港志编纂工作进行专题讨论研究，初步编纂工作方案被提出。

根据编纂工作方案，广州市地方志办公室、广州港务局和广州港集团就规范程序、专业分工和组织保障等方面进行了研究，提出了具体编纂工作计划如下：

一是成立《广州港志》编纂工作领导和工作机构。成立编委会作为编纂工作的领导机构，由广州港务局和广州港集团抽调人员成立编纂工作办公室和编写组，负责具体的编纂工作，办公地点常设广州港集团党委工作部。

二是明确《广州港志》涵盖范围和时限。考虑到广州港与黄埔港在历史上密不可分，港区范围交错重叠以及广州港现状和未来发展趋势，经咨询专家学者的意见和建议，将广州港和黄埔港合并编志，名称定为《广州港志》。记叙公元前214年至2015年12月期间广州港前身黄埔港形成和发展的历史状况以及广州港生产和经营管理等各项主体业务的现状，完整体现广州（黄埔）港从古代内河港发展成为世界知名海港及华南地区综合性主枢纽港和集装箱干线港的发展历程。

三是拟订《广州港志》编目和明确编纂原则。考虑到广州（黄埔）港发展历史长、经历朝代多等特点情况，因此在港志编纂过程中拟以港口自然条件、交通运输、经济以及建设发展为主线，按照“厚今明古”和“事以类聚”的原则，严格按照拟订的港志篇目和《广州港志》行文通则进行编纂。

四是明确《广州港志》编纂工作方案。本次编纂工作采取内外结合的方式进行。广州港务局和广州港集团根据所辖范围负责资料搜集整理、组织协调；广州市地方志办公室负责对编纂工作的综合统筹、人员培训和组织评审验收；广州大学广州十三行研究中心及暨南大学历史地理研究中心负责港志的具体编纂工作。

在分工方面，暨南大学历史地理研究中心专家团队具体负责自然环境，港口管理中历史沿革、港口管理古代部分和近代部分，港口经营中古代部分、近代部分和民国时期，港口建设中古代部分、近代部分、民国时期和中华人民共和国成立以后，港务设施、生产设施、机械设备、船舶设备等编纂内容。

广州大学广州十三行研究中心专家团队具体负责图录，凡例，概述，大事记，附录中广州港发展规划、广州港重要文件汇编、人物传录、后记以及港口管理中历史沿革（1949—2015年）；港口经营中部分内容；港口建设中辅助设施、生活设施、机械设备；党派团体；企业文化等编纂内容。

个别内容的顺序和标题后有调整。

五是明确时间安排。由于时间紧、任务重，《广州港志》的编纂工作面临诸多困难，主要是广州（黄埔）港从形成之日至2015年的时间跨度长，古代、近代部分的史志资料散落和缺失较多，1949年以后广州港的归属、职能、管辖范围也多有调整，按照志书的规范要求重新搜集、整理和编纂，工作难度较大。三家单位反复研究，从各级领导高度重视、编纂工作人员积极性较高和港口经济文化互促发展的紧迫性等方面综合考虑，拟计划在2016年完成港志，同年出版。

暨南大学历史地理研究中心及广州大学广州十三行研究中心专家团队为了保

障完成高质量的港志成果，深入广州港务局及广州港集团的档案室、广东省立中山图书馆、广州图书馆、广东省档案馆、广东省地方志办公室、广州市国家档案馆、广州市地方志办公室等单位，全面收集了有关广州港的历史文献、文物与文化遗迹的照片、图像等，并参考了有关以往广州港的研究成果，进行了翔实严谨的学术分析和史料数据整理。并实地考察了广州港的主要港区如黄埔港区、内河港区、新沙港区、南沙港区，与各港区的领导同志、一线员工座谈调研，收集了大量第一手资料，更加细致深刻地掌握了各港区海港水域陆域情况、发展变化、未来趋势，成为编纂港志的可靠保障。课题组还实地调研了各驻港单位，如广州海事局、广州海关等单位，详细了解了各驻港单位的工作职责、历史沿革、发展过程，使得港志的内容更加翔实。

《广州港志》编写过程中，得到广州港务局和广州港集团的正确领导和大力支持，得到广州市地方志办公室的悉心指导，这为港志提供了严谨翔实的研究基础与合理完整的设计框架。特别感谢暨南大学历史地理研究中心和广州大学广州十三行研究中心专家团队，他们肩负重任，克服困难，使得港志拥有较为丰富多彩的内容与鲜明生动的特色。广州大学冷东教授、暨南大学王元林教授通审并修订了全书。借此一并表示衷心的感谢。

本版港志仅是一个起步，衷心希望社会各界继续鼎力支持和批评指正。我们承载挖掘、研究、宣传、展示广州港辉煌历史和灿烂未来的使命，继往开来，不断发展。

历史是现实的基础，也是未来的启示。在中国建设21世纪海上丝绸之路的宏伟蓝图中，广州港作为中国著名的国际航运中心，应该发挥也一定能够发挥千年商贸港口的优势和传统，把海上丝绸之路这份遗产继承好并发扬光大，再创21世纪海上丝绸之路辉煌。

《广州港志》编委会

2019年8月